東国における古墳の動向からみた
律令国家成立過程の研究

小森 哲也
KOMORI Tetsuya

六一書房

目　次

図表目次

序　章

第1節　研究の背景と目的

近年の沖縄県尖閣諸島（中国名：釣魚島）や島根県竹島（韓国名：独島）の領有権をめぐる問題は，否応なく，国家とは何か？という問いをわれわれに投げかける。さらに，2011年3月の東日本大震災・原発事故以降，被災地・被災者の救済と復興を願う国民と政府の施策のあり方も，国家の役割と機能について，改めて考えてみることを国民ひとりひとりに迫っている。このような情勢のなか，本論は，6～7世紀における古墳時代後期から終末期の東国を対象とし，古墳の動向を素材にして，律令国家成立過程を追究するものである。律令国家成立への道程を考えることは，単に過去の歴史を学ぶことではなく，現代そして将来の国家について考えることである。

およそ25年前，1990年の11月，同志社大学において日本史研究会の1990年度大会が開催され，「前近代国家論の再生のために」とのテーマのもと，全体会シンポジウムが行われた。「画期的な研究発表があるらしい」というかすかな情報が栃木の片田舎まで届き，筆者も十分な予備知識もないまま，拝聴したいと，のこのこと都へ上った。発表者は，都出比呂志氏（以下，敬称略）。その発表内容は，まさに衝撃的，であった。当時の筆者は，古墳時代は国家形成の前段階であり，国家の成立は律令制の整う7世紀後半段階以降，という教科書的認識しか持ち合わせていなかった。しかし，都出は，古墳時代は国家段階であり，『起源』による国家の指標にあてはめるような手法はとらない，というのだ。「前方後円墳体制＝初期国家論」について，理解するとか，しないとか以前の問題で，頭が混乱した，というのが正直なところであった。そのあまり，質疑の折には，官僚制にもとづく役人（公務員）任用の問題が頭をよぎり，無謀にも「前方後円墳の被葬者に，中央からの派遣官も含むと考えるか」というような拙い内容の発言をし，その始終が採録・公刊されて[1)]，気恥しい思いをしたことが，ついこの前のできごとのようである。

都出の発表後の90年代，そして2000年代と考古学・文献史学界には，「前方後円墳体制＝初期国家論」に対する賛否両論があった。その経緯と内容については，第1章第1節で詳述することとしたいが，大別すると3説に総括することができる。①都出説をそのまま受け入れて古墳時代を国家段階と捉える意見，②古典学説を踏まえて律令国家の成立を国家段階とみる意見，③都出説を認めながらも古墳時代全体を国家段階とみるのではなく，5世紀後半あるいは6世紀段階に画期を求める意見，である。

このような研究動向のなか，東国の一地域である栃木県の南部域において，注目すべき調査成果が明らかになってきた。以下，本研究の背景と目的について記してみたい。

1　研究の背景

まず，述べておかなければならないのは，栃木県南部に展開するしもつけ古墳群は，古墳時代後期の東国全域を見渡したとき，最も独自性を示す古墳群と言って過言ではない，ということである。この地域は，黒川・思川および田川水系にあたり，古墳時代後期から終末期の大型前方後円墳および円墳が集中して築造されている。50m を超える前方後円墳が 11 基，円墳が 6 基，方墳が 1 基と栃木県域における最高ランクの首長層の墓域となる。これらの首長墳は，①基壇（低平な墳丘第 1 段）をもつ墳丘，②大型の凝灰岩切石を用いた石棺式石室，③前方部のみに石室をもつ，という 3 つの特徴（秋元・大橋 1988）を共有し，前方後円墳の終焉後も①と②は絶えることなく継続する点に大きな特色をもつ。

近年，この地に 7 世紀後半段階に評衙（西下谷田遺跡・南北 150m・東西 108m の区画）が営まれたことが判明した。したがって，通説化した観のある終末期古墳から初期官衙（評衙）への道程について再検討し，古墳時代が律令国家への前史であるか否か，を論証することができる格好の資料を提供する地域と位置づけることができよう。

2　研究の目的

古墳時代後期における東国は，6 世紀後半に至っても畿内とは対照的に多数の前方後円墳が築造され続け，さらに埴輪の盛行をみる点において際立った特色をみせる。しかし，7 世紀初頭になると東国の大型前方後円墳は，ほぼ一斉に終焉をむかえ，かわって大型の円墳・方墳が築造される。本研究では，栃木県南部のしもつけ古墳群をケーススタディとして他地域と比較しながら古墳の終末とその史的背景，そして律令国家成立への道程を追究する。古墳時代後期における独自性の発現，前方後円墳の終焉，終末期の大型円墳・方墳，そして初期官衙へと，考古資料の分析を中心にしてモデル化を図り，東国各地の様相と比較・検証しながら，7 世紀史の具体相を明らかにできる可能性がある，と考えたからである。

本論は，考古学的なフィールドワークと文献史学の成果をベースとし，各地の様相の比較・検証を通じて東国の実態とその特色を明らかにし，古墳の動向からみた東国の 6～7 世紀史を構築することを目的とする。

第 2 節　研究の方法

本研究を進めるにあたっては，下記のような内容と方法により，所期の目的への到達を図る。また，本論における首長概念と編年基準についても明らかにしておきたい。

1　研究の方法

(1)　古墳時代の史的位置づけに関する先行研究の整理

1）　考古学そして文献史学両面から，国家成立との関係のなかで，先学が古墳時代をどのように評価してきたかを明らかにする。研究史を振り返ることにより，研究の到達点と論点を明確にする。

2) 考古学では，古墳築造の背景について記述するとき「擬制的同祖同族関係」なる用語で説明する研究者が多いように思われる。便利な用語であるが，先行研究を紐解き，その意味するところを改めて考えてみたい。古墳時代の評価にかかわる問題と思われるからである。

3) 評の成立とその性格についての研究史をまとめ，現段階における文献史学による到達点を明らかにするとともに，前方後円墳終焉後の7世紀の社会を考古学的手法で考察する本論の成果と照らし合わせる。

(2) 諸要素の再検討をもとにした，しもつけ古墳群の編年案の提示

1) 副葬品や埴輪祭祀の動向（盛行と終焉）をもとにしもつけ古墳群の変遷を明らかにする。特に前方後円墳の終焉とその後の終末期古墳の展開にスポットを当てる。

2) 埋葬施設の検討

・横穴式石室の系譜を重視して編年し，形態と規模が階層性を示すことを明らかにする。

・下野で確認されている地下式横穴墓，横穴式木室，石棺式石室，塼敷横穴式石室などの埋葬施設について全国的に集成を行い，系譜とその史的背景について追究する。

3) 出土遺物の検討

・半島系の遺物（新羅系土器や斧状鉄製品＝サルポ）の検討を進め，『記紀』にみられる栃木県域への渡来人の配置との関連について検討する。

(3) 6世紀後半から7世紀におけるしもつけ古墳群造営の史的背景の追究

栃木県南部をフィールドとし，大型墳と中小の群集墳の動向をもとに当時の社会情勢を立体的に復元し，「首長制社会論」を古墳時代にあてはめることの可否について考える。

(4) 東国各地の古墳群との比較・検証

行田市埼玉古墳群，富津市内裏塚古墳群，山武市板附古墳群，千葉県栄町龍角寺岩屋古墳群，前橋市総社古墳群，小美玉市玉里古墳群，白河市舟田・本沼古墳群などにみる地域的特色との比較により，独自性と共通性を明らかにし，ケーススタディとしてのしもつけ古墳群検討による所見の一般化を図る。

(5) 6〜7世紀における遺物や遺構にみられる地域間交流の背景を明らかにする

「地域間交流論」に学びつつ，人・モノの広域交流が，国家を形成していくひとつの原動力になったとする仮説について考える。

2 本論における「首長」

一般的には，行政機関における独任制の長を指すが，考古学の分野では，居住形態や墓制に反映した傑出した特定個人に対して用いられる便宜的に黙認された術語とされる（松木 1999）。首長，首長墓，首長墳，首長系譜などの用語がある。一方，文献史学では，石母田正の在地首長制論や吉田晶の村落首長制論が示すように共同体支配（人格的支配）や生産関係を説明する概念で

第1表　6世紀後半～7世紀の須恵器・土師器・馬具の編年諸説と本論の編年観

諸論／年代	集成編年	須恵器					土師器		馬具
	本論編年	田辺編年（1966/1981）	中村編年（1978/1981）	飛鳥編年（1978/1995）	菱田編年（菱田 1986）	白石編年（白石 1985）	権現山編年（藤田・大島 2001）	立野・中島編年（内山 2005・2008）	内山編年（内山 2011）
550	9期	TK10	Ⅱ-3			TK10	Ⅴ	5段階	後期第1段階
	10a期	（MT85）TK43	Ⅱ-4			（　） TK43	Ⅵ	6段階	後期第2段階 後期第3段階
600	10b期	TK209	Ⅱ-5		隼上りⅠ			7段階	後期第4段階
	11期	TK217	Ⅱ-6	Ⅰ	隼上りⅡ 隼上りⅢ	TK209	Ⅶ	8段階	終末期第1段階
650		（TK80）	Ⅲ-1	Ⅱ		TK217	Ⅷ		
	12期	TK46	Ⅲ-2	Ⅲ				9段階	
700		TK48	Ⅲ-3	Ⅳ				10段階	

ある（今津 2002）。さらには，新進化主義の文化人類学の成果に依拠し，律令国家成立以前の日本古代社会を首長制社会（首長国）と位置づける論もある（鈴木 1990など）。

本論においては，学史の整理に学びつつ（大久保 2004），共同体内・外から承認された特定個人，と定義する。したがって，主要古墳被葬者＝首長は，その結果となる。

3　編年基準

本論に入る前に，拠って立つ編年観についてもあらかじめ明らかにしておく必要がある。第1表に示したように，須恵器の編年を基軸とし，土師器については，近年調査が進む宇都宮市南部の大規模調査による編年観（藤田・大島 2001，内山 2005・2008），馬具については，栃木県南部における古墳時代後期から終末期の編年（内山 2011）に依拠する。須恵器型式の実年代については，本論にかかわる7世紀に関して，評価が定まったとは言えない状況がある。TK209型式までは，陶邑編年（田辺 1966・1981，中村 1978・1981）[2]に依拠し，器種組成のばらつきが大きく，かなりの時間幅が推定されるTK217型式や情報量が少ないTK46・48型式は用いず，飛鳥編年（西 1978・1982）による。ただし，この飛鳥編年については，細分と年代観についての異論が示されており（白石 1985，菱田 1986），その後，資料が蓄積して，奈良国立文化財研究所の調査報告書においても修正案（金子 1995, 西口 1995）が示されているので，本論もそれを妥当として採用した[3]。

須恵器型式の画期と古墳変遷の画期は，本来別の性格のものであり，古墳の時期区分を須恵器型式で表現するのは不適切，との正論を踏まえつつ，本論では古墳の築造時期決定の目安として須恵器編年を用いる。古墳編年の基準としては，「和田11期編年」（和田 1987）[4] と『前方後円墳集成』による編年である通称「集成編年」（広瀬 1992）を基軸とする。ただし，集成編年10期については，列島全体を網羅する編年としては，有効であるものの，東国の古墳の動向を捉えるには，時間幅が大きすぎる，と感じるのは筆者だけではないだろう。そこで埴輪の有無により10a期と10b期に分ける。埴輪の終焉と前方後円墳の終焉は一致せず，段階的に終焉をむかえた，との立場をとるからである。

本論においては，前方後円墳終焉後の古墳を終末期古墳と呼称する。終末期古墳については，飛鳥Ⅰの後半～Ⅱの段階を11期，飛鳥Ⅲ・Ⅳの段階を12期とする。おおまかな実年代については，11期を7世紀前半～中葉，12期を7世紀後半に位置づける。

註

1) 都出比呂志 1991「日本古代の国家形成論序説――前方後円墳体制の提唱――」（『日本史研究』第343号 日本史研究会）に収録されている＜討論＞部分，p.53。都出比呂志氏は，筆者の質問に答えて「古墳の被葬者が中央から派遣された者である可能性も考えられるが，考古学的には困難である。枕の位置などで区別できるかもしれない」と発言している。

2) “窯式編年”から“床式編年”を標榜する中村編年では，7世紀代を除いて各型式・段階ごとの実年代は提示されていない。そこで『陶邑』Ⅰ・Ⅱ（1976年・1978年）で示された各段階の「相対的な存続期間」および「用語解説」（1984『日本陶磁の源流』柏書房）における田辺編年との対照表，7世紀の各段階の年代観（1982「奈良前期の須恵器生産」『日本書紀研究』第12冊）を参考にして第1表を作成した。しかし，この位置づけは，その後に発表された“窯式編年”による編年表（1986『東京国立博物館図版目録』古墳遺物篇〔関東Ⅲ〕便利堂）と年代観が一致せず曲解があるかもしれない。なお，各段階前後の一部分が，オーバーラップする可能性を明言されているので斜線で区分した。

3) 白石太一郎による，自案の修正が明らかにされている（白石 2000）。補註3によれば，①飛鳥Ⅰの下限を示す土器が，舒明13（641）年に造営を開始したことが知られる山田寺の整地層およびその下層から出土，②同じく飛鳥Ⅰの下限を示す土器が，大化の改新（645年）の際に焼亡した蘇我氏の本宗家の邸宅に関連すると考えられる甘樫丘東麓遺跡SX037の焼土層から出土，③飛鳥Ⅱの下限を示す土器が，斉明6（660）年に中大兄皇子が造り，近江遷都（667年）ないし天智10（671）年まで機能していたと考えられる漏剋（水時計）の遺跡と推定される飛鳥水落遺跡の基壇のまわりから出土，以上3点をもとに「さらに若干新しい暦年代」を示し，飛鳥Ⅰの下限を650年頃，飛鳥Ⅱの下限を670年頃と，年代観を引き下げて考えている。

4) 6～7世紀を扱う本論とは，時期的に直接かかわらないが，「集成編年」4期が，「和田編年」4期・5期に対応する。和田は，この4期と5期の間に中期と後期の画期をみている点に独自性がある（和田 1992）。

参考文献

秋元陽光・大橋泰夫 1988「栃木県南部の古墳時代後期の首長墓の動向」『栃木県考古学会誌』第9集　栃木県考古学会
今津勝紀 2002「首長制論の再検討」『歴史評論』626号　歴史科学評議会　校倉書房
内山敏行 2005「第13章第3節古墳時代の遺構と遺物」『東谷・中島地区遺跡群5　立野遺跡』栃木県教育委員会
内山敏行 2008「第14章第2節1古墳時代～古代の土器変遷」『東谷・中島地区遺跡群9　中島笹塚古墳群・中島笹塚遺跡』栃木県教育委員会・(財) とちぎ生涯学習文化財団
内山敏行 2011「栃木県域南部の古墳時代馬具と甲冑」『しもつけ古墳群』壬生町立歴史民俗資料館
大久保徹也 2004「古墳時代研究における「首長」概念の問題」『古墳時代の政治構造』青木書店
金子裕之 1995「甘樫丘東麓の調査」『飛鳥・藤原宮発掘調査概報』25　奈良国立文化財研究所飛鳥藤原宮跡発掘調査部
白石太一郎 1985「年代決定論（二）──弥生時代以降の年代決定──」『岩波講座日本考古学』1研究の方法　岩波書店
白石太一郎 2000「畿内における古墳の終末（補註3)」『古墳と古墳群の研究』塙書房
鈴木靖民 1990「歴史学と民族学（文化人類学）──日本古代史における首長制社会論の試み──」『日本民俗研究大系』第10巻　國學院大學
田辺昭三 1966『陶邑古窯址群』Ⅰ　平安学園考古学クラブ
田辺昭三 1981『須恵器大成』角川書店
中村　浩 1981『和泉陶邑窯の研究』柏書房
中村　浩ほか 1978『陶邑』Ⅲ　大阪府文化財調査報告書第30輯　(財) 大阪文化財センター
西　弘海 1978「土器の時期区分と型式変化」『飛鳥・藤原宮発掘調査報告』Ⅱ　奈良国立文化財研究所
西　弘海 1982「土器様式の成立とその背景」『小林行雄博士古稀記念論集　考古学論叢』
西口壽生 1995「第Ⅴ章　5小結」『飛鳥・藤原宮発掘調査報告Ⅳ──飛鳥水落遺跡の調査──』
菱田哲郎 1986「畿内の初期瓦生産と工人の動向」『史林』第69巻第3号　史学研究会
広瀬和雄 1992「前方後円墳の畿内編年」『前方後円墳集成』山川出版社
藤田典夫・大島美智子 2001「第8章第1節古墳時代の遺物について」『権現山遺跡・百目鬼遺跡』栃木県教育委員会
松木武彦 1999「首長制」『用語解説　現代考古学の方法と理論』Ⅰ　同成社
和田晴吾 1987「古墳時代の時期区分をめぐって」『考古学研究』第34巻第2号　考古学研究会
和田晴吾 1992「山城」『前方後円墳集成』近畿編　山川出版社

図表出典

第1表：筆者作成

第1章　先行研究の整理

第1節　古墳時代と古代国家形成論

本節では，国家とのかかわりのなかで，古墳時代をどのように位置づけてきたかを振りかえり，今後の研究の方向性について考える。国家とはなにか，を論ずる時，まず念頭に浮かぶのは，科学的社会主義の古典的著述ともいえるF.エンゲルス（1820-1895）による『家族・私有財産・国家の起源』[1)]（以下，『起源』と略す）である。考古学にしても文献史学にしても，「国家」を扱う，あるいは「国家」が論文名に含まれている先行研究は，必ずと言ってよいほど，<国家の4指標>について言及している。ここでは，その指標について詳述するのではなく，どのような文脈のなかで，エンゲルスが国家の指標について述べているのか，をまず明らかにしておきたい。

1　『家族・私有財産・国家の起源』における<国家の4指標>の位置

『起源』は9章構成である。モルガンの『古代社会』を引きながら，基本的には，野蛮・未開・文明の3時期区分を基本として論述される。第1章では，野蛮および未開と呼ぶ先史時代について述べる。それぞれを下位・中位・上位の3段階にわけ，合計6段階を火の使用・弓の使用・土器の採用・家畜・栽培などの指標を設けて区分する。扱う地域は，地球規模であり，具体例を引きながら論を進める。一直線に単線で階段を昇るように社会が発展し，複線化することはない。

第2章は家族について，婚姻形態を指標に考える。エンゲルスは，無規律の性交時代から血縁家族，そして対偶婚家族さらに単婚家族への変化をみる。野蛮期＝集団婚，未開期＝対偶婚，文明期＝姦通と売春によって補足される単婚，という婚姻形態の変遷過程を考える。そのなかで「母権制」そして「家父長制世帯共同体」を説明し，その定義をする。考古学・文献史学は，この「家父長制世帯共同体」なる用語を用いて，社会構成に言及してきた長い先行研究の蓄積をもつ。したがって，本来であれば，婚姻形態まで踏み込む必要があるが，復元は容易ではなく，特に考古資料から言及するのは難しい。田中良之による歯冠計測値を用いた親族構造の研究（田中1995）が，最も接近できる業績であろう。

第3章から第8章までは，ギリシャ，アテナイ，ローマ，そしてドイツの氏族制度の動向について語られる。氏族は，野蛮の中位段階で発生し，その上位段階でさらに整備され，未開の下位段階でその最盛期に到達するという。

そして，いよいよ未開と文明の区分をする最も重要な指標である，国家について言及する第9

章に至る。エンゲルスは，国家は「氏族制度の廃墟」のうえに成立する，とその経緯を語り始める。第9章に貫かれているのは，一語で表現するならば，国家が階級対立から発生する，ということであろう。ここで，<国家の4指標>について述べる直前の段落に注目しておく必要がある。3点にまとめることができ，本論では，<国家の4指標の前提>と仮称したい。

①国家は，けっして外部から社会におしつけられた権力ではない。

②国家は，生産活動における分業が進み，その結果，諸階級に分裂するという，一定の発展段階における社会の産物である。

③抗争しあう経済的利害をもつ諸階級（筆者註：搾取する富者と搾取される貧民）が，無益な闘争を和らげ，秩序を保つべき権力を作り上げたのが，国家である。

したがって，<国家の4指標>に依拠して自分の論を組み立てるときには，この3点に留意する必要があるだろう。エンゲルスの考える国家は，社会の分裂を回避するために登場した原理なのである。

以上のような，文脈のなかで，エンゲルスは<国家の4指標>を提示する。第1として，「領域における国民の区分」，第2として「公権力の樹立」があげられ，公権力を維持するために「租税」と「官吏」の2つを指標としている。したがって，2つの大指標と理解することもできよう。さらにその後の国家の行く末についても言及されている。国家も階級も「不可避に滅びる」との方向性を明確にし，国家や国家権力は，「生産者たちの自由で平等な協力関係の基礎」のうえに組織された社会によって考古博物館に移される，と未来を見据える。そして，モーガンの「たんなる富の追求は人類の最終使命ではない」という言葉を引用し，この章を結んでいる。

エンゲルスの国家起源論のもとになるのは，国家が階級対立を制御する必要から生まれた，の1点に尽きる，と筆者は読み取る。国家段階にあるかどうかを，<国家の4指標>をもとに議論する場合の留意点は，ここにあるだろう。やや，文章が長くなったが，①『起源』に依拠することは，直線的かつ単線的な段階的発達に指標をあてはめ，唯物史観によって非常に整然とした人類の過去と未来を語る<法則の適用>であること，②全体の論の構成のなかでの<国家の4指標の前提>と<国家の4指標>の位置が重要である，という2点を古典学説を振り返ることにより，改めて学ぶことができたと思われる[2)]。

2　国家形成にかかわる古墳時代の位置づけ

古墳時代を国家段階とみるか，あるいは7世紀後半以降の律令制施行以降を古代国家の成立期とみて，古墳時代は国家以前の段階とみるか，という問題にかかわる先学の研究について整理する。研究全体を俯瞰し，論点の明確化を図るために，主張ごとに諸々の論を時系列で並べたのが，**第2表**である。表は，後記するように，1990年に学会発表され，1991年に誌上発表された都出比呂志による「日本古代の国家形成論序説──前方後円墳体制の提唱──」を大きな画期と捉え，それ以前と以後の2つに分けて構成した。戦前の皇国史観による国家論の整理も重要である，と認識しているが割愛し，本節では，戦後～1990年以前を戦後1期，1991年以降を戦後2期とし

第２表　古代国家形成にかかわる古墳時代の位置づけについての諸論（都出比呂志 1991「日本古代の国家形成論序説――前方後円墳体制の提唱――」以降を中心にして）

1955	小林　行雄	「古墳の発生の歴史的意義」	同笵鏡・伝世鏡論	首長権の世襲制の発生（内的要因）と首長の地位の外的承認（外的要因）による新たな権威の象徴として古墳が発生した
1958	直木孝次郎	「人制の研究」	人制	５世紀末には，文人・蔵人など職掌と「人」を組み合わせた初期の官人制である人制が成立（後に鉄剣銘の解釈時に活用された）
1961	西嶋　定生	「古墳と大和政権」	冊封体制	前方後円墳の造営は地方首長のカバネ秩序への参加を意味し，同時に彼等をして中央諸氏族との同族関係の設定を意味する
1971	石母田　正	『日本の古代国家』	在地首長制論	首長層は，同族または同族的擬制を伴った階層秩序を形成しながら中央との関連を結び，領域的支配を発展させて国造制が成立した
1972	サーリンズ	『部族民』（初出 1968）	首長制国家論	首長国は序列社会であるが階級社会ではない，と論じ，鈴木の「首長制社会論」や都出の「前方後円墳体制論」の理論的支柱となる
1981	門脇　禎二	『日本古代政治史論』	地域国家論	６世紀に統一国家が形成される以前は，相対的優位性をもつヤマトとともにキビ，ツクシ，ミノ，ケヌなどの地域国家が各地に展開
1983	近藤　義郎	『前方後円墳の時代』	擬制的同族的結合	前方後円墳の築造は，各地の部族連合の首長と大和連合間の，首長霊継承の統一的祭祀の共有を示す

諸説／年代	初期国家論			成層化社会論				
	前方後円墳体制論	首長連合体制論（5 世紀後葉画期説）	都出説への反応	首長制社会論（首長国説）	前方後円墳国家論	国家論の整理	威信財システム	その他の諸論
1991	都出比呂志					岩永省三		新納泉（環節国家論を紹介しつつ，国家形成において地域間較差・収奪を重視）
1992			岩永省三	白石太一郎		岩永省三		
1993	都出比呂志 a，b		『歴史評論』514 号	鈴木靖民	広瀬和雄			田中琢（前方後円墳の築造は思想と心理の共通性を示し，政治的連合を意味しない）
1994		和田晴吾		鈴木靖民・白石太一郎		佐々木憲一		
1995	都出比呂志 a，b							穴沢咊光（東アジア文明圏の周辺に発生した文化現象）・佐々木憲一（地域間交流論の紹介）
1996	都出比呂志	和田晴吾	利根川章彦	鈴木靖民		松木武彦・植木　武		佐々木高明（タンバイアーの「銀河系政体論」の紹介）・西村正雄（長距離交易モデルの整理）
1997								
1998		和田晴吾						
1999	福永伸哉		白石太一郎			溝尾秀和・松木武彦		佐々木憲一（国家の本質は秩序維持にあり，その諸側面は各々違ったスピードで変化） 川西宏幸（ユーラシア諸地域の国家形成と日本の古墳時代を比較考古学的に検討して相対化）
2000		和田晴吾				北條芳隆 b		北條芳隆 a（前方後円墳は宗教的建造物であり，政治的統合や支配権の確立を意味しない）
2001							河野一隆 a，b	
2002			佐藤長門	今津勝紀	広瀬和雄			
2003		和田晴吾	吉村武彦 a,b		広瀬和雄	岩永省三・上田正昭		河野一隆（国家か否かの二分法を超えた日本的な国家のあり方）・佐々木憲一（首長同盟社会論）
2004	福永伸哉	和田晴吾			広瀬和雄 a，b	北條芳隆・佐々木憲一	石村　智	土生田純之（畿内中心主義への警鐘）・新納泉（広瀬「前方後円墳国家論」批判） 川西宏幸（5 世紀中・後葉は国家の古代的完整に向かって急角度に転回した時代）
2005	都出比呂志・福永伸哉		松木武彦 a					松木武彦 b（首長制→国家の推移を人工物の変化から捉え，文字による関係維持を重視）
2006			土生田純之・田中　裕			岩永省三	辻田淳一郎	大久保徹也（王の死そして新たな王の選出を契機に造営される巨大古墳は王の複製装置）
2007			菱田哲郎		広瀬和雄	松木武彦		
2008			佐藤長門・河野一隆		広瀬和雄	岩崎卓也・常木　晃	河野一隆	
2009			白石太一郎		広瀬和雄 a			
2010	林　正憲		水野敏典				下垣仁志	
2011					広瀬和雄	佐々木憲一	河野一隆	
2012								高田貫太（朝鮮半島と日本列島を「環海」地域として再構築）
2013								

てその研究動向を振り返ってみたい[3)]。

戦後1期

戦後における古墳時代の歴史的位置づけの研究において，独自性と説得力を兼ね備え，2期にもおおきな影響をおよぼした，主要な論文・著書7編を取り上げ，その主張と概要を短文でまとめた（第2表　1955～1983年）。

まず特筆すべきは，小林行雄である（小林 1955）。三角縁神獣鏡の集成と分布の研究をもとに，同笵鏡論と伝世鏡論を駆使して，古墳の歴史的意義を説く，画期的な論文と言える。周到な遺物論にとどまらず，歴史的解釈にまで高めた業績は，燦然と輝く。背景には，戦前からの京都大学学派による緻密な考古資料の分析と集成に立脚する研究の蓄積があることは，改めて記すまでもない。小林の主張は，弥生時代においても畿内が中心であり，九州の優位性を認めない。そして，弥生時代の繁栄の延長線上にある畿内に営まれた古墳の墳丘規模および副葬品の優位性を重視する。畿内が中心であり，地方はその周辺とする歴史観が，一連の論文に強く貫かれている（小林 1961）[4)]。

直木孝次郎による，倉人・舎人・酒人・宍人などにみられる「人制」と呼称される初期官人体制が，5世紀末ごろに発生しはじめていた，とする研究（直木 1958）[5)] は，熊本県江田船山古墳出土刀銘にみる「典曹人」，埼玉県埼玉稲荷山古墳出土剣銘にみる「杖刀人首」などが示す考古資料の解釈に大きな影響を及ぼした点において重要である。百舌鳥・古市古墳群にみる巨大前方後円墳が象徴する『宋書』倭国伝が伝える5世紀段階の倭の五王と，埼玉稲荷山古墳鉄剣銘にみる「左治天下」の文字が語る，大王が天下を治めるのを助ける配下の者を従えた支配体制が，具体性をもって眼前に浮かび上がることとなった。なお，直木の「人制」論は，吉村武彦による大王への仕奉の職務の表記とする「人制」（吉村 1993）や中国と東アジアの諸王権との冊封関係のなかの機構と位置づける「府官制」（鈴木 1988・2003 など）に修正を加えながら形を変えて継承される。

西嶋定生は，古墳の発生とヤマト王権の成立を関連づけ，古墳の築造は，倭国が中国による冊封体制に組み込まれたことを示す，と論じた（西嶋 1961）。東アジアの視点から，古墳時代を位置づける論といえる。前方後円墳の築造に引き付けてみれば，カバネ秩序への編入を意味すると説く。別の見方をすれば，地方と中央との同族関係の成立を示す，との見解を提示した。古墳は身分を表現している，と古墳築造の意味についての考えを示してその後の古墳研究に多大な影響を与えることとなった。

なお，第2表には提示しなかったが，邪馬台国を原初形態とし，その完成期を5世紀中葉におく，日本古代専制国家と規定し，その中心に「ヤマト政権」による専制的支配体制をみる意見（門脇・甘粕 1967）がある。国家の徴証として，統治機関・成文法などの完備ではなく，人民へのさまざまの強制を伴う階級抑圧体制の形成におく点に独自性をもつ。古墳時代の評価に関しては，「ヤマト政権」の大王が共通の葬送儀礼と墳墓形式によって，列島各地の王を国家的な支配身分に組み入れた体制，との見解を示している。各地域に一定の独自性を認める点には賛同するが，考古資料によって，階級抑圧体制が古墳時代に存在したことを証明することは，なかなか難しいと思料される。後の門脇による「地域国家論」に通じる考え方を表明した論考，と位置づけられる。

石母田正による在地首長制論（石母田 1971）は，共同体が民会ではなく，首長によって代表される形態の下における支配体制であり，王権の基盤として重層的な首長制の構造を想定している。つまり，在地首長が共同体と王権を結ぶ構造，と捉えている。首長が中央との関係を結び，領域的支配を発展させ，国造制が成立する，との石母田独自の行論は，重要である。発表後，従来の豪族という用語に代わって，石母田による在地首長という概念が広く用いられるようになってきた[6)]。首長制は，本来，人類学のトンガ，サモアなどの検討から導かれた概念であったが，石母田独自の歴史学における概念として定着した，と評価される。

門脇禎二は，6世紀に統一国家が形成されると主張する（門脇 1981）。それ以前は，列島各地に地域国家が並び成立しており，そのなかで地域国家のひとつである「ヤマト」が，頭抜けた勢力をもち，優位性を保持すると論じた。列島各地の古墳の分布と規模に注目し，地域の主体性を大きく評価する点に地域国家論の独自性がある。

サーリンズの発言については，戦後2期で扱いたい。

近藤義郎は，弥生時代における部族の血縁的同祖同族関係に対比させて，古墳築造の背景に首長権継承儀礼の共有を媒介とする擬制的同族的結合をみる（近藤 1983）。古墳時代は，各地の部族連合と卓越した「大和連合」勢力との関係の上に成立した，と読み取ることができる。その変遷については，①「大和」による部族連合を介した支配，あるいは部族が部族連合と「大和」の両者に従属する関係から，②「大和王権」によって直接に部族が掌握される段階へ移行する，と論じている[7)]。前方後円墳の廃絶後，制度的身分秩序が形成されると述べている点から判断して古墳時代を国家以前と考えていることを推し量ることができる。なお，前方後円墳にみられる諸要素が中国において認められないことから，畿内中枢の部族連合を盟主とする同族連合の成立が前方後円墳成立の主体的条件である，と主張し，西嶋説を退けている。

戦後2期

国家形成にかかわる古墳時代の史的位置づけについては，さまざまな論が展開されている。本項では，ⅰ）都出比呂志を中心とする初期国家論，ⅱ）都出の論を認めつつ5世紀後葉によりおおきな画期を求める和田晴吾の首長連合体制論，ⅲ）都出論への批判論，ⅳ）鈴木靖民・白石太一郎を中心とする首長制社会論，ⅴ）広瀬和雄による前方後円墳国家論，ⅵ）国家論を整理する諸論，ⅶ）国家論にかかわるその他の重要な指摘，の7つの項目に整理し，研究の動向を概観する。

ⅰ）初期国家論

都出比呂志は，国家と非国家の二項対立からの脱却をめざし，初期国家の概念を採用して，その諸要素が古墳時代に認められることを根拠に前方後円墳体制＝初期国家論を展開した（都出 1991）。5点の国家形成の指標をあげて論を展開している。

① 階級関係の形成

② 租税と徭役

③ 中央首長と地方首長の関係

④ 権力機構と人民編成

⑤ 物資流通機構と政治権力

前方後円墳の成立期は本格的な国家形成の開始点，との意見表明は，古墳時代に対する認識と従来の国家形成論に再考を迫るものであり，大きな反響をよんだ。根拠とする考古学的成果として以下の特徴を列挙している。

① 集落と墓制の分析から首長，中間層，一般成員などの階層関係の存在

② 古墳の墳形や規模による身分的秩序

③ 貢納のための倉庫の存在から租税制の成立

④ 巨大古墳や大規模な水利施設の存在から徭役制の成立

⑤ 官人組織や軍事編成の考察を通じた権力機構の成立

⑥ 倭の中央権力が，列島主要部の首長たちに覇権を及ぼし，共同体の自立的構造を解体

都出の国家論は，国家の萌芽（1世紀）→国家形成の開始点（3世紀末）・前方後円墳体制（古代国家の前半段階）→律令体制（古代国家の後半段階・7世紀）と段階的に捉える点に特徴がある。発表後の討論においては，前方後円墳体制は3世紀末に始まり，6世紀半ばに終了することを，「6世紀以前と以降を区別すべき」と主張する直木孝次郎の意見に対して言明している（都出 1991 に収録された今津勝紀による記録）。

その後，前方後円墳体制に組み込まれた地域の範囲を問題にしながら，さらに民族形成について論じた（都出 1993a）。方法的には，列島を6地帯に分け，生活様式と前方後円墳体制という政治秩序の関連性から民族の形成過程に言及している。民族の形成を律令国家の成立期にあてる従来の見解に対し，古墳時代に民族形成の前史があることを主張し，自説の前方後円墳体制論を補強する論と位置づけられる。

さらに，前方後円墳という外形は採用したが，埋葬施設に集団の伝統を維持しつづける集団の存在に注目し，前方後円墳祭式の分布拡大の背景に政治が介在していたことを述べ（都出 1995a），門脇禎二の地域国家論（門脇 1981）と田中琢の古墳時代像（田中 1993 を都出は門脇の地域国家論に近いとする）を国家の原理をもつ論とは言えない，と批判した（都出 1995b）。

以上のような経過を経て，都出は，確立期の国家を成熟国家とよび替え，国家形成の過程を首長制，初期国家，成熟国家の3段階に区分してその指標について理論的な整理をした（都出 1996）。合わせて，石母田正の首長制概念を独特の意味内容をもつ「我流の」もの，鈴木靖民の首長制社会論については，ある社会に円錐クラン的要素や互酬性的要素が認められることと社会段階としての首長制とは峻別すべき，と退けた。首長制，初期国家，成熟国家の3段階の指標は

表にまとめられているが，そのうち初期国家の指標を列記しておきたい。あらかじめ批判論の論点を明確にしておく意味合いもある。

① 階級的支配者が存在する。

② 社会的余剰が恒常的に存在し，収奪が可能である。

③ 中枢的政体が存在し，公権力の要素をもつ。人民の武装とは区別される軍事編成がある。

④ 地縁編成原理がより進んでいる。中間首長による間接支配が存在する。

⑤ 流通に上下関係が生じる。共同体の内外で貢納関係が存在する。

以上5点は，一般理論モデルであり，この論文で重要なのは，モデルを基礎に個別の地域や社会における歴史過程を分析する「移行と転化の契機」を明らかにすることの必要性を説く部分であろう[8)]。都出は，この作業を経て，日本列島中央部における諸段階について，首長制＝弥生時代，初期国家＝古墳時代，成熟国家＝律令国家，と整理している。注目すべきは，前方後円墳体制の身分秩序は相互承認関係である，との認識である。前方後円墳を優位とする秩序のもとで相互に承認しあうことによって共存し，首長連合の分裂を回避しようとする身分秩序が前方後円墳体制である，と述べている。中央権力からの一方的な秩序ではなく，共存共栄のために生み出された体制と理解しておきたい。

その後，初期国家論については，クラッセンによる7点の特徴を細かく整理し，批判論に対する自分の考えを明らかにするとともに，改めて自説の再確認をしている（都出 2005）。

都出論にかかわる国家形成論としては，儀礼における中心－周辺関係に注目し，儀礼管理が古墳時代において政治的主導権を獲得，維持するために重要な戦略となっていたこと（福永 1999），さらに，この考えを押し進めて東南アジアにおける人類学研究の成果によるC. ギアツの「劇場国家論」やS. タンバイアの「銀河系政体論」を参考に古墳の築造と国家形成の接点に迫ろうとする見解が示されている（福永 2004）。前方後円墳秩序の理解にあたっては，エンゲルスや新進化主義人類学者が対象にしなかった地域の統合メカニズムに学ぶ必要性が強調されている（福永 2005）。

前方後円墳体制における階層構造について一歩踏み込む研究もみられる（林 2010）。従来の古墳時代前期から後期にかけて階層構造が複雑化していく（林正憲は「社会的分業の複雑化モデル」と呼ぶ）とする論に対し，林は，前期が最も複雑であり，後期が最も単純化している（「階層構造の動態的モデル」）と述べ，社会の構造が流動的→固定的に変化する状況を強調した。また，墳丘規模は地域における社会的位置づけを示し，副葬品は被葬者の職能的位置づけを示すと解し，両者を別個に把握し，しかる後に対応関係を検討すべきことを指摘した。関東において，後期段階になっても大規模前方後円墳が築造される背景については，墳丘規模は各地域における社会状況を基盤とすることを根拠に，社会的編成が進展しておらず，階層構造が安定していないため，100m級の前方後円墳が乱立する，とする独自の論を展開している。中央－地方の関係において社会的・政治的編成が画一的に進んだのではない，という主張に賛同し，古墳時代後期＝等質性の時代として，副葬品が職掌を示すと表現する点に疑問が残る。武器・武具に注目し，おしなべて被葬者に社会的役割を与える作業には慎重でありたいからである。

ⅱ）　首長連合体制論（5世紀後葉画期説）

和田晴吾は，京都府向日丘陵における「同規模墳」の抽出により，古墳時代前期の前方後円墳が，墳丘の形態だけでなく，規模にも企画性が認められることを明らかにした。そして，和田の基本的な考え方は，前方後円墳あるいは前方後方墳の「隔絶性」の実体として，王権が葬送儀礼を改編統合して制度化することにより権威づけを行った，と評価した点に表れている（和田 1981）。つまり，古墳の形と規模は，ヤマト政権下における首長の政治的身分を最も端的に表しているとの考えを基本とし，南山城をケーススタディに古墳群全体の消長から「5つの段階・6つの画期」と整理して，それが大王墳の墓域が移動する時期と対応することを明らかにした（和田 1994）。そのうち，第4の画期（5世紀後葉・和田編年9期）が古墳時代を通じての最大の画期であることを強調するとともに，第3段階（古墳時代中期）における政治的階層構成モデルを提示した点に独自性がある。弥生時代後期以来の首長連合体制は，第4の画期で終焉した，と評価した。

その後，「新式群集墳（政権に取り組まれた有力家長層の古墳）」の動向も踏まえて，6世紀後葉の古墳の秩序あるいは古墳の政治的階層構成モデルを提示し，古墳時代後期の社会を論じた（和田 1996）。

以上の古墳時代前・中・後期を扱う3部作（和田 1981・1994・1996）によって，古墳時代の発展過程を描き切り，いよいよ国家形成論に言及することになる。

「古墳時代は国家段階か」という論題が示すように，都出の前方後円墳体制＝初期国家論を強く意識した内容であり，まず大王を頂点とする首長層の政治的結合を「首長連合体制」と規定して「前方後円墳体制」概念と対比する。「5つの段階・6つの画期」を提示し，前期古墳の秩序＝首長連合体制の形成，中期古墳の秩序＝首長連合体制の到達点，後期古墳の秩序＝首長連合体制の変容，とその発展過程を整理した（和田 1998）。また，地域の政治的まとまりの中心である首長層の同族的な結合を「地域連合」と規定し，首長制の指標とされる円錐クランと対比させて「首長連合体制」の成熟期をその重層的な結合と評価している点に注目しておきたい。「首長連合体制」は，ほぼ初期国家に相当すると結語し，第4の画期（5世紀後葉）を境に，それ以前の首長制的な性格が強く残る段階と，それ以降の集権的な性格が強まる段階に大別されると述べた。古墳時代の発展過程を重視し，全体を一律にみることはできない，との見解と言える。

その後，円錐クランについては，弥生時代から認められ，古墳時代においても存続し，社会を律する原理として大きな役割を果たしたことを想定し，初期国家のなかには，より首長制的な段階と，より成熟国家的な段階が含まれることを指摘した（和田 2000）[9)]。この考えは，さらに深まり，古墳時代を一体として捉えることは困難であるとして，古墳時代中期＝首長制の最終段階＝初期国家段階，古墳時代後期＝本格的な国家的秩序の始まり，と位置づけた（和田 2004）。前方後円墳の終焉に関しては，王権に近い首長は急速に円墳化，一定の距離をおいた首長の古墳は，遅くまで前方後円墳を造り続けたと推定し，両者の差は在地官人化の程度の差である，との見解を示している（和田 2007）。

古墳以外の要素としては，生産・流通システムのあり方を検討し，中期後半＝王権に統括された首長間分業体制＝王権に奉仕する体制，後期＝畿内を越えた広域分業体制＝奉仕の課役化，と整理し，「首長連合体制」論と整合性をもって画期が見出せるとした（和田 2003）。

iii）　都出説への反応

岩永省三は，階級社会形成に関する学説史をまとめる膨大かつ緻密な仕事のなかで，都出の論についても評している。都出が親族原理を社会関係の軸としつつも平等原理を欠き，階層関係が認められる円錐クランを重視するのは，血縁原理が崩壊していない社会でも階級関係が認められれば国家に含め，国家の出現期を遡上させるための布石であるという。また，広域の物資流通を掌握し社会を総括するのを最重視するのも，最も古く出現が認められるのが，流通の掌握であることも同じ文脈で理解されると指摘した（岩永 1992）。

歴史科学協議会編集による雑誌『歴史学評論』では，1993年2月に特集「論争・古代国家成立期の諸問題」が組まれ，いかに都出の発表に対して反響が大きかったかを知ることができる。文献史学界からの異論が多数掲載されている。そのなかには，5世紀後半から6世紀における国家形成上の画期を無視することになるから，初期国家論は3世紀末～5世紀後半に限定すべきとする意見（小林敏男 1993），あるいは，5世紀後半（雄略の時代）を国家形成が胎動する転換期，欽明の時代を本格的な国家形成期とする意見（山尾 1993）がある。山尾幸久の着眼点は，3つある。

①　階級社会における公権力の統治機構

②　中央支配集団による地方支配

③　東アジア地域の歴史的構造における支配集団の政治的交流

これらの視点によれば，3世紀以降の古墳時代全体を国家と呼ぶことはできないと述べている。

同特集のなかで，広瀬和雄は，首長と農民との関係について論じ，古市大溝の年代を7世紀初めに下降させ，首長層が水利工事を基軸とする大規模な耕地開発と古墳の造営に恒常的に民衆を動員した，とする都出の発言（都出 1991）に修正をせまった。さらに，首長相互の関係が前面にある古墳時代から，畿内の首長層が律令国家の官僚に組織されるのは，7世紀初頭の畿内を対象にした「国家」主導型開発の実施が直接的契機となった，と国家に「」をつけて主張した（広瀬 1993）。国家の成立時期について直接言及していないが，7世紀初頭以降と考えていたことを読み取ることができる。

1996年，利根川章彦は，前記した都出の国家形成の5指標にかかわる考古学的成果について，逐一異論を唱え，5指標は大半が5世紀を迎えないと達成されない，あるいは確認できないと厳しく批判した（利根川 1996）。そして，5つの指標が出揃う時期をもって国家形成の開始点と位置づけるのであれば，5世紀でなくてはならない，と主張した。[10)]

白石太一郎は，都出論の理解と共通するところが多いとしながらも，3世紀後半に一元的，集権的な国家秩序の形成を構想してしまうと，その後の400年にもおよぶ長い期間における政治連合の変質過程を正しく認識できないので，古墳時代を首長同盟の特異な政治秩序とのかかわりで理解する，と述べる（白石 1999)。同様に，定型化した前方後円墳出現の背景に広域の首長連合の成立をみている（白石 2009)。古墳時代を国家形成の起点（白石 2009）とし，古墳の終末の過程がそのまま新しい中央集権的な古代国家の形成過程に対応しているとの発言（白石 1999）からすると，明言をしていないが，国家の成立を7世紀後半にみていることをうかがうことができる。

佐藤長門は，一貫して都出の論に異議を唱える。都出の「初期国家論」は，地域論にとどまっていた（傍点：筆者）感のある古墳時代研究と国家論が結びつき，考古学界からの積極的な発言を導き出した功績を認めつつ，「初期国家」論が古墳時代とそれ以降を同じ「国家」と一括したことによって，両者の質的差異や歴史的特異性が曖昧になり，この時代の特色をわかりにくくしてしまった，と批判した（佐藤 2002)。その後，古墳時代は「国家段階」とみなされず，前「国家」段階の「王権段階」である，と改めて主張した（佐藤 2008)。根拠として，おなじ古墳時代といっても，列島内外の諸事情によって権力構造が刻々と変化していたことを強調する。そして，5世紀と6世紀の間に，同じ古墳時代でくくることがはばかられるほどの王権構造の質的転換があった，と述べる（佐藤 2002・2008)。動的な古墳時代論と理解することができる刮目すべき論で，一部，和田晴吾の見解（和田 1998）との共通性をみることができる。

吉村武彦は，古墳が政治センターであることを証明した論考はこれまでなく，王宮が営まれる場所こそ政治的センターを意味するとして，前方後円墳論限界説を唱えた。そして「前方後円墳体制」の概念は，ヤマト王権主導の一定の政治的秩序を表すネットワーク論として意味がある，と都出論を否定している（吉村 2003a)。吉村の特色は，邪馬台国を原始的王権，前方後円墳の成立を「プレ・ヤマト王権」，そして数十年後に「ヤマト王権」が成立するとし，前方後円墳から組み立てられた考古学による王権論に対して，王権論の材料になるのは王墓ではなく王宮，と批判的にとりあげた点にある（吉村 2003b)。

松木武彦は，弥生時代から古墳時代における武力抗争とそれが形成する政治構造に注目し，5世紀まで（前・中期）と6世紀以降（後期）を区別すべきで，それぞれに質の異なる政治体制が形成された，と考えた（松木 2005a)。前者の倭王権とそこに集う有力者たちの政体を初期国家とし，後者を6世紀後半に成立過程が本格化し，8世紀初頭に成文法をもつ成熟国家と区分した。和田晴吾（和田 1998・2000・2004）に近い考え方の提示，と位置づけられる。古墳時代全体を一律にみることに異議を唱え，前者の過程が完全に清算されて後者が開始するのではないことは自明であり，当然前者と後者の要素が混在する，と理解している点に独自性がある。

土生田純之は，畿内以外の地域の古墳の動態を広く検討しながら，一貫して「中央」と「地方」の関係に注目する（土生田 2004・2005)。そして，「中央」の地方コントロールに対して，「対抗」や「共鳴」といった「地方」からの視点も重要であり，前方後円墳体制が東国など遠隔地に広まったにしても，それは拠点的に入ったにすぎない，と述べ（土生田 2005)，都出の相互認証システムを評価しながらも，前方後円墳体制論に異議を唱えた。その後，国家形成にかかわる先行研究を丁寧に整理するとともに，5世紀後半が古墳時代を二分する大きな画期，と強調した。和田の第4の画期に通じるところがあるものの，和田の地方に対する評価には疑問を呈している

(土生田 2006)。

田中裕は，都出の前方後円墳体制論の根拠の1つである「首長墓系譜連動説」に異議を唱える。問題点を①年代観の相違，②地域区分の方法，③資料として扱う古墳の規模，の3点に整理した。そして，地域首長墓と大王墓の継続と断絶が連動していることを根拠にして全国的に前方後円墳を中心とする政治体制が敷かれていたことを証明するには不確定要素が多く，他者が厳密に検証することが困難，と評価している (田中 2006)。

河野一隆は，古墳の築造そのものや墳形と規模による二重支配によって特徴づけられる「前方後円墳体制」と副葬品組成の階層的な保有が維持できた背景について考えた。これらは，倭王権の強権的な施策だけでは成立せず，社会を維持するために王権と共同体成員の双方から必要性が認められていたからだ，と国家形成のモニュメントとしての古墳の性格の一面に言及した (河野 2008)。

水野敏典は，東アジアにおいて，日本列島の前方後円墳を頂点とする墳形による秩序は特異な現象であることを強調する。そして，大和における円墳を欠く古墳時代前期前半段階は，中・後期の多様な墳形の採用とは異なり，前方後円墳の受容過程であり，国家形成期における社会の統合過程，と位置づけた (水野 2010)。都出論の具体的な細部点検の実践と位置づけられる。

研究方法の独自性と古墳時代全体を一律にみない論の一例として菱田哲郎の論考に触れておきたい (菱田 2007)。菱田の研究法は，国家の指標を設け，それに対して考古資料をあてはめた都出らの方法ではなく，古典的ともいえる，下部構造（生産・流通）と上部構造（思想・宗教）の枠組みで5世紀から8世紀を見渡すものである[11]。その結果，6世紀中葉に整えられた統治機構（ミヤケ，国造，部民制）をもって国家の成立とした。一方では，推古朝の画期の意義は大きいけれども，それは6世紀中葉からの帰結，と述べて反論に備えている。

iv）成層化社会論（首長制社会論）

鈴木靖民を中心として，新進化主義の文化人類学の成果に依拠し，古墳時代を首長制国家と定義する立場がある。鈴木の独自性は，律令国家成立以前の日本古代社会をいわゆる首長制社会（首長国）として位置づける点にある[12]。

まず，その端緒となる論 (鈴木 1990) をみてみよう。3章構成をとり，第1章では，首長制論の諸概念を明らかにするため，新進化主義人類学者E. R. サービスの論を整理している。4点にまとめることができる。

① 社会の発展段階をバンド・部族・首長制社会（首長国）・国家と区分する。

② 首長制社会は，北アメリカ，南アメリカ，アフリカ，東南アジア，内陸アジアなどに広範に分布しており，ペルー，中央アメリカ，東地中海，中国の古代文明の前身形態とも考えられる。

③ 首長制社会の特徴は，最高首長を中心とした円錐形クランという共同出自集団を基盤とする序列を社会組織の基本とする。

④ 地位・身分が存在し，生産物などの分配や消費に不平等が認められるが，社会経済的・

政治的階級は存在しない前国家的社会である。

以上を踏まえ，鈴木は，日本における律令国家の前段階である弥生時代後期から古墳時代が首長制社会に該当するとみなした。さらに，M. D. サーリンズ（サーリンズ 1972，初出 1968）の論を引き，首長制の諸概念を整理する。

① 円錐形クランの組織形態は，各大小首長や共同体構成員は最高首長と擬制的血縁関係をもち，同一系譜のなかで首長との血縁的親近性を核として身分を形成し，秩序づけられる。

② 首長制下の経済構造を分析する概念として，互酬性と再分配が重要である。

そして，サーリンズの円錐形クランの首長国のモデルを転載している。

鈴木はその後，首長制社会を段階的に整理して自論を補強した（鈴木 1992・1993）。

2－3 世紀……部族から首長制社会へ（地方首長国）

5－6 世紀……統一首長国（首長国連合）が成立し，倭（ヤマト）王権を中心に序列社会が形成

7 世紀前半……序列社会が確立

7 世紀推古朝……萌芽的な中央官司制

7 世紀後半～8 世紀中葉……首長制的な社会の特徴を遺存させながら律令国家が成立

9 世紀（平安前期）……古代国家の確立

この論は，考古学の調査成果と文献を十分に活用したものであるが，古代国家の確立を平安前期まで下げる独自の見解を示した点については，都出の批判を受けた（都出 1993）。

考古学からは，白石太一郎が，正面から首長制社会論に依拠した考えを発表した（白石 1992）。古墳時代研究にあたっては，首長制論で重視される円錐形クランのモデルが実態解明に有効性を発揮し，経済構造も互酬性と再配分というキーワードで説明できそうとの見通しを示した。そして，古墳時代は，初期国家というよりはむしろ首長制社会の段階により整合性が高い，と都出論に抗した。さらに，古墳時代は首長制社会の構成原理をもち，擬制的血縁関係を介した身分秩序の形成期，と論を重ねた（白石 1994）。

その後，鈴木は視野をさらに広げて，首長制社会論と国際関係（地域間交流）論と民族論の「体系的歴史具体的な結合」による国家形成期ないし過渡期の特質の解明をめざす研究の方向性を示している（鈴木 1994・1996）[13]。

首長制論については，日本考古学と古代史研究の乖離は大きい，と見直しの意見が提示されている（今津 2002）。今津勝紀の論点を整理すると 2 点にまとめることができる。

① 首長制社会を部族社会から国家段階への階梯とすれば，その期間は長期にわたり，地球上のさまざまな自然環境に適応した多様な形態をとる。

② 首長制は，始祖からの系譜的距離により，円錐型に重層した階層化社会を構成するものであり，人間がじかに接する範囲（せいぜい数キロ程度）でしか統合し得ないシステムである。

この提言は，社会の複合化・複雑化を「同位政体相互作用論」や「中心－周縁理論」などの地

域間交流論によって追究し，国家を世界システムにおける地域的な政治的中心団体として把握可能である，という点に重きを置く。列島内部に首長制社会が分節していた構造を認め，そこに中心が形成される過程を明らかにする必要性を強調している。鈴木がすでに指摘した地域間交流論と首長制社会論の結合の方向性（鈴木 1996）をより推し進めた提言と位置づけられる。

ｖ）　**前方後円墳国家論**

広瀬和雄の基本的な考え方は，古墳時代社会構成の解明には，政治的社会構成と経済的社会構成とに峻別し，異なる資料と方法により分析したのちに統合する段階が必要であり，一方を媒介として他方を見る，他者規定的な方法は避けるべき，との指摘によくあらわれている（広瀬 1993）。

広瀬はその嚆矢となる論文で，「前方後円墳首長霊継承儀礼説」を否定し，代わって，＜亡き首長がカミと化して共同体を守護するという共同幻想＞が前方後円墳の思想的基盤と主張した。そこには，大和の有力首長を中心とした＜中央－地方＞の政治関係が成立していた，とみた（広瀬 2002）。

次には，古墳時代を多面的に分析しながら，改めて自論を展開した（広瀬 2003）。前方後円墳は，首長層の利益共同体であり，前方後円墳に葬られた亡き首長は，＜カミ＞となって共同体の安定を保つとする共同幻想が，国家を支えている，と前方後円墳祭祀の機能を明確にしている。また，前方後円墳に＜目で見る王権＞あるいは＜可視的な国家＞という表現で政治的役割をみている。

翌年には，前方後円墳の特性として，①可視性，②画一性，③階層性，の3点を改めて提示するとともに，理論的整理を進めた（広瀬 2004a）。各地に分散していた首長層が一定の自立性を保ちながら＜もの・人・情報の再分配システム＞のもとに政治的結集をはかった利益共同体が，国家である，と定義した[14]。

さらに＜画一性と階層性を見せる墳墓が前方後円（方）墳＞と規定し，そこに表象された政治性には，各々の地域内部のものと，それを超えた汎日本列島的な双方向性が包摂されていた，とみる（広瀬 2004b）。ただし，主導性は中央にあった，とみなす。この点において，広瀬の前方後円墳国家論は，首長層の利益共同体であり，それを運営するのはあくまでも中央政権，と理解される[15]。

律令制国家との関係については，前方後円墳の分布から政治地域の設定は難しく，律令的支配の原型あるいは前史として古墳時代を位置づける視点では，政治構造を解明できない，と述べるとともに（広瀬 2007），古墳時代から律令国家への「発展」論を退けた（広瀬 2009a）。

その後，民衆支配の視点から，改めて前方後円墳国家論を補強した（広瀬 2008）。内容は，群集墳の諸形態を検討し，在地の支配秩序は，首長の武力にもとづく強制力だけでなく，首長権力の行使に対する民衆の同意・納得で支えられていた側面が強かったことを主張した。

最近では，前方後円墳の本質を＜共通性と階層性を見せる墳墓＞とし，＜中央－地方の契機をもって，祭祀と政治を媒介的に表出した墓制＞とややニュアンスを変える（広瀬 2011）が，基本的な考え方に変更はない。

最後に広瀬の前方後円墳国家論についての反応について触れておきたい。河野一隆は，国家の相貌を規定する原理を，広瀬が<自律的>に捉えるのに対し，河野は外部の要素の重層性，複合を本質と捉えて<他律的>とする点において，対極にあるとしながらも，史的唯物論を基軸とする古典的国家形成論とは一線を画した論と評した（河野 2003）。

また，新納泉は，広瀬は首長が一定の政治領域を保有し，政治領域が階層的なピラミッド構造を呈し，その頂点に大和政権が位置すると考えている，と解した。これに対し，新納は，首長がもつのは，大小の首長のネットワークで，人と人とのつながりだ，と主張した（新納 2004）。また，学史の整理や議論の方法にも難色を示している。土生田純之も研究史への配慮を欠いた記述と評し，さらに，前方後円墳という共通の墳形が長く営まれたこと以外の考古資料にもとづいた前方後円墳国家措定の根拠が示されていない，と評した（土生田 2006）。

vi）　国家論の整理

岩永省三の業績が，特筆される。1991年，1992年に相次いで出された「学説史的検討序説」は，まず，マルクスやエンゲルスに代表される古典学説からはるか都出比呂志学説までを整理し（岩永 1991），次に，主として文献史学と戦後の日本考古学における国家形成論の連動関係について（岩永 1992），詳細かつ批判的に整理している。さらに，田中良之の親族構造の研究（田中 1995）をもとに，親族構造変動と国家形成が密接に連動していることをつきとめた（岩永 2003）[16]。その後，日本・中国・朝鮮半島の国家形成過程から共通性を抽出し，東アジアモデルを提示した（岩永 2006）。都出の「初期国家」を前国家段階の範疇と把握している点が注目される[17]。

1996年には，世界の国家形成に関する多くの研究者の主要な国家発生モデルを網羅し，それをフローチャートで表現するというコンセプトで『国家の形成』（三一書房）が出版された。「初期国家の理論」（植木 1996）や「日本列島の国家形成」（松木 1996）が，学史の整理により，研究の到達点を示している。

北條芳隆は，従来の古墳時代研究における前方後円墳を政治的産物とみる認識を7項目にまとめ，逐一その問題点を指摘し，日本の前方後円墳研究は袋小路に迷い込みつつある，との認識を示した（北條 2000b）。資料の実体に立ち返って概念化を試み，帰納的類推を積み重ねる手法の実践を強く訴えている点は傾聴に値する。

上田正昭は，文献史学の立場から，初期王権研究の視点として，歴史や文化が「中央」から「辺境」への放射線状の展開を想定することに対して，中央史観と断じて退けている（上田 2003）。考古学の分野においても留意すべき重要な指摘と思われる。

佐々木憲一は，首長制や国家に言及した欧米の研究者を紹介しながら学史・学説を整理し，合わせて考古学的成果を基礎にした古墳時代の社会構成モデルの作成に意欲的に取り組む（佐々木 1994・2004・2011）。顕著な地域差を比較するため，基準としての抽象的概念が必須である，との強い主張に賛同する。

溝尾秀和は，日本古代国家論における論調を，①古典的なマルクス主義史観によって律令国家をアジア専制国家の一類型とみるもの，②郡司を中心とした在地社会の自立性を高く評価する在地首長制論，③階級的利害から超越した公権力として律令国家を評価する論，の3つに整理している（溝尾 1999）。③が理論的に最も完成度が高い，としながらも，今後の理論的課題として，『起源』を十分に批判したうえで，日本古代に適用できる新たな国家指標を模索することをあげ，都出比呂志による前方後円墳体制論（都出 1991）を高く評価している。

関本照夫は，東アジアの王権研究を人類学の立場から進めるための視座と方法について論じている（関本 1987）。主にタンバイアの「銀河系的政体」論とギアツの「劇場国家」論を紹介している[18]。両者は，造形的・儀礼的表現において共通点があるが，前者は，下位の各単位が上位のヒエラルキーにあるものと同型的であるゆえに自立性を保つのに対し，後者は，下位が上位を模倣するという文化的ヒエラルキーを説いているだけ，と評している。そして，王権研究には，均衡をめざす全体論ではなく，矛盾とダイナミクスのなかに全体の関連をみていく論が必要であり，依拠すべきは，ギアツではなくタンバイアだ，と主張した。無批判に人類学のモデルを導入することへの留意点を示す論，と位置づけられる。

用語解説や考古学事典のなかにも，松木武彦による「国家形成」や「首長制」（松木 1999a・b），北條芳隆による「国家」（北條 2004）など国内外の研究の動向を的確に論じ，多様な国家観を提示する優れた業績がある。

松木武彦は武力抗争の発生・展開と集団関係の変化を素材にして，政治的統合や王権形成について論じた（松木 2007）。国家形成にかかわる新進化主義人類学やプロセス考古学の枠組みについての的確な整理をベースに，武力抗争と国家形成の諸段階に言及した点が特筆され，鉄資源をもたない日本列島の固有条件が，対外的諸活動を政治経済的結集の基軸とした反面，内的な制度化を遅らせた，と独自の論を展開している。古墳時代前・中期を初期国家，後期は成熟国家に向けての移行の過程と理解している点は，和田晴吾の論（和田 1998・2004）と通底する。

岩崎卓也と常木晃の共著による国家形成論の整理は，対等な政体間の相互作用が果たした役割を重視し，レンフルー説の紹介に多くのページを割いた。具体的には，メソポタミアにみられる一次国家と，中国の影響を受けて二次的に都市や国家ができた二次国家である日本を例にして，レンフルーによる初期国家と政体間の相互作用モデルを適用した。弥生時代における北部九州が初期国家群に相当し，その後，畿内を中心とする政体によって初期国家群を横断する領域的な国家と呼べる政体が誕生した，と国家形成のプロセスを素描した（岩崎・常木 2008）。

最後になったが，国家論の整理をするとき，視野をひろげて，韓国の前方後円墳の性格についても論及する必要があることを明記しておきたい。古墳時代を前方後円墳体制あるいは前方後円墳国家と規定したとき，当然，半島の一部もその政体の構成体と位置づけられるからである。半島の前方後円墳については，土生田純之（土生田 1996），小田富士雄（小田 1997），鈴木靖民（鈴木 2003b）などが言及している。土生田は，直接的な政治的関係ではなく，在地の主体性にもとづく交流活動の所産，小田は，被葬者を列島各地の首長およびその配下の兵士とその子，あるいは交易や外交の交流活動に従事する人とその子，鈴木は，交易を生業とし，各地を往還する倭系住民の首長級有力者が葬られたと推定している。三者とも，それぞれの立場で，前方後円墳体制（鈴木の場合は首長制）を前面に出さない特別の配慮をしている点で共通している。

vii）　その他

i）～vi）以外の国家論にかかわる論文とその概要を短文でまとめて示した（第2表・その他）。威信財システムおよびその変質（河野 2001a・b・2008・2011，石村 2004，辻田 2006，下垣 2010など）にかかわる論考は，統治システムあるいは互酬制とのかかわりで重要であるが，国家形成に間接的と判断して，諸論の1つとせず，表に含めるにとどめた。

新納泉は，川田順造（川田 1976）を引いて，サウゾールの「環節国家」[19] を紹介している（新納 1991）。地域間のピラミッド形の階層関係が存在するが，中心から周辺にむかって権威が弱まる点に注目するならば，タンバイアの「銀河系政体論」（青木 1985，関本 1987，佐々木 1996など）あるいは，首長制に近い。さらに，地域間交流論（佐々木 1995）は，国家形成にかかわって重要な意味をもつが，第4章のそれぞれの節のなかで，考察することにしたい。

川西宏幸は，都市・鉄器・大墳墓を鍵語として，汎ユーラシア的な互換性を備えた媒体によって日本の国家形成に比較考古学的検討を加える視点を提示した（川西 1999）。古墳時代の政治秩序を初期国家と成熟国家の2段階説による初期国家段階に位置づけ，鍵語による中国，西アジア，エジプトなどとの比較により，その共通性と日本の国家形成上の特質を明らかにした。学史を紐解いて再評価し，世界史的な視座から古墳時代を俯瞰するとともに，共通性と独自性の指摘にとどまらずに「個を携えて普遍の場へ赴き，再び個に帰る」叙述で相対的にその背景を描写する点に特色がある。その後，考古資料をもとに5世紀中・後期が，同型鏡の拡散，造墓，生産，伝播体系，思念，生活などが互いに相関して1つの方向に転舵した大きな画期であることを明らかにし，国家としての組織化が進んだ段階と評価した（川西 2004）。特に，同族としての帰属や結合の自覚によって地域色が鮮明になることや群集墳の動向にも目配りしている点に独自性がある。

なお，前方後円墳の築造は政治的統合を意味しないとする論（田中 1993，北條 2000aなど）も第2表に盛り込んだ。独創性と独自性をもつが，列島各地に広く，階層性と画一性をもって築造される前方後円墳のあり方（広瀬 2004a）を説明しづらい。

3　小結

古墳時代を日本の古代国家形成のなかにどう位置づけるか，という問いに対しては，3つの考え方がある。第1に前方後円墳体制論に代表される3世紀段階から国家段階とみなす考え，第2に古墳時代全体を同一視するのではなく，首長連合体制論のように5世紀後葉あるいは6世紀段階の画期を重視する考え，第3に文献史学者を中心に主張されている7世紀を通じて段階的に律令制が整い，国家が形成された，とする考えである。

さらに古墳時代社会の評価に関しては，大きく分けて3つの考え方がある。第1に政治的中枢が形成され，階級的支配，被支配関係が存在するとする考え，第2に古墳時代を首長制的な性格が強く残る段階と，それ以降の集権的な性格が強まる段階に大別する考え，第3に有力首長を中心とした＜中央－地方＞の政治関係が成立し，＜もの・人・情報の再分配システム＞のもとに政治的結集をはかった利益共同体，とする考えである。

第2節　評の成立

『日本書紀』（以下，『日本書紀』の引用にあたっては，坂本太郎・家永三郎・井上光貞・大野晋校注1965『日本古典文学大系68　日本書紀』岩波書店による。傍線：筆者）は，皇極4（645）年6月戊申（12日）条で，中大兄皇子（のち天智天皇）が中臣鎌子（のち藤原鎌足）らとともに蘇我入鹿を暗殺し，翌日には蘇我蝦夷が自殺したことを伝える（乙巳の変）。庚戌（14日）条で，皇極天皇が軽皇子（孝徳天皇）に譲位，乙卯（19日）条で初めて年号を大化とした。孝徳天皇は，同年12月に都を飛鳥板蓋宮から難波豊碕宮に遷す。大化2（646）年元旦，改新の詔が宣せられる[20]。

詔は，「其の一に曰はく」という形で「其の四」まで，4項にまとめられている。第1項は公地公民の制，第2項は国郡里制にもとづく行政組織，第3項は戸籍・計帳・班田収授の制，第4項は税制，が主な内容である。ここでは，本節にかかわる，第2項を示しておきたい。

> その二に曰はく，初めて京師を修め，畿内（うちつ）國の司・郡司（こほりのみやつこ）・關塞（せきそこ）・斥候（うかみ）・防人・驛馬・傳馬を置き，鈴契（すずしるし）を造り，山河を定めよ。凡そ京には坊（まち）毎に長一人を置け。四つの坊に令（うながし）一人を置け。戸口を按へ檢（おさ）め，姧（かだま）しく非（あ）しきを督（ただ）し察（あきら）むることを掌（つかさど）れ。斯の坊令（まちのうながし）には，坊の内に明廉（いさぎよ）く強く直しくして，時の務（まつりごと）に堪ふる者を取りて充てよ。里坊（さとまち）の長には，並びに里坊の百姓の清く正しくいさをしき者を取りて充てよ。若し當の里坊に人無くは，比（ならび）の里坊に簡（えら）び用ゐること聽（ゆる）す。凡そ畿内は，東は名墾（なばり）横河より以来，南は紀伊の兄山より以来，西は赤石の櫛淵より以来，北は近江の狭狭波の合坂山より以来を，畿内國とす。凡そ郡は四十里を以て大郡とせよ。三十里より以下，四里より以上を中郡とし，三里を小郡とせよ。其の郡司には，並びに國造の性職清廉（ひととなりたましひいさぎよ）くして，時の務（まつりごと）に堪（た）ふる者を取りて，大領・小領とし，強くいさをしく聡敏（さと）くして，書算（てかきかずとる）に工（たくみ）なる者を，主政・主帳とせよ。凡そ驛馬・傳馬給ふことは，皆鈴（みなすず）・傳符（つたへのしるし）の剋（きざみ）の數に依れ。凡そ，諸國および關には，鈴契給ふ。並に長官（かみ）執れ，無くは次官執れ。

内容は，まず行政組織を示すとともに「山河を定めよ」と，国および郡（評）の境を明確にすることを命じている。さらに大郡（四十里以上），中郡（四里以上～三十里以下），小郡（三里以下）と郡を里数の規模により格付けしている。そして，郡司には，国造を充てて大領・小領とし，

第 3 表　評制にかかわる諸論の整理（吉田晶 1973「評制の成立過程」以降を中心にし，考古学的に個別の遺跡を紹介する論は割愛した）

1929	坂本太郎	「郡司の非律令的性格」	養老令の定める郡司は官位相当の官ではなく，任用資格や国司に対する敬礼の規定からみて律令的でなく，旧制度を受け継ぐ独自の立場に注目
1962	関　晃	「大化の郡司制について」	「新置のコホリ」以外に国造のクニが孝徳期に評になったことを確認できる例はない。国造制と評制は，天武朝に「国造系のコホリ」に改められるまで併存する状態であった

◆ 1967 年　藤原宮跡の発掘調査により，浄御原令下の年紀をもつ木簡に<評>文字，大宝令下の年紀をもつ木簡に<郡>文字が確認され，いわゆる「郡評論争」に終止符が打たれる

諸説／年代	筆者名	論文名	主張	内容
1973	吉田　晶	「評制の成立過程」	評衙設定の三類型	郡（評）衙遺跡を積極的に評研究に取り入れ，国家権力主導型・豪族居宅型・大化前代官衙的建物発展型を設定
〃	関口裕子	「「大化改新」批判による律令制成立過程の再構成（下）」	大化改新偽造説	孝徳期の評設置は，国際危機に対する軍事的対応で，地域的に限定されたものであり，全国的規模で施行されたのは天智朝
1976	米田雄介	「評の成立と構造」	立評の三段階説	孝徳立評は族制的な国造の支配から官僚制支配への転換期で，第 3 段階の甲寅年が律令的行政区画の成立期
1977	鎌田元一	「評の成立と国造」	建評申請者＝初期官人説，一斉説	部民所有を否定し，50 戸単位編戸。国造のクニは，孝徳朝で否定されるが，国造は天武 4 年まで機能を果たす
1978	磯貝正義	「郡・評問題私考」	評造＝評督・助督等の包括名	郡・評問題の解決は，大化の改新詔の信憑性の問題解決に寄与せず，『日本書紀』編者が郡に書き換えた方針を確認したにすぎない
〃	岸　俊男	「『白髪部五十戸』の貢進物付札」	―	伴出した「大花下」木簡は，649～664 年の冠位名であり，当該時期に五十戸制が確認できた意義は大きい
1980	東野治之	「正倉院武器中の下野国箭刻銘について」	那須郷→奈須評	正倉院蔵の胡禄入り箭は，下毛野の奈須評からの貢進物であり，評制下の収税機構における評の位置を示す
〃	篠川　賢	「律令制成立期の地方支配」	『常陸国風土記』は史実を伝える	古墳の存在形態に示された在地首長層の動向をとおして，常陸国風土記の建評記事が矛盾なく理解できる
1981	薗田香融	「国衙と土豪との政治関係」	国造＝身分的呼称説	旧国造が一種の職名または地位を示す称呼（原文ママ）として生きている。国造と郡司は肩書きで，同一人に併存してもさしつかえない
1982	鎌田元一	「那須国造碑文の「国家」」	国家棟梁＝国家の重臣説	那須地方を評制施行の遅れた辺境としたり，7 世紀末葉まで国造のクニが存続した地域と想定したりすることはできない
1983	山中敏史	「評・郡衙の成立とその意義」	飛鳥浄御原令による全面成立説	推定初期評衙と 7 世紀末以降の評衙・郡衙の構造・立地の不連続性は，両者の支配が質的に違っていたことを示す
1985	篠川　賢	『国造制の成立と展開』	国造―評造二段階地方行政制度	国造の「クニ」と評とは，地域を異にして併存したのではなく，国造の「クニ」に評が含まれていた
1987	森　公章	「評の成立と評造」	鎌田説を支持し，孝徳朝一斉説	孝徳朝以降の天智朝の立評とみられる例は，すでに孝徳朝に立評されていた評の分割と理解
1988	松原弘宣	「令制駅家の成立過程について」	評家駅家制	評家の設置は，中央と地方を結ぶネットワークの整備と密接な関係にあり，孝徳立評により評家駅家制が成立した
1989	渡部育子	『郡司制の成立』	―	評制は，大化の段階で暫定的に採用された，国造制から国郡制への過渡的形態とでもいうべき制度
1991	山尾幸久	「評の研究史と問題点」	評研究の材料を研究する必要性	1990 年以前の評研究を総括。公民制の形成が，評研究の基本問題であり，天智朝に転機があることは明らか
〃	白石太一郎	「常陸の後期・終末期古墳と風土記建評記事」	文献史料と考古学的資料を総合する	6 世紀の大型前方後円墳から復元した在地首長層の勢力圏は，国造の領域よりかなり狭く，のちの評の領域に整合
1992	田中広明	「郡家造営事始め」	郡家に先行する集落の類型化	郡家に先行する集落のなかで，在地首長の居宅がそのまま郡家に発展した例はない
1994	鎌田元一	「7 世紀の日本列島―古代国家の形成―」	―	歴史的前提として部民制と屯倉制があり，前者が後者の原理の上に止揚されたところに公民制が成立した
1995	松原弘宣	「孝徳立評と立郡」	『常陸国風土記』に依拠しない	古代国家形成過程における地方支配にとって，8 世紀初頭に画期があり，孝徳立評よりも大宝令施行が本格的転換期
〃	山中敏史	「国府・郡衙跡調査研究の成果と課題」	―	郡衙の出先機関や官衙的居宅など官衙関連施設も研究の対象となってきているが，その指標が厳しく問われるべきだ
1996	篠川　賢	「評制の成立過程について」	評制孝徳朝一斉・国造制存続説	『日本書紀』の孝徳紀以降の国造関連記事だけでなく，その他の郡（評）関係資料からも国造制の存続がうかがえる
〃	須原祥二	「8 世紀の郡司制度と在地」	郡司職は，持ち回りで移動	擬任郡司の動向から，終身官であるはずの郡司が実際には十年未満という短期間で交替していることが判明した
1998	門井直哉	「評領域の成立基盤と編成過程」	評領域の 4 類型と編成過程モデル作成	評の領域は，在地の有力豪族による実質的な支配領域を編成して新たに創出された形式的な行政領域
2001	山中敏史	「評制の成立過程と領域区分」	評・評衙の三段階区分	前期評衙と後期評衙の間には断絶と大きな構造変化があり，孝徳朝全面立評説には組しない
2003	森　公章	「評制下の地方支配と令制国の成立時期」	―	令制国の成立時期は天武 12・13・14 年の国境確定を契機とすると考えており，近年の飛鳥京出土木簡と整合性がある
〃	酒寄雅志	「律令国家の誕生と下野国」	「国宰所」と評家の複合的施設	7 世紀第 3 四半期後半の西下谷田遺跡（評衙）は，評家設置と運営開始までに地域により時間差があったことを示す
2004	吉川真司	「律令体制の形成」	7 世紀木簡による新たな書記批判	<国―評>システムは，孝徳朝において一斉に行われた施策で，合わせて<五十戸>編成により公民化
〃	亀谷弘明	「七世紀の飛鳥京木簡と地域支配」	孝徳朝全面立評説	飛鳥石神遺跡の乙丑（665）年木簡は，大化 2 年～天武 4 年間における部民制と国造制に基づく地域組織の併存を示す
〃	田中広明	「七世紀の陶硯と東国の地方官衙」	墨書文字が古代への転換を導く	地方官人による文書行政システムの成立過程を 7 世紀の陶硯の生産と消費の展開が物語る
〃	鳥羽政之	「地域社会の変容と評家の形成」	考古学の個別事象の総合化	東国の 7 世紀第 3 四半期以降の遺跡を四類型化し，「成立期地方官衙群」総体の中で比較検討する必要性を強調
2005	三舟隆之	「那須国造碑と那須評の成立」	―	那須国造の評督への任用が示す那須評の成立は，この地域の寺院や郡衙の成立という考古学的事実と重なり合う
2006	市　大樹	「総説」『評制下荷札木簡集成』	―	7 世紀（評制下）の木簡 339 点を集大成し，出土文字資料からみた地方支配システムの形成と展開について総括
2007	須原祥二	「孝徳建評の再検討」	磯貝説の再評価・国造兼評造説	評制の施行は，直接的には部民制の廃止と関わらせて理解すべき
2008	仁藤敦史	「六・七世紀の地域支配」	律令制以前は分節的な支配構造	在地首長と大王および群臣との多元的，人格的貢納奉仕形態を前提とするシステムの統合として評制を位置づける
2009	森　公章	『古代木簡と郡家の機構』	―	「評司・国造の執務構造」では，様々な豪族の編成には評制下，あるいはそれ以前からの管下の中小豪族の協力が不可欠，とする
〃	清野陽一	「常陸国の古墳分布と郡領域」	白石説の否定	国造の「国」を単に評制へと移行させ，さらに郡領域が分割されたわけではなく，7 世紀を通じて伝統的な領域が再編
〃	大橋泰夫	「国郡制と地方官衙の成立」	地方官衙は段階的に成立	地方官衙は 7 世紀後半代～8 世紀前葉にかけて段階的に成立し，その形成時期は孝徳朝（7 世紀中葉）より遅れる
〃	大川原竜一	「印波国造と評の成立」	―	評の設置に伴う龍角寺の創建は，大生部直氏の族制的結びつきに基づくものであり，首長層の族制的支配が機能
2010	八木　充	「7 世紀の国造と評制の施行」	評制漸進的整備説	孝徳期に国造・クニ制から評司・評制に転換したが，あくまで着手で，各在地事情に左右されながら，順次拡大，強化された
2011	北　康宏	「国造制と大化改新」	評は五十戸編成に先立って存在	立評の前提に国造稲置系の 80 戸編成，ミヤケ系の 60 戸編成が併存し，立郡等級規定は両者を摺り合わせる最小公倍数
〃	西宮秀紀	「三河国造の時代から青見評の時代へ」	―	木簡資料などの考古資料と文献を整合させながら，令制三河国成立以前の国造制から評制への転換を素描
2012	平野卓治	「地域社会における評・郡成立の前提」	評成立の前提に複数の集団・首長が存在	郡家は，古墳が継続的に造られた有力地域首長の本拠地，かつ交通の要衝に営まれた
〃	市　大樹	「飛鳥・藤原木簡の研究現状」	木簡使用から見た天武朝の画期	天武末年の国境画定事業を境にサトから記載する荷札木簡が激減し，国から記載する例が増加する

文書と計算の実務として主政・主帳の職名がみえる。

特徴的なのは，地域の有力者である国造を郡司として登用する点にある。公地公民制を基本とする古代律令国家の形成にあたって，中央から派遣される国司（くにのみこともち）の下に，地方の有力者を郡司（評督）に任用したのである。この任用形態は，小地域における古墳築造の動向から，7世紀の地域史の復元をめざす本論の目的に沿って一筋の道を示す可能性がある，と判断した。

評の成立時期とその性格については，「少し極論すれば，評に関して所見が一致しているのは，孝徳朝が朝鮮の制度を採用して施行した，大宝令前の地方組織である，といったことでしかない」との危機感（山尾 1991，p.59）が示すように，古代史研究者間でも共通点を見出すことが難しく，問題も多岐にわたる。以下，（1）評の成立時期　（2）評の成立過程（全国一斉か，地域差があるか）（3）評督（郡司）の性格，の3点に課題を限定し，文献史学と考古学による先行研究を振り返ってみたい。先行研究の整理にあたっては，前節の古代国家形成論と同様に，年表にまとめることにより（第3表），評に関する研究を俯瞰できるよう配慮した[21]。

1　評の成立時期

文献史学の成果からは，①孝徳朝全面立評説，と②段階的整備説に分かれる。①の論者は，鎌田元一（1977），薗田香融（1981），森公章（1987・2003），篠川賢（1996），吉川真司（2004）などで，多くの研究者がこの説をとる。②の論者は，関晃（1962），関口裕子（1973），米田雄介（1976），渡部育子（1989），松原弘宣による大宝令施行説（松原 1995），酒寄雅志（2003），八木充（2010）などで，少数派と言える。しかし，考古学の調査成果からみた評制の成立時期は，山中敏史による，飛鳥浄御原令における全面成立説（山中 1983）[22]，あるいは，評・評衙の3段階区分[23]による孝徳朝全面立評の否定（山中 2001），大橋泰夫による地方官衙段階的成立説（7世紀後半～8世紀前葉）により，孝徳朝（7世紀中葉）より遅れるとする説（大橋 2009）など，①の論に否定的である。

一方，文献資料が非常に限られたなかにあって，木簡の出土により，7世紀段階の様相が明らかになりつつあることは，大きな成果と言える。古くは，いわゆる郡評論争が，藤原宮出土木簡により，終止符が打たれたり，岸俊男による飛鳥京51次調査出土「白髪部五十戸」と判読される貢進物付札の検討により，649～664年には，五十戸編成されていたことを確認（岸 1978）できたりしたことは，よく知られている。2006年までには，7世紀（評制下）の木簡が339点集成され（市 2006），天武末年の国境画定事業以降，荷札木簡がサトからではなく国から記載される例が増加することから，考古学的に天武朝における画期が明らかにされた（市 2012）ことが特筆される。

以上概観したように，文献史学においては，改新の詔の存否論争を経て，①説（孝徳朝全面立評説）が多くの研究者に支持されているが，②説（段階的整備説）は，考古学的成果と整合性がある点において，十分成立する可能性を含んでいる，と言える。

一方，考古資料からは，全国の評・評衙関連の遺構・遺物を7世紀中葉まで遡らせるのは難しく，段階的に整備されて，7世紀後半～末に成立する，と判断されている。しかし，今後の木簡の出土や評衙調査の進展によっては，年代的に遡る可能性もあり，結論は留保すべき段階と言える。

2　評の成立過程

ここでは，どのようにして評制が施行されたか，にかかわる研究を振り返る。

郡（評）衙遺跡とのかかわり　吉田晶は，郡（評）衙遺跡を①国家権力主導型，②豪族居宅型，③大化前代官衙的建物発展型，に3類型化した（吉田 1973）。文献史学者が，考古資料をもとに論を組み立てる先駆的研究と言える。評の設置が，全国一律でなく，その性格に地域差があることを読み取ることができる。評は，有力在地首長層が形成した「歴史的世界」を行政単位としたもの，と的確に表現し，本質に迫る。

考古学からは，山中敏史が，調査所見に照らした，より実態に即した類型を提示し（山中 1983・1995），鳥羽政之は，7世紀第3四半期の「成立期地方官衙群」を4類型化し，それぞれの性格を明確にして，総体で理解する必要性を強調している（鳥羽 2004）。7世紀後半に位置づけられる調査例が増加してきている現状からは，それらをすべて評衙として理解するのではなく，多視点でそれぞれの遺構の性格を考えていく段階にきている，と思われる。

一方，郡家に先行する集落を類型化した田中広明は，在地首長の居宅がそのまま郡家に発展した例はない，と述べている（田中 1992）。先行研究に異議を唱える論であり，今後とも注意深く見守る必要がある。

国造制とのかかわり　関晃は，孝徳朝で評になったのは，「新置のコホリ」だけで，「国造のクニ」が評になったことを確認できる例はないことを根拠に，国造制と評制が天武朝まで併存することを説いた（関 1962）。その後，篠川賢は国造の「クニ」と評は，地域を異にするのではなく，国造の「クニ」が評に含まれていた，と独自の論を展開した（篠川 1985）。

古墳の分布との関係　篠川賢は，古墳分布が示す在地首長層の動向が『常陸国風土記』の建評記事と対応する，と述べ（篠川 1980），考古学からは，白石太一郎が，常陸をフィールドとして前方後円墳の動向から在地首長層の勢力圏を復元し，のちの評の領域に対応すると述べている（白石 1991）。両者とも古墳時代の地域首長の勢力圏が，後の評（郡）へ移行した，とする点で共通性が認められる。しかし，清野陽一は，白石が対象とした常陸の古墳分布と郡領域との関係を再び整理した（清野 2009）。それによれば，国造の「国」を単に評制へと移行させ，さらに郡領域が分割されたのではなく，7世紀を通じて古墳時代からの伝統的な領域が再編された，と述べ，白石説に疑問を呈した。

一方，歴史地理の分野からは，古墳分布にみられる在地の実質的な支配領域を編成し，新たに創出された形式的な行政領域が評である，との見解が示されている（門井 1998）。評の形成過程モデルを提示しており，他分野にはみられない独自性をもつ論と言える。

立評以前の様相　北康宏は，五十戸編成以前に国造稲置系の八十戸編成，ミヤケ系の六十戸編成などの先行する編戸が存在していたこと，そして，それらを立評にあたって取り込むために，改新の詔による「凡そ郡は四十里を以て大郡とせよ。三十里より以下，四里より以上を中郡とし，三里を小郡とせよ」との等級規定になった，とその経緯を説明している（北 2011）。孝徳朝以前の段階における状況の一面を知ることができる。

鎌田元一は，前提に部民制と屯倉制があり，部民制が屯倉制に止揚されて，公民制が成立した，と明快に述べる（鎌田 1994）。他の研究者も同様に述べ（須原 2007 など），定説化した説明と言える。鎌田は，孝徳朝に全国一斉に立評された（鎌田 1977）と考える旗頭であり，この時期を大きな画期とする説と整合する，整然とした論，と位置づけることができる。ただし，日本の古代国家が，前代の遺制を残しつつ，それを利用する形で性急な律令国家を形成した点に特色があるとすれば，鎌田のように画期をもって全国を一律に考える論については，検討する余地がある，と言える。

3　評督（郡司）の性格

かつて，坂本太郎は，郡司の性格について，その任用資格などからみて，旧制度を受け継いだ独自の立場と認定し，郡司は＜非律令的＞である，と喝破した（坂本 1929）。国－郡制における郡の役人が＜非律令的＞とは，言い得て妙，含蓄のある言葉である。改新の詔にみえる「其の郡司には，並びに國造の性職清廉（ひととなりたましひいさぎよ）くして，時の務（まつりごと）に堪（た）ふる者を取りて，大領・小領とし」が示すように，在地の有力者を郡司に任用している点は，本論がめざす，古墳の動向から7世紀を考える視点としてのキーポイントとなる。

鎌田元一は『常陸国風土記』の建評記事の独自の分析により，建評申請者＝初期官人説を唱え（鎌田 1977），多くの研究者の支持を得た。しかし，『常陸国風土記』で，立郡（建評）申請者が，国造を肩書きにしている記事は3例あり，3人が新置郡の初代官人になったとすれば，自分の本拠を離れてしまうことになる，との批判（須原 2007）がある。須原は，立郡申請者が一律に初代評官人になったのではなく，分割元の評官人も加わっていた，とする。賛同したい。

評造の解釈については，磯貝正義による，評造は評督，助督等の包括名であるとする＜総括名称説＞（磯貝 1978）と，その後に発表された薗田香融による国造，評造を身分とする＜地位・身分呼称説＞（薗田 1981）とが対比される。磯貝による＜総括名称説＞は，須原祥二によって再評価され，国造系のコホリの評造には，国造が就任して国造兼評造となったとされる（須原 2007）。『日本書紀』には，孝徳朝以降も国造関連記事がみられ，国造の存続が認められている（吉田 1973，鎌田 1977，篠川 1996 など）が，評制とどのようにかかわるのか，を論じる際に重要な視点となる。

最後に，やや時代の下る8世紀の郡司の性格を扱った論であるが，評督の性格を考えるとき，非常に重要な指摘について記しておきたい。須原祥二は，終身官であるはずの郡司が，実は10年未満でひんぱんに交替していたことを明らかにした（須原 1996）[24]。さらに注目されるのは，1

つの郡のなかに郡司候補者となる有力者が複数いて，いわば郡司層を形成していたことを明らかにした点である。須原の論は，郡司を輩出するのは郡司家ともいうべき，単一系譜で固定したものではなく，複数系譜の存在を指摘した点で重要である。筆者は，このような状況を 7 世紀の地域社会に遡らせることも可能であると考えている。古墳の動向から復元される，首長の複数系列と整合する可能性がある。

4　小結

評の成立時期については，考古資料から 7 世紀中葉まで遡らせるのは難しく，段階的に整備されて，7 世紀後半～末に成立する，と判断されている。一方，文献史学の成果は，①孝徳朝全面立評説と，②段階的整備説に分かれる。改新の詔の存否論争を経て，現段階では，①説が多くの研究者の支持を受けており，考古学的成果と整合しない現状がある。

次に評の成立過程については，郡（評）衙遺跡とのかかわり，国造制とのかかわり，古墳の分布とのかかわりなどの視点で検討されてきた。古墳時代の勢力がそのまま，次の律令国家に受け継がれたのではなく，前代の遺制を残しつつ再編成された可能性が高い。

さらに評督の性格については，かつて坂本太郎が，郡司は非律令的である，と指摘したように，在地の有力者を登用している点が重要である。8 世紀代の郡司が，終身官ではなく，10 年未満で頻繁に交替していたとする説に従えば，候補者を複数かかえる郡司層が形成されていた可能性が高い。古墳から復元される首長の複数系列と対応する可能性がある。

『日本書紀』によれば，公地公民制を基本とする古代律令国家成立過程で，中央から派遣される国司（くにのみこともち）の下に，地方の有力者である国造が郡司（評督）に登用された。この任用形態は，小地域における古墳築造の動向から，7 世紀の地域史の復元をめざす本論の目的に沿って一筋の道を示す，と判断される。

第 3 節　擬制的同祖同族関係

1　諸論の要旨

古墳築造の背景解釈の 1 つとして，「擬制的同祖同族関係」なる用語を用いて説明しようとする先行研究の積み重ねがある。筆者も同様な記述をした経験がある（小森 1986）。考古学の分野においては，自明のことのように便利に，そしてやや安易に使われてきた用語であるが，これまでの先行研究を整理せずに用いてきた反省がある。たとえば，岩永省三は首長制と深い関係にあるとみる（岩永 2003）。本節では，「擬制的同祖同族関係」とその周辺にかかわる，諸論のそれぞれの論旨を年代順に箇条書きで整理しておきたい。当然ながら擬制的でない同祖同族関係論も含める。

①　折口信夫 1966「大嘗祭の本義」（初出 1928）

・「即位式と大嘗祭とは同一であると言へる」（p.208）[25]。

・「天皇魂はただ一つである」(p.194)「御身體は御一代毎に變るが魂は不變である」。

②　西嶋定生による「擬制的同族関係」論の提起（西嶋 1961）

・地方首長のカバネ秩序への参加はそのことの表現としてカバネ墓制，すなわち前方後円墳の造営を行った。

・地方諸首長のカバネ秩序への参加は，同時に彼等をして**中央諸氏族との同族関係**の設定を意味する。

・群集墳の造営は，首長以外の集団成員へのカバネ秩序の拡大を示す。

③　甘粕健による西嶋説の援用（甘粕 1964）

・古墳のもつ重要な社会的機能は大和政権によって設定された身分秩序の反映，とする西嶋説に依拠する。ただし，カバネと古墳との具体的関係を直ちに解明することは不可能である。

・畿内の特定の前方後円墳と同型の前方後円墳が関東の特定の地域に造られることをもとに，古墳造営は「族長の権威を強めるとともに，族長と共同体との関係を中央首長と共同体との間の関係に**擬制的に拡大する媒介**」(p.196) すると述べる。

④　白石太一郎による西嶋説の援用（白石 1966）

・河内の二大群集墳である高安千塚と平尾山千塚の群構造と形成過程を分析。

・物部氏，蘇我氏等の大豪族と「**擬制的同族関係**」をもった在地の共同体の首長や有力構成員が，その同族関係を紐帯として共同墓地を形成したのが群集墳である。

⑤　石母田正 1971『日本の古代国家』

・律令制以前にも在地首長層は，同族また擬制的同族関係を軸として結合体を形成して在地を支配している。

⑥　サーリンズ 1972『部族民』

・首長国は序列社会であって階級社会ではない，と規定し，その組織は円錐形クランにもとづくと説く。この円錐形クランは広範囲の共通出自集団であり，人々の区別は，**祖先からの系譜上の距離**によって，集団の成員間でなされた。

⑦　白石太一郎による自説の補強（白石 1973）

・群集墳の核となる大型古墳の被葬者は，集団の**擬制的同族結合**の中心となる人物である。

・群集墳を造営した人々にとっては，大型古墳の被葬者は一族の祖であり，**同族関係の要**と意識された。

・『記紀』や『新撰姓氏録』に記載の**同祖・同族系譜**と関連する。

⑧　近藤義郎による「擬制的同祖同族関係」論（近藤 1977a・b・1983）

・弥生時代の氏族的結合は**血縁的同祖同族関係**と考える。

・前方後円墳の築造は，中央と地方の間に政治的関係（**擬制的同祖同族関係**）が成立したことを示す。

⑨　五来　重 1992『先祖供養と墓』

・柳田を引き，「柳田国男先生が理論づけた霊魂昇華説からいいますと，**死んだ人は子孫あるいは肉親の祭りを受けながら清められて祖霊（祖先の霊）になり**，仏壇で祭られます。ところがもっと清まってきますと神になります。死霊から祖霊，神霊というふうに質が変わっていくことを昇華といいます。（中略）やがて氏神となり，始祖霊となります」（p.11）と述べる。

葬墓をとおして日本人の祖先供養の歴史，文化そして宗教観や思想をたどろうとしたところに本論の特徴がある。

⑩　青木　保 1984『儀礼の象徴性』

・「盛大な儀礼を行う，というその行為自体に「国家」の存在が現われ，またそれが「国家」そのものに他ならない」（p.199）。

・「王と王国は儀礼ときわめて“演劇的”に結びついており，国家が祭儀を中心に展開する」（p.200）。

⑪　青木　保 1985「マンダラ国家と劇場国家──東南アジアの国家像素描──」『境界の時間』

・東南アジアには伝統的に近代国家的なものは存在しなかった。

・「国家の必要性，あるいは国家があることの根拠というのは，王宮を中心として行われる「祭儀」にあった」（p.252）。

・「劇場国家としてのあり方がどうも国家の本質を示すものではないか」（p.259）。

⑫　関本照夫 1987「東南アジア的王権の構造」

・東南アジアの王権の研究を人類学の立場から進めるために必要な視座と方法を提示した。社会の伝統的な政治統合に言及し，「現在と過去の往復運動に向わなければならない」とする。中心が人を引きつける力は，経済的利害と並んで，親族関係，宗教，法と慣習その他のさまざまな領域がある，と述べ「功利主義的な個人の利害の飴と鞭による誘導には還元できない」と主張した。[26)]

⑬　岩永省三 1992「日本における階級社会形成に関する学説史的検討序説（Ⅱ）」

・石母田の「擬制的同族関係」を整理すると，A 天皇と各首長，B 特定首長と部，C 首長層相互，D 首長と支配する階層，の異なった 4 種の概念で用いられている。

・「擬制的同族関係」は西嶋の「古墳と大和政権」（1961 年）・石母田の『日本の古代国家』（1971 年）のキーワードであり，1972 年以降に近藤義郎が西嶋の仮説の一部を積極的に受容しはじめてから登場している。

・「擬制的同族関係」は鵺（ぬえ）的性格をもつが，国家形成期における支配・被支配の関係を擬制的同族関係の破壊ではなく，新たな結成・締結として語ることは，発想のルーツが『古事記』の氏族系譜・始祖神話に想定され，一見特殊日本的現象にもみえる。

⑭　鈴木靖民 1993「日本古代国家形成史の諸段階」

・5－6 世紀に大和首長国を最高首長とする円錐形クラン（序列社会）が創出される。この円錐形クランはヤマト王権と地方首長下の在地首長が奉仕の世襲化を根源として擬制的血縁関係を結ぶかたちで構成される。

・前方後円墳の地方的展開を擬制的血縁関係の地方首長層への拡大とする近藤義郎の説は疑問であり，大和首長と地方首長との間に同祖同族関係が結ばれていたと想定するのは難しい。

⑮　都出比呂志 1995「祖霊祭式の政治性」

・「墳墓は死者を埋葬する場である。同時に，そこは**集団の祖霊祭祀の場**となることが多い。特に弥生時代から古墳時代における首長墓祭祀の場が，亡き首長の後継者が先代の首長の霊を祀る行為を通じて，**先代の権力を継承する儀礼の場**であったとする考えは多くの支持をえている」。

・墳墓の変化は2つある。①量的な変化（前方部や突起部の規模の変化），②質的な変化（方形から円形への変化）。

・「墳墓様式の変化のうち，質的変化と考えうるものについては，政治の介入を考えるのが合理的」。

・列島各地に「前方後円墳という外形は採用したが埋葬施設という集団の伝統の重要な部分を維持しうる集団が存在した」事実は，前方後円墳祭式の分布拡大の背景に政治が介在していたことを別の角度から語るものである。[27)]

⑯　P. メカトーフ，R. ハンティントン（池上良正・池上冨美子訳）1996「第3部　王の死体と政治的身体」『〔第2版〕死の儀礼――葬送習俗の人類学的研究――』未来社（原著 1991・第1版 1979）

・「王の死はしばしば諸価値を統合する強大な儀礼的表象を始動させる」とし，「王の死の儀礼は，多くの人が関心を寄せる政治劇の一部である」（p.188）と，その意味あいの重要性を説いている。[28)]

⑰　岡田精司 1999「古墳上の継承儀礼説について――祭祀研究の立場から――」

・古墳の墳丘上における首長継承儀礼説が定説化し，しかもそれが律令制下の大嘗祭と同じものであったとする説は科学的根拠がなく，大きな誤解と矛盾の上に成り立っている。理由として3点あげる。

①　紀・風土記のなかには，墳墓で継承儀礼を行った史料は皆無である。

②　大嘗祭は天皇になる儀礼ではなく，大嘗祭自体が古墳時代の大王もしくは首長の就任の儀礼であったとみることはできない。また，大嘗祭は691年に持統天皇が初めて行った律令的儀礼であり，古墳時代に行われるはずがない。

③　大嘗祭を天皇霊の継承の場とし，天皇になる儀式と説くのは，昭和大礼（1928年）における折口信夫の論文が最初で，実証的な考証ではなかった。古墳上の継承儀礼説は，この折口説を戦後になって古墳葬制に結合したものである（ただし，折口自身は，古墳と大嘗祭を結びつけたことは1度もない）。[29)]

・古墳の祭儀は，葬送儀礼や来世観（死後の世界）から考察すべき。

⑱　車崎正彦 2000「古墳祭祀と祖霊観念」

・前方後円墳には死者の壺形のクニ（国），方形埴輪列は死者のオホヤケ（大宅・大家），墓室は死者のムロ（室）のシンボリズムがある。

・すべてが子宮シンボルであり，死者は母なる大地の胎内に胎児の状態に復帰し，祖霊として再生するという観念を象徴した。

・古墳祭祀は死者の葬送儀礼であるとともに共同体の「まつり」でもあった。それゆえ古墳には社会的・政治的諸関係が反映された。

⑲　白石太一郎 2003「考古学からみた聖俗二重首長制」

・多量の腕輪形石製品と武器・武具を併せもつ埋葬施設が認められ，政治的・軍事的首長権と呪術的・宗教的首長権の組合せで一代の首長権が成り立つ聖俗二重首長制が特殊なものでなかったことを明らかにした。

⑳　大久保徹也 2006「古墳論―<王>を複製する試み―」

・人間社会固有の相互依存関係を体系的に組織するためには，各人の恣意的行動を抑制する禁止規定からなる行動基準が了解されている必要がある，と述べ，その了解を規範と呼ぶ。

・規範と欲求との葛藤が拡大した時，規範を共有する社会はその内部に規範の始発点を求めることはできず，相互依存範囲の外部に仮想する。そこに王が創出される，と述べる。

・王は規範の作用圏の境界にまたがって存在し，内部と外部に 2 つの属性の重なりをもつ[30)]。

・王の身体の衰亡――死――に直面した社会が解体の危機に見舞われるようなことがないよう，<王>を複製する手続きが必要であり，これが古墳である。

・「古墳における埋葬儀礼とはまさしく新王の一方的な能動性の下に進行する先王の同化・吸収過程といえる。（中略）この過程はいくつかの民族誌に記述される儀礼的な「食人」習慣と類似性を想起させる」。

㉑　谷口康浩 2007「階層化原理としての「出自」」

・出自集団と祖先祭祀が社会内部の差異化と成層化に果たした役割について考究し，「祖先祭祀は単なる宗教的行為にとどまらず，親族関係や政治組織を聖化し超日常的価値を付与するものとなり，出自集団の社会的統合や序列化にきわめて重要な役割をはたすことになる」と述べる。

㉒　岸本直文 2008「前方後円墳の二系列と王権構造」

・「今回論じた二王並立は，女性司祭やキサキについては未検討だが，基本的に男王二王の並立を考えるものであり，これまでの説とはまったく異なるものである。古墳時代に王は二人いたのである」(p.17)。[31)]

㉓　広瀬和雄 2009b「装飾古墳の変遷と意義―霊魂観の成立をめぐって―」

・副葬された土器は「黄泉戸喫」のための容器とみて大過ない。

・6~7 世紀をつうじて各地で築造された横穴式石室や横穴墓は，霊肉分離二元論にもとづく他界そのものであった。

・畿内地域などでは，5世紀後半もしくは末頃から須恵器副葬が一般化していく。したがってこの頃には，朽ち果てていく遺骸と墓室のなかで浮遊しながら生き続ける霊魂という，いわば霊肉二元論が成立していたとの判断が可能。

・「前方後円墳はカミと化した，政治的身体を付与された亡き首長の住みかであったのだが，その遺骸には社会的使命が付与され，属人性は剝奪されていた。そうした共同性と個人性の矛盾の統一として存在し続けた前方後円墳に，新しく霊魂観が浸透していくことで，属人性が前面に押し出されてくる」。

・「前期古墳では，亡き首長そのものがカミとなって再生したのにたいして，後期古墳の段階ではカミと化したのは亡き首長の霊魂に変わっていったのではなかろうか」。

㉔　和田晴吾 2009「古墳の他界観」

・古墳での人の行為を復元し，遺構や遺物を検討することで，前・中期の古墳を，遺体を密封する墓としての性格と，「他界への擬えもの」としての性格の，2つの面から捉えようと試みた。

・前・中期の段階では，人は死ぬと魂は船に乗って他界へと赴くとされたが，遺体は棺・槨内に密封され，その中で生前のような生活を送るとは考えられてはいなかった。

・横穴式石室が採用されると，地域差が顕在化する。

① 畿内……石室は「閉ざされた棺」を納める「閉ざされた石室」

→　玄室内は死者の空間とはならない

② 九州北・中部……石室は「開かれた棺」を納める「開かれた石室」

→　玄室は死者が生前と同じ生活をする空間。死者の棲む家は2種ある。

○　玄室の天井が天空を表しその中に家形の施設を配する場合

○　玄室空間そのものを死者が宿る家とする場合

㉕　石村　智 2010「聖俗二重王権の構造」

・ポリネシアに位置するトンガ，サモア，ハワイの事例を分析し，王権のもつ祭祀的側面と政治的側面が別々の王によって担われる聖俗二重王権が存在する条件を①双系的なラメージ制（成員は同じ祖先をもち，その直系からの距離で地位が決定される），②「女性」－「男性」原理による二項モード，③威信財システムの存在，の3点にまとめた。

・次に日本列島における琉球王国および邪馬台国・古代日本の事例と比較し，ポリネシアの社会と同様に聖－俗の二分化が起こりやすい社会であったと考えた。

・こうした共通性は，社会が共有する基層文化に由来すると推定し，沖縄を含む日本列島の社会構造，とりわけ親族構造や象徴的観念について考察するときには，オセアニアを含む環太平洋地域を視野に入れる必要性を説いた。

㉖　土生田純之 2010「始祖墓としての古墳」

・「近年，古墳の政治的意義を強調するあまり，古墳は人を葬る場所，すなわち墓であることを忘れたかのような論考が多い」（p.71）と注意を喚起する。

・始祖墓と目される大型古墳あるいは首長墓とその周囲や近在に構築される群集墳との関係は２つの観点で整理される。

①地理的観点……分離されたものと混在するもの

②時間（年代）的観点……すぐに築造される場合と空白期間があるもの

①は首長層と共同体一般構成員との関係に起因して社会構造を示し，②は大豪族による部民化などの擬制的同祖同族関係拡大と密接に関係する。

㉗　新谷尚紀 2011「民俗学からみる古墳時代」

・古墳時代の首長墓祭祀の基本は，首長の肉体と霊魂とを併せて畏怖し崇拝する点にある。

・古墳時代の観念は霊魂と肉体が未分離。

2　小結

前方後円墳築造の消長を瞥見してみると，その導入時期は，地域差が非常に大きい。しかし，終焉時期については，6世紀前半段階に早くなくなる地域がある一方，列島規模で，ある程度の斉一性（6世紀末ないし7世紀初頭）が認められる（終章第1節第22表参照）。してみると，前方後円墳の築造の契機は，小地域における擬制的同祖関係の産物とみるよりは，非常に政治性の強いものと考えるほうが実態に即しているだろう。しかし，古墳の諸要素にそれぞれの地域の独自性が顕著に表れているのもまた事実（特に埋葬施設）であり，その紐帯の背景理解の1つとして，擬制的同祖関係を位置づけることは許されるかもしれない。しかし，中央と地方，そして地方の内部において「本当に擬制的同祖関係で結ばれていたのか」と問われれば，考古学的にはなんら説明できない領域と言える[32)]。したがって，古墳築造の背景として擬制的同祖関係に言及する場合，＜根拠について丁寧に説明することができるのであれば＞という条件が大前提になると思われる。

以上のことから，本論においては，擬制的同祖関係なる用語は用いないことにする。

註

1)　多くの邦訳が出版されているが，本節では，F.エンゲルス（戸原四郎訳）1965『家族・私有財産・国家の起源』岩波書店，によった。

2)　エンゲルスによる1878年刊『反デューリング論』と1891年（初版 1884）刊の『起源』との関係についても触れておく必要がある。両者の関係については，熊野聰の詳細な整理（熊野 1971）や岩永省三の学説史（岩永 1991）に詳しい。2人の整理によれば，『反デューリング論』と『起源』は，国家形成論については，基本的差異があり，①前者が支配＝隷属関係の発生後における共同体群の公共の社会的機能を果たす機関を＜第1段階の国家＞としていたが，後者は，それを国家以前の氏族制度の機構に含めている，②前者では，第1段階の機関が第2段階になると，公共機能だけでなく階級抑圧も行うようになるとするが，後者は氏族制度が破砕されてはじめて国家が成立するとしている，の2点にまとめられている。前者は氏族制度を残したまま，後者は氏族制度を破壊して，国家が成立しているからである。熊野は，氏族社会から国家へ，が『起源』の論理構造とする。したがって，『反デューリング論』における支配＝隷属関係の発生の「二つの道（二重の道・二とおりの道すじ）」のうち，＜第1の道＞とされる共同体の相互の利益調整・保護のための機関を＜国家＞とするか，そして，氏族制度が，国家と共存するか，の2点に問題点を絞ることができる。文化人類学の成果である初期国家概念は，『起源』による＜国家の4指標＞とは合い入れないが，『反デューリング論』の「二つの道」（特に＜第1の道＞）とは，一部分で話し合う余地がある，と思料される。

3）文献史学による国家成立史においては，1971年の石母田正『日本の古代国家』を画期とし，1970年代以降とそれ以前に区分する考えが示されている（小林敏男 1993）。

4）序文には「真の考古学は実証の上に立つ推理の学であるべき」と述べられており，小林の研究姿勢が示されていて非常に興味深い。一方，畿内と地方の古墳・遺物の年代観については，「周縁がうけいれたものは，かつて中心におこなわれた文化ではなく，その時におこなわれていた文化である」（「中期古墳時代文化とその伝播」同書，p.240）との一文がよく表しているように，いわゆる傾斜編年は採用せず，同時性をもつ，と考えている点において，関東の古墳は，畿内に比べて25年あるいは50年遅れる，とするような1970年代までの一部の研究者の考えとは一線を画する。

5）直木は，5世紀が大伴氏を中心とする伴造・部民制の時代，6世紀が皇室と結んだ蘇我氏中心の人制の時代，7世紀が天皇家を中心とする人制から令制への移行の時代，とおおまかに区分する。なお，人制については，伴造と部民との間にあって，実務を処理する技能を有する下級官僚と位置づけている。考古学関係の論文で，直木の人制を引用する例が多い。たとえば，都出比呂志は，「かつて直木孝次郎が提唱した「人制」なる官人組織が遅くとも5世紀後葉には存する（傍点：筆者）ことを示す」（都出 1991，p.30）と引用するが正確でない。直木は，5世紀末頃に発生しはじめて，6世紀末に成熟をみる，と述べているからである。3世紀末から国家段階とする都出の前方後円墳体制論においては，官人機構をなるべく遡らせる必要があり，そのための操作と判断せざるを得ない。文献史学界からは，本文に記した吉村武彦の見直しとともに，佐藤長門による「体系的な統治システムというにはほど遠く，王権全体が統治機構によって運営されているとは言い難いもの」（佐藤 2008，p.63）との認識もあり，評価が定まっていないのが現状と言える。

6）考古学の分野において，「首長」「在地首長」「首長墓」「首長墳」「村落首長」などの用語を頻繁に用いている現状があるが，安易にすぎる面は否めない。厳密には，石母田の提起した王権と共同体を結ぶ在地首長制，あるいは吉田晶の村落首長制（吉田は在地首長制の下位に村落首長制を置く），文化人類学の成果による部族と国家の中間形態として規定された首長制というように，自分が用いる「首長」概念の立ち位置を明確にする必要性を痛感する（序章参照）。有力者＝豪族＝首長というあいまいな用語で，文献史学者との対話を深めることは難しいように思われる。なお，「首長」概念については大久保徹也による整理がある（大久保 2004）。

7）近藤は，「畿内の大王勢力による制圧は全土一律にすすんだわけではない。」（p.314）という表現が示すように，大和を中心とする畿内勢力の拡大の過程が古墳時代である，と考えていたことがわかる。

8）階級関係の進展，社会的剰余の蓄積，社会的分業の進展，資源や生業の差にもとづく不均等と交易関係の形成，民族移動や戦争を契機とする社会再編や共同体間の優劣関係等を世界各地のケースを分析しつつ多面的に考察すべき，と述べている。

9）「5つの段階・6つの画期」については前論（1994）と同じ表が示されるが，発言のなかでは，前論の第4段階（後期前半）と第5段階（後期後半）を合わせて変質期（転換期と新秩序の展開期に2分）とし，新たに弥生時代後期から終末期を萌芽期と設定し，生成期（前期前半），発展期（前期後半），成熟期（中期）とあわせて全体で5つの段階とし，整合性を図っている。首長制論とのかかわりのなかで「首長連合体制」を位置づけるための操作，と思料される。

10）利根川による関東地方では徴税用の倉庫が5世紀後半までみられない，とする批判に対して，都出は，階級形成の条件が古墳時代に整い，階級形成過程で徴税用の倉庫ができた，とやや苦しい説明をしている（都出 2005，p.13）。

11）菱田は，二区分の有利な点は，考古資料のアプローチと対応することであり，特に考古学から描かれる下部構造は必然的に信頼性が高くなる，と述べている点で今後の研究の方向性を示す。

12）戦後1期で概観したように，文化人類学の概念を導入する手法は，すでに石母田正による在地首長制論が大きな成果をあげている（石母田 1971 など）。しかし，鈴木は「石母田以来の首長制論は，文化人類学から首長という概念だけを借り，それに伴ういくつかの概念を捨象している感は否めない」（鈴木 1990，p.68）と批判する。なお，人類学のモデルを消化して導入しようとする先駆的な研究としては，増田義郎による展望が学史上重要である（増田 1969）。サウゾルの分節国家，サービスの首長制社会，フリードの地位社会などを紹介しつつ，それらは平等社会と階級社会の間に，両者と峻別し確立しなければならない特色ある政治形態ないし発達段階を示す，と位置づけている。そして，彼らの諸概念を整理し，日本の古代史に適用すれば「非常におもしろい結果が得られる」と展望した。邪馬台国には，首長制社会＝地位社会＝分節国家的な性格がきわめて顕著に認められる，と述べるなどその後の研究におおきな示唆を与えたと思料されるが，増田の論を引く文献は少ない。

13）初期国家論との関係についても注目される発言がある。「首長制社会論と密接な関係性をもつのは初期国家論である。初期国家論は首長制社会論を含む新進化主義の文化人類学者の共同研究のなかから分化・成立したという経緯があり，その指標である階層社会人口の大きさ，恒常的剰余，地域編成原理，中央政府，強制力，共同イデオロギーは，両者の境界が分明でなく類似する部分もある」と指摘し，違いは「国家への志向の認識に強弱」とする（鈴木 1996，p.19）。突き詰めると，再び国家とはなにか，の議論に戻ってしまうが，都出と鈴木の論の違いは，それぞれの国家の指標がすべてそろった時点を国家段階とするか（鈴木），古墳時代の社会のなかに指標の萌芽的なものも評価して国家の前半段階とするか（都出）にあると思料される。

14）広瀬は，「いつの時代も人びとはまとまって生活する」（広瀬 2004a，p.258）とも述べている。そして，既往の国家概念の機軸をなした「階級対立」はあったか，と問いかけ（同書，p.256），それを否定することによって，古墳時代における首長と有力農民層の一体感を強調する点に行論の特徴がある。また，「重要なのは，前方後円墳のみならず，国家は人間がつくったのであって，そこにはそれをつくった人びとの欲望や利害をもとにした意志が働いている，という当然の視座をもつこと」（同書，p.259）との主張がある。

広瀬の国家観は，自身も述べているように，佐伯啓思による国家像に近い（佐伯 2001）。佐伯は，国家は「われわれ」意識をもった者の集まり（同書，p.273）で，「関心／利益」を共有する人々の集団（同書，p.285）と観る。また，＜国家についての4つの解釈＞を示し，その3では，国家は「われわれ」意識をもたらし，また，「われわれ」意識によって支えられている（同書，p.279）とも述べている。＜「関心／利益」の共有＞という観点で，両者の考えが一致している。

15）この論のなかでは，和田の5世紀後葉画期説への批判も示されている。「この時期以降を国家とみなすような主張もある。その場合，前方後円墳がつくられつづけた時代を，国家段階とそうでない段階とに分節化することの説明がいるが，かならずしも十分でない。ここには，古代国家とはすなわち律令国家であって，古墳時代はその前史であるといった，いわば自明の理のような論調が幅をきかせている」（広瀬 2004b，p.9）。

16）5世紀後半を境に首長位の父系直系による継承が安定し，5世紀後半〜6世紀の時期に大王を中心とした支配者層の階級的結集とそれにもとづく全国的統治，支配機構が樹立されたことを述べている。また，同時に農民層の安定的な経営単位の成立による収取システムの形成をみている。

17）根拠として，「都出氏の「首長制」と「初期国家」の間より，「初期国家」と「成熟国家」の間に重大な差異があり，「初期国家」から「成熟国家」への転換期における（中略）原理転換を重視し，「初期国家」を前国家段階と把握したい」（岩永 2006，p.109）と述べている。

18）タンバイアの「銀河系的政体」論とギアツの「劇場国家」論については，関本のほかに以下の文献で学ぶことができる。佐々木高明が最初にタンバイアを紹介したように参考文献として評する研究者もいる（佐々木憲一 2004など）が，青木保と関本照夫の仕事を忘れている。

青木　保 1984『儀礼の象徴性』岩波現代選書100　岩波書店

青木　保 1985「マンダラ国家と劇場国家」『境界の時間』岩波書店

佐々木高明 1996「首長制社会からクニへ」『弥生から古墳へ──日本の古代はこうして始まった──』同朋社出版

C.ギアツ 1990（小泉潤二訳）『ヌガラ──19世紀バリの劇場国家──』みすず書房（原典初出 1980）

佐々木憲一 2004「古代国家論の現状」『歴史評論』655号　歴史科学協議会　校倉書房

佐々木憲一 2011「古墳時代像と国家概念」『季刊考古学』第117号　雄山閣

東南アジアにおける社会的・政治的単位について，文化人類学的に扱った論であるが，福永伸哉は，日本の古墳時代研究に当てはめようと試みている。

福永伸哉 1999「古墳の出現と中央政権の儀礼管理」『考古学研究』第46巻2号　考古学研究会

福永伸哉 2004「前方後円墳の出現と国家形成」『考古学研究会50周年記念論文集　文化の多様性と比較考古学』考古学研究会

福永伸哉 2005「倭の国家形成過程とその理論的予察」『国家形成の比較研究』学生社

「銀河系的政体」論は，タイのアユタヤ王朝，「劇場国家」は，19世紀のインドネシアのバリをフィールドとしていることに十分留意しながら，導入・参考にする必要があろう。なお，西欧人類学および社会学的思考の「直接移植」については，「学史上の断絶」を招き，「思考の停止」を意味する，との北條芳隆による強い警鐘がある（北條 2000，p.134の註6による）。全面的に賛同するが，筆者は，地域の吟味から導き出されたモデルが，既往のモデルと一部でも対応するのであれば，参考にしながら見直しや補足をして，より確かな歴史的類推をめざす研究姿勢をとる。

19）segmentary statesの訳語として，増田は「分節国家」（増田 1969），川田は「環節国家」とし（川田 1976），新納は川田を引用する（新納 1991）が，岩永省三は川田を引きながらも「分節国家」とする（岩永 2003）。佐々木憲一は，新納を引くが「分節国家」と読み替える（佐々木 2004）。分節は直訳に近く，環節は意訳に近い。

川田によれば，サウゾールの環節国家論は，6点の規準をもつ。要点を記してみると，①領土支配権は，中心から周辺へゆくにつれて，権威が弱まる，②中央政府はあるが，同時に，中央からは限られた統制しか及ぼすことのできない多くの周辺行政の中心がある，③中央には専門化した行政職があるが，周辺にも縮小されたかたちでくりかえされる，④中央政権による力の行使の独占は，周辺では制約を受ける，⑤周辺は中心に，ピラミッド的関係で，従属している，⑥周辺部での権威が，1つのピラミッドを離れて他のピラミッドに従属することも可能であり，環節国家は柔軟で変動しやすい，ことが述べられている。特に①・②・⑤・⑥などは，タンバイアの「銀河系政体論」に非常に近い論と判断される。

20）改新の詔については，古代文献史学の分野においてさまざまな評価があることを承知している。詔を原文のままとする意見はないが，①極端な意見としては大化の改新虚構説，②原詔を『日本書紀』編纂者が一部修正したとする説，③浄御原令あるいは大宝令をもとにした大きな修正があったとみる説，の3説である。藤原宮出土の木簡により，いわゆる<郡評論争>に終止符が打たれた経緯も踏まえ，筆者は②あるいは③の意見を尊重する。

21）表にまとめるにあたっては，1973年に発表された吉田晶による「評制の成立過程」が，考古学による郡（評）衙遺跡の調査成果を取り入れた嚆矢となり（吉田 1973），学史上大きな画期と判断されるので，この年以降を中心として，検討することとした。

22）全国の郡（評）家遺構の出現期が，7世紀第4四半期にあることを根拠としている。松原弘宣により「現在の土器や瓦の編年より，評衙の建設が689年（持統3）以後かどうか判断できるであろうか」（松原 1995）と，辛辣な疑問が呈されている。

23）第1段階（7世紀前半代まで・孝徳立評に先行）＝端緒的評・評衙，第2段階（7世紀第2四半期・孝徳朝から天武朝期前半）＝前期評・評衙，第3段階（7世紀第4四半期・天武朝後半から文武朝期）＝後期評・評衙，とする。

24）郡領が短期間で交替していたとする須原論については，森公章による，①全国的な郡司任用者の集成は一部の郡に留まる，②下総国海上郡において長期間に亘る任用の継続があるので，一般化できない，との批判もある（森 2009a）。即断は控えたいが，それでもなお，1つの郡の中に郡司候補者が複数存在し，「郡司層」を形成していたとの指摘は，在地の実態を伝えるもの，と理解しておきたい。

25）岡田精司は，大嘗祭は天皇霊継承の場であり，天皇になる儀式と説くのは，昭和大礼（1928年）における折口信夫の論文が最初で，実証的な考証ではない，と位置づける（岡田 1999）。さらに，古墳上の継承儀礼説は，この折口説を戦後になって古墳葬制に結合したもの，と強く批判する。一方，考古学側には，安易に古墳（特に埴輪樹立の意義）と首長権継承儀礼を結びつけた反省がある。

26）青木保が国家の本質として依拠する（青木 1984・1985）C. ギアツの「劇場国家論」とタンバイアの「銀河系的政体論」のうち，前者を否定し，後者が今後の研究の方向性を指し示すとした点に独自性がある。

27）前方後円墳の分布圏の拡大は，祖霊祭祀を核とする政治的なつながりの拡大とみる意見。現段階の解釈の先駆的研究と言える。

28）エルンスト・カントロヴィチ 1957『王の二つの身体』以来，C. ギアツ 1980『ヌガラ』，青木保 1984『儀礼の象徴性』などと通じる「劇場国家論」の一線上にある論と位置づけられよう。

29）考古学側からの反論は管見によればない。岡田は，古墳が「後継者が葬送儀礼を営むことによって，死去した王者から権力・富を継承したことを示威する場」（p.236）であることを肯定しており，「墳丘上で祭儀が挙行されていたことは当然」（p.255）と考えながら，“古墳上の継承儀礼説”を批判していることに留意する必要がある。

30）R. エルツ『右手の優越』（R. エルツ 1980）をはじめ，柳田の「ソトとウチ」，折口の「客と主」を含めて，<外部>と<内部>あるいは<聖>と<俗>の二面性に注目して王権に言及する論は非常に多い。管見に触れた文献をあげてみると，上野千鶴子 1985「異人・まれびと・外来王──または「野生の権力理論」──」
・なぜ権力が＜外部＞に関連づけられなければならないかを論じる。
・「権力の外来起源説は征服者が海のかなたから渡来した，というような「神話的歴史」を少しも意味しない。それは人々が内面化した規範の正当化根拠についての「最終審級」を，「海の彼方」という絶対的他界に「神やらふ」ことによって「支配の正統性」のパラドックスに答えようとした，「野生の権力理論」なのである」(p.72)
網野善彦・上野千鶴子・宮田登 1988『日本王権論』
・上野千鶴子の発言「共同体とか，国家 nation というものが，自己意識を持つためには，＜外＞の存在，＜外部＞の認識，というのが不可欠だ」(p.8)
西郷信綱 1999「政治的劇場としての殯宮」
・王は二つの身体をもつ　私的と公的　自然的身体と政治的身体　　※カントローヴィッチ『王の二つの身体』
・The king dies,but King never dies.
・「前王の殯とそれを継ぐ次の王の即位式とは一続きの儀礼とみなければならぬ」(p.298)
・「(殯宮が) 王権の偉大さを見せびらかす政治的な劇場であったのは確かである」(p.301)
大久保徹也 2006「古墳論──＜王＞を複製する試み──」
新谷尚紀 2008「民俗学の王権論──「外部」としての出雲を必要不可欠とした天武の大和王権──」
新谷尚紀 2009「大和王権と鎮魂祭──民俗学の王権論：折口鎮魂論と文献史学との接点を求めて──」
・「天武と持統の大和王権が，世俗王と祭祀王の両者の属性を一身に享けた超越神聖王をめざしたとき，必要であったのが「内なる伊勢と，外なる出雲」という東西の両端の象徴的霊威的存在であった」(p.23)
石村　智 2010「聖俗二重王権の構造」など。
ただし，二元論については，上野千鶴子自身の以下の警鐘に耳を傾けておく必要がある。
・「二元説はいったん成立すると，他の二元説を次々によびこんで世界をあまねく二分割するに至るが，一つの二元説からほかの二元説への移行には，つねにわずかな，しかし無視できないずれがともなう。自己増殖の結果，モデルは単純化され洗練されるが，かえって説明力を失っていく。折口，柳田両巨人とその後継者たちとがまさに犯した誤（原文ママ）ちは，これだったと言えよう」(上野 1985　p.86)

31)　王個人の聖俗二面性ではなく，男王2人の存在を考える点に独自性がある。

32)　学史上においては，⑬にも記したように「擬制的同族関係」は鵺的性格をもつ，と断じた岩永省三の見識（岩永 1992）に強く賛同する。なお，「鵺」とは，伝説上の怪獣で，転じて正体不明やあいまいなようすを表す（新村出編 1983『広辞苑』第3版　岩波書店）と理解した。

参考文献

青木　保 1984『儀礼の象徴性』岩波現代選書 100　岩波書店
青木　保 1985「マンダラ国家と劇場国家」『境界の時間』岩波書店
明石一紀 2002「家父長制をめぐって」『歴史評論』626号　歴史科学協議会　校倉書房
穴沢咊光 1995「世界史のなかの日本古墳文化」『江上波夫先生米寿記念論集　文明学原論』山川出版社
浅井和春 1983「東京国立博物館保管　上代裂の銘文について」『MUSEUM』390号　東京国立博物館
網野善彦・上野千鶴子・宮田登 1988『日本王権論』春秋社

甘粕　健 1964「前方後円墳の性格に関する一考察」『日本考古学の諸問題――考古学研究会十周年記念論文集――』河出書房新社
石村　智 2004「威信財システムからの脱却」『文化の多様性と比較考古学』考古学研究会
石村　智 2010「聖俗二重王権の構造」『考古学研究』57 巻 3 号　考古学研究会
石母田正 1971『日本の古代国家』岩波書店
磯貝正義 1978「評および評制の研究（二）――郡・評問題私考――」『郡司及び采女制度の研究』吉川弘文館（初出 1972「郡・評問題私考」『続日本古代史論集』上）
市　大樹 2006「総説」『奈良文化財研究所史料第 76 冊　評制下荷札木簡集成』独立行政法人文化財研究所　奈良文化財研究所
市　大樹 2012「飛鳥・藤原木簡の研究現状」『国際学術研究会　交響する古代Ⅱ――国際的日本古代学の展開――予稿集』明治大学古代学研究所・明治大学日本古代学研究所・明治大学日本古代学教育研究センター
今津勝紀 2002「首長制論の再検討」『歴史評論』626 号　歴史科学協議会　校倉書房
岩崎卓也・常木晃「総論：国家形成の考古学」『現代の考古学 7　国家形成の考古学』朝倉書店
岩永省三 1991「日本における階級社会形成に関する学説史的検討序説」『古文化談叢』第 24 集 九州古文化研究会
岩永省三 1992「研究ノート　日本における階級社会形成に関する学説史的検討序説（Ⅱ）」『古文化談叢』第 27 集　九州古文化研究会
岩永省三 2003「古墳時代親族構造論と古代国家形成過程」『九州大学総合研究博物館研究報告』第 1 号　九州大学総合研究博物館
岩永省三 2006「国家形成の東アジアモデル」『東アジア古代国家論――プロセス・モデル・アイデンティティ――』すいれん社
岩永省三 2012「第 2 分科会　ミヤケ制・国造制の成立――磐井の乱と 6 世紀代の諸変革――」『日本考古学協会 2012 年度大会研究発表要旨』日本考古学協会
植木　武 1996「初期国家の理論」『国家の形成――人類学・考古学からのアプローチ――』三一書房
上田正昭 2003「日本列島の初期王権研究の視点」『古代王権の誕生』Ⅰ 東アジア編　角川書店
上野千鶴子 1985「異人・まれびと・外来王――または「野生の権力理論」――」『構造主義の冒険』勁草書房
大川原竜一 2009a「印波国造と評の成立」『房総と古代王権――東国と文字の世界――』高志書院
大久保徹也 2004「古墳時代研究における「首長」概念の問題」『古墳時代の政治構造』青木書店
大久保徹也 2006「古墳論――＜王＞を複製する試み――」『日本史の方法』第 3 号　日本史の方法研究会
大橋泰夫 2009「国郡制と地方官衙の成立――国府成立を中心に――」『古代地方行政単位の成立と在地社会』独立行政法人国立文化財機構奈良国立文化財研究所
岡田精司 1999「古墳上の継承儀礼説について――祭祀研究の立場から――」『国立歴史民俗博物館研究報告』第 80 集　国立歴史民俗博物館
小田富士雄 1997「韓国の前方後円墳――研究史的展望と課題――」『福岡大学人文論叢』第 28 巻第 4 号　福岡大学総合研究所
折口信夫 1966「大嘗祭の本義」『折口信夫全集』第 3 巻　中央公論社（初出 1928）
門井直哉 1998「評領域の成立基盤と編成過程」『人文地理』第 50 巻第 1 号　人文地理学会

門脇禎二・甘粕健 1967『体系・日本歴史1　古代専制国家』日本評論社
門脇禎二 1981『日本古代政治史論』塙書房
鎌田元一 1977「評の成立と国造」『日本史研究』176　日本史研究会
鎌田元一 1982「那須国造碑文の「国家」」『朝鮮をめぐる中国と日本，三国間の語学・文学の相互交渉に関する総合研究』(2001『律令公民制の研究』塙書房　所収)
鎌田元一 1994「7世紀の日本列島――古代国家の形成――」『岩波講座　日本通史』3 古代2　岩波書店 (2001『律令公民制の研究』塙書房　所収)
亀谷弘明 2004「七世紀の飛鳥京木簡と地域支配」『歴史評論』655号　歴史科学協議会　校倉書房
川田順造 1976『無文字社会の歴史　西アフリカ・モシ族の事例を中心に』岩波書店 (2001年，岩波現代文庫に所収)
川西宏幸 1999「古墳時代の相対化」『古墳時代の比較考古学――日本考古学の未来像を求めて――』同成社
川西宏幸 2004「ワカタケル期の歴史的意義」『同型鏡とワカタケル――古墳時代国家論の再構築――』同成社
河野一隆 2001a「後期古墳と国家形成」『東海の後期古墳を考える』東海考古学フォーラム三河大会実行委員会・三河古墳研究会
河野一隆 2001b「刺激伝播と国際秩序――倭王権成立過程2つの画期――」『考古学研究』第48巻2号　考古学研究会
河野一隆 2003「転換期にある国家形成論――広瀬和雄『前方後円墳国家』を読んで――」『考古学研究』第50巻3号　考古学研究会
河野一隆 2005「古墳文化の領域論」『国家形成の比較研究』学生社
河野一隆 2008「国家形成のモニュメントとしての古墳」『史林』第91巻第1号　史学研究会
河野一隆 2011「威信財経済の論理――威信財と公権力の関係性についての理論的素描――」『季刊　考古学』第117号　雄山閣
岸　俊男 1978「「白髪部五十戸」の貢進物付札」『古代史論叢』上巻 (1988『日本古代文物の研究』塙書房　所収)
岸本直文 2008「前方後円墳の二系列と王権構造」『ヒストリア』第208号　大阪歴史学会
北　康宏 2011「国造制と大化改新――大化前代の支配構造――」『史林』第94巻第2号　史学研究会
清野陽一 2009「常陸国の古墳分布と郡領域」『古代地方行政単位の成立と在地社会』独立行政法人国立文化財機構奈良国立文化財研究所
熊野　聰 1971「『反デューリング論』から『家族，私有財産および国家の起源』への，エンゲルスの国家論の発展」『歴史評論』252号　歴史科学協議会　校倉書房
車崎正彦 2000「古墳祭祀と祖霊観念」『考古学研究』第47巻第2号　考古学研究会
車崎正彦 2004「古墳時代の支配と従属の論理」『考古学からみた社会の複雑化　研究報告集』早稲田大学シルクロード調査研究所・早稲田大学比較考古学研究所・早稲田大学先史考古学研究所
小林敏男 1993「古代国家における雄略朝の位置」『歴史評論』514　歴史科学協議会　校倉書房
小林行雄 1955「古墳の発生の歴史的意義」『史林』第38巻第1号　史学研究会 (1961『古墳時代の研究』青木書店　所収)
小林行雄 1961『古墳時代の研究』青木書店
小森哲也 1986「栃木県における主要古墳の諸問題」『第14回古代史サマーセミナー研究報告資料』古代

史サマーセミナー事務局・栃木県考古学会
五来　重 1992『先祖供養と墓』角川書店
近藤義郎 1977a「古墳以前の墳丘墓」『岡山大学法文学部学術紀要』37（近藤義郎 1985『日本考古学研究序説』岩波書店　所収）
近藤義郎 1977b「前方後円墳の成立」『考古論集』松崎寿和先生退官記念事業会（近藤義郎 1985『日本考古学研究序説』岩波書店　所収）
近藤義郎 1983『前方後円墳の時代』岩波書店
西郷信綱 1999『古代人と死──大地・葬り・魂・王権──』平凡社
佐伯啓思 2001『国家についての考察』飛鳥新社
坂本太郎 1929「郡司の非律令的性質」『歴史地理』日本歴史地理学会
酒寄雅志 2003「律令国家の誕生と下毛野国」『第17回企画展　律令国家の誕生と下野国──変革の7世紀社会──』栃木県立しもつけ風土記の丘資料館
佐々木憲一 1994「北アメリカ考古学事情」『月刊文化財発掘出土情報増刊号──最新海外考古学事情──』通巻134号　ジャパン通信社
佐々木憲一 1995「地域間交流の考古学──最近の欧米における動向──」『考古学研究会40周年記念論集　展望考古学』考古学研究会
佐々木憲一 1999「日本考古学における古代国家論──システム論的見地から──」『国家形成期の考古学──大阪大学考古学研究室10周年記念論集──』大阪大学考古学研究室　大阪大学考古学友の会
佐々木憲一 2003「弥生から古墳へ──世界史のなかで──」『古墳時代の日本列島』青木書店
佐々木憲一 2004「古代国家論の現状」『歴史評論』655号　歴史科学協議会　校倉書房
佐々木憲一 2011「古墳時代像と国家概念」『季刊考古学』第117号　雄山閣
佐々木高明 1996「首長制社会からクニへ」『弥生から古墳へ──日本の古代はこうして始まった──』同朋社出版
佐藤長門 1998「倭王権の列島支配」『古代史の論点4　権力と国家と戦争』小学館
佐藤長門 2001「七世紀における倭政権の展開過程」『國學院大學紀要』第39巻　國學院大學
佐藤長門 2002「倭王権の転成」『日本の時代史2　倭国と東アジア』吉川弘文館
佐藤長門 2008「古墳時代の大王と地域首長の服属関係」『國學院雑誌』第109巻第11号　國學院大學
下垣仁志 2010「威信財論批判序説」『立命館大学考古学論集』Ⅴ　立命館大学考古学論集刊行会
篠川　賢 1980「律令成立期の地方支配──『常陸風土記』の建郡（評）記事をとおして──」『日本古代史論考』吉川弘文館
篠川　賢 1985『国造制の成立と展開』吉川弘文館
篠川　賢 1996「評制の成立過程について──国造制との関係を中心に──」『成城文藝』第154号　成城大学文芸学部
条里制・古代都市研究会編 2009『日本古代の郡衙遺跡』雄山閣
白石太一郎 1966「畿内の後期大型群集墳に関する一試考──河内高安千塚及び平尾山千塚を中心として──」『古代学研究』第42・43合併号
白石太一郎 1973「大型古墳と群集墳──群集墳の形成と同族系譜の成立──」『橿原考古学研究所紀要　考古学論攷』第2冊　奈良県橿原考古学研究所
白石太一郎 1991「常陸の後期・終末期古墳と風土記建評記事」『国立歴史民俗博物館研究報告』第35集

国立歴史民俗博物館
白石太一郎 1992「総論」『古墳時代の研究』12　雄山閣
白石太一郎 1994「弥生・古墳文化論」『岩波講座　日本通史』第2巻　岩波書店
白石太一郎 1999『古墳とヤマト政権――古代国家はいかに形成されたか――』文藝春秋
白石太一郎 2003「考古学からみた聖俗二重首長制」『国立歴史民俗博物館研究報告』第108集　国立歴史民俗博物館
白石太一郎 2009「倭国の形成と展開」『考古学からみた倭国』青木書店
新谷尚紀 2008「民俗学の王権論――「外部」としての出雲を必要不可欠とした天武の大和王権――」『支配の古代史』学生社
新谷尚紀 2009「大和王権と鎮魂祭――民俗学の王権論：折口鎮魂論と文献史学との接点を求めて――」『国立歴史民俗博物館研究報告』第152集　国立歴史民俗博物館
新谷尚紀 2011「民俗学からみる古墳時代」『季刊考古学』第117号　雄山閣
鈴木靖民 1988「倭の五王――雄略朝前史――」『古代を考える　雄略天皇とその時代』吉川弘文館
鈴木靖民 1990「歴史学と民族学（文化人類学）――日本古代史における首長制社会論の試み――」『日本民俗研究大系』第10巻国学と民俗学　國學院大學
鈴木靖民 1992「七世紀東アジアの争乱と変革」『新版古代の日本』第2巻　角川書店
鈴木靖民 1993「日本古代国家形成史の諸段階――首長制社会論の視角から――」『國學院雑誌』第94巻第12号　國學院大學広報部
鈴木靖民 1994「東アジアにおける国家形成」『岩波講座　日本通史』第3巻　岩波書店
鈴木靖民 1996「日本古代の首長制社会と対外関係――国家形成の諸段階の再検討――」『歴史評論』551　歴史科学協議会　校倉書房
鈴木靖民 2003a「倭の五王の王権と東アジア」『古墳時代の日本列島』青木書店
鈴木靖民 2003b「倭と百済の府官制と古墳文化――国家形成・地方支配・韓国の前方後円墳――」『神道と日本文化の国学的研究発信の拠点形成』國學院大學21世紀COEプログラム研究センター
須原祥二 1996「8世紀の郡司制度と在地」『史学雑誌』105－7　史学会
須原祥二 2007「孝徳建評の再検討――常陸国風土記の立郡記事をめぐって――」『ヒストリア』第208号　大阪歴史学会
関　晃 1962「大化の郡司制について」『日本古代史論集』上巻　吉川弘文館
関口裕子 1973「「大化改新」批判による律令制成立過程の再構成（下）」『日本史研究』133　日本史研究会
関本照夫 1987「東南アジア的王権の構造」『現代の社会人類学』3 国家と文明への過程　東京大学出版会
薗田香融 1981「律令国郡政治の成立過程――国衙と土豪との政治関係――」『日本古代財政史の研究』塙書房
高田貫太 2012「古墳時代の日韓関係史と国家形成史をめぐる考古学的整理」『国立歴史民俗博物館研究報告』第170集　国立歴史民俗博物館
舘野和己 2004「ヤマト王権の列島支配」『日本史講座』第1巻　東京大学出版会
舘野和己 2012「第2分科会　ミヤケ制研究の現在」『日本考古学協会2012年度大会研究発表要旨』日本考古学協会
田中　琢 1993「倭の奴国から女王国へ」『岩波講座　日本通史』2　岩波書店
田中広明 1992「郡家造営事始め」『研究紀要』第9号　埼玉県埋蔵文化財調査事業団
田中広明 2004「七世紀の陶硯と東国の地方官衙」『歴史評論』655号　歴史科学協議会　校倉書房

田中　裕 2006「いわゆる「首長墓系譜研究」小考」『墓場の考古学』第13回東海考古学フォーラム実行委員会

田中良之 1995『古墳時代親族構造の研究』柏書房

谷口康浩 2007「階層化原理としての「出自」」『國學院大學考古学資料館紀要』第23輯　國學院大學考古学資料館

辻田淳一郎 2006「威信財システムの成立・変容とアイデンティティ」『東アジア古代国家論――プロセス・モデル・アイデンティティ――』すいれん社

都出比呂志 1990「日本古代の国家形成過程――前方後円墳体制の提唱――」『日本史研究』338　日本史研究会

都出比呂志 1991「日本古代の国家形成論序説――前方後円墳体制の提唱――」『日本史研究』343　日本史研究会

都出比呂志 1993a「前方後円墳体制と民族形成」『待兼山論叢』第27号　大阪大学文学部

都出比呂志 1993b「巨大古墳の時代」『新版古代の日本』第1巻 古代史総論　角川書店

都出比呂志 1995a「祖霊祭式の政治性――前方後円墳分布圏の解釈――」『日本古代の葬制と社会関係の基礎的研究』大阪大学文学部

都出比呂志 1995b「前方後円墳体制と地域権力」『日本古代国家の展開』上巻　思文閣

都出比呂志 1996「国家形成の諸段階――首長制・初期国家・成熟国家――」『歴史評論』551　歴史科学協議会　校倉書房

都出比呂志 2005「国家形成過程について」『前方後円墳と社会』塙書房

東野治之 1980「正倉院武器中の下野国箭刻銘について――評制下における貢進物の一史料――」『続日本紀研究』第208号　続日本紀研究会

利根川章彦 1996「「前方後円墳体制＝初期国家」論の諸問題」『土曜考古』第20号　土曜考古学研究会

鳥羽政之 2004「地域社会の変容と評家の形成」『歴史評論』655号　歴史科学協議会　校倉書房

直木孝次郎 1958『日本古代国家の構造』青木書店

奈良文化財研究所 2006『奈良文化財研究所史料第76冊　評制下荷札木簡集成』独立行政法人文化財研究所　奈良文化財研究所

新納　泉 1991「6，7世紀の変革と地域社会の動向」『考古学研究』第38巻2号　考古学研究会

新納　泉 2004「「前方後円墳国家論」私感」『考古学研究』第51巻1号　考古学研究会

西嶋定生 1961「古墳と大和政権」『岡山史学』第10号内藤教授退官記念号　岡山史学会

西宮秀紀 2011「三河国造の時代から青味評の時代へ」『考古学フォーラム』20号　考古学フォーラム

西村正雄 1996「長距離交易モデル」『国家の形成――人類学・考古学からのアプローチ――』三一書房

仁藤敦史 2008a「六・七世紀の地域支配」『支配の古代史』学生社

仁藤敦史 2008b「古代東国と「譜第」意識」『奈良女子大学21世紀COEプログラム報告書18　古代の日本の支配と文化』奈良女子大学21世紀COEプログラム古代日本形成の特質解明の研究教育拠点

橋本澄朗 2012「下毛野国芳賀評の成立事情――古墳時代後期から終末期の首長墓の視点から――」『野州叢書3　歴史のなかの人間』おうふう

土生田純之 1996「朝鮮半島の前方後円墳」『専修大学人文学科年報』26

土生田純之 2004「首長墓造営地の移動と固定――畿内中心主義の克服に向けて――」『福岡大学考古学論集――小田富士雄先生退職記念――』小田富士雄先生退職記念事業会

土生田純之 2005「「地方」からみた前方後円墳」『専修考古学』第11号　専修大学考古学会
土生田純之 2006「国家形成と王墓」『考古学研究』第52巻第4号　考古学研究会
土生田純之 2008「国家形成と王陵──古代朝鮮と「東国」の事例から──」『現代の考古学7　国家形成の考古学』朝倉書店
土生田純之 2010「始祖墓としての古墳」『古文化談叢』第65集（1）　九州古文化研究会
林　正憲 2010「「古墳」から「寺院」へ──小地域におけるケーススタディ──」『待兼山考古学論集』Ⅱ　大阪大学考古学研究室20周年記念論集　大阪大学考古学友の会
林　正憲 2010「古墳時代における階層構造」『考古学研究』57巻3号　考古学研究会
菱田哲郎 2007『古代日本　国家形成の考古学』京都大学学術出版会
平野卓治 2012「地域社会における評・郡成立の前提──武蔵国都筑郡を事例として──」『日本古代の地域社会と周縁』吉川弘文館
広瀬和雄 1993「古墳時代の社会構造──国家形成期の首長と農民──」『歴史評論』514　歴史科学協議会　校倉書房
広瀬和雄 2002「前方後円墳と大和政権」『日本古代王権の成立』青木書店
広瀬和雄 2003『前方後円墳国家』角川書店
広瀬和雄 2004a「前方後円墳国家論序説」『考古学研究会50周年記念論文集　文化の多様性と比較考古学』考古学研究会
広瀬和雄 2004b「序論」『古墳時代の政治構造』青木書店
広瀬和雄 2007「前方後円墳論」『季刊考古学』第100号　雄山閣
広瀬和雄 2008「6・7世紀の「民衆」支配」『支配の古代史』学生社
広瀬和雄 2009a「古墳時代は律令国家の前史か？」『東アジアの古代文化』137号最終号
広瀬和雄 2009b「装飾古墳の変遷と意義──霊魂観の成立をめぐって──」『国立歴史民俗博物館研究報告』第152集　国立歴史民俗博物館
広瀬和雄 2011「体系的な古墳時代像を求めて」『季刊考古学』第117号　雄山閣
福永伸哉 1999「古墳の出現と中央政権の儀礼管理」『考古学研究』第46巻2号　考古学研究会
福永伸哉 2004「前方後円墳の出現と国家形成」『考古学研究会50周年記念論文集　文化の多様性と比較考古学』考古学研究会
福永伸哉 2005「倭の国家形成過程とその理論的予察」『国家形成の比較研究』学生社
北條芳隆 2000a「前方後円墳と倭政権」『古墳時代像を見なおす──成立過程と社会変革──』青木書店
北條芳隆 2000b「前方後円墳の論理」『古墳時代像を見なおす──成立過程と社会変革──』青木書店
北條芳隆 2004「国家」『現代考古学事典』同成社
増田義郎 1969「政治社会の諸形態──特に首長制社会・地位社会の概念について──」『思想』№535　岩波書店
松木武彦 1996「日本列島の国家形成」『国家の形成──人類学・考古学からのアプローチ──』三一書房
松木武彦 1999a「国家形成」『用語解説　現代考古学の方法と理論』Ⅰ　同成社
松木武彦 1999b「首長制」『用語解説　現代考古学の方法と理論』Ⅰ　同成社
松木武彦 2005a「日本列島の武力抗争と古代国家形成」『国家形成の比較研究』学生社
松木武彦 2005b「「首長制」から「国家」への変移に関する進化論的展望」『待兼山考古学論集──都出比呂志先生退官記念──』大阪大学考古学友の会

松木武彦 2007「武器と戦いからみた日本列島初期国家の形成」『日本列島の戦争と初期国家形成』東京大学出版会
松原弘宣 1988「令制駅家の成立過程について」『直木孝次郎先生古稀記念　古代史論集』上　塙書房
松原弘宣 1995「孝徳立評と立郡──伊予国道後平野を中心に──」『古代王権と交流』6　名著出版
水野敏典 2010「東アジアにおける「前方後円墳体制」」『比較考古学の新地平』同成社
溝尾秀和 1999「日本古代国家論における三つの潮流──特に在地首長制の位置付けをめぐって──」『史泉』第90号　関西大学史学・地理学会
三舟隆之 2005「那須国造碑と那須評の成立」『古代東国の考古学』大金宣亮氏追悼論文集刊行会
毛利憲一 2006「六・七世紀の地方支配──「国」の歴史的位置」『日本史研究』第523号　日本史研究会
森　公章 1986「評制下の国造に関する一考察──大化前代の国造の存続と律令制地方支配への移行──」『日本歴史』第460号　吉川弘文館
森　公章 1987「評の成立と評造──評制下の地方支配に関する一考察──」『日本史研究』299　日本史研究会
森　公章 2003a「国宰，国司制の成立をめぐる問題」『歴史評論』643　校倉書房
森　公章 2003b「評制下の地方支配と令制国の成立時期」『日本歴史』657　吉川弘文館
森　公章 2009a「古代文献史料からみた郡家」『日本古代の郡衙遺跡』雄山閣
森　公章 2009b『地方木簡と郡家の機構』同成社
森　公章 2010a「評家」『史跡で読む日本の歴史3　古代国家の形成』吉川弘文館
森　公章 2010b「石碑」『史跡で読む日本の歴史3　古代国家の形成』吉川弘文館
八木　充 2010「7世紀の国造と評制の施行」『坪井清足先生卒寿記念論文集──埋文行政と研究のはざまで──』坪井清足先生の卒寿をお祝いする会
山尾幸久 1991「評の研究史と問題点」『日本史研究』341　日本史研究会
山尾幸久 1993「国家形成史の諸問題」『歴史評論』514　歴史科学協議会　校倉書房
山中敏史 1983「評・郡衙の成立とその意義」『文化財論叢』奈良国立文化財研究所創立35周年記念論文集刊行会　同朋舎出版
山中敏史 1984「国衙・郡衙の構造と変遷」『講座日本歴史』2　東京大学出版会
山中敏史 1986「律令国家の成立」『岩波講座　日本考古学』6　変化と画期　岩波書店
山中敏史 1994『古代地方官衙遺跡の研究』塙書房
山中敏史 1995「国府・郡衙跡調査研究の成果と課題」『文化財論叢』Ⅱ　奈良国立文化財研究所創立40周年記念論文集刊行会　同朋舎出版
山中敏史 2001「評制の成立過程と領域区分──評衙の構造と評支配域に関する試論──」『考古学の学際的研究──濱田青陵賞受賞者記念論文集Ⅰ──』昭和堂
吉川真司 2004「律令体制の形成」『日本史講座』第1巻　東京大学出版会
吉村武彦 1993「倭国と大和王権」『岩波講座　日本通史』第2巻　岩波書店
吉村武彦 2003a「日本国家形成論」『現代歴史学の成果と課題 1980－2000　Ⅱ　国家論・社会像の変貌』青木書店
吉村武彦 2003b「ヤマト王権の成立と展開」『古墳時代の日本列島』青木書店
吉田　晶 1973「評制の成立過程」『日本古代国家成立史論』東京大学出版会
吉田　孝 1983「イエとヤケ」『律令国家と古代の社会』岩波書店

米田雄介 1976「評の成立と構造」『郡司の研究』法政大学出版局
和田晴吾 1981「向日市五塚原古墳の測量調査より」『王陵の比較研究』京都大学文学部考古学研究室
和田晴吾 1994「古墳築造の諸段階と政治的階層構成――5世紀代の首長制的体制に触れつつ――」『古代王権と交流』5　名著出版
和田晴吾 1996「見瀬丸山・藤ノ木古墳と六世紀のヤマト政権」『情況』5月号別冊　情況出版
和田晴吾 1998「古墳時代は国家段階か」『古代史の論点4　権力と国家と戦争』小学館
和田晴吾 2000「国家形成論研究の視点」『国家形成過程の諸変革』考古学研究会
和田晴吾 2003「古墳時代の生業と社会――古墳の秩序と生産・流通システム――」『考古学研究』第50巻第3号　考古学研究会
和田晴吾 2004「古墳文化論」『日本史講座』第1巻　東京大学出版会
和田晴吾 2007「前方後円墳の終焉と古墳の終末」『ドイツ展記念概説　日本の考古学』下巻　学生社
和田晴吾 2009「古墳の他界観」『国立歴史民俗博物館研究報告』第152集　国立歴史民俗博物館
渡部育子 1989『郡司制の成立』吉川弘文館
F.エンゲルス 1965（戸原四郎訳）『家族・私有財産・国家の起源』岩波書店（原典初出 1891）
M.D.サーリンズ 1972（青木保訳）『部族民』現代文化人類学5　鹿島研究所出版会（原典初出 1968）
C.ギアツ 1990（小泉潤二訳）『ヌガラ――19世紀バリの劇場国家――』みすず書房（原典初出 1980）
P.メカトーフ，R.ハンティントン（池上良正・池上冨美子訳）1996『〔第2版〕死の儀礼――葬送習俗の人類学的研究――』未来社（原典初出 1991・第1版 1979）
R.エルツ 1980（吉田禎吾訳）「右手の優越」『右手の優越――宗教的両極性の研究――』垣内出版（原典初出 1907）

表出典

第2表：筆者作成
第3表：筆者作成

追記

脱稿後，須藤智恵美による論文（2014「初期国家論研究の成果と現在」『考古学研究』第60巻4号　考古学研究会）が発表された。まず，都出比呂志が提唱した初期国家論にかかわる議論はされたが，海外の初期国家論そのものには目が向けられていない，と研究の現状を分析する。邦訳のない文化人類学における初期国家論の展開を手際よくまとめている点において，非常に参考になる論文と言える。須藤は，さらに，初期国家論を人類学的な国家形成過程観にもとづいて議論するなら，古墳時代のみを対象とするのではなく，国家形成過程の長期的展開を検討する研究視点が必要である，と主張する。この背景には，明言はしていないが，「現在の日本における初期国家研究は，古墳時代の中で収束し，首長制社会，初期国家，成熟国家の各時期の終始やその特徴の検討を考古学的事象から探ろうとするに止まっている」との批判によく表れているように，律令体制が整う8世紀以降にも首長制社会の特徴が認められるので奈良時代以降も初期国家段階である，との主張を読み取ることができる。かつて，鈴木靖民が2世紀以降の首長制社会を段階的に整理し，古代国家の成立を9世紀（平安前期）とした論（鈴木 1993など）を淵源とする意見と位置づけてよいだろう。長期的かつ段階的に国家が形成されるという主張に全面的に賛同しつつ，律令の整備や宮都・地方官衙や寺院の成立という歴史的エポックをどう解釈するのか，という1点において，文化人類学における新進化主義と対等の位置にある歴史学が果たす役割について改めて考えさせられる論文として記しておきたい。

第2章　しもつけ古墳群にみる東国社会の一側面

第1節　しもつけ古墳群の概観

はじめに

栃木県の南部，思川および姿川流域（行政区画では，壬生町，下野市，上三川町，小山市，栃木市の一部にあたる）には，大型の前方後円墳および円墳が集中して築造される。50mを超える前方後円墳が11基，円墳が6基，方墳が1基と下野の最高ランクの首長層の墓域となる。これらの首長墓は，①墳丘の第1段目に低平で幅の広い，いわゆる基壇[1)]をもつ，②前方部に石室をもつ，③凝灰岩切石を用いた横穴式石室を内部主体とする，以上3点の「造墓の型」を共有する。この3つの要素を備えた古墳を下野型古墳と呼称することが提唱されている（秋元・大橋1988）。

下野型古墳の特徴としてあげた3点のうち，特に大型凝灰岩切石使用の横穴式石室については，上記した地域と階層に限定的に採用される。排他的であり（広瀬2008），“独占”により，内外に強烈な個性を主張している。しかし，もう一方では，前方後円という形を採用し，列島内のさまざまな地域の首長と同一歩調をとる斉一性の下にあるのも事実である。まずは，下野型古墳についての研究を振り返ることから始めたい。

1　下野型古墳にかかわる先行研究の整理

(1)　基壇について

第1期（1971～1983年）＝着目期

大和久震平の見解（大和久1972・1981）　栃木県南部の古墳にみられる周湟内側の低く幅の広い部分を「基壇」と呼び，その変遷について論及した（大和久1972）。定義については「前方後円墳の中には，墳丘の下に基壇をもつものがある。古墳の墳丘は元来三段に築造してあるのが本来の姿で，畿内の陵墓をはじめ大形の前方後円墳にその好例がみられる。ここで指摘するのはこの段築のことではなく，墳丘の裾にさらに低く緩やかな傾斜をもつ，広い面を指している」と説明している。

基壇の採用については「中期に入って墳丘の大形化にともない，大形墳のあるものが採用しはじめたように思われ，緩傾斜の基壇は七世紀に入ると水平の広い面をもつ形に完成する」とその展開にも目をむけている。また，「墳丘の側からだけみれば，基壇を墳丘段築の一部とみたてることも可能であるが，周湟を起点に考えるとこれもやはり環状をなしていて，通常の前方後円墳

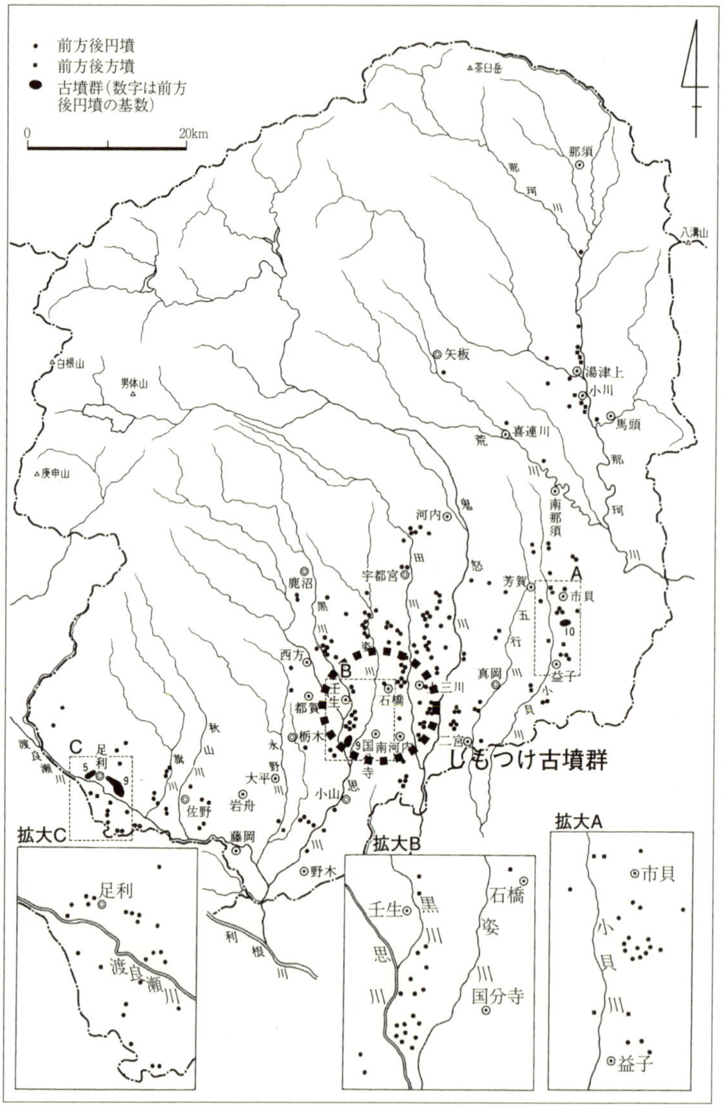

第１図　栃木県域における前方後円墳の分布としもつけ古墳群の位置

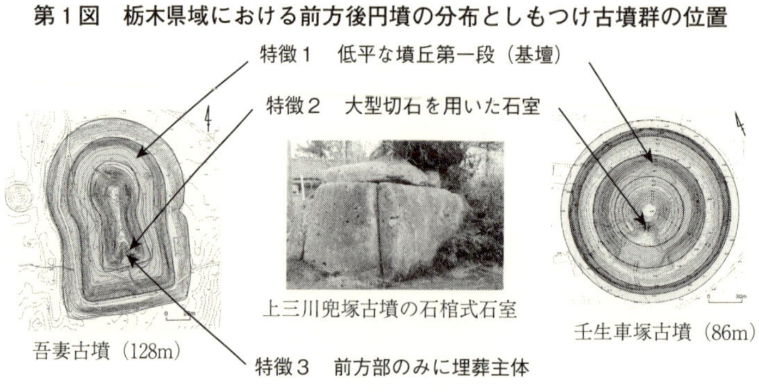

下野型古墳３つの特徴

の周湟とは形が異なる」との指摘は重要である。その後，基壇をもつ墳形の発生は「中期に遡る」とするとともに吾妻岩屋古墳を７世紀後半に位置づけている（大和久 1981）。

山越茂の見解（山越 1974・1981）　県内の大型古墳の墳形について論述するなかで，「基壇は，傾斜をなすものから平坦面をなすものへと発展してきたとみることができる」と上記，大和久（大和久 1972）の考えを踏襲した（山越 1974）。注目されるのは，吾妻岩屋古墳には「後円部と前方部にひとつずつ，計二つの石室」を想定し，従来の位置づけよりも築造時期を遡らせて「6世紀前半から中葉頃」と推定している点である。さらに，1981年には，基壇の分布と性格について論及した（山越 1981）。分布の東限は真岡市瓢箪塚古墳，西限は足利市永宝寺裏古墳で，集中するのは思川・姿川に挟まれた宝木面の国分寺台地上とし，「古墳をより壮大化するための古墳構築法として，基壇の採用が考えだされたとも思われる」と述べている。

基壇の出現については，小山市琵琶塚古墳を想定し，従来の大和久による中期説（大和久 1972・1981）よりも下降させた。その性格については「単なる地方的な特色にしか過ぎないのか，被葬者のある特定の性格を包含しているのか」と今後の研究課題とした。また「この種古墳の形成時期は，那須国に対する下毛野国の優位性が確立した時期であるとともに，下毛野国の大型古墳出現の時期でもあり，これらの現象と何らかの関連があるようにも思われる」と予察した。

第2期（1984～2004年）＝性格追究期

岩崎卓也の見解（岩崎 1984）　小山市史通史編のなかで「首長の大形前方後円墳，そしてその廃絶後に現れる大形円墳にもみられる広大な基壇もまた，この思川水系中心に広がる重要な地域的様相である」と指摘し「思川筋の大形古墳にみられる基壇付設という共通した構造なども，同祖関係に由来」するものと位置づけた。さらには「この基壇付きの個性的な古墳こそ，同じ祖先祭祀で結ばれた下毛野君に関係するものであろう」と論を広げ，基壇の性格に初めて言及した。

なお，同書のなかで鈴木一男は「基壇はくびれ部を有するものからくびれ部のない盾形に移行していくのであろうか」と推論し，基壇の出現を「7世紀を前後するころ」と述べた。その結果，5世紀後半から末葉に位置づけられていた（『栃木県史』資料編考古2　1979年）壬生町羽生田茶臼山古墳の年代を1世紀近く下降させる説を提示した（鈴木 1984）。

古代史サマーセミナーの成果　1986年，第14回古代史サマーセミナー（代表・鈴木靖民）が栃木県を会場に開催された。テーマは「東国における首長墓の変遷――下野国を中心にして――」とした。その準備段階では，県内の古墳研究者が一同に会し，河川流域ごとに主要古墳の集成・編年とその特徴についての検討が進んだ。

大橋泰夫・秋元陽光は「思川流域の古墳」と題し，6世紀後半の前方後円墳の増加を指摘するとともに①思川・姿川合流点，②黒川中流域東岸，③黒川上流域，の3系統の連続的な「大型古墳の流れ」について発表した。その際，「基壇」と「低位置突帯を有する埴輪」に「小地域を越えた共通性」を見出し，「凝灰岩の切石を用いた横穴式石室」にも注目した（大橋・秋元 1986）。ただし，この段階では，たとえば吾妻岩屋古墳の規模を「84m（基壇115m）」と表現しており[2)]，墳丘と基壇を区別する当時の栃木の古墳研究者の認識を示している。

同セミナーにおいて筆者は，同一の特徴を共有する一連の主要古墳を「基壇仲間」と命名し，「他地域で類似する構築法は認められるものの同族関係（擬制的なものも含む）で結びついていた一大勢力を示す」とした（小森 1986）。なお，6世紀代の前方後円墳の増加については，集落に目を向け「5世紀から6世紀に連続する集落が非常に少ない傾向」があり「5世紀後半ないし末代に開始される集落の調査例が増している」ことに注目し，「小河川毎に耕地を広げつつあった小集団を統合する形で小地域をおさえる小首長の存在を示す」と解した。また，『古代学研究』102～106号（1984）をもとに，最後の前方後円墳の築造時期を列島地図上に示し「西日本および東海道は若干はやく終焉をむかえ，東山道はやや遅れる」と整理した。

秋元陽光・大橋泰夫の見解（秋元・大橋 1988） 栃木県南部の思川・田川水系の首長墓の動向を追究し，基壇の変遷については「墳丘とほぼ相似形をしていることから，基壇を持つ古墳の新古を判断する際には墳丘の前方部の発達度を重視」した。さらに ①基壇をもつ前方後円墳の墳丘長は，1つは70m前後，もう1つは50m前後のほぼ同規模の古墳として捉えられること，②吾妻岩屋古墳の墳丘長と羽生田茶臼山古墳の基壇長が等しいなど墳丘長と基壇長が等しくなる関係がみられること，の2点から「基壇を持つ古墳の築造は共通した企画の下に行われた」と考えている。その背景には「基壇の採用など他の水系と異なる「下野型古墳」という共通の様式の古墳を築いた思川・田川水系の首長層がきわめて強い繋がり」をもっていたことを想定している。下野型古墳の築造は「きわめて強い政治的な結びつき」あるいは「一種の連合体制」を示しており，この水系の首長層が下野地方の政権の中枢にあったと結論づけた。

土生田純之の見解（土生田 1996）「基壇はかつて墳頂部で実施していた儀礼（神人共飲共食儀礼：筆者注）に一面で共通した性格を備えた儀礼を，墳丘裾部で行うために創出された」と推定した。さらにその儀礼に参列するのは「首長連合を構成する首長達」を想定できるという。「前代的な様相の残存」したものであり，下野において墓室内への土器の埋納が定着しなかった事情の背景と推論した。

基壇の形態分類と定義（齋藤 2000） 基壇を第1段平坦面，基壇および基壇下の墳丘を墳丘第1段と規定した。これは，白石太一郎による，地元研究者が，基壇を墳丘に含めない古墳の計測法に対する批判（白石太一郎ほか 1990）に応えるものであった。また，基壇が前方部全面で狭くなるもの（三王山古墳・壬生愛宕塚古墳）と前方部全面にないもの（後志部古墳・給部愛宕塚古墳）に注目している。

伝統的な形・独自の形（塚田 2002） 後期の関東地方において，大型前方後円墳の多数築造と埴輪の盛行という2つの特質の背景に，「大王権力との関係よりも，地域内における権力系譜を重視した関東各地の首長層の意識変化がある」とし，栃木県南部の基壇もその一環とした。前方後円墳の形による「権威秩序付与の崩壊」との表現が，塚田の含意をよく示している。

低墳丘指向（中村 2003） 当地で盛行する横穴式石室は地下式の構造であるため，墳丘は低かったと推定し，「低墳丘指向」から生み出されたとする。一方では，宇都宮南部から上三川にみられる前方部前端に基壇がめぐらない前方後円墳の特徴に着目し，「別系統の可能性」を指摘した。

基壇の企画と地域色（沼澤 2004） 基壇をもつ古墳も沼澤の手法である24等分値企画法に合致し，全国の古墳と同じく，中央政権から造墓指定を受けて，専門造墓集団の関与によって築造された，と述べた。ただし，第1段が低く，テラス幅が著しく広いことは，栃木南部の特色として，1型式（第1段に盛土と地山削り出しを併用）と，2型式（第1段を地山削り出しで形成）に分類するとともに，盛土量を減らして投下労働力を削減するねらいがあったことは否定できない，と推論している。沼澤が主張する，全国一律の一貫した造墓管理の枠内で，栃木の基壇を理解しようとする論と位置づけられるが，各地にみられる地域色の評価いかんによっては，評価がまったく逆になる場合に備える必要がある。

第3期（2005年〜）＝調査成果をもとにした解釈期

国分寺甲塚古墳の調査成果（国分寺町教育委員会 2005）　埴輪を伴う前方後円墳で，墳丘第1段（基壇）は全長80m，墳丘第2段目は，長さ48m（後円部径35m・前方部長13m）の規模をもつ。基壇面は，前方後円形の墳丘第2段全体を囲む形でほぼ円形に廻り，前方部部分で僅かに張り出す独特な平面形に復元されている。この基壇面のほぼ中央の位置に円筒埴輪列が前方部を除いてほぼ円形に全周する。埴輪は主体部のある南および東・西側では隙間なく密接して，後円部の北から北東側では，60〜90cmの間隔をあけて並べられていた。古墳のもつ視覚的な正面観と労働作業上の省略が手に取るようにわかる。この前方部西側の基壇面では形象埴輪列が確認されたが，その主体部寄りの2.5m四方の部分から大量の須恵器・土師器が出土した。高杯は，供献された状態，杯は意図的に割った状態で確認されている。甲塚古墳の調査により，基壇において，埴輪列で結界された空間に対する飲食を伴う祭祀行為が執り行われていたことが確認できた。ただ単に省力や手抜きではない，下野型古墳の一要素である基壇の機能の一面が明らかになった。当地の下野型古墳の実相究明に大きな一歩をもたらしたと言える。

基壇の系譜追究の方向性（中村 2011）　吾妻古墳の調査成果をもとに，墳丘第1段と第2段の形状が違い，第1段のくびれが弱い例（吾妻古墳・羽生田茶臼山古墳）と墳丘第1段がくびれて第2段と相似形の例（下台原古墳・長塚・壬生愛宕塚・三王山）は，系譜が違う，と指摘した。さらに，前方部が幅広い一群（壬生愛宕塚・羽生田茶臼山古墳・長塚古墳）や石室のある前方部側が狭い基壇をもつ一群（吾妻古墳・甲塚古墳）に着目し，墳丘の系譜関係をもとに，各古墳を位置づける研究の方向性を示した点で重要である。

労働力制約と大型古墳の築造という矛盾の産物（広瀬 2011）　基壇は，武蔵の埼玉古墳群の長方形二重周濠や上総地域の内裏塚古墳群の低い墳丘などとともに，東国における古墳の個性であり，一部の改変は地方首長の裁量に任されていた，と予測した。そして，基壇式前方後円墳で下野地域首長層の＜われわれ意識＞を体現すると同時に下野地域以外の首長層との差別化をはかった，と述べた。中央政権による東国首長層の再編成という地方政策に対応するかたちで，地域が政治的結合を強化した姿を見出そうとしている点で，基壇のもつ歴史的意義に迫る論と位置づけられる。

石室内土器副葬を墳丘上で表現するための＜ステージ＞（荒井 2013）　土器祭祀と基壇の関連性を追究し，下野市周辺の古墳における土器の出土状況の吟味をもとに，基壇はかつて石室内で行われていた土器副葬を墳丘上で表現するために創出されたもの，と位置づけた。土生田は，基壇創出が，儀礼の場が墳頂部から墳裾への移動に伴うと考えた（土生田 1996）のに対し，石室内→基壇への構図で基壇の性格を理解しようと意欲的に取り組んだ論である。埋葬施設内と墳丘上儀礼の間には大きな意識の変化があり，納得できる背景描写と石室内土器副葬と基壇上儀礼を把握できる調査例の蓄積の2つにより，論の成否が改めて問われることになるだろう。

(2)　前方部石室について

前方部のみに石室あり　秋元陽光・大橋泰夫は，思川・田川水系の首長墓の検討から「この地域の首長墓においては後円部ではなく，前方部に石室を構築するのが一般的」と喝破した（秋元・大橋 1988）。これを根拠に，吾妻岩屋古墳の前方部石室の年代的位置づけとともに，その築造時期の見直しが進むことになる。

後円部にもあるはずだ　前方後円墳の前方部だけに石室があることを認めない立場もある（池上 1988）。後円部にもあるはず，と主張する。墳丘そして前方後円墳の後円部をどう考えるのかという点からも重要な見解である。しかし，現段階では，＜前方部だけに石室をもつ＞ことに変更の必要はない。

やはり後円部にはなかった　下野市国分寺山王塚古墳は，前方部を西にむけた全長（推定）90m，周湟を含めると 100m 以上の大型前方後円墳である。埋葬施設は前方部の南側にある。旧地表面の標高は 52.2m，玄室床面の標高は 50.8m，天井石上面は推定 54m であり，半地下式の横穴式石室となる。側壁は大型の河原石の小口積み，奥壁は凝灰岩の一枚切石，玄門は凝灰岩の一枚石を刳り貫いたものである（小森・齋藤 1992）。調査の成果としては，以下 5 点に注目しておきたい。

① 意図的に後円部南側にトレンチをいれ，主体部の有無の確認を行ったこと。その結果「墳丘の盛土が層をなしているのみで，埋葬施設やそれに伴う遺構は認められなかった」ことから，埋葬施設は前方部のみにあることが確定できたこと。

② 玄室側壁が川原石小口積の石室で初めて凝灰岩 1 枚石の刳り貫き玄門を確認したこと。

③ 基壇部分の調査から「基壇部分にのみ旧表土が残されている」，そして「基壇部分のほうが 20cm～40cm 僅かに高い」ことが判明し，「元来は，多少の盛土があったと推測」できたこと。

④ 南西 330m にある国分寺愛宕塚古墳（全長 78.7m）と比較したとき，本墳のほうが 11.3m 大きい。しかし，墳丘形態は同一の築造企画であり，石室の位置も一致しているので，きわめて密接な関係をもって営まれたことが判明したこと。

⑤ 「凝灰岩の破砕礫」が，広い範囲にわたって，旧表土の直上面でみつかったこと。標高は 52.4m とすべてのトレンチで一致した，と報告されている。「凝灰岩の破砕礫」の層は，第 1 トレンチでは，3～4cm，第 2 トレンチでは厚さが 2～8cm 確認された。調査者は「この凝灰岩は，横穴式石室の石材に使用されたものの加工屑と考えるのが妥当」とし，「石材の最終加工作業がこの古墳の構築予定地で行われ，盛土を行う前に人為的に敷かれたものと理解」している。

筆者はこのうち，⑤に注目している。はたしてそうであろうか，という疑問があるからである。石室に使用された凝灰岩は，奥壁と，玄門の 2 枚だけである。運ぶ労力を考えると，ある程度は，使用時の寸法に近いものであっただろう。成形→刳り貫き→整形の作業を経ても，すべてのトレンチで確認されるほど大量の「加工屑」が出るとは思えない。また，玄門を刳り貫いたときに出た砕片でこれだけ広範囲に凝灰岩を敷くことは可能だろうか。むしろ，墳丘を盛る前の整地面に広がる白い凝灰岩の層を想起したとき，墳丘盛土の基盤をしっかり地固めする，とする意図よりも，これから埋葬を行うための塚に「土」を積んでいく＜聖なる地＞に対する儀礼的とも言うべき，ある種の＜想念＞を感じずにはいられない。その当否はともかく，この地域の他の古墳の調査時にも山王塚古墳で確認された凝灰岩の層に着目する必要がある。外見に表れた共通性だけではなく，見えない部分に遺された当時の人間の＜想念＞の共通性にも注目していきたい。

電気探査でも確認されず　2007～2010年に実施された吾妻古墳の発掘調査においても，後円部石室の有無の確認をめざしたトレンチと電気探査による調査が行われた。その結果，やはり後円部には，主体部は確認されず，前方部の石室が本来の埋葬施設である，との報告がなされた（中村 2011）。

(3)　凝灰岩切石使用横穴式石室について

1）出雲の石棺式石室との関係

秋元・大橋は，思川・田川流域の大型切石使用石室の系譜について，山陰の「石棺式石室」との関連を指摘した（秋元・大橋 1988）。

筆者は，出雲との比較および九州・出雲間の交流を踏まえて，下野独自に展開した可能性を考えてこの地域的特色を「下野型石棺式石室」と呼称して表現することを提唱した。そして，その背景に有力首長層の創意と歴史的意義を見出した（小森 1990a）。この考えについては，小林孝秀の「下野内における型式的・技術的飛躍の存在を重視し，他地域に視野を広め，系譜関係の検討を試みるのが妥当」との批判（小林 2005）があった。

その後，筆者は，肥後（5例），出雲（34例），伯耆（11例），下野（11例），合計61例の諸要素を同一基準で比較する方法により，それぞれの地域の特徴を把握して共通性と独自性について追究した。その結果，石棺式石室の設計や施工を担う個人あるいは集団の移動を伴う相互の直接交流はなかった，と結語した（小森 2012）。ただし，4地域の石棺式石室を構成する要素の一つひとつに眼を向けたとき，まったく無関係にそれぞれが成立したのではなく，各地の実情に合わせて選択的に相互の情報を取り入れた，と考えを改めた。

上野恵司は，当初は出雲の影響を考えなかった（上野 1992）が，その後は，出雲の影響，と考えを改めた（上野 1996）。

小林孝秀は，床石の有無と玄室の平面形を勘案して，出雲あるいはその影響を受けた伯耆西部の「石棺式石室」の影響を考えた（小林 2005）。

その後，系譜については，西伯耆に淵源を求める意見（市橋 2008・2010）や出雲東部と下野の首長層の中央での接触を予察する意見（広瀬 2008・2011a・b）が出されている。

系譜関係についてはまだ定見をみないが，各研究者が石棺式石室の採用と限定された分布域の史的背景に，強い政治性をみる点で一致している研究段階と言える。

2）刳り貫き玄門[3)] について

関東地方で類似する例は，茨城県つくば市平沢古墳群，同県石岡市岩屋乙古墳，同県ひたちなか市虎塚4号墳，千葉県佐原市又見古墳，埼玉県行田市小見真観寺古墳などがある。年代的には，10a期（6世紀後半）まで遡るのは，下野のみである。そうすると，近県の例は，出雲あるいは

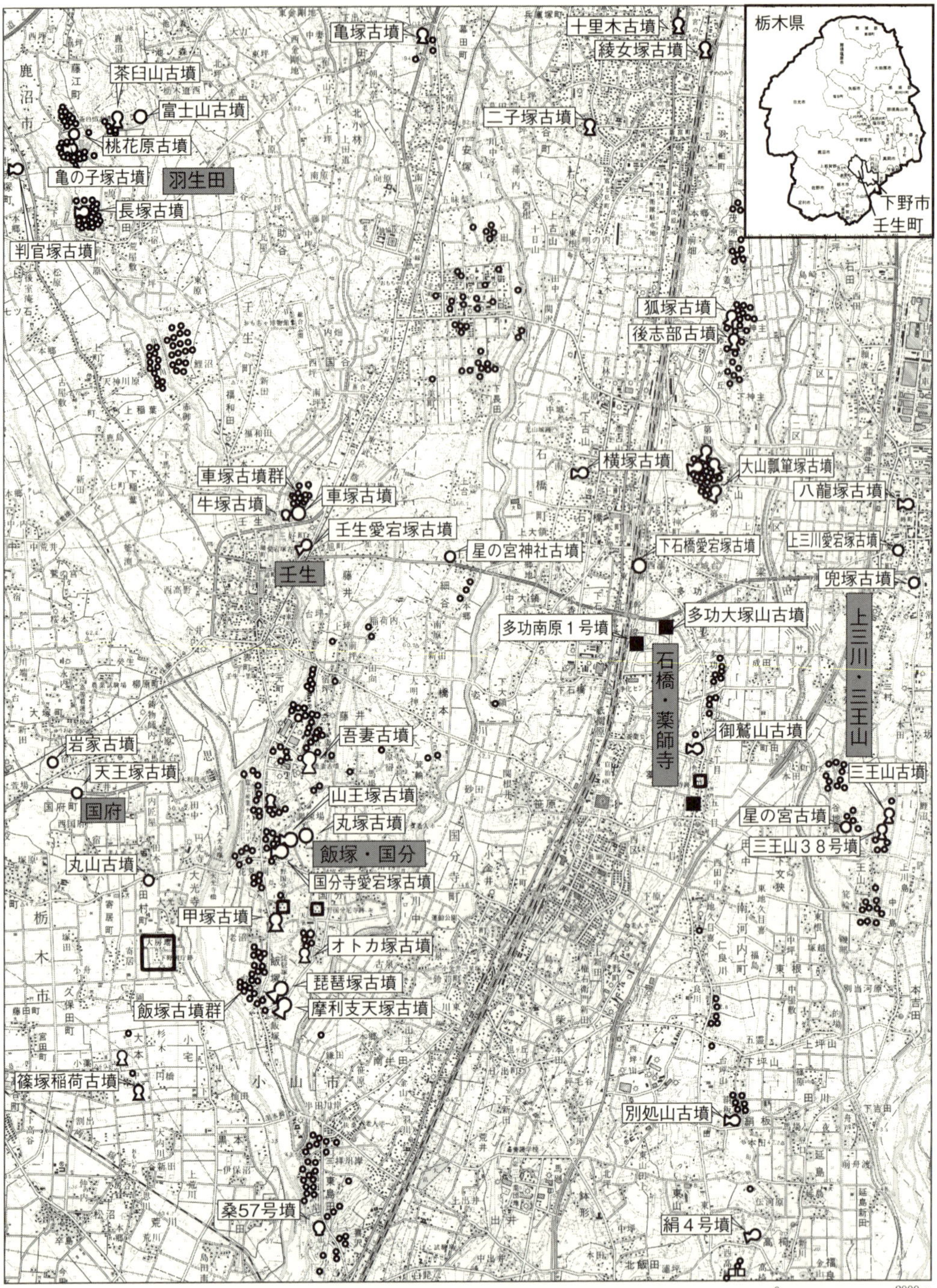

第２図　栃木県南部におけるしもつけ古墳群の分布

第4表　しもつけ古墳群における主要古墳

No.	地域	古墳名	所在地	墳形	規模	墳丘軸	段築	主体部	石室軸	単室	複室	埴輪	葺石	時期	その他
1		岩家古墳	栃木市大塚町	円墳	61	—	二段	凝切石	1	●		×	×	12	
2	国府	天王塚古墳	栃木市大塚町	円墳	42	—	二段	河原石	346	●		×	×	12	
3		丸山古墳	栃木市田村町	円墳	?	—	不明	凝切石	不明	●		×	?	11	
4		羽生田冨士山古墳	壬生町羽生田	円墳	86	—	二段	不明	—	—	—	●低	×	10a	
5		羽生田茶臼山古墳	壬生町羽生田	前方後円墳	91	157	二段	不明	—	—	—	●低	●	10a	
6	羽生田	長塚古墳	壬生町羽生田	前方後円墳	82	258	二段	不明	—	—	—	×	●	10b	
7		桃花原古墳	壬生町羽生田	円墳	63	—	三段	凝切石	345		●	×	●	11	前庭
8		(判官塚古墳)	鹿沼市北赤塚	前方後円墳	60.9	258		河原石	340	●		●低	●	10a	
9		壬生愛宕塚古墳	壬生町壬生甲	前方後円墳	77	253	二段	不明	—	—	—	●	×	10a	
10	壬生	壬生牛塚古墳	壬生町壬生甲	前方後円墳	60	179	二段	不明	—	—	—	×	×	10b	
11		壬生車塚古墳	壬生町壬生甲	円墳	86	—	三段	凝切石	7		●	×	●	11	前庭
12		摩利支天塚古墳	小山市飯塚	前方後円墳	120.5	237	三段	不明	—	—	—	●	×	8	
13		琵琶塚古墳	小山市飯塚	前方後円墳	123.1	201	三段	不明	—	—	—	●	×	9	
14		吾妻古墳	壬生町・栃木市	前方後円墳	128	162	二段	切石	349		●	●	×	10a	
15	飯塚・国分	国分寺甲塚古墳	下野市国分	前方後円墳	80	187	二段	凝切石	5	●		●低	×	10a	
16		国分寺愛宕塚古墳	下野市国分	前方後円墳	78	249	二段	凝切石	—		—	×	×	10b	
17		国分寺山王塚古墳	下野市国分	前方後円墳	90	278	二段	河原石	12	●		×	×	10b	
18		国分寺丸塚古墳	下野市国分	円墳	74	—	二段	凝切石	2	●		×	×	11	前庭
19		石橋横塚古墳	下野市下古山	前方後円墳	70	287	二段	河原石	17		●	●低	?	10a	
20		御鷲山古墳	下野市薬師寺	前方後円墳	85	279	二段	凝切石	4		●	●	×	10b	
21		下石橋愛宕塚古墳	下野市下石橋	円墳	82	—	三段	凝切石	346		●	×	?	10b	前庭
22	石橋・薬師寺	薬師寺観音塚古墳	下野市薬師寺	方墳	31	—	不明	不明	—	—	—	×	×	12	
23		多功大塚山古墳	上三川町多功	方墳	53.8	359	不明	凝切石	352		●	×	●	12	前庭
24		(多功南原1号墳)	上三川町多功	方墳	25	1	不明	凝切石	1	●		×	×	12	
25		(別処山古墳)	下野市絹板	前方後円墳	37	262	不明	河原石	5	●		●	×	9	
26		上三川兜塚古墳	上三川町上三川	円墳	45	—	二段	凝切石		●		●	?	10a	
27		上三川愛宕塚古墳	上三川町上三川	円墳	40	—	二段	凝切石	?	●		?	?	11	移築
28	上三川三王山	星宮神社古墳	下野市谷地賀	円墳	43.8	—	二段	不明	—	—	—	●	×	10a	
29		三王山38号墳	下野市三王山	前方後円墳	51	206	二段	不明	—	—	—	×	×	10b	
30		三王山古墳	下野市三王山	前方後円墳	85	236	二段	不明	—	—	—	×	×	10b	

※墳丘軸・石室軸の角度は，磁北から時計回りの角度とした。
※凝切石＝凝灰岩切石使用横穴式石室
※河原石＝河原石使用横穴式石室
※低＝低位置突帯埴輪

肥後からの影響で成立した，と考えるよりも，下野が発信源となって関東各地へ波及した可能性が高い（小林 2005 など）と位置づける方が妥当だろう。

2　地域区分

しもつけ古墳群は，現在の行政区画では，壬生町と下野市を中心とし，小山市北部，栃木市西部，上三川町の一部を含む，南北 14km，東西 13km の範囲に分布する古墳群の総称である。栃木県の河川は，北部の那須山系および北西部の日光山系に源を発し，基本的に南流する。したがって，丘陵は南北方向に延び，多くの古墳は，それらの丘陵の縁の部分を中心に築造されている（第1・2図）。

地域区分にあたっては，古墳および古墳群が丘陵の縁辺部を中心に築造されていること，そして地形が南流する河川によって区分されている特徴を鑑みながら，古墳の分布をもとにして6地域に分けた[4)]。思川の左岸にあたる国府地域，黒川の上流左岸の羽生田地域，その下流左岸の壬生地域，黒川と思川の合流地点からその下流にあたる飯塚・国分地域，姿川と田川に挟まれた石橋・薬師寺地域，田川左岸の上三川・三王山地域の 6 地域である（**第 2 図・第 4 表**）。それぞれの地域には，大規模古墳とともに，小規模古墳が多数営まれているが，群集墳については，本章第 4 節で扱うことにしたい。

3　規模と埋葬施設

それぞれの地域の 50m 以上の前方後円墳を中心に主要古墳の概要については，一覧表で示した（**第 4 表**）。基壇については前述したが，吾妻古墳の模式図を提示し，しもつけ古墳群の特徴をあらためて確認しておきたい（第 3 図）。

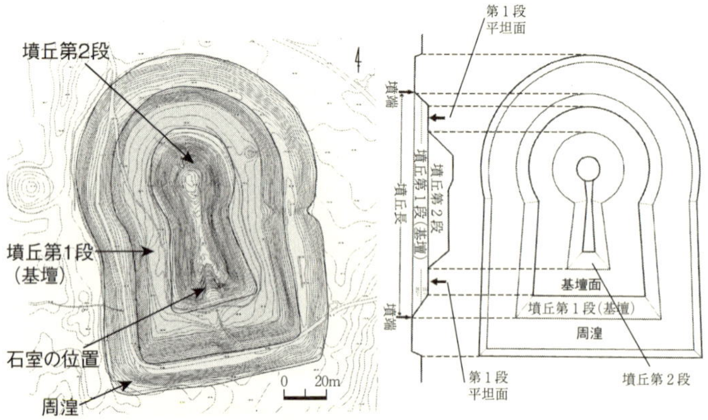

第 3 図　吾妻古墳の墳丘模式図

墳丘規模　100m 以上の前方後円墳は，3 基ある。大きい順に，吾妻古墳（128m），琵琶塚古墳（123m），摩利支天塚古墳（120m）となる。栃木県域では，それぞれの時期において最大規模の前方後円墳となる。さらに，吾妻古墳については，10 期における列島全体を見渡したとき，奈良県五条野丸山古墳（310m），平田梅山古墳（140m）に次いで，3 番目の規模となる（加部 2009）。

90m 級は 2 基で，羽生田茶臼山古墳（91m），国分寺山王塚古墳（90m）がある。80m 級は 4 基で，御鷲山古墳（85m），三王山古墳（85m），長塚古墳（82m），帆立貝形の国分寺甲塚古墳（80m）の順となる。70m 級は，3 基で国分寺愛宕塚（78m），壬生愛宕塚古墳（77m），石橋横塚古墳（70m）がある。60m 級は，判官塚古墳（60.9m）と壬生牛塚古墳（60m）の 2 基である。50m 級はほとんどなくなり，三王山 38 号墳（51m）のみとなる。以下，40m 級は 11 基，30m 級は 6 基，20m 級は 2 基，10m 級は 3 基となる。

一方，円墳は，80m 級の壬生車塚古墳（86m）・羽生田富士山古墳（86m）の 2 基を最大として，下石橋愛宕塚（82m）が続き，70m 級の国分寺丸塚古墳（74m）がある。なお，この 70m 級は，しもつけ古墳群以外でも認められ，栃木市岩舟甲塚古墳（78m）や小山市千駄塚古墳（70m）がある。60m 級は，2 基で桃花原古墳（63m），岩家古墳（60m）がある。50m 級は，藤井 38 号墳（50m）のみとなり，数が減って前方後円墳と同様の傾向を示す。40m 級は，上三川兜塚古墳（45m），星宮神社古墳（43.8m），天王塚古墳（42m），上三川愛宕塚古墳（40m）など，6 基ある。以下，30m 級 3 基，20m 級約 40 基，10m 前後約 520 基となる[5)]。

方墳は，多功大塚山古墳（53.8m）を最大として，薬師寺観音塚古墳（31m），多功南原古墳（25m）が続く。方墳である，と認定することは，発掘調査を経なければなかなか難しい。車塚

第5表　しもつけ古墳群における古墳の規模（6〜7世紀）

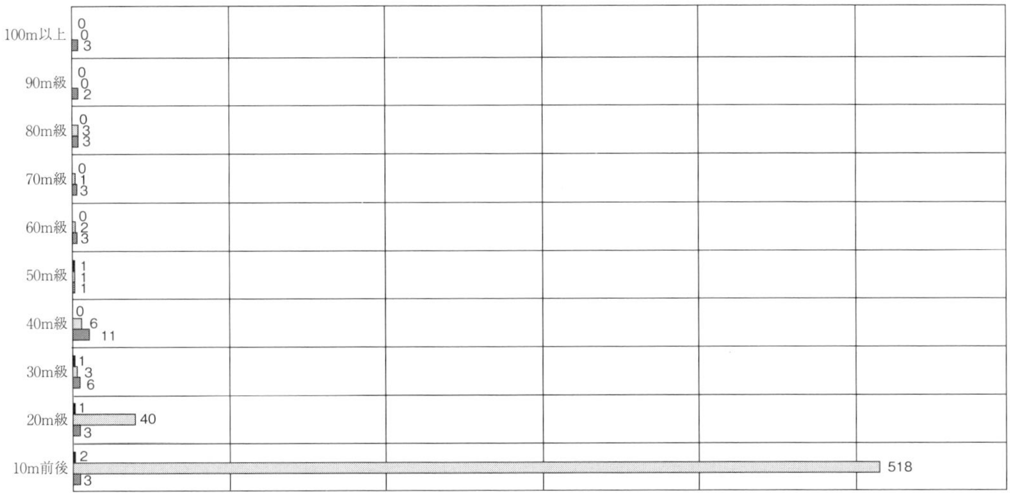

	10m 前後	20m 級	30m 級	40m 級	50m 級	60m 級	70m 級	80m 級	90m 級	100m 以上
■ 方墳	2	1	1	0	1	0	0	0	0	0
□ 円墳	518	40	3	6	1	2	1	3	0	0
■ 前方後円墳	3	3	6	11	1	3	3	3	2	3

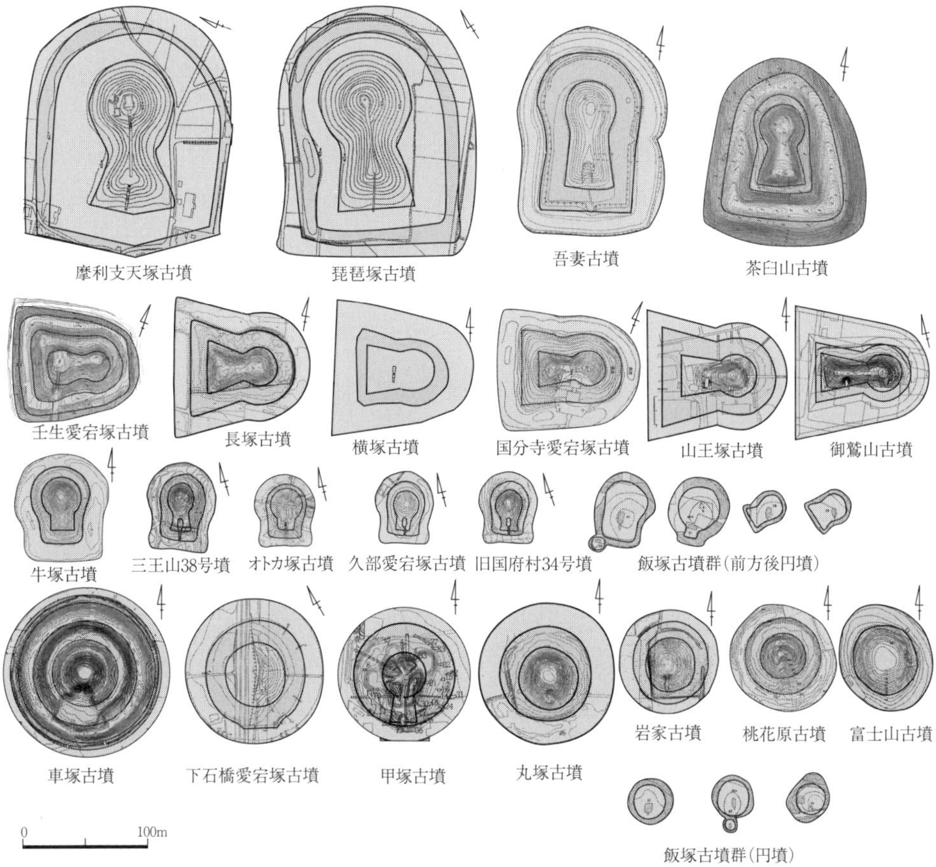

第4図　しもつけ古墳群における墳丘の形態と規模

古墳群 12 号墳など 10m 前後の規模の方墳が 2 基確認されている（第 5 表）。

しもつけ古墳群における基壇をもつ前方後円墳と円墳を規模別に示す図を引用したい（第 4 図）。この図からは，①基壇をもつ特徴がいろいろな規模の古墳にみられること，②古墳の規模からみると，おおまかに前方後円墳では 4 ランク，円墳でも 3 ランクに分けて考えられることを読み取ることができる。ただし，②については，それぞれの古墳が同時期に存在したわけではないのは明らかなので，時期を勘案する必要がある。編年的位置づけを検討してから改めて考えてみたい。

埋葬施設　しもつけ古墳群における主要古墳の横穴式石室集成図が提示されている（第 5・6 図）。大型の凝灰岩切石を用いた石棺式石室は，大規模古墳に限定される。それに対して中・小古墳の横穴式石室は，河原石を使用する。したがって，墓制からみた当地域の 6 世紀後半から 7 世紀後半にかけての階層性は，墳丘規模と石室構造の 2 つの要素から読み取ることができる。

4　編年的位置

しもつけ古墳群における主要古墳の年代的位置づけについて考える。横穴式石室の開口時期が，明治時代以前と推定される古墳が多く，現段階で副葬品の全体像が判明しているのは，下石橋愛宕塚古墳が唯一，と言わざるを得ない（第 7・8 図）。そこで，方法的には，断片的な出土資料を紡ぎながら年代を推定するとともに，横穴式石室の編年（第 2 章第 2 節）と照らし合わせ，各古墳を位置づける。作業の実際は，遺物複合（セット）の考え方を基本にして須恵器型式に対応させる方法をとる。

1）　須恵器

① 国分寺愛宕塚古墳のくびれ部の南裾からは，1928（昭和 3）年の社殿改築の際に須恵器（第 11 図）が出土している。出土状況のスケッチが残され（第 10 図），出土地は現在の社殿の下にあたる位置であることが判明している（第 9 図）。15 点ほどの出土が伝えられるが，そのうち 6 点が国分寺小学校所蔵となり現存する（山口 2012a）。しかし，その他は所在不明である。墨書きの注記があり，𤭯・器台・子壺ともスケッチと合致する。墳丘に向かって半円形に並ぶような出土状況であったと記録されている。器台（第 11 図 1〜4）と子持壺の壺部分（6）は，他の遺跡で対比資料がみつからず，位置づけに苦慮する。しかし，𤭯（5）は，小さな体部から細くくびれた頸部，そして大きく開く口縁部の特徴からやや新しい様相が看取され，TK43〜209 型式期に位置づけられる。

② 上三川兜塚古墳出土の須恵器𤭯（第 12 図 4）は，TK43 型式期に位置づけられる。

③ 桃花原古墳出土のフラスコ瓶（第 12 図 5）は，頸部に 2 条の沈線がみられる。胎土および色調から，静岡県湖西古窯跡群の製品と報告されている（君島 2006）。湖西編年（後藤 1989）の Ab1 類，時期は第Ⅱ期第 5 小期，7 世紀第Ⅰ四半期の年代が与えられている。高杯（第 12 図 6）は，短脚で杯部が深い。スカシは，上が長方形，下が三角形で，間に 2 条の沈線がめぐる。器形がゆがみ，色調および胎土から在地産と報告されている。6 世紀後葉〜7 世紀前葉に位置づけられている。

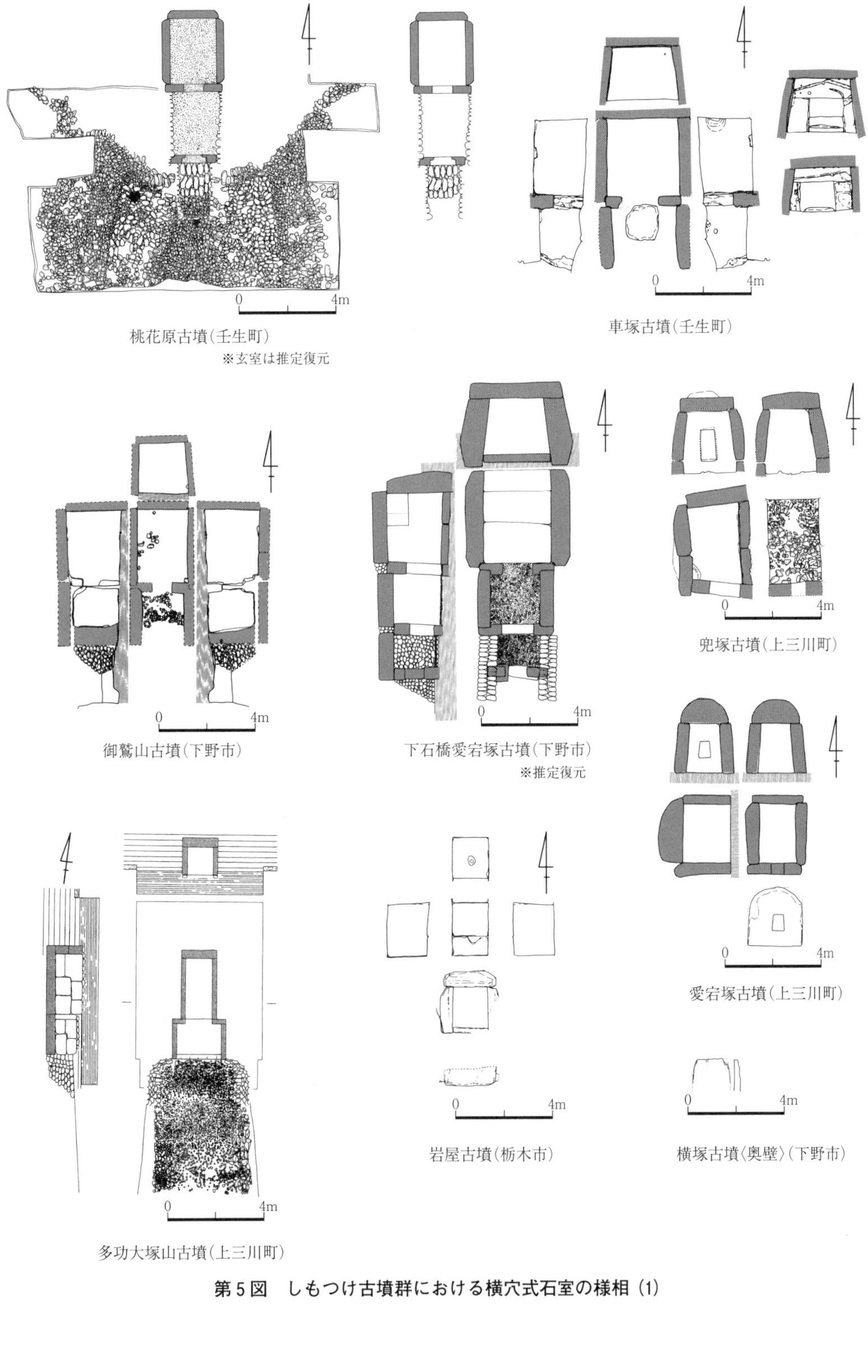

第5図　しもつけ古墳群における横穴式石室の様相 (1)

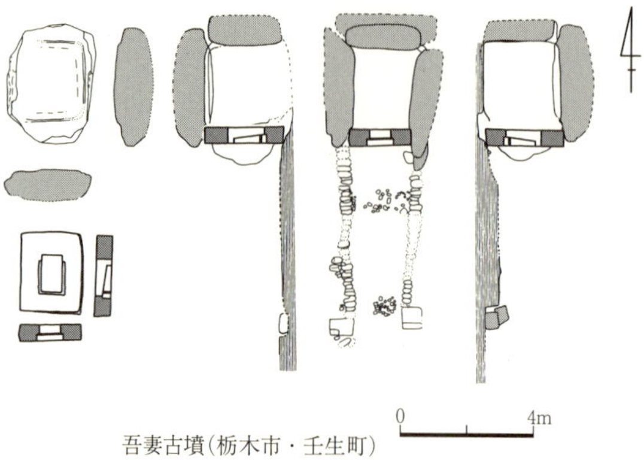

吾妻古墳（栃木市・壬生町）

※天井石と玄門石を合成

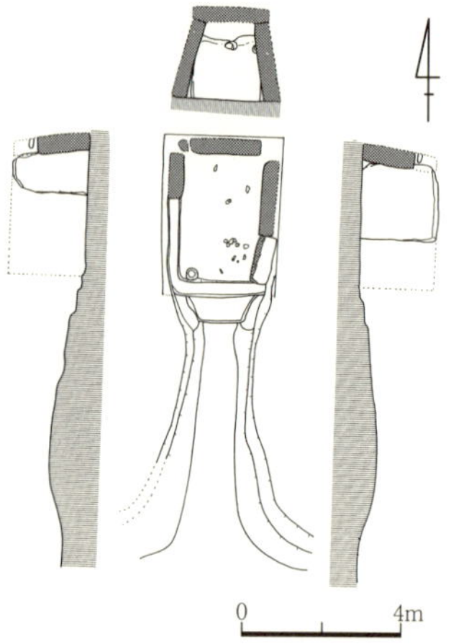

甲塚古墳（下野市）

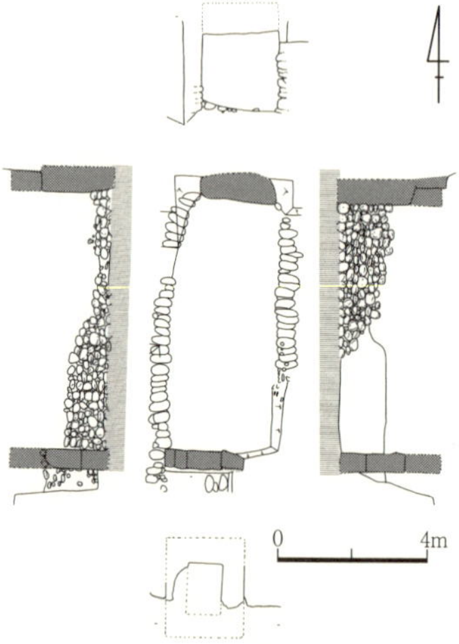

山王塚古墳（下野市）

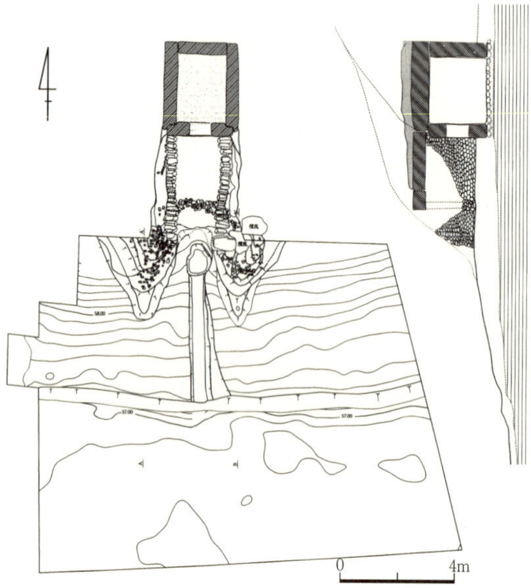

丸塚古墳（下野市）

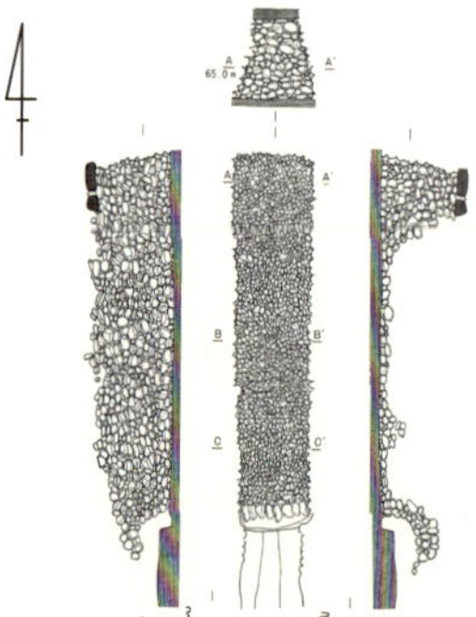

星の宮神社古墳（下野市）

第6図　しもつけ古墳群における横穴式石室の様相 (2)

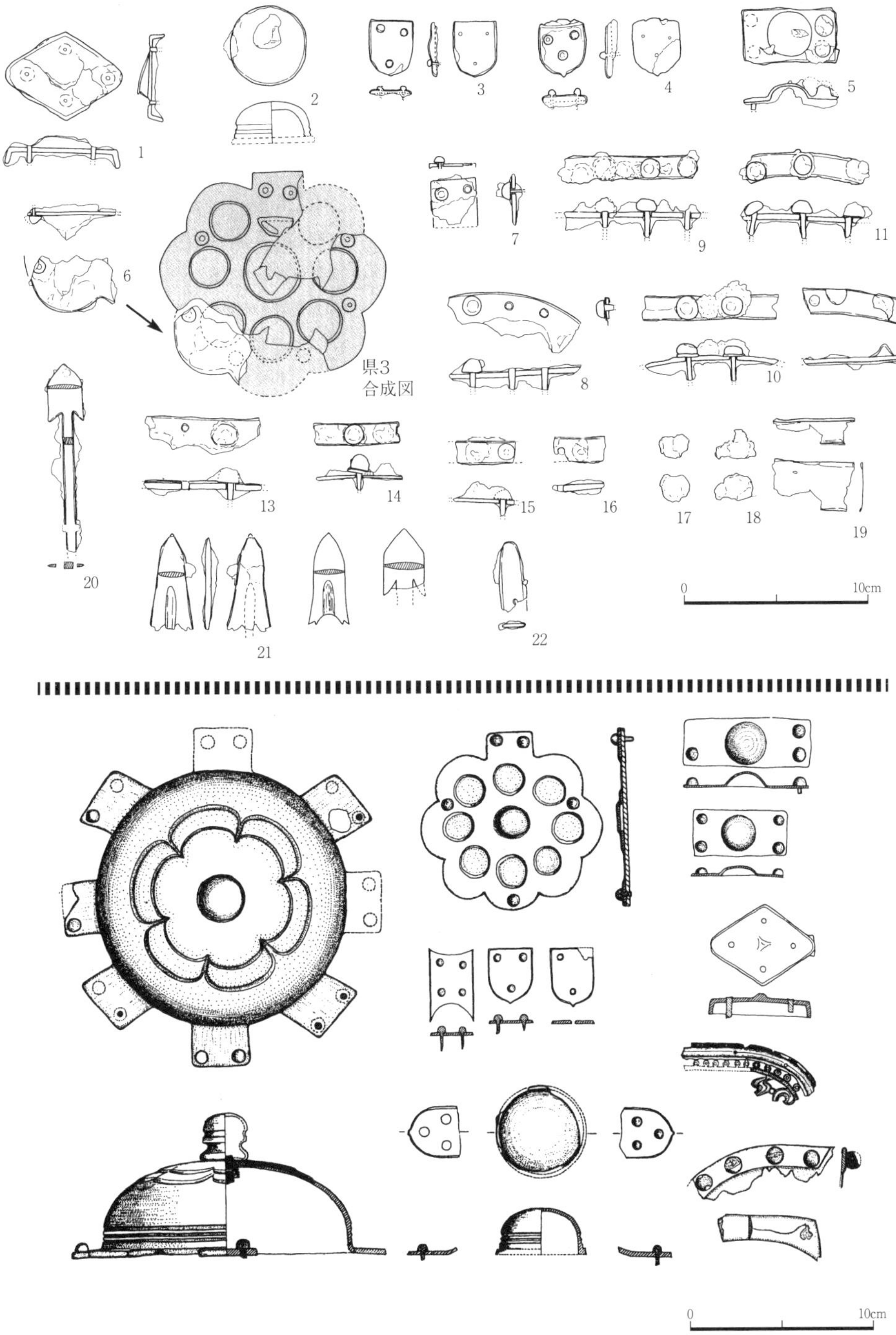

第7図　下石橋愛宕塚古墳出土遺物（1）　上段：個人蔵　下段：県教育委員会調査分

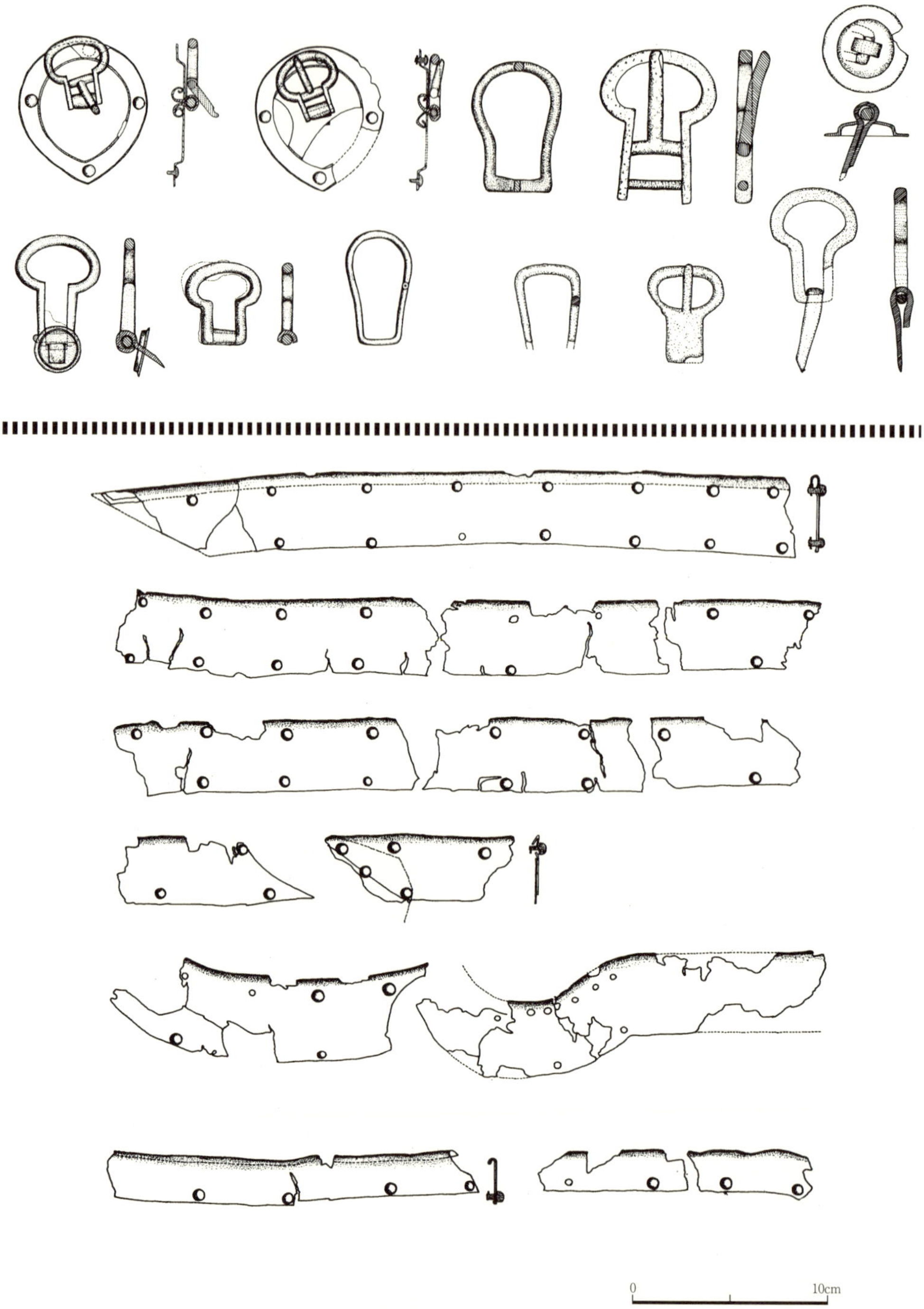

第８図　下石橋愛宕塚古墳出土遺物（2）（県教育委員会調査分）

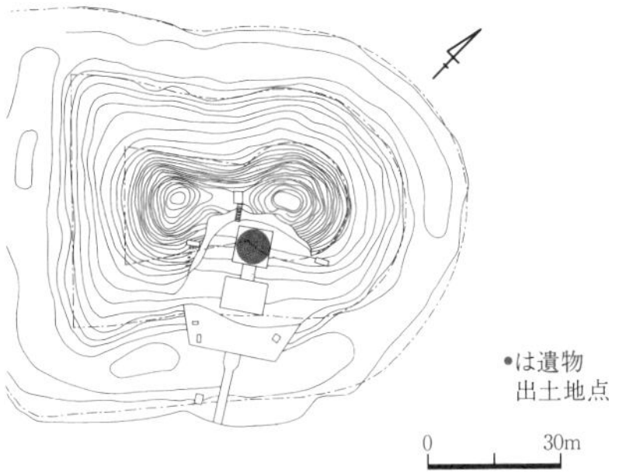

第９図　国分寺愛宕塚古墳墳丘図

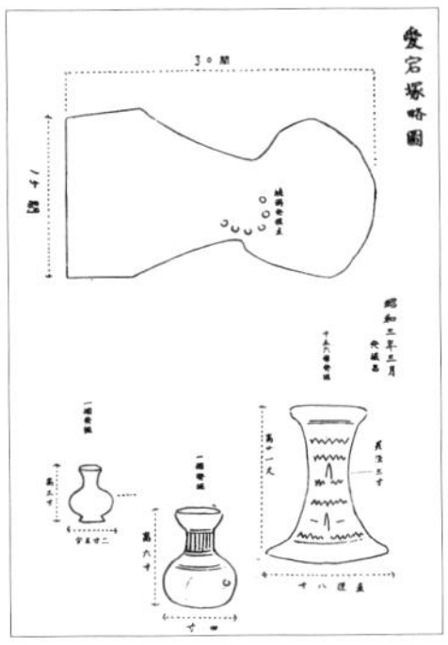

第10図　国分寺愛宕塚古墳
須恵器出土状況

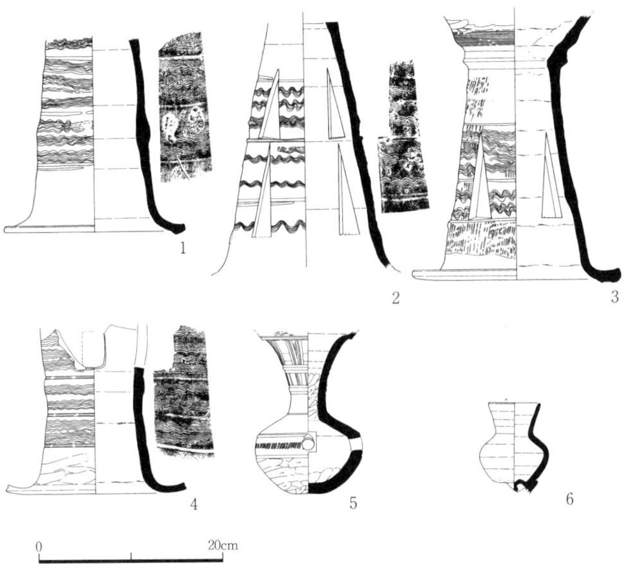

第11図　国分寺愛宕塚古墳出土須恵器

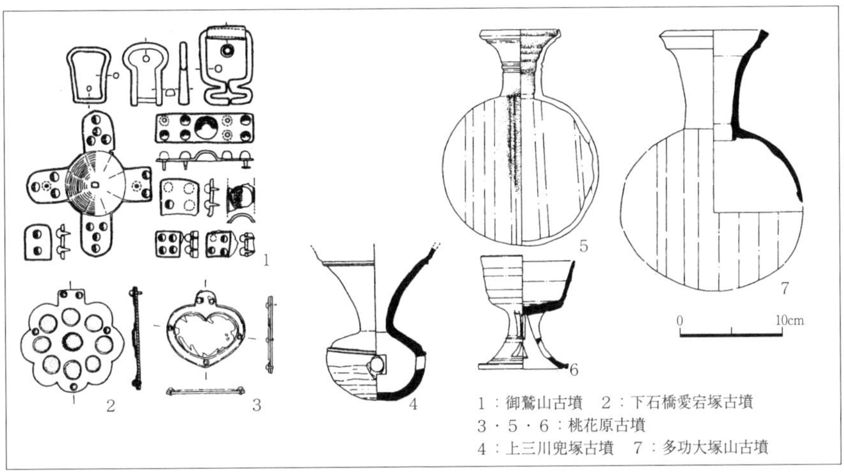

第12図　しもつけ古墳群出土馬具・須恵器

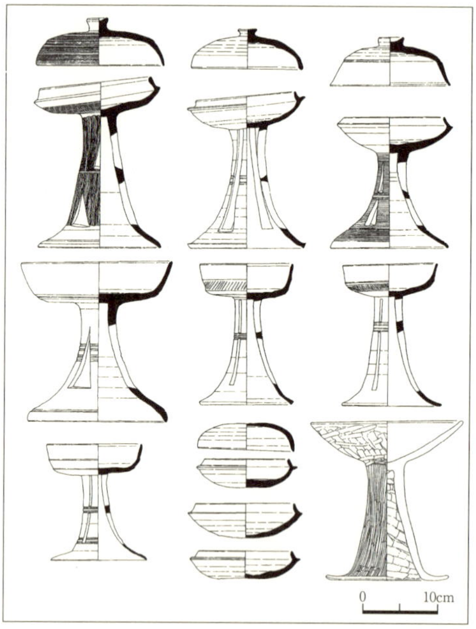

第 13 図　国分寺甲塚古墳出土須恵器

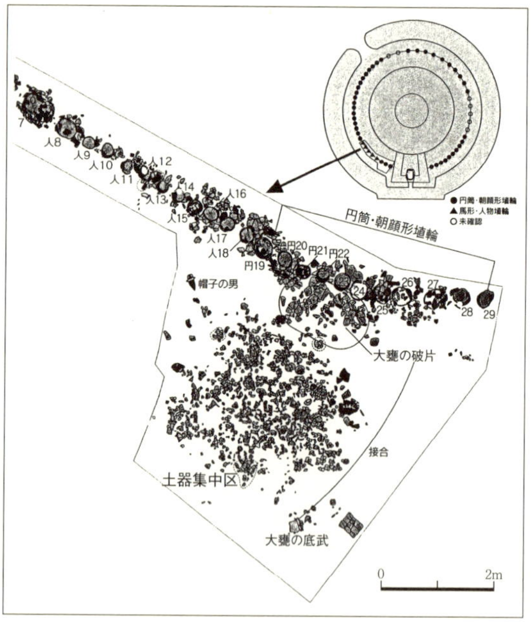

第 14 図　国分寺甲塚古墳須恵器・土師器出土状況図

④　多功大塚山古墳のフラスコ瓶（第 12 図 7）は，器形，口頸部長から湖西編年（後藤 1989）のAb3 類，第Ⅲ期第 2 小期から第 3 小期と判断され，660～680 年に位置づけられている（秋元 1994）。

⑤　国分寺甲塚古墳の須恵器高杯（第 13 図）と土師器高杯（第 13 図右下の 1 点）は，石室西の基壇面から一括出土した資料である。およそ 2.5m 四方のなかからまとまって出土した（第 14 図）。土器群の中心には，土師器高杯 5～7 個を 8 列に並べ，この高杯群の北と東側に須恵器の高杯を並べていた。土師器高杯は立った状態，須恵器高杯の蓋はとって横に置かれた状態で出土した。土器群は，埋葬に伴う儀礼の様子を示し，須恵器が示す年代と本墳の埋葬年代は大きく隔たるものではない，と判断される。須恵器は約 150 点出土し，須恵器高杯が約 50 点，その蓋が同数，他に杯と杯蓋が約 50 点となる。山口耕一の観察によれば，生産窯は，近畿地方，静岡県湖西市，東海地方，群馬県太田市あるいは埼玉周辺の 4 ヵ所に分かれることが報告されている（国分寺町教育委員会 2005）。TK43 型式期に位置づけられる。

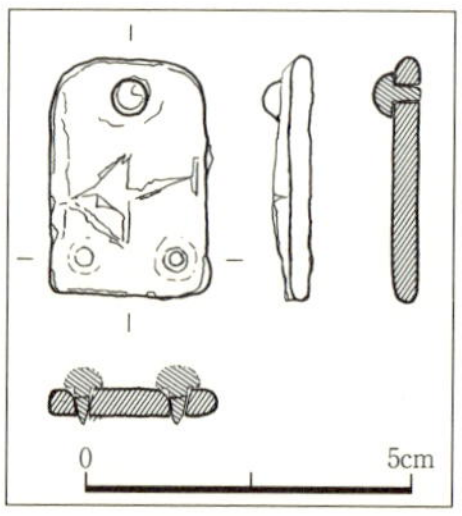

第 15 図　国分寺山王塚古墳出土帯金具

⑥　石橋横塚古墳出土の須恵器高杯（第 2 章第 3 節 第 25 図 1・2 参照）には，長脚 2 段スカシとやや大振りの杯部をもち，カキ目調整を施す 1 段スカシの資料がある。脚部裾が内湾気味で，色調も全体的に黒っぽいことから，直接陶邑窯と対比することは難しい。1 段スカシが，6 世紀後半まで残存した地方窯産の資料と考え，TK43 型式期の古段階（MT85）に位置づけたい。

2）　馬具

①　下石橋愛宕塚古墳の馬具（第7・8図）のうち，鉄地金銅張花形杏葉を小野山節の編年観（小野山 1983），銀張泥障縁金具（第8図下段）を奈良県牧野古墳との対比，内山敏行による轡および帯金具を含む総体としての3セットの位置づけ（内山 2011）に依拠し，TK209型式期とする。

②　桃花原古墳の鉄地金銅張心葉形杏葉（第12図3）を内山編年（内山 2011）に依拠し，飛鳥Ⅰ新相期に位置づける。

③　御鷲山古墳の鉄地金銅張の辻金具・帯金具（第12図1）をTK209型式期とする。

④　国分寺山王塚古墳の鉄地銀張飾金具（第15図）を内山編年に依拠し，TK209型式期とする。

3）　その他

①　吾妻古墳出土の小札甲（第16図1・2・3）は，縅孔1列偏円頭で他に縅孔2列もみられる。内山編年（内山 2006）の後期第2段階（MT85-TK43）に位置づけられている。

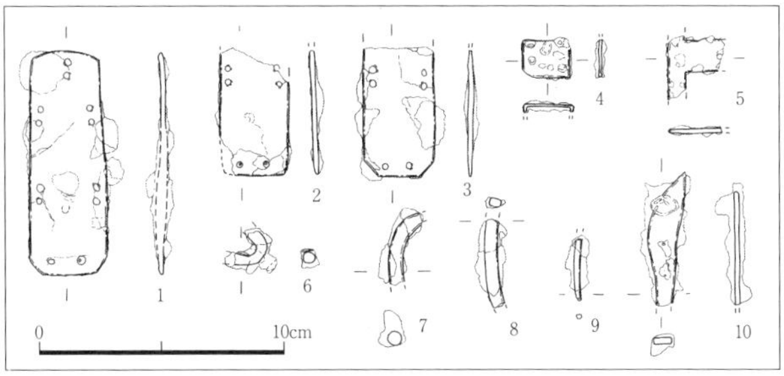

第16図　吾妻古墳出土遺物（1）

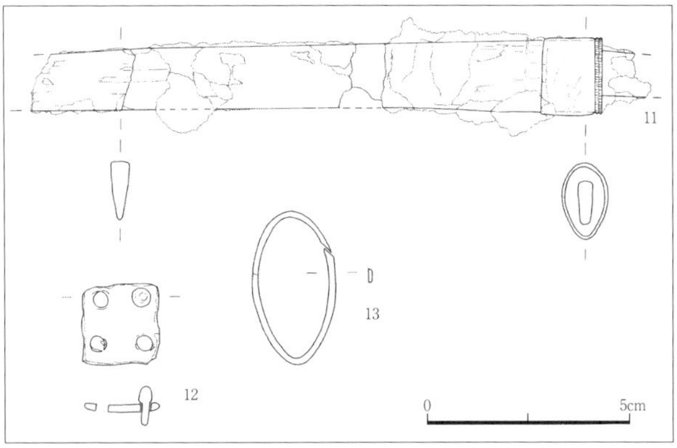

第17図　吾妻古墳出土遺物（2）

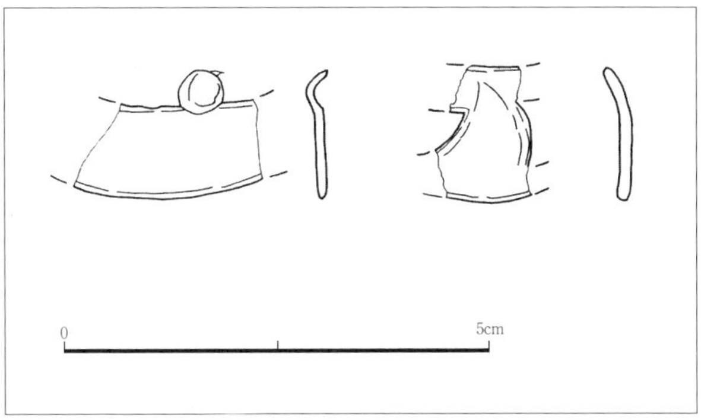

第18図　吾妻古墳出土遺物（3）

銀装刀子（第17図11）については，刻みを施す銀板を用いた鎺を伴う。銀装刀子の出土例として，周辺では，石橋横塚古墳，下石橋愛宕塚古墳，群馬県綿貫観音山古墳があげられる（中村 2011b）。TK43～209型式期とやや幅をもたせて位置づけておきたい。

銀製冠（第18図）については，左が連珠文，右が唐草文の一部と報告されている（中村 2011）。中村は，7世紀代まで下がる銀冠の年代観について，単に追葬として片づけるのではなく，見直しが必要だ，と述べている。

以上述べてきた遺物の位置づけと横穴式石室の編年（第2章第2節）をもとに，6つの地域別に古墳の編年表を作成した（第19図）[6)]。

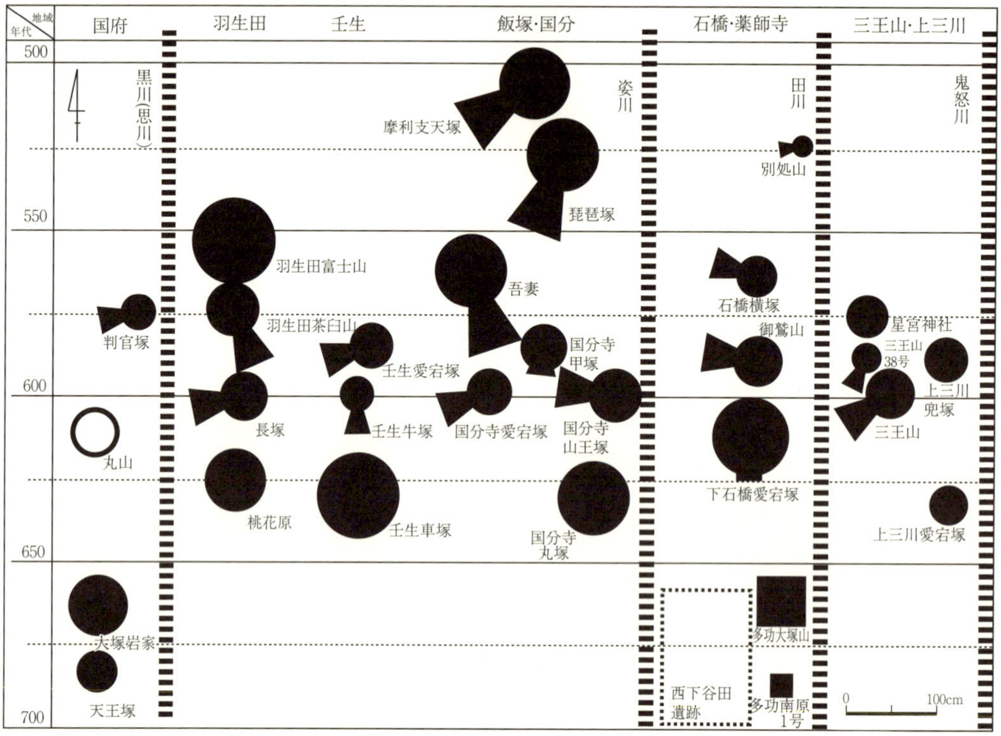

第19図　しもつけ古墳群における主要古墳の編年

5　小結――階層性と独自性――

栃木県域では，6世紀の前方後円墳は，224基ある。そのうちの大半が40m前後に集中し，なおかつ時期的には，ほとんどが6世紀後半～7世紀初頭に属する（小森 1994）。このような状況を踏まえたうえで，しもつけ古墳群についての考察を深めるために，栃木県域における古墳の編年を一覧した（第20図）。筆者のこれまでの位置づけ（小森 1990b・1994・1996など）をベースにして，県域全体を扱った大金宣亮（大金 1990），小森紀男（小森紀 1990），大橋泰夫（大橋 1995），秋元陽光（秋元 2003），橋本澄朗（橋本 2009），広瀬和雄（2011a）などの編年表も参考にした。ここで一度，本節で述べてきたことを中心に，栃木県域の動向も視野に入れながら，しもつけ古墳群について，その概要をまとめておきたい。

① 栃木県南部における下野型古墳（秋元・大橋 1988）は，基壇，前方部石室，凝灰岩大型切石使用横穴式石室（下野型石棺式石室）の3つの要素を共有する。その排他性および独占性により，内外に強烈な個性を主張している。

② 基壇は，大型古墳から20m規模の円墳まで採用する墳丘構築法であり，背景に特殊な墳丘形態に対する共通の意識がある。

③ 基壇は6世紀後半以降，大小の前方後円墳，円墳に採用され，前方後円墳が終焉しても大型円墳・方墳に引き継がれる特徴である。同様に引き継がれる下野型石棺式石室とともに，この2つの要素には，前方後円墳の築造とは別の意義が予想される。

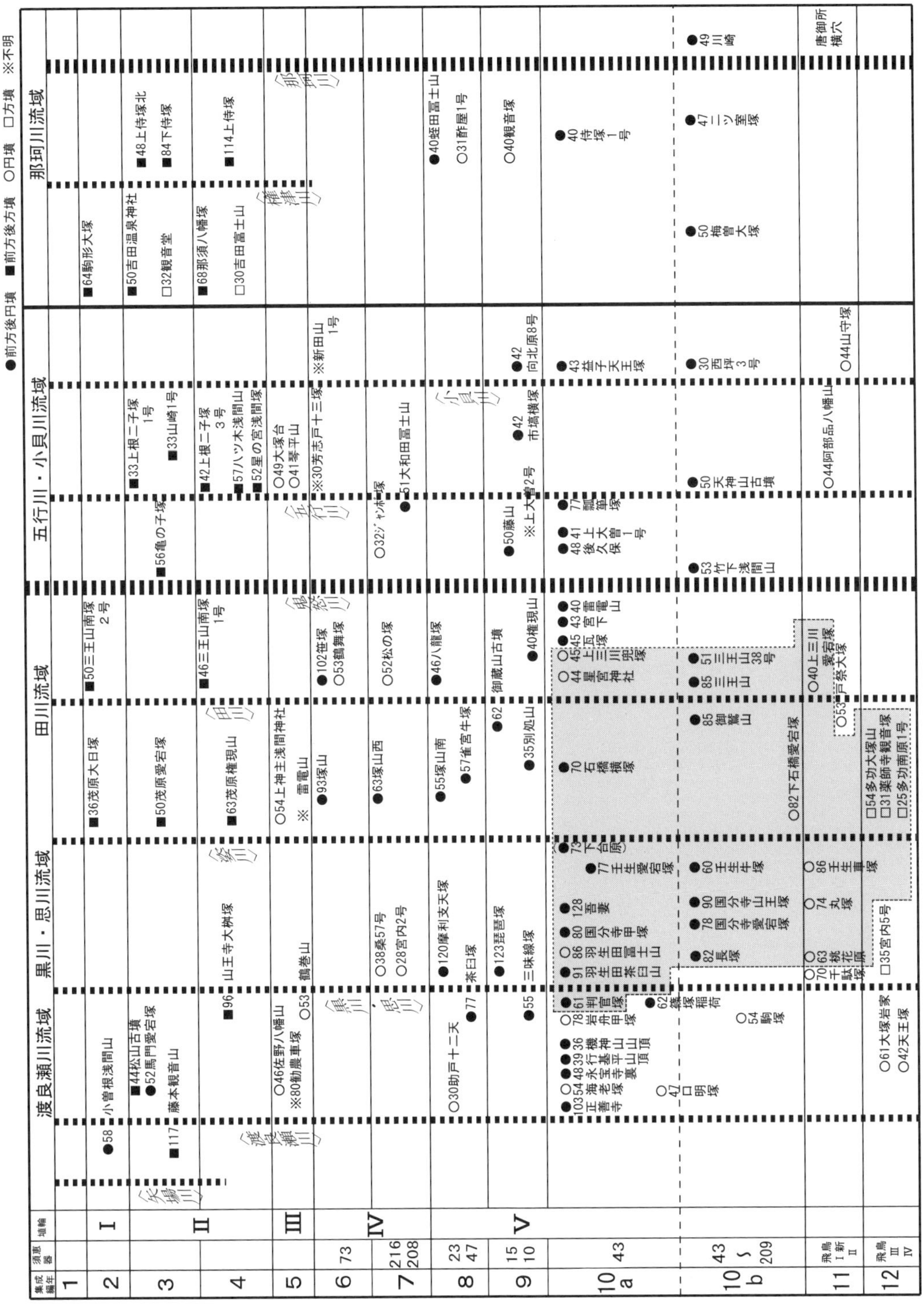

第 20 図　栃木県域における古墳の編年

④　大型の切石を用いた石棺式石室は，大規模古墳に限定され，中・小規模古墳は，河原石を用いた横穴式石室を採用する。

⑤　しもつけ古墳群における前方後円墳の規模は 4 ランク，円墳は 3 ランクに分けることができる。

⑥　しもつけ古墳群は 6 地域に区分され，6 つの首長系譜がたどれる集団が存在したことを示す。下野型古墳は，6 集団による連合体制の存在を示しており，その体制に推戴された首長が地域の最高首長になったと推定される。

⑦　栃木県域における 8 期（5 世紀末～6 世紀初頭）から 12 期（7 世紀後半）にかけて，それぞれの時期で，最も規模が大きい古墳が存在するのは，しもつけ古墳群である。

①・②・③により，しもつけ古墳群の＜独自性＞，④・⑤により，墳丘と石室構造による＜階層性＞，⑥・⑦により，県域の他の古墳との関係のなかでの＜優位性＞，以上 3 点を確認することができる。

第 2 節　切石使用横穴式石室の編年

1　研究史

第 1 期　群馬における尾崎喜左雄編年の援用期（1971～1982 年）

切石石室の分類と編年の嚆矢　当地における横穴式石室の本格的な研究は大和久震平（大和久 1971・1972）に始まる。1960 年代の開発に伴う横穴式石室の調査例の増加と既開口石室の観察をもとに，県内の横穴式石室と馬具の変遷について概観した。切石石室を 3 分類している。

①　大きな一枚石 4 枚を組み合わせて玄室を構成するもの（このうち玄門が組み合わせ式のものを「車塚型」，刳り貫き式のものを「丸塚型」とする）

②　小ブロックの切石を塼墓のように積み上げたもの

③　切石と川原石を混用するもの

それぞれの類型の前後関係については言及していない。切石石室の年代は 7 世紀とし，6 世紀後半代の大型横穴式石室が，中央から切石積構築法を導入したものと考えた。なお，「切石の背面まで曲面仕上げに手間をかけている点」に注目している。群馬県における横穴式石室の年代観（尾崎喜左雄編年）を採用し，系譜的には畿内からの影響を考える点に特徴がある。その後，大和久は車塚古墳の石室と馬頭町（現那珂川町）唐御所横穴の形態的な類似性にも着目した（大和久 1976）。7 世紀末から 8 世紀初めに位置づけ，「半島の古墳の制の強い影響」を考えている点に特徴がある。

石材の加工度による切石石室の細分と編年　大和久の業績を踏襲し，さらに一歩進めて年代的位置づけを行ったのは山ノ井清人である（山ノ井 1981）。栃木県のみならず，関東地方においても先駆的な研究であり，学史に残る編年と位置づけられる。切石石室をⅣ類に分けた。

Ⅰ類　石室の一部に切石が使用される

Ⅱ類　ほぼ全面に比較的大きな石を使用，一部に切組み積み技法

Ⅲ類　玄室の各部が大型切石で構成される（玄門を組み合わせるものはⅢ類A，刳り抜き玄門をⅢ類Bとする）

Ⅳ類　石室の一部に切石を使用し，側壁は割石（凝灰岩）の一面を整える

結果的には大和久分類（大和久 1971）を追認するかたちとなった。しかし，馬具・飾大刀・須恵器の年代観と石材の加工度を基準にしてそれぞれの類型に年代を与えた点が大きな業績と言える。Ⅰ類（6世紀第Ⅳ四半期）→Ⅳ類（6世紀末〜7世紀初頭）→Ⅱ類（7世紀前半）→Ⅲ類A（7世紀第Ⅲ四半期）→Ⅲ類B（7世紀第Ⅳ四半期）の変遷を考えた。下石橋愛宕塚古墳（Ⅲ類A）の位置づけは，馬具・須恵器の年代観から7世紀前半の可能性を示したが，石材の使い方を重視して年代を下降させている。群馬の年代観の呪縛から抜け出せそうで抜け出せないもどかしさがあった。

なお，それぞれの類型の分布図を作成していれば論は大きく変わっていたであろうと推測され，考古資料を分類した場合，その結果をもう一度地域に戻すことの重要性を学ぶことができる。

第2期　地域差による構造の把握期（1982〜1987年）

切石石室分析視点の確立　相次いで山ノ井編年に対する疑問が提起される。梁木誠は「石材加工度の差異が地域差となって表われている」として，山ノ井分類のⅡ・Ⅳ類を併行させ「石材使用形態の差は地域差あるいは被葬者の違い」を反映する，と反論した（梁木 1983）。また，大金宣亮も山ノ井分類に依拠しながらも，Ⅱ類は芳賀地方の地域色，Ⅳ類はⅠ類の範疇と捉えた（大金 1984）。山ノ井の段階的な石材加工変遷論に対し，梁木・大金は石材の加工度や用い方の違いを年代差ではなく地域差と捉えた点で共通している。この時点で，切石石室の分析視点がほぼ確立したと言っても過言ではない。大金の年代観はⅠ類（6世紀後半），Ⅲ類A（6世紀末〜7世紀初），Ⅲ類B（7世紀前〜中）と大型切石を用いる石室の年代を従来よりも1世紀近く遡らせた。下記する下石橋愛宕塚古墳の馬具の製作年代の研究（小野山 1983）の影響が大きい。石室の形態のみに固執せず，墳形・埴輪・副葬品等の断片的な資料を総合的に分析し，地域の首長墓のなかで前方後円墳終焉の画期などを型式的に考える研究姿勢は学ぶところ大なるものがある。

馬具編年による切石使用石室の年代観確立　下石橋愛宕塚古墳の調査者である常川秀夫は，同墳を8世紀に入る古墳と位置づけ，車塚古墳も同様と考えた（常川 1974）。しかし，1983年，小野山節は，花形杏葉の編年観を発表し，下石橋愛宕塚古墳出土の馬具の製作年代を「6世紀末」とした（小野山 1983）。当時の下野の研究者が考えていた石室の年代観を100年以上も遡る副葬品の位置づけは，衝撃的でさえあった。遺物による年代的な定点を得たことになり，本県の研究者に下石橋愛宕塚古墳築造時期の見直しが迫られた。

第3期　切石石室の史的背景探究期（1988年〜）

有力首長墳と切石石室　山ノ井・梁木・大金の蒔いた種は，秋元陽光・大橋泰夫による栃木県

南部の首長墓の動向に関する研究によって大きく開花する（秋元・大橋 1988）。切石石室については3分類している。

1　単室切石造横穴式石室（くり抜き玄門）

2　複室切石造横穴式石室（組み合せ玄門）

3　単室切石積横穴式石室（組み合せ玄門）

地域を限定して形態分類をしているので，説得力のある立論となっている。1類は山陰地方の石棺式石室の系譜を引くと考えている。ただし，「複室は単室の系譜を引いて成立した」とし，「退化した形態」と捉える点に問題を残した。年代的には各々が6世紀後半代には採用されていたとしている。前方部にしか石室がみつかっていない前方後円墳について，後円部には石室がない，と英断した点が本論の1つの根幹をなしている。

被葬者の階層性の追究　1988年，池上悟は，下野の横穴式石室について，総括的に概観した（池上 1988）。切石石室は，6世紀末段階に下石橋愛宕塚古墳に採用され，7世紀前半段階には，一枚構成と組み合わせ式のものが並行するとした。一枚石を用いる石室の方が優位で，被葬者の階層性を明示している，と述べた。基準尺の変遷，前方部のみに石室をもつ古墳を認めないこと，複室構造の石室を考えない点において問題を残す。しかし，横穴式石室の構造に被葬者の階層性を見出そうとする視点は，その後の研究に大きな影響を与えた。

系統と階層差　1990年，大橋泰夫による切石石室の集大成がなされ，新たな分類案が示された（大橋 1990）。

1類　大型一枚石を用い，玄門はくり抜き

2類　大型一枚石を用い，玄門は組み合せ

3類　大型の切石を数枚使い側壁とする。玄門は組み合せ

4類　框石の両端にほうだて石をのせる玄門

各々の類型ごとにさらに細分し，出土遺物を駆使して年代観を示しているが，基本的には先の位置づけ（秋元・大橋 1988）を踏襲している。切石石室は「複数の系統と階層差」で理解され，1・2類は思川・田川水系の有力首長層にのみ限定的に採用され，4類はその下位の層が採用し，分布も鬼怒川を越えて芳賀地方にまで広がることを指摘している。分類案については，1〜3類の分類基準と4類のそれが玄門構造だけになって，やや要素を異にしていることに疑問を残した。

2　凝灰岩切石使用横穴式石室の分類と変遷

1990年，しもつけ風土記の丘資料館の企画展『古墳文化の終焉』の展示図録に掲載した切石使用横穴式石室に関する小考（小森 1990）をもとに記してみたい。

はじめに

凝灰岩——耳慣れない石の名前である。当地ではむしろ「大谷石」という俗称の方が，より馴染みが深い。その名にちなむ宇都宮西部の大谷地区は「石の里」として広く県内外に知られている。現在，宇都宮市西部（大谷石），同市北部（長岡石），鹿沼市（深谷石），県北部から東部

（小宅石，芦沼石）の八溝山麓などに露頭がみられる。凝灰岩切石使用石室は一部を除いてこれらの露頭がある地域とその下流域に分布する。古代寺院においても礎石として用いられるなど，古くからわれわれの生活と密接に結びついている石材である。

下野における横穴式石室の導入時期は，現在のところ県南の栃木市（旧大平町）将門霊神古墳から出土した遺物の年代観から，6世紀前半と考えられる（栃木県古墳勉強会 2004・2005）。石材は自然石（チャート）の割石を用いている。その後，6世紀中葉を待たずに，県南の小山市飯塚古墳群（川原石）や県中央部の宇都宮市北山古墳群（割石）に横穴式石室が採用される。これらの石室の平面形と構造には，地域的な特色があり，使用石材の違いとともに，それぞれの石室の系譜，用材の確保を含めた地域性の反映と考えられる。

6世紀の半ば過ぎには，それまでの割石や河原石に加えて，凝灰岩切石を用いた石室がつくられるようになる。横穴式石室を通して当時の社会について考える場合，これらすべての石材を扱うべきであるが，本節では凝灰岩切石使用石室を専らとし，結果的には古墳の埋葬施設，それも限定された条件のもとで，当時の社会を垣間見ることになることをあらかじめ断っておきたい。

分類

上記したように，これまでの研究史を概観すると，切石石室の研究は分類基準を石材の大きさや用い方，玄門形態の違いにおいてきた，と言える。この視点に異論はなく，その変遷，地域差の抽出についても一定の成果をあげている。

本論では，石室の分類について，割石や川原石使用石室との対比に備えることを念頭に置き，先行研究の要素に加えて「石室の平面形」にも注目した。以下Ⅴ類に分類する。

Ⅰ類　単室構造で玄室の平面形が長方形（縦横比 1.05 以上）の石室。大型の一枚石を用い，玄門は刳り貫き式。胴張りはない

Ⅰ類A　側壁が内傾＜上三川兜塚古墳・国分寺甲塚古墳＞

Ⅰ類B　側壁がほぼ直立＜丸塚古墳・上三川愛宕塚古墳（推定）＞

Ⅱ類　複室構造で玄室の平面形が長方形。大型の一枚石を用い，玄門は刳り貫き式と組み合わせ式がある。胴張りはない＜吾妻古墳（推定）・御鷲山古墳＞

Ⅲ類　複室構造で玄室の平面形が正方形ないし正方形を指向する（縦横比 1.05 未満）。大型の一枚石を用い，胴張りはない。側壁はやや内傾する＜車塚古墳・下石橋愛宕塚古墳＞

Ⅳ類　胴張りをもち石室の最大幅が奥壁幅を上回る

Ⅳ類A　側壁に大型の切石を組み合わせる

＜下砥上愛宕神社古墳・十里木古墳・刈生田古墳＞

Ⅳ類B　小ブロック状の石材を用いる＜針ヶ谷新田1号墳＞

Ⅳ類C　川原石を用いる

＜国分寺山王塚古墳＞（刳り貫き玄門。厳密には切石石室と区別される）

Ⅴ類　胴張りをもち奥壁幅が玄門幅に比べて非常に広い。組み合わせ玄門

＜西坪1号墳・西坪3号墳・石下 14 号墳・日向7号墳・二子塚西古墳＞

分布と変遷

分布は，思川・田川水系と鬼怒川の東側の芳賀地方に集中する。凝灰岩の露頭がこの地域にあることは前記した。

大型一枚石を用いるⅠ～Ⅲ類は，思川・田川水系に限定され，Ⅳ類も刈生田古墳を除いてやはりこの地域に採用されている。一方，Ⅴ類については，鬼怒川以東に分布し，前記した独特の組み合わせ玄門とともに，幅の広い奥壁を採用している。

以下，6つの視点で各類型の年代的位置づけを試みる。

① 埴輪導入以前の古墳はないので，埴輪を並べた古墳は，埴輪のない古墳に先行する。

② 国分寺甲塚古墳出土の須恵器高杯（長脚2段3方透かし）と上三川町兜塚古墳の𤭯をTK43型式期併行，二子塚西古墳出土の平瓶をTK217型式期併行とする。

③ ①②や出雲地方の石棺式石室の様相（出雲考古学研究会 1987）を参考にすると，側壁が内傾するものは直立するものに先行する可能性が高い。また，刳り貫き玄門の開口部の形態については，新しくなるにつれて縦横比が小さくなり，閉塞石を受ける刳り込みを入れるものが型式的に先行する。

④ 墳形と埴輪の関係は，当地域においては，前方後円墳の終焉に先行して埴輪が樹立されなくなる。したがって，埴輪を伴わない前方後円墳が，大型円墳に先行して存在する。

⑤ 前方後円墳から大型円墳への墳形転換は，国分寺愛宕塚・同山王塚古墳から丸塚古墳の間にある。出土須恵器を参考にすれば，TK43型式期の新しい段階からTK209型式期の古い段階の間の一点にある。

⑥ 下石橋愛宕塚古墳の花形杏葉を伴う馬具のセットを6世紀末に位置づける（小野山 1983）。

各型式に年代を与えてみると，Ⅰ類A（6世紀第Ⅳ四半期），Ⅰ類B（7世紀前半），Ⅱ類（6世紀後半），Ⅲ類（6世紀末～7世紀前半），Ⅳ類A（7世紀前半），Ⅳ類B（7世紀前半？），Ⅳ類C（6世紀末），Ⅴ類（6世紀末～7世紀前半）となる。このうちⅡ類→Ⅲ類の変遷は明らかであり，Ⅰ類，Ⅱ・Ⅲ類，Ⅳ類が思川・田川水系，Ⅴ類が芳賀地方に分布し，各類型の石室が各地域で独自に，ほぼ同時性をもって採用されていることが再確認できた。

3 小結

切石石室研究の視点としては，①形態分類をもとにした技術的側面の地域性とその系譜の把握，②階層性の表現，の2点があげられる。

下野における切石石室は，当初から完成されたⅠ類Aないし，Ⅱ類が採用された。刳り貫き玄門の形態から吾妻古墳がⅠ類Aに先行すると認めてよいならば，その導入時期は，TK43型式前半ないしそれ以前（上限は小山市琵琶塚古墳）と推定される。6～7世紀の下野においては，思川と田川に挟まれた地域の古墳の規模が傑出している。吾妻古墳は，基壇（当地方独特の低平な墳丘第1段目）をもつ，墳丘長128mの大型前方後円墳であり，前方部に凝灰岩の整美な刳り貫き玄門を備えた石室を採用した7)。このことが，内外に強い独自性と優位性を主張したであろ

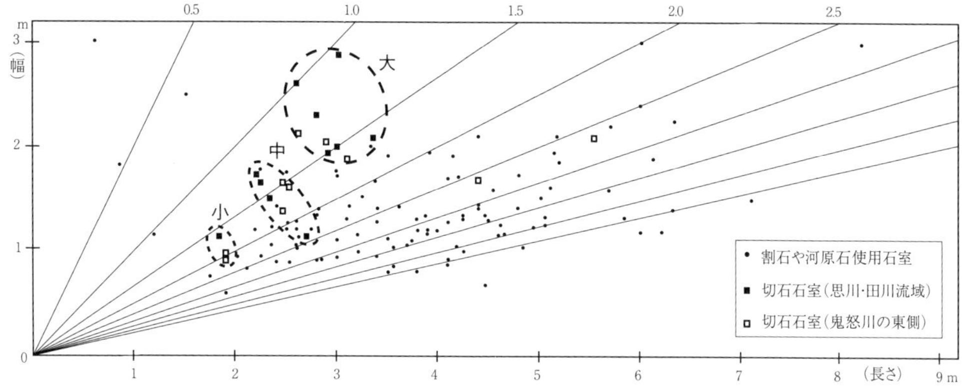

第21図　栃木県における横穴式石室の玄室規模

うことは，想像に難くない。

吾妻古墳以降，この地域の有力首長層は，1）切石石室，2）基壇，3）前方部石室，の3つの要素からなる下野型古墳と命名された（秋元・大橋 1988），「造墓の型」を共有する。その後，前方後円墳から円墳に墳形が転換しても，墓域が変化せず断絶しなかった点に注目したい。また，切石石室の構造，墳丘の基壇等の要素にも変化はみられず，「造墓の型」は継承された。推古朝における諸変革の評価にもかかわる事象といえる。現段階では，この一大墓域に近接して営まれた国府・国分二寺との関係，あるいは下野各地の終末期古墳と郡衙（評衙）・郡寺の関係を直接的に結びつける状況証拠は，明確でない。むしろ，連続しないことが新たな時代の到来を物語るのかもしれない。そこには，権威の象徴としての大規模な古墳や強い個性の発現をもはや必要としない，官人化して地方官として新たな性格を帯びた首長が垣間見えるようである。切石石室の消長のなかに，このような首長層の動向を読み取ることができる。

次に切石石室の規模をみてみよう。おおまかに整理したとき，大・中・小の3段階に分かれる（第21図）。以下2点に注目した。

① 「大」には，思川・田川水系の切石石室がかなりの割合で含まれること，ただし，「中」「小」もある。

② Ⅰ類は「大」と「中」，Ⅱ・Ⅲ類は「大」のみ，Ⅴ類には「大」「中」「小」がある。

このことからそれぞれの類型内そして類型間に規模の違いを認めることができる。石室の大きさをそのまま階層差とするには無理があり，石材の確保や年代，地域差も十分に吟味する必要がある。そこには，地域間の階層性（思川・田川水系の優位性）ならびに地域内での階層差の反映を想定することができる。

系譜については，すでに出雲の石棺式石室との関連が指摘されている（秋元・大橋 1988）。出雲東部における狭義の石棺式石室は，1）閉塞石を受けるくり込みがあるくり抜き玄門，2）切石使用，3）四壁・天井・床石は一枚石を指向，4）前壁と奥壁で側壁を挟む，の4点とともに玄門と羨門を二重閉塞することが特徴とされている（出雲考古学研究会 1987）。下野における切石石室においては，1つの石室ですべての要素を満たす例はない。しかし，各々の要素については合致する点が多く，石棺式石室の範疇で理解することができる。出雲の石棺式石室については，肥後の横口式家形石棺の系譜と考えられ，閉塞石把手の陽刻の類似性も古くから指摘されている。したがって，九州発－出雲着の九州起源説は，ほぼ定説化した，と言ってよい。しかし，妻入り（肥後），平入り（出雲）の差異に課題を残している。

下野の石棺式石室については，出雲における「基壇」や6世紀代まで前方後方墳を築造しつづけた独自の地域に石棺式石室の分布がほぼ重なるという独自性との比較も含めてその関係を考える必要がある[8]。なお，下野の石棺式石室のなかに，当地の有力首長層の創意とその歴史的意義を見出す筆者の考えについては，第4章第1節の石棺式石室の検討で詳述する。

以上，切石石室に関する2つの研究視点の提示とそれに関するささやかな検討をもって，まとめに代えたい。

第3節　低位置突帯埴輪

1　低位置突帯埴輪とは──研究史抄──

非常に低い位置に第1突帯をもつ特徴的な円筒埴輪に最初に注目し，「低位置凸帯埴輪」と命名して[9]，その地域性について論究したのは，森田久男と鈴木勝である（森田・鈴木 1980）。以下，3点を前提としている。

①　基底面からほぼ5cm以内に第1突帯がつくものを低位置突帯埴輪と呼称する。

②　貼り付け口縁（口縁部肥厚）が共伴する。

③　形象埴輪の台部破片と考えられるものもあるが，判断はつかない。

さらに，栃木県内の資料をもとにして検討を加え，以下3点を明らかにした。

①　栃木12例・群馬11例・茨城2例・埼玉2例・山梨1例・畿内2例を集成し，分布の中心が北関東にあること。

②　唐沢山ゴルフ場埴輪窯の製品の供給先として3遺跡が推定されること。

③　年代は，4世紀代の奈良県メスリ山古墳・群馬県朝子塚古墳例があるので，後期に限定できない。しかし，栃木県においては，6世紀後半から7世紀初頭に，鬼怒川より西側の地域に限定してみられる特徴であること。

一方，群馬県域においては，加部二生の論考がある，加部は，森田・鈴木同様に基底面から5cm以内に第1突帯がつくものを低位置突帯とし，15例を集成して，5～7世紀初頭の年代をあてた。ただし，初期円筒埴輪にみられるものと後期古墳特有とされる低位置突帯埴輪が同じ系譜をたどるものであるかどうかはわからないので今後の課題としている。以下2点を明らかにした（加部 1981）。

①　出土古墳が，前方後円墳に限定される。

②　折り返し口縁埴輪は，北関東で6例確認され，そのうち5例が低位置突帯埴輪と共伴する。ただし，両者の特徴を合わせもつ個体は確認できない。

1985年には，石川均・森田久男・筆者が栃木県内の埴輪の様相をまとめるなかで，低位置突帯埴輪に言及した。①6世紀後半から7世紀初頭における特色であること，②畿内や群馬における古墳時代前期の例との系譜関係は，今後の課題となること，③形象埴輪の台部には，低位置突帯がみられることが多く，低位置突帯の円筒埴輪が分布しない鬼怒川以東の形象埴輪にも付されており，表採資料だと両者の識別は困難なことを整理した（石川・森田・小森 1985）。

形象埴輪との関係については，組み合わせ式の家形埴輪を検討した大橋泰夫が，北関東においては，組み合わせ式入母屋造家形埴輪と低位置突帯埴輪の共伴例が多い，と指摘している（大橋 1989）。

1988年，大阪府堺市日置荘遺跡において埴輪窯が1基調査された。操業時期は，埴輪窯の北約20mにある須恵器窯との関係から，6世紀半ば以降に位置づけられた。入江正則は，出土した円筒埴輪は，太いもので径が45cm，大半が35～40cmで，6世紀後半段階では，異例の大型品であることを報告している。出土埴輪の特徴の1つである低位置突帯は，古市古墳群に少しみられるが，栃木・群馬・福島でも出土しており，東国との関連性を考えるとともに，幅広の貼り付け口縁にも触れ，栃木県佐野市との相関にも注目した（入江 1989）。6世紀後半といえば，畿内ではほとんど埴輪が樹立されなくなる時期であり，その系譜追究に畿内と関東の埴輪研究者の関心が集まった。

その後，入江は，精力的に関東・東北の埴輪を調査し，より具体的に日置荘遺跡の埴輪を位置づけている。低位置突帯と貼り付け口縁の類例を関東・東北地方に求めるとともに，百舌鳥古墳群に出土例がないことを根拠に，関東地方や東北地方の埴輪工人が日置荘埴輪窯に移動して，埴輪を焼いた，と工人移動説を唱えた（入江 1991）。

これを受けて，高橋克壽は，群馬県藤岡市七輿山古墳と日置荘遺跡の埴輪の類似性に注目し，日置荘の埴輪工人は，「七輿山の埴輪をつくった工人を関東から呼び寄せた」と非常に具体的な記述をしている（高橋 1994）。ただし，日置荘遺跡の正式報告書では，入江と高橋の考えの妥当性について，まったく触れられていない（森屋 1995）。なお，供給については，近接する日置荘西町窯跡群の埴輪が，河内大塚山古墳へ樹立する予定で製作された可能性が指摘されている（十河 2007，橋本 2010）[10)]。

筆者は，研究史の整理から，①埴輪窯と供給古墳の追究，②低位置突帯埴輪の系譜追究，③貼り付け口縁や組み合わせ式家形埴輪との共伴関係にみる地域性と工人集団の動向，④低位置突帯埴輪の性格的位置づけ，の4点に注目し，古墳と製作跡を合わせて36例集成して検討した。その結果，北関東の6世紀中葉以降の一時期に生産遺跡と古墳間に，共通した要素が認められることを明らかにした（小森 1995a・b・2001）。

低位置突帯埴輪の起源について，底部調整との関係のなかで，その意義づけをしたのが，水沼良浩である。水沼は，大型品をスピーディに製作する時，歪みがでるので，突帯を貼り付けてその変形を修正するため，と主張した（水沼 1990）。さらに，志村哲は，低位置突帯埴輪を大型と小型に分類し，低い位置に突帯をつける理由について，大型品は基底部の歪みをなくすため，小

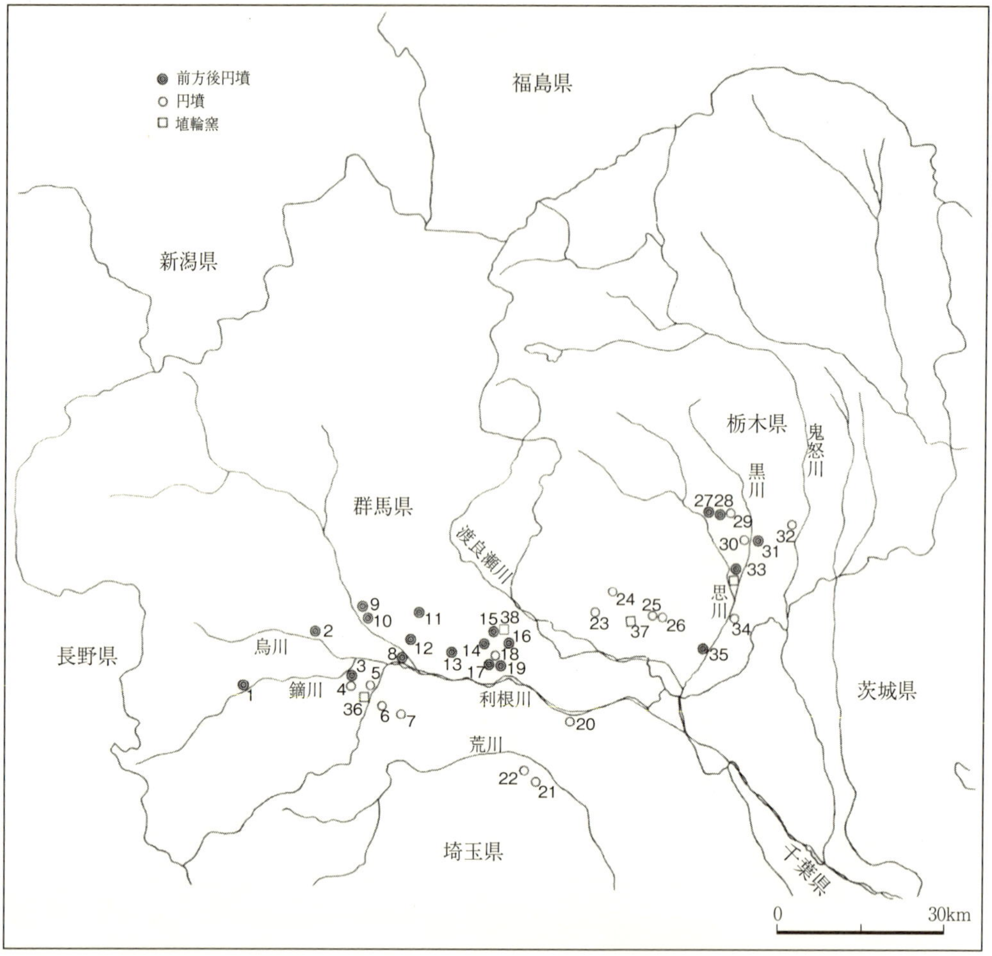

1：堂山　2：綿貫観音山　3：七輿山　4：江原塚　5：堀ノ内K－2　6：諏訪ノ木　7：塚本山15号　8：小泉大塚越
9：不二山　10：金冠塚　11：前二子 12：三郷91号　13：渕名双児塚　14：兵庫塚　15：生品二ツ山　16：太田天神山
17：米沢二ツ山　18：富沢古墳群　19：朝子塚　20：酒巻14号　21：大里甲山　22：三千塚Ⅶ－5号　23：中山8号
24：一瓶塚稲荷神社　25：岩舟甲塚　26：畳岡　27：判官塚　28：羽生田茶臼山　29：羽生田富士山　30：星の宮神社
31：石橋横塚　32：橋本　33：国分寺甲塚　34：足尾塚　35：観音山　36：猿田埴輪窯　37：唐沢山ゴルフ場埴輪窯
38：駒形神社埴輪集積場

第22図　関東地方北部における低位置突帯埴輪の分布

型品は底部調整の範疇で考える，と述べた（志村 1992）。志村の意見は，低位置突帯埴輪を大小2つに分けて考える点に独自性がある。一方，坂本和俊は，口縁部に貼り付けや突帯をもつ円筒埴輪を倒立技法（高橋 1992）によって，倒立させたのが低位置突帯埴輪である，と述べている（坂本 1995）。なお，口縁部突帯については，補強と特殊器台からの二面から理解する必要があり，「蓋・水鳥・壺・器財形埴輪をのせる器台系埴輪」と考えている。低位置突帯および貼り付け口縁のそれぞれの系譜と年代について具体的に論究した最初の研究と位置づけられる[11]。

筆者は，裾広がりの器形で基部の断面形が接地面にむかって細くなるような群馬県七輿山古墳例（第23図）は，坂本説が成り立つ可能性もあるが，大部分は，分厚い粘土帯を巻いて基部を成

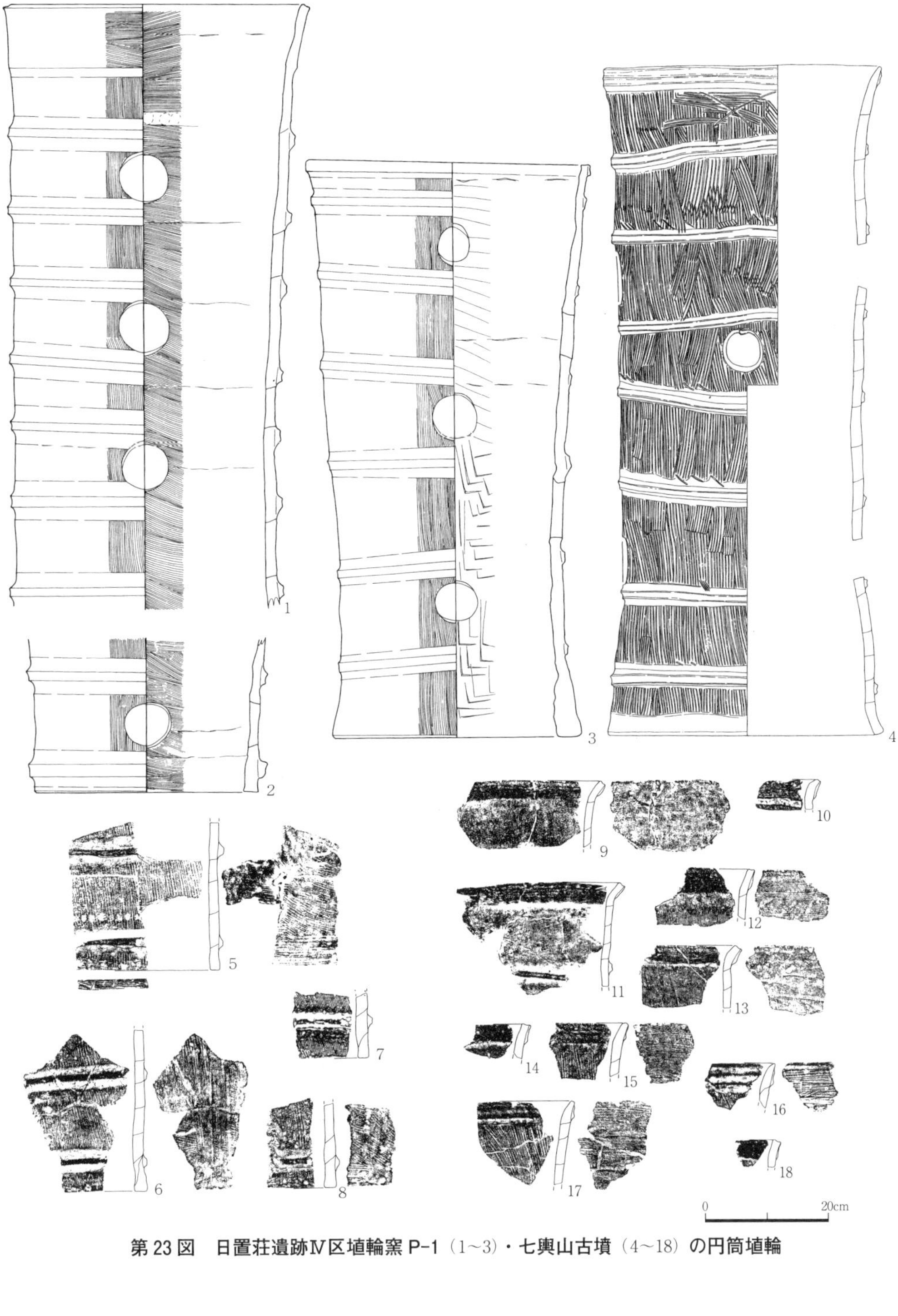

第23図　日置荘遺跡Ⅳ区埴輪窯 P-1（1～3）・七輿山古墳（4～18）の円筒埴輪

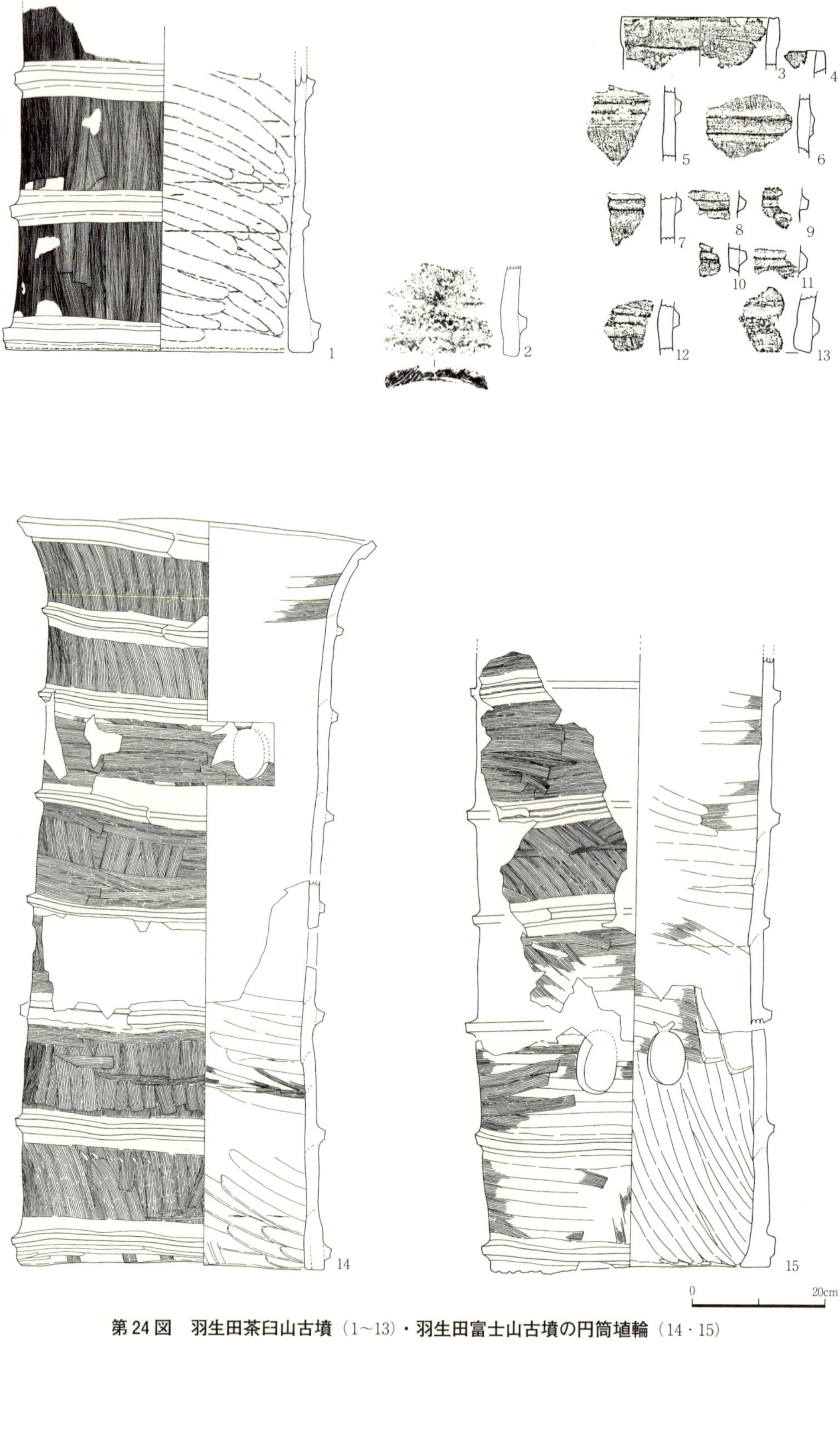

第 24 図　羽生田茶臼山古墳（1～13）・羽生田富士山古墳の円筒埴輪（14・15）

形していることと栃木県石橋横塚古墳例（第25図）のように上にむかって開く器形があることを勘案すると，坂本説は成立し難い，と考えている。一方，水沼説は，細くラッパ型に開く栃木県足尾塚古墳例（第28図）が例外となる点に問題を残した。

その後，徳江秀夫は，群馬県において，25例を集成している。①個々の古墳において，低位置突帯埴輪の占める割合は一部分（あるいは数本）にとどまり，一定の割合を有する例は少数，②貼り付け口縁と低位置突帯埴輪の共伴も高頻度とは言えない，と指摘している（徳江 1998）。低位置突帯埴輪を主体的に採用する古墳は少なく，先行研究が注目してきた貼り付け口縁との共伴関係も顕著でないことを主張した。

新山保和は，形象埴輪を含めて低位置突帯埴輪を集成した点に特色がある。群馬県内で58例（そのうち円筒埴輪は21例）を集成している（新山 2007）。また，森田・鈴木による基底部から5cm以下に突帯が巡るものを低位置突帯とする定義を受け，Ⅰ類（突帯が基底部にあり，そのまま底部になるもの），Ⅱ類（突帯の位置が基底部から3cm前後），Ⅲ類（突帯の位置が基底部から5cm前後），に3分類した。そして，Ⅰ・Ⅱ類を低位置突帯埴輪，Ⅲ類を低位置突帯埴輪類型と位置づけた[12]。結果的には，坂本分類（坂本 1995）に帰結することとなった。しかし，曖昧だった低位置突帯について，定義を明確にした点は評価される。

折り返し口縁については，8例中5例が藤岡産であることを根拠に「生産中心地は藤岡」とする。また，低位置突帯埴輪が確認されている21例中の7例に折り返し口縁がみられることから，低位置突帯埴輪の口縁部の一類型で，「低位置突帯埴輪工人の中でも，一部の特定工人のもつ技術的特徴」と位置づけた[13]。徳江の検討結果（徳江 1998）に近く，さらに一歩進めた研究と位置づけられる。

一方，栃木県域の低位置突帯埴輪については，津野仁が，岩舟町甲塚古墳の調査報告のなかで，6世紀中葉に群馬西部で出現した貼り付け口縁と低位置突帯が，「東漸して，栃木の主要古墳にも取り入れられている」と具体的に述べている（津野 2012）。従来，北関東の特色として語られがちであった貼り付け口縁と低位置突帯という2つの要素を「群馬系」と限定して位置づけた点に特色がある。

2　低位置突帯埴輪の様相

日置荘遺跡Ⅳ区埴輪窯P-1（第23図1～3）　大型円筒埴輪で3の高さは90cmである。突帯は，7条以上（1）や6条（3）がある。口縁部は，幅広に肥厚して横位にハケ整形されるもの（1）や，突帯状の貼り付け口縁（3）がある。第1突帯は，接地面から突帯1本分のもの（2）がみられる。スカシ孔は各段にみられる。

七輿山古墳（第23図4～18）　7条突帯で高さ103cmの大型円筒埴輪（4）である。口縁部と基部がそれぞれハの字形に広がり，全体的に細長い鼓形のプロポーションとなる。基部が開かないものもある（5～8）。基部成形は，幅広の粘土帯成形ではなく，倒立技法による。他の古墳の厚くどっしりとした基部と違って，基部の器厚が薄い点，そして断面図にも示されているように幅

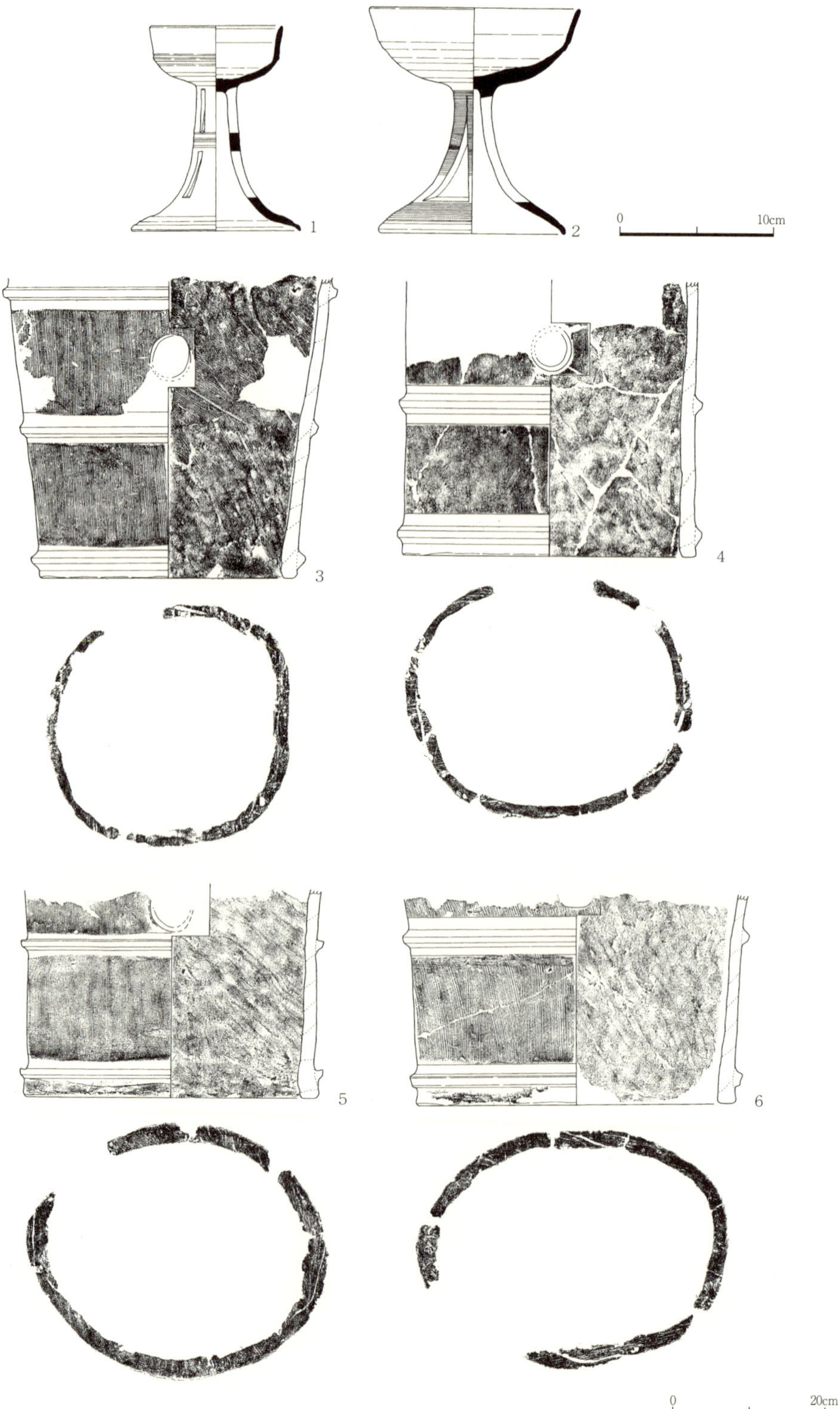

第 25 図　石橋横塚古墳の須恵器（1・2）と円筒埴輪（3~6）

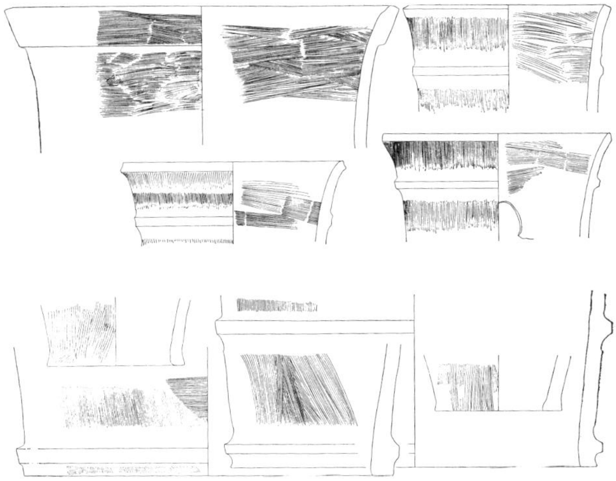

２号窯出土埴輪

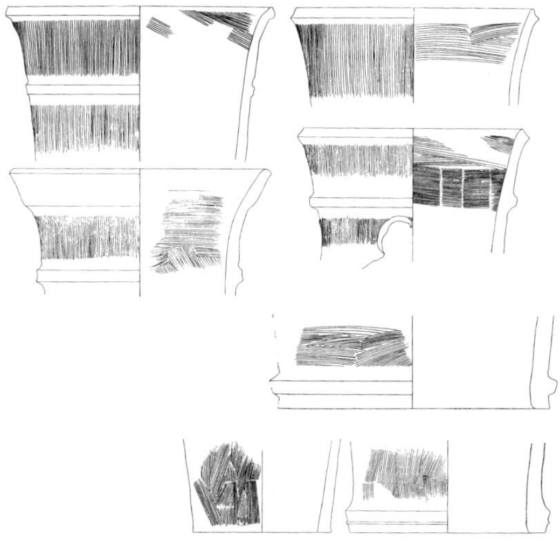

３号窯出土埴輪

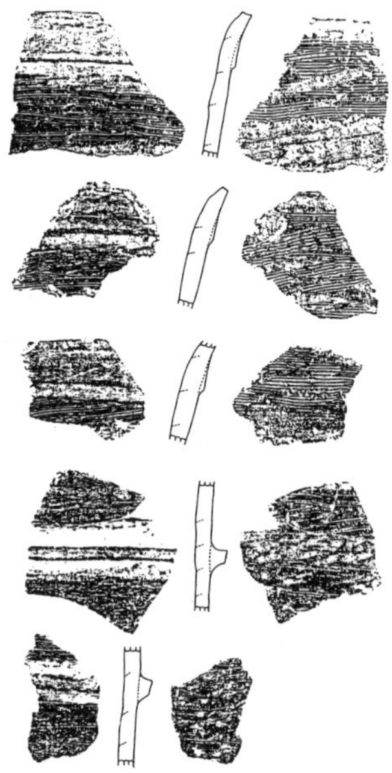

３号窯出土人物埴輪

第 26 図　唐沢山ゴルフ場埴輪窯出土埴輪

の狭い粘土を積み上げている点にその特徴がよく表れている。口唇部は，すこしくぼむもの（9・11〜14・18），丸くおさめるもの（10・15），細くすぼまるもの（3・15・16・17）に大別される。貼り付け口縁は，幅がせまく突出度も低い。

羽生田茶臼山古墳（第24図1〜13） 基部径が47.6cmと非常に大型の円筒埴輪（1）となるが，全体で何段になるかは不明である。隣接する富士山古墳の埴輪を参考にすれば，高さは1m以上になる。第1突帯は，接地面近くのもの（1），突帯1本分のもの（2・13）がある。筆者の表採資料によれば，口縁部は，口唇部がくぼみ，貼り付け状に肥厚する（3）。

羽生田富士山古墳（第24図14・15） 7条突帯で，器高102.4cm，口径50cm，基部径44cmの貼り付け口縁の円筒埴輪である（14）。全体を復元できた別の例は，器高が109cmで，本墳の埴輪は，茶臼山古墳とともに非常に大型の円筒埴輪となる。口縁部貼り付けは，あるもの（3例）ないもの（7例）が報告されている。14・15とも横位のハケ整形がみられる。基部成形は，高さ6〜10cmほどの粘土帯を2枚ないし3枚の交互に組み合わせている。朝顔形円筒埴輪にも低位置突帯がみられ，口縁部の貼り付けは認められない。

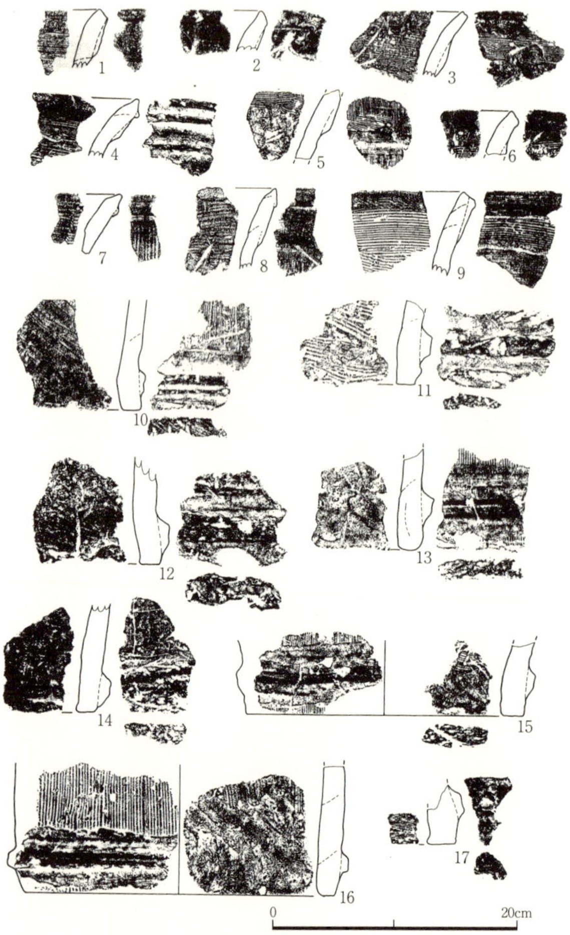

第27図　岩舟甲塚古墳出土の円筒埴輪

石橋横塚古墳（第25図3〜6） 4条以上の円筒埴輪で，3の基部径は30.5cm，6は楕円形で長径40.2cmである。ほぼ円形のもの（3）と楕円形のもの（4〜6）を提示したが，どちらが多いということではなく，両者ともそれぞれ一定の比率でみられる。後者が形象埴輪になる可能性も残している。楕円形円筒埴輪の出土例は，羽生田富士山古墳にある。貼り付け口縁は確認されていない。出土須恵器には，長脚2段透かし（1）と長脚1段透かし（2）があり，TK43型式期並行と判断される。

唐沢山ゴルフ場埴輪窯（第26図） 2号窯出土埴輪には，貼り付け口縁のものとそうでないものがみられる。貼り付け口縁部を横ハケ整形する点に特徴がある。低位置突帯をもつ基部の径は，実測図から判断して48.5cm前後で，羽生田富士山古墳や羽生田茶臼山古墳と同じくらいか

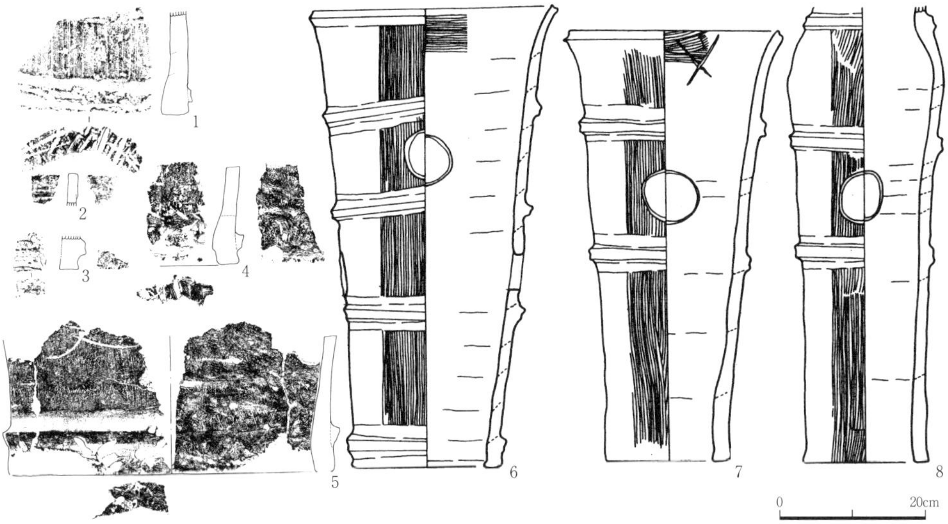

第28図　判官塚古墳（1）**・橋本古墳**（2〜5）**・足尾塚古墳**（6〜8）**出土埴輪**

やや大きめになる。3号窯出土埴輪も，低位置突帯や貼り付け口縁がみられるが，2号窯に比べてやや小ぶりとなる。横ハケ整形がみられる。下段右に提示した表採資料からは，貼り付け口縁部の横ハケ整形や段間の横ハケ整形があることを読み取ることができる。

岩舟甲塚古墳（第27図）　基部径は，23〜25cmに図上復元されている（15・16）。口縁部は，貼り付けのないものが多く，貼り付けのあるものはやや幅広となる。貼り付け上を横位にハケ整形するもの（3・9など）が認められる。第一突帯は，接地面直上のもの（12・14など）と1本ないし半本分上のもの（10・11・13・15〜17）がみられる。

判官塚古墳（第28図1）　低位置突帯埴輪が確認されている。口縁部貼り付けについては，現段階では，表採されていない。

橋本古墳（第28図2〜5）　貼り付け口縁（2）と低位置突帯（3〜5）が表採されている。

足尾塚古墳（第28図6〜8）　低位置突帯埴輪は客体的であるが，1点だけに低位置突帯が認められる。下から上にむかって開く器形で，4条突帯となる。口縁部貼り付けは確認されていない。

しもつけ古墳群内にあって低位置突帯埴輪が認められない例（第29図）

亀の子塚古墳（第29図1〜4）　墳丘長34.6mの前方後円墳で，2条突帯を主体とする。3条突帯もある（3）。小さい底部から上にむかって開くラッパ形の器形が特徴である。

壬生愛宕塚古墳（第29図5・6）　墳丘長78mの前方後円墳で，4条突帯をもつ。器高78.5cm，基部径31.5cmで，器厚が1.0〜1.2cmと非常に薄い（5）。亀の子塚古墳資料のちょうど2倍の高さとなる。未調査の古墳であるが，表採資料では，低位置突帯が確認されていないが，折り返し口縁が1点確認されている。やや小ぶりの下から上にむかって開く器形の個体も確認されている（6）。

吾妻古墳（第29図7〜13）　墳丘長127mの前方後円墳で，周湟調査で円筒埴輪が5条以上にな

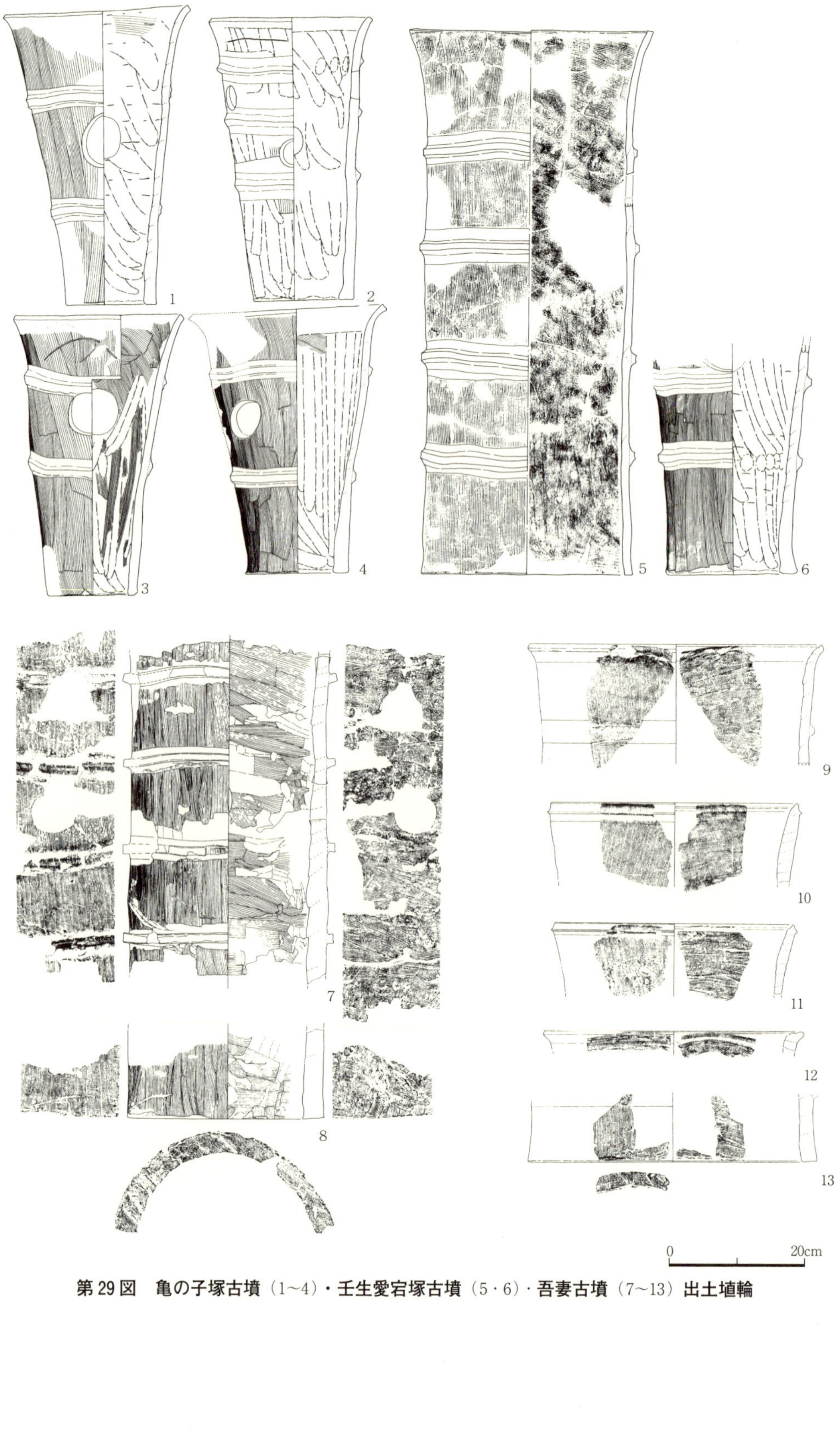

第 29 図　亀の子塚古墳（1～4）・壬生愛宕塚古墳（5・6）・吾妻古墳（7～13）出土埴輪

ることが確認されている。7の残存高は46cm，8の基部径は42.8cmで，かなり大型の円筒埴輪となる。低位置突帯や折り返し口縁は確認されていない。

3　分布とその年代

先行研究の定義（森田・鈴木 1980，坂本 1995，新山 2007など）を勘案して集成してみると，分布図に示したように，古墳では群馬17例，栃木13例，埼玉5例，窯跡3例（駒形神社埴輪集積・猿田埴輪窯跡・唐沢山ゴルフ場埴輪窯跡）が認められる。なお，上記した大阪府日置荘遺跡P地区埴輪窯のほか，同太井遺跡，同土師ニサンザイ古墳，奈良県メスリ山古墳などでも確認されている。ただし，突帯の位置および形態にはかなりバラエティがあり，形態分類の必要がある。北関東地方の35古墳の内訳は，前方後円墳19，円墳15，不明1である。研究史でも振り返ったように，前方後円墳での樹立割合が大きい。

年代的には，4世紀から6世紀代まで認められる特徴である。しかし，4世紀代の群馬県太田市朝子塚古墳およびメスリ山古墳と5世紀代の太田天神山古墳の3例は，他の古墳とあまりにも年代の開きが大きく，解釈が難しい。後期古墳まで連続する要素ではない，という立場にたてば，予察的には突帯数および特殊器台との関係で理解することが可能である。

3例以外は，これまでの先行研究の位置づけに異論はなく，6世紀中葉から後半に位置づけられる。ただし，低位置突帯埴輪の年代を考えるうえで，1つ難問がある。群馬県藤岡市七輿山古墳の位置づけである。墳丘長145mの大型前方後

第6表　低位置突帯・貼り付け口縁・分割家形埴輪の相関

No.	古墳・埴輪窯	前方後円墳	低位置突帯	口縁部肥厚・貼り付け口縁	分割家形
1	堂山古墳	●	B・C	●	
2	綿貫観音山古墳	●	C		
3	七輿山古墳	●	B・C	●	
4	江原塚古墳		—	●	
5	堀ノ内K-2号墳				
6	諏訪ノ木古墳		B		
7	塚本山15号墳		B		●
8	小泉大塚越古墳	●	B・C		
9	不二山古墳	●			
10	金冠塚古墳	●	B・C	●	
11	前二子古墳	●	C		
12	三郷91号墳	●			
13	渕名双児塚古墳	●			
14	兵庫塚古墳	●			
15	生品二ツ山古墳	●			●
16	太田天神山古墳	●	B・C		
17	米沢二ツ山古墳	●	C		
18	富沢古墳群				
19	朝子塚古墳	●	B		
20	酒巻14号墳		朝顔A		
21	大里甲山古墳		B		
22	三千塚Ⅷ-5号墳		C		
23	中山8号墳		C		
24	一瓶塚稲荷神社古墳		C		
25	岩舟甲塚古墳		B	●	
26	畳岡遺跡	—	B		
27	判官塚古墳	●	B		
28	羽生田茶臼山古墳	●	B	●	●
29	羽生田富士山古墳		B	●	●
30	星の宮神社古墳		B		
31	石橋横塚古墳	●	B		
32	橋本古墳		B	●	
33	国分寺甲塚古墳	●	B		
34	足尾塚古墳		B		
35	観音山古墳	●	B		
36	猿田埴輪窯	—	B・C	●	
37	唐沢山ゴルフ場埴輪窯	—	B	●	
38	駒形神社埴輪集積	—	B・C	●	●
39	日立市西大塚古墳群		C		
40	東海村白方5号墳	●	B		
41	東海村中道前5号墳		C		
42	川崎市天神塚古墳		B		
43	須賀川市塚畑古墳	●	B		
44	矢吹町谷中1号墳		B		
45	（壬生町愛宕塚古墳）	●	—	●	

小森 2001をもとに一部加筆。

円墳であるが，5世紀後半説，6世紀前半説，6世紀後半説と，研究者間で位置づけが100年も異なる。本稿では，深入りしないが，栃木県における同種の埴輪の様相から判断すると，6世紀中葉より古く位置づけるのは難しい。なお，前記したように日置荘遺跡の埴輪窯は，須恵器窯との関係から6世紀中葉以降に位置づけられていることも傍証となろう。

いくつかの問題点を残しながらも，北関東における低位置突帯埴輪は，6世紀中葉から後半に認められる，地域的特色の強い特徴的な埴輪とすることができる。なお，低位置突帯と口縁部肥厚・貼り付け口縁，分離家形埴輪の相関について表にまとめて示した（第6表）。群馬県藤岡市江原塚古墳と壬生町壬生愛宕塚古墳にみられる，低位置ではないが貼り付け口縁をもつ2例を例外として，貼り付け口縁との間には，一定の相関が認められる。一方，組み合わせ式家形埴輪との共伴については，必要十分条件とはなっていない。

4　低位置突帯埴輪の需給と胎土分析

しもつけ古墳群における低位置突帯埴輪とそうでない埴輪のあり方を表にまとめた（第2章第1節第4表参照）。低位置突帯埴輪は，埴輪を伴う13古墳のうち，5古墳で採用されている。羽生田地域で2古墳（羽生田富士山古墳・羽生田茶臼山古墳），黒川右岸で1例（判官塚古墳），飯塚・国分地域で1古墳（国分寺甲塚古墳），石橋・薬師寺地区で1例（石橋横塚古墳）である。低位置突帯埴輪が新しく，そうでないものが古い，あるいはまったくその逆であったり，特定の地域には低位置突帯埴輪が樹立され，別の地域にはそうでないものが並べられたりするような傾向を明らかにできない。つまり，低位置突帯とそうでないものの分布と年代には明確なまとまりはみられない，と言える。したがって，低位置突帯埴輪を採用するか，それとも普通の円筒埴輪を採用するかは，それぞれの首長の裁量に任されていた事項だった。ただし，しもつけ古墳群においては，壬生町亀の子塚古墳（前方後円墳・34m・第29図1〜4）・小山市飯塚44号墳（前方後円墳・30m）・壬生町車塚3号墳（円墳・23m）などに低位置ではない2条突帯埴輪（一部3条が混じる）が採用されている。小規模な前方後円墳や円墳には，低位置突帯埴輪が採用されていないのである。低位置突帯埴輪は，中・小古墳に対しては，階層性をもって採用されていたことは，大きな特徴と言える。

かつて，高橋克壽は，埴輪生産の展開について研究するなかで，佐野市唐沢山ゴルフ場埴輪窯から人物埴輪が壬生町安塚へ，低位置突帯埴輪が同町富士山古墳へ供給された，と推定した（高橋 1994）。帽子，目の刳り貫きかた，細く鋭い口の表現などの人物埴輪の特徴と製作技法を主な根拠としていると推察され，同一工人集団ないし，同一工人の作と判断される，と踏み込んだ発言をしている。その一方では，埴輪胎土の蛍光X線分析による検討も進みつつある。たとえば，佐野市唐沢山ゴルフ場埴輪窯跡資料と佐野市内の古墳出土資料の比較（三辻 1996）や唐沢山ゴルフ場埴輪窯跡資料と栃木県内各地の古墳出土資料の吟味（橋本 1996），低位置突帯埴輪どうしの比較検討（三辻 1998）などがある。橋本によれば，唐沢山ゴルフ場埴輪窯跡資料には，3種類の粘土があり，種類によって供給範囲がちがうことを指摘している。また，近接して営まれた羽生田富士山古墳と茶臼山古墳の分析値から求められる領域は，一部重なる部分と，まったく重ならない部分があり，茶臼山古墳には，羽生田富士山古墳とは別の窯からも供給された，との結果が出ている（三辻 1998）。三辻は，1基の古墳に明らかに2種類の胎土がある茶臼山古墳などの場合や，同じ町内の近接する古墳から出土した埴輪胎土が明らかに異なる場合に着目し，小地域間で埴輪を供給しあう，首長間の親密な関係があったことを示すデータ，としている。筆者は，粘土を含む地層には面と広がりがあり，水系ごとの粘土を形成する母岩の広がりがその組成を決定すると考えている。したがって，分析結果をそのまま受け入れない立場にあるが，同一古墳の埴輪に複数の粘土が使用されている，という指摘は，肉眼観察からは，導くことができない重要な視点，と言える。残念ながら，胎土分析の結果をもう一度埴輪の製作技法に戻して検討する作業が行われていないのが現状である。「移動型」と「固定分散型」にモデル化された（橋本 1981），古墳時代後期における埴輪需給関係を考古学的にどのように検証するかが，低位置突帯埴輪研究の次の課題と言える。

5　埴輪の終焉そして須恵器大甕祭祀へ

埴輪終焉後の墳丘祭祀の様子を示す注目すべき調査がある（常川 1974）。下石橋愛宕塚古墳は，下野市（旧石橋町）下石橋にあり，墳丘中心部は，明治20年代の東北本線により破壊されてしまった。線路の東側に並行して東北新幹線の新設が計画され，1972年に残丘部分の記録保存調査が実施された。墳丘径82mの2段築成大型円墳で，破壊されていた凝灰岩切石使用石室からは，金銅製馬具を含む多数の副葬品が出土することになるが，わずか15日間という短期間で調査が行われた。

報告書の各トレンチの記載によれば，須恵器大甕が多量に出土している。須恵器の大甕の出土標高は65.8m～66mとほぼ一定で，墳丘裾部の基壇上あるいは，石室の前庭部付近にあったもの，と推定されている。墳丘図には，須恵器大甕の出土位置が示され（第30図），その位置は，墳丘の中心Oから，1号・2号トレンチでは25～26m，3号トレンチの延長グリッドでは，25～28mとほぼ一定であったと報告されている。したがって，直径50m前後の

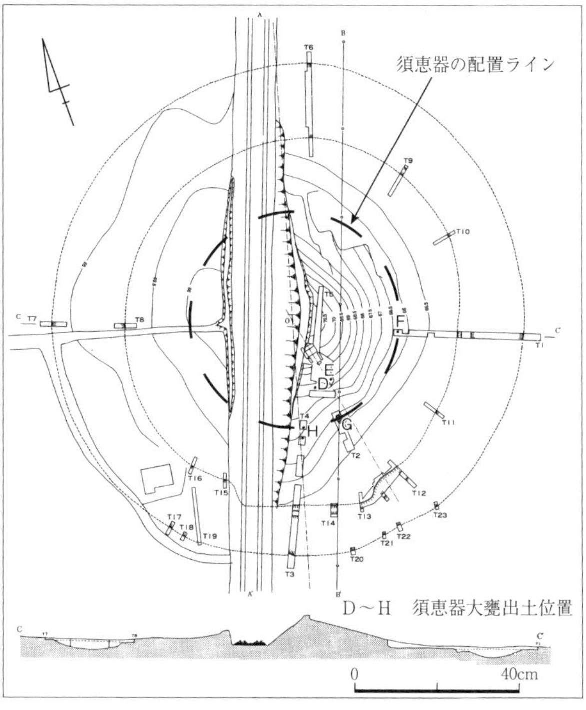

第30図　下石橋愛宕塚古墳須恵器出土位置

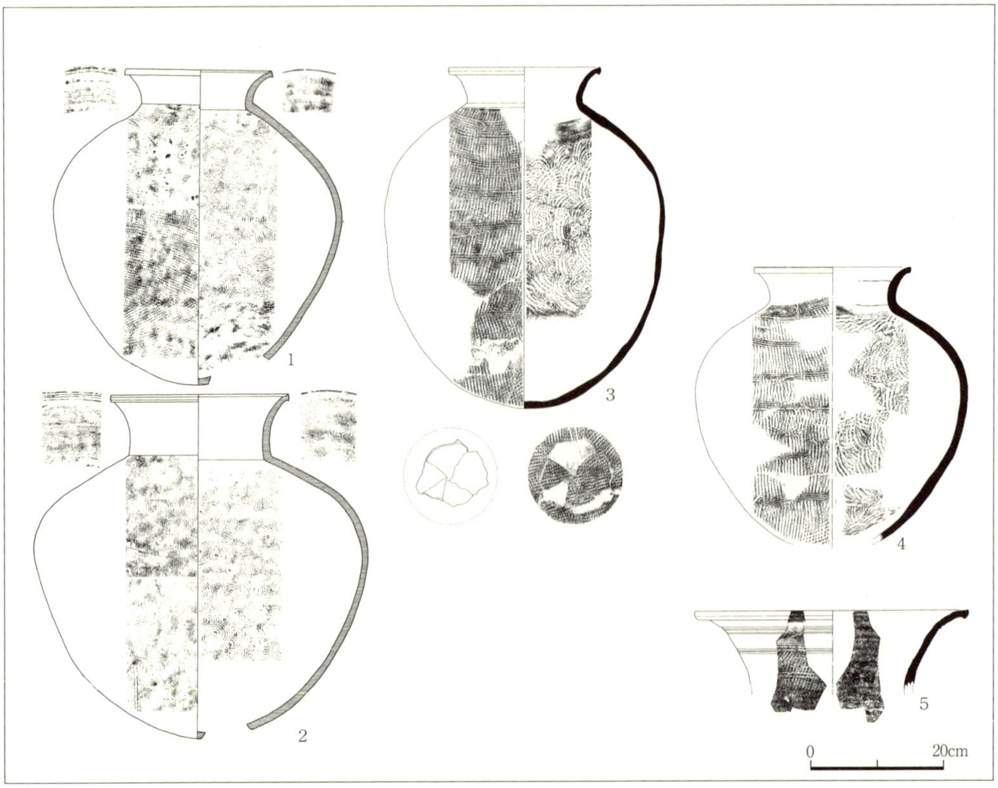

第31図　下石橋愛宕塚古墳（1・2）および桃花原古墳（3〜5）出土の須恵器

円形墳丘の裾部に須恵器大甕がめぐっていたことが判明した（第30図に筆者の推定ラインを示した）。

出土した須恵器甕（第31図1・2）は，焼成後に底部を打ち欠いて穿孔している。1は器高44cm，胴部最大径42cm，2は器高48cm，胴部最大径48cmである。報告書によれば，墳丘裾部から出土した須恵器甕の口縁部は18個体分に分類され，多種多量の須恵器甕が，墳丘の裾の基壇面に並んでいたことになる。まさに円筒埴輪の並べ方を彷彿とさせるものであり，埴輪終焉後の墳丘祭祀の様相を明らかにした点で特筆される。下石橋愛宕塚古墳の時期は，出土馬具より，TK209型式期に位置づけられ（第2章第1節4編年的位置参照），埴輪終焉直後の様相を示す，と判断される。

下石橋愛宕塚古墳の須恵器大甕の出土状況とよく似ているのは，壬生町桃花原古墳である（君島2006）。径63mの3段築成の円墳で埴輪は伴わない。須恵器の甕が少なくとも13個体以上，墳丘上に置かれていた，と報告されている。また，底部を欠損する甕の多くが，焼成後に底部を打ち欠かれていることが判明している。出土した須恵器甕の一部を示した（第31図3〜5）。1は，器高47.8cm，胴部最大径40.5cm，2は，残存高37.5cm，胴部最大径39.2cmである。口縁部の形態など下石橋愛宕塚古墳の須恵器甕とよく似た器形であるが，肩の張りがなく，丸みのある胴部をもつ例が多い。3は，口縁部が大きく開き，口径79cmとなる大型の甕である。注目されるのは，1で，底部は図が示すように，直径10cmほどの大きさに外面から打ち欠かれていたが，打ち欠かれた底部の破片が確認され，底部穿孔の行為が墳丘上で行われたことが報告されている[14)]。

埴輪終焉後における2基の古墳の調査事例は，形は埴輪から須恵器大甕に変化したが，人々の墳丘に対する，すなわち，死者に対する思いとその儀礼は，7世紀になっても一定期間変化せずに受け継がれたことを物語っている。

第4節　群集墳・集落の動向

しもつけ古墳群とその周辺における群集墳と集落の変遷について概観し，当時の社会動向を復元する素材としたい。対象地区は，現在の行政区画でいうと，宇都宮市の南部，壬生町，下野市（旧石橋町・国分寺町・南河内町），上三川町，小山市北部にまたがる。河川流域では，思川と鬼怒川に挟まれた地域にあたり，おおよそ南北14km，東西13kmの範囲となる[15)]。東から田川，姿川，黒川，そして思川が南流する。

1　群集墳の動向

一定の地域を限って古墳が集中する地域（以下，単位群とする）は，北から順にA～Sまで，全部で19ある（第32図）。ただし，図示したように，点々と単独（見かけ上）の前方後円墳や円墳が分布している。しかし，おそらくは周囲に古墳が複数存在すると推定されることから，単位群は，30前後になると推定される。

分布　南流する河川が形成する沖積地に面する丘陵縁を占める。丘陵の奥（中央部）に位置する古墳は，ほとんど見られない点が特徴である。東から概観すると，田川の左岸には，L上野原・M三王山・N三王，右岸には，E上神主・F大山・I薬師寺・O仁良川・P絹板がある。その南には小山市西高椅単位群（図示していない）があり，前方後円墳を含む大規模な群集墳となる。A安塚・D長田・H細谷は，姿川の右岸に営まれる。最も古墳が集中するのは，黒川の左岸域である。上流からB羽生田・C福和田・上稲葉・G壬生・J藤井と1～1.5kmの間隔で，一定の距離を置いて単位群が分布する。J藤井は，思川との合流点近くにある（第33図）。その下流には，K国分・Q紫・R飯塚・S桑が続く。これらの単位群は，一見すると思川筋に見えるが，上記した黒川左岸と一体となる単位群と位置づけた方が，実態を理解しやすい。つまり，思川の西側に展開するのは，7世紀以降と判断できる。J藤井とK国分は，同一丘陵上に連続して営まれており，地形からも分離するのはむずかしい。両者の合計は143基となり，かつては，200基に至るほどの大規模群集墳であったと推定できる[16)]。黒川の右岸には，鹿沼市北赤塚所在の判官塚古墳を中心とする北赤塚単位群がある（図示していない）。

19単位群における築造数　現存する古墳と推定可能な湮滅古墳をもとに算出すると，総数587基となる。それぞれの単位群における築造数は，100基以上，50基前後，30基前後，10基未満に4類型化される。10基未満の場合，2～3基の非常に小さな支群もみられ，これも類型に加えると5類型となる。

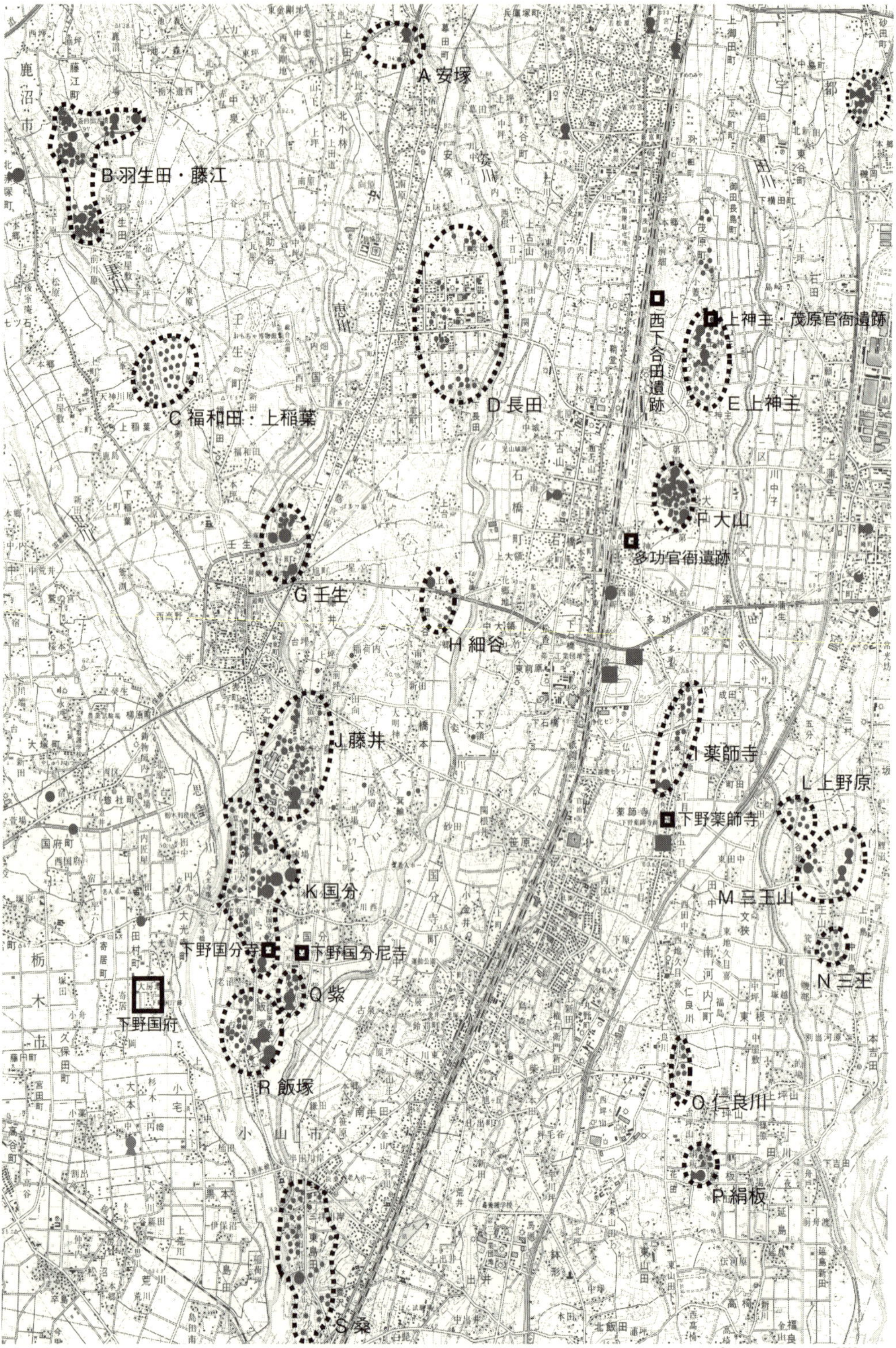

第 32 図　後期～終末期古墳の分布と単位群

第７表　しもつけ古墳群とその周辺における群集墳の動向

須恵器編年	弥生後期	集成1期	集成2期	集成3期	集成4期	集成5期	集成6期	集成7期	集成8期	集成9期	10a期	10b期	11期	12期	古墳数
（須恵器編年）							73	216·208	23·47	15·10	43	209	飛鳥Ⅰ/Ⅱ	飛鳥Ⅲ/Ⅳ	
No.単位群（地域）名 ＼ 編年															
A　安塚						○					○	○	?		7
B　羽生田・藤江（羽生田）									○	?	○	○	○		67
C　福和田・上稲葉											○	?	?		34
D　長田									?	?	○	○	?		35
E　上神主						○					○	○	○	○	46
F　大山									○	?	○	○	○	?	42
G　壬生（壬生）											○	○	○	○	12
H　細谷											○	○	○		4
I　薬師寺（石橋・薬師寺）											○	○	○	○	15
J　藤井（飯塚・国分）											○	○	○	?	85
K　国分（飯塚・国分）											○	○	○	?	58
L　上野原											○	○			12
M　三王山（三王山・上三川）											○	○			33
N　三王（三王山・上三川）			○								○	○			21
O　仁良川											?	○	?		7
P　絹板											○	?	?		7
Q　紫（飯塚・国分）											?	○	?		6
R　飯塚（飯塚・国分）										○	○	○	?		61
S　桑									○	?	?				35

B 羽生田・藤江は，南から長塚古墳を中心とする新郭古墳群（29 基）・北原古墳群（17 基）・茶臼山古墳群（9 基）・藤江古墳群（12 基）などからなり，総数は 100 基を超えると推測される。
C 福和田・上稲葉は，黒川左（東）岸の本山古墳群（福和田地区・22 基），右（西）岸の峯古墳群（上稲葉地区・12 基）が確認されている。

構成　前方後円墳を含む場合と含まない円墳のみの場合がある。ただし，大規模開発の場合を除いて確実に円墳のみで構成される群集墳，と判断することは，難しい。小規模な前方後円墳が伴う場合が多いからである。

7 世紀後半まで続く単位群には，新たに方墳が群中に加わる。具体例としては，壬生町車塚古墳群（君島 2013）（第 34 図）の 12 号墳や対象地域外となるが，宇都宮市根本西台古墳群（水野 2009）（第 35 図）の 4 号墳，成願寺古墳群（岩崎 2000）（第 36 図）の SZ105・107 などが，方墳築造の経緯をよく示している[17]。時期的には，本章の第 1 節で明らかにした，大型古墳が，円墳から方墳へ転換する時期に対応する。

造営時期　10a 期に開始される場合が圧倒的である（第 7 表）。年代的には，

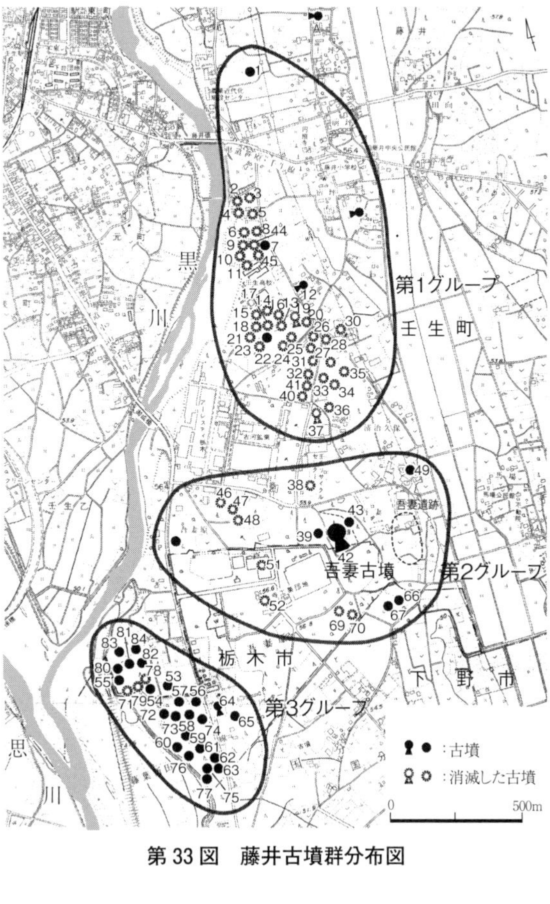

第 33 図　藤井古墳群分布図

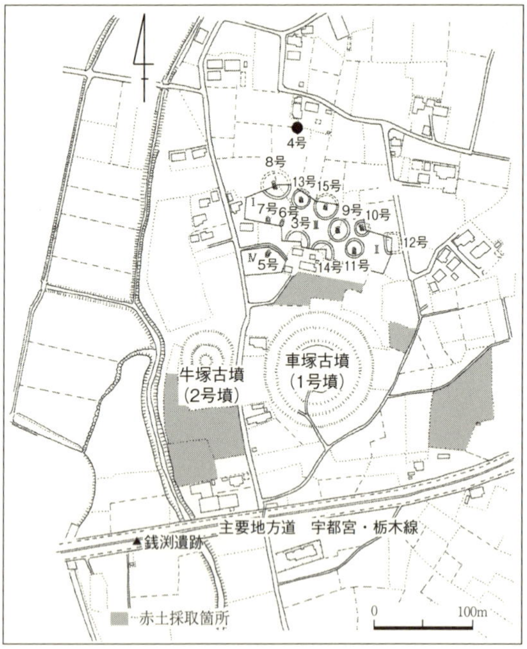

第 34 図　車塚古墳群分布図

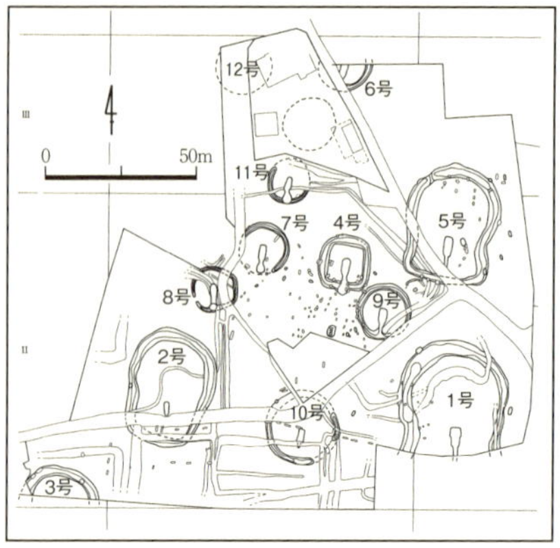

第 35 図　根本西台古墳群分布図

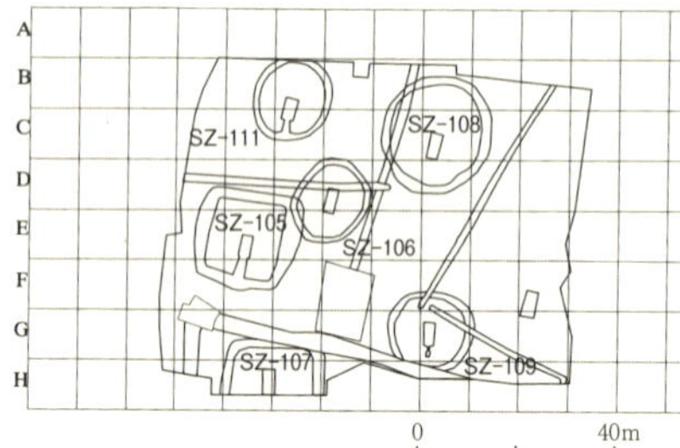

第 36 図　成願寺古墳群分布図

第 37 図　飯塚古墳群分布図

6 世紀後半にあたる。そのなかにあって，R 飯塚は，開始時期が 9 期で，他の単位群に先行する点で，独自の位置を占める点が特筆される。隣接する摩利支天塚古墳（8 期）や琵琶塚古墳（9 期）との密接な関係のなかで理解される（第 37 図）。

単位群のなかに，中期の円墳を含む場合があるが（A 安塚，F 上神主など），単発的で後続する古墳は見出せない。古墳群の収束時期は，残念ながらいずれも不明な場合が多い。前庭部から 8 世紀代の須恵器が出土する例が散見され，追葬ないし墳墓儀礼は，確実に奈良時代まで続く。

埋葬施設　栃木県内の横穴式石室を「藤井型」と「飯塚型」に分け，

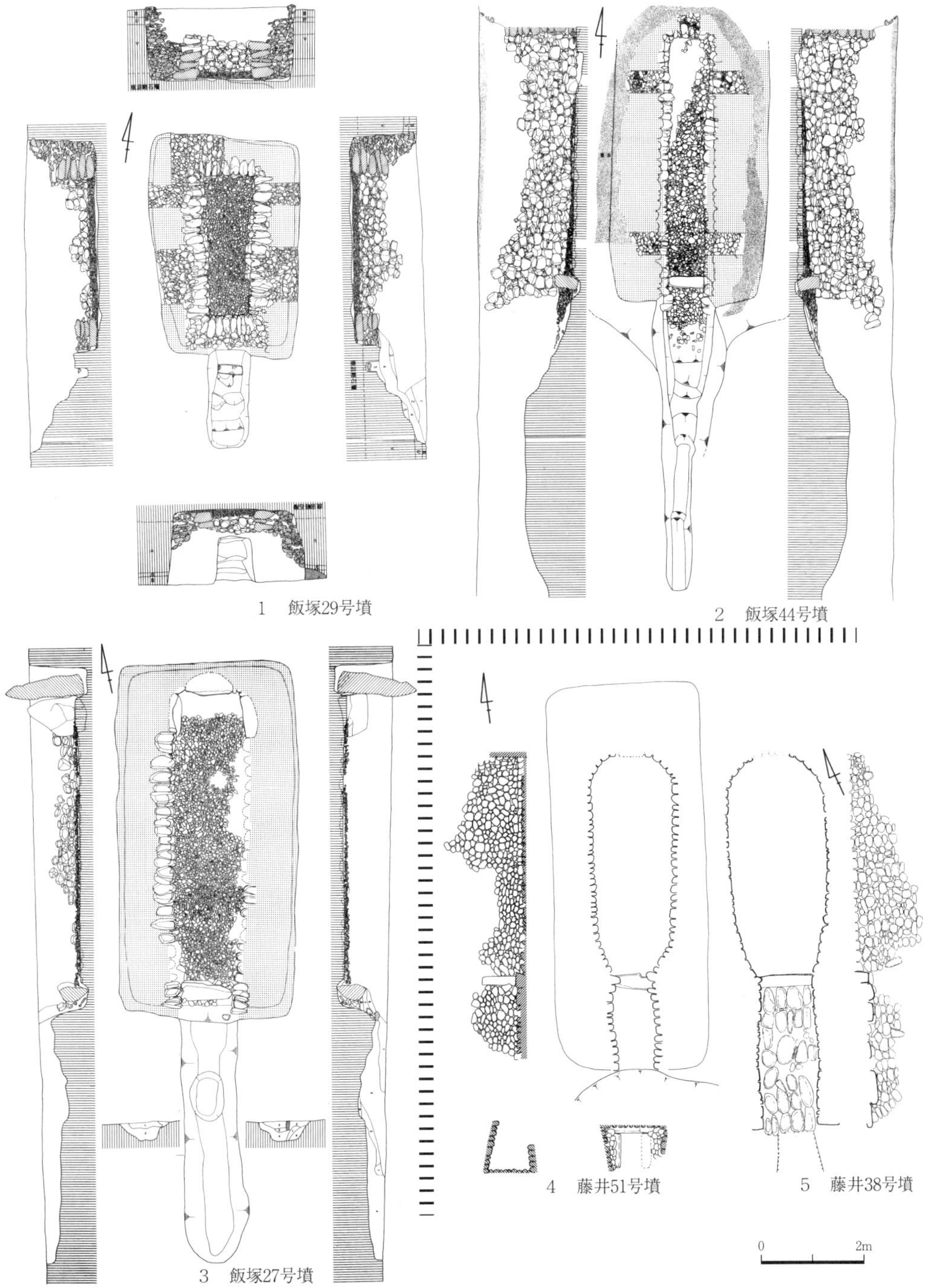

第38図　飯塚古墳群（1〜3）と藤井古墳群（4・5）の横穴式石室

その背景に，最有力首長層と県内各地の首長層や群集墳被葬者層との系譜関係と階層性をみる優れた研究がある（大橋 1990）。「飯塚型」は，小山市飯塚古墳群を典型例とし，無袖式で短いスロープ状の羨道から1段下がって玄室に至るという構造上の特徴をもち，竪穴系横口式石室の系譜に繋がる。閉塞は，河原石による（大和久 1970，鈴木 2009 など）。それに対して「藤井型」は，壬生町と栃木市にまたがる藤井古墳群を典型例とし，框石の両端に玄門柱を立てる独特の玄門構造で，石積みの長い羨道がある（大和久 1967，君島 2001 など）。この玄門形態は，基本的に板石閉塞をするためのものである。両者とも，旧表土を掘り込んで，地下式の横穴式石室となる（第38図）。大橋の論点は，①有力首長層は切石使用横穴式石室を採用し，その下位は河原石や割石を用いた「藤井型」と「飯塚型」を採用する，②「飯塚型」と「藤井型」とは，一系統として前者から後者への型式変化が追える，③6世紀後葉以降に「飯塚型」と「藤井型」の分布が，鬼怒川以東や那珂川水系にまで広がるのは，切石を採用したしもつけ古墳群の有力首長層の影響力がこの地域の首長層に及んだことを示す，というものである。その後の調査により，「飯塚型」が鬼怒川の右岸で多数確認されるとともに（岩崎 2000，亀田 2007，水野 2009 など），両者が混在する群集墳も確認され，それぞれの地域で独自の展開を示す事例が加わった。しかし，大橋の見解は，正鵠を射る論と位置づけられ，その考えに賛同したい。

2　集落の消長と画期

発掘調査により古墳時代の遺構が確認された遺跡，および一括土器で出土地が判明している例をもとに，分布図を作成した（第39図）。さらに，第7表と同じ形式で古墳の編年に合わせ[18]，集落の時期を表にまとめた（第8表）。

対象地域の集落の消長については，3つの画期を確認できる。第1の画期は，集成1期と2期の間付近にある[19]。弥生土器（厳密には，弥生土器の系譜をひく土師器）と土師器が共伴する時期である前期古段階の集落は，下野市烏森遺跡を例外として，前期中段階に継続しない。

第2の画期は，集成8期付近にある。この時期に開始する集落が多く，また数も12遺跡（7期2，8期10）と一番多い。新たな集落が営まれるとともに集落の数が増大する大きな画期と言える。なお，10a期に開始する集落も6遺跡あり，比較的多い。

第3の画期は，11期と12期の間付近にある。8世紀以降に継続する大規模集落は，この時期に開始される。下野市薬師寺南遺跡（約130軒）（橋本ほか 1979）や多功南原遺跡（約460軒）（前澤 1986，山口ほか 1999）が具体例となる（山口 2013）。現象的には，少し早目の11期に開始する集落も散見されるが，長続きせず，8世紀まで継続しない。

上記3つの画期とともに，当地域の古墳時代集落には，もう1つ注目される事実がある。第8表から読み取ることができるように，それぞれの集落は，一定期間の空白期を挟んで，また改めて居住地となるような，断続的な土地利用があったことは明らかである。そのうち，アミをかけた部分については，集成9期～10b期にかけて，一律に空白地になることが注目される[20]。つまり，6世紀前半から7世紀初頭にかけて，壬生町から下野市（旧国分寺町）にかけての黒川左岸・

第8表　しもつけ古墳群とその周辺における集落の動向

須恵器編年								73	216·208	23·47	15·10	43	209	飛鳥Ⅰ/Ⅱ	飛鳥Ⅲ/Ⅳ	
No.	遺跡名＼編年	弥生後期	集成1期	集成2期	集成3期	集成4期	集成5期	集成6期	集成7期	集成8期	集成9期	10a期	10b期	11期	12期	
1	大力											○				
2	安塚宿内									○						
3	北原D						○									
4	新郭								○			○				
5	東谷中島遺跡群					○	○	○	○	○	○	○	○	○	○	○
6	西赤堀											○	○	○	○	○
7	権現山北						○			○		○				
8	西下谷田	○		○						○					○	○
9	上神主・茂原												○	○	○	○
10	向原											○	○	○		
11	上ノ原・向原南	○	○										○	○		
12	大野									○	○	○	○			
13	大町									○						
14	薄市									○	○	○	○	○	○	
15	文珠山									○						
16	惣宮									○	○	○	○	○		
17	中の内				○							○				
18	明城	○	○				○									
19	下谷田													○	○	
20	松香遺跡・郭内遺跡													○	○	
21	多功南原														○	○
22	東林														○	
23	稲荷内				○											
24	天神前A													○		
25	藤井馬場					○	○									
26	下野国分寺下層		○											○		
27	上野原				○					○						
28	上山王					○										
29	朝日観音	○	○													
30	落内															○
31	薬師寺南					○									○	○
32	二ノ谷							○				○				
33	向台														○	
34	三ノ谷						○									
35	三ノ谷東						○									
36	谷館野北															○
37	谷館野西								○	○						
38	烏森		○	○			○									
39	柴工業団地	○			○											
40	成沢						○									
41	喜沢海道間									○						

思川左岸地域では，ほとんど集落が営まれなかったことになる[21)]。一方，宇都宮市南部や上三川町周辺における集落は，第2の画期とした集成8期に開始し，そのまま集成9期～10b期に継続する点において，至極対照的である。

3　小結

以上述べてきたしもつけ古墳群とその周辺における6～7世紀の群集墳および集落の動向を踏

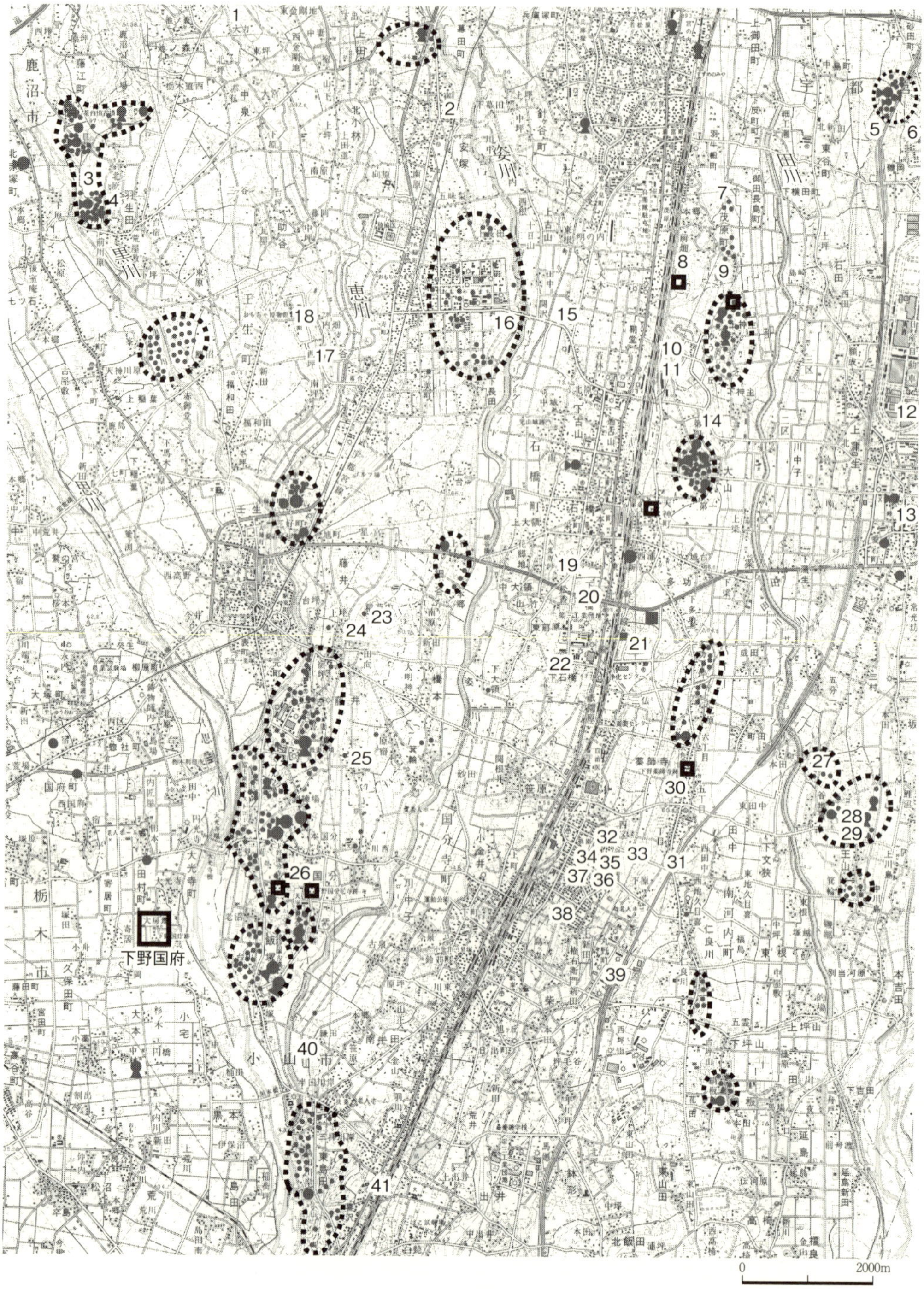

第 39 図　しもつけ古墳群とその周辺における古墳時代の集落

まえ，両者の相関も含めてその様相を4点でまとめておきたい。

第1に群集墳は，分布・築造開始時期・埋葬施設の特徴から判断して，大規模古墳と連動して造営された可能性が高いと考えられる。特に歴代有力首長墳が集中する地域に営まれた群集墳は，200基にもおよぶ大規模なものとなる。

第2にしもつけ古墳群における最有力首長層の古墳が集中する黒川左岸・思川左岸（壬生町から下野市〔旧国分寺町〕にかけての地域）は，9期～10b期（6世紀前半から7世紀初頭）にかけて完全なる墓域となり，現段階では大規模集落等の居住の痕跡は認められない[22]ことが判明した。この地域が，首長連合の墓域として強く意識されていたことが，周辺域にあたる宇都宮市南部や上三川町周辺においては8～10b期に集落が営まれていたことからわかる。

第3に集落変遷の第2の画期（集成8期付近）で新たに開始する集落が多数認められる点が大きな特徴となる。一方，群集墳の築造開始の時期は10a期に集中する。一見すると集落と群集墳の消長は連動していない。しかし，第2の画期から継続する集落が，群集墳造営の基盤となった可能性が高い。その背景には，共同体内における個の自立とも言うべき，既存の土地を離れた新たな耕地開発とそれに伴う新規の集落形成が想定できる。短期間に住居内にカマドが普及した時期であることも生産性の伸張の裏付けとなるだろう。そのうち，8期段階までにすでに十分な力をつけた人物は群集墳（いわゆる初期群集墳）造営に至る。大部分は，9期を経て順調に力を蓄え，10a期に群集墳築造に至るものと考える。この潮流に10a期に開始して後に継続する集落が加わることになる。群集墳造営の基盤は突如形成されたのではなく，段階的に整備されていったことが窺える。

第4に集落変遷の第3の画期（11期と12期の間）は，この時期に開始された集落が，その後，奈良・平安時代を通じて地域の拠点となる大規模集落となったことから，律令国家の基盤となったと位置づけられる。また，群集墳中に方墳が加わる時期と対応するが，間もなく新たな群集墳築造が激減する（12期）。

第5節　前方後円墳の終焉と終末期古墳

1　最後の前方後円墳

しもつけ古墳群においては，埴輪をもつ前方後円墳ともたない前方後円墳がある。後者を最後の前方後円墳とする[23]。下野市三王山古墳（85m）・同市国分寺愛宕塚古墳（78m）・同市国分寺山王塚古墳（90m），壬生町羽生田長塚古墳（82m）で，各地に分散して築造されている。徐々に規模が縮小するような現象は認められず，80m級の前方後円墳の築造を最後に，突然終焉をむかえた，という表現しかない。国分寺愛宕塚古墳出土須恵器は，その時期がTK43～209型式期であることを示す。

10期の墳丘形態に注目してみたい（第40図）。埴輪が樹立される10a期の壬生愛宕塚古墳（同図1）は，平坦ではなく傾斜をもった，まさに第1段墳丘と言えるような基壇と周湟の外側にめ

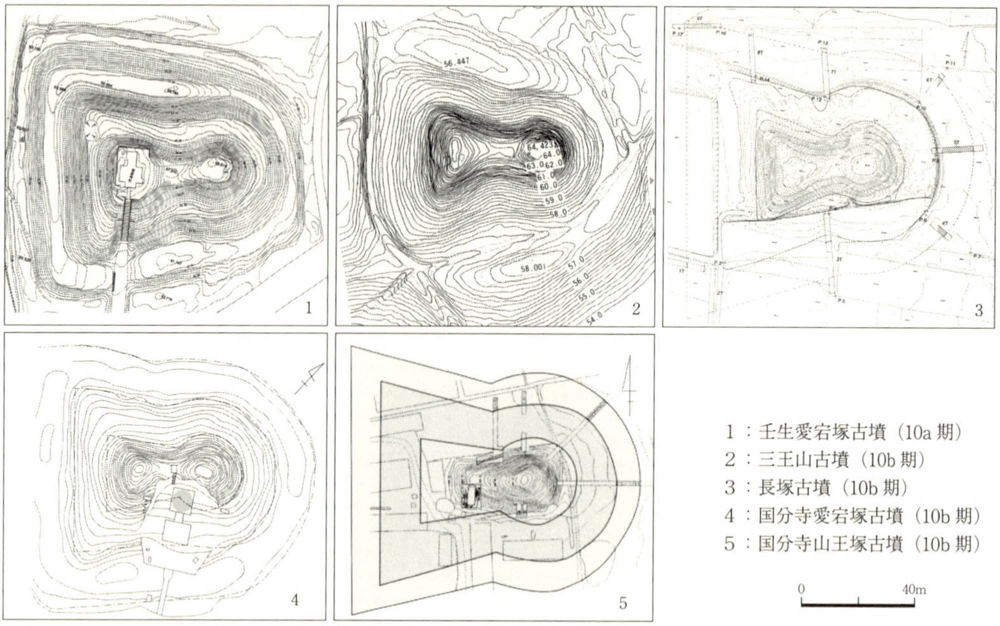

1：壬生愛宕塚古墳（10a 期）
2：三王山古墳（10b 期）
3：長塚古墳（10b 期）
4：国分寺愛宕塚古墳（10b 期）
5：国分寺山王塚古墳（10b 期）

第 40 図　10 期の前方後円墳墳丘図および墳丘復元図

ぐる周堤帯を特徴とする[24)]。前方部幅が，後円部径を上回る。図示した他の 4 基のなかでは，三王山古墳（同図 2）が，前方部の幅がさらに大きくなる変化の方向性を示す。南東側の自然地形を周湟でカットすることにより，周堤状にみせる工夫もみられる点と，周湟の外縁がくびれず，盾形の周湟となる点で壬生愛宕塚古墳によく似た墳丘と言える。ただし，両者とも現況からの判断であり，周湟調査は実施されていない。

一方，周湟調査が実施された長塚古墳（同図 3）と国分寺山王塚古墳（同図 5）の第 2 段墳丘の形態は対照的である。長塚古墳は，前方部幅が後円部径を上回るが，国分寺山王塚古墳は，後円部径と前方部幅がほぼ同じ規模である。なお，国分寺山王塚古墳の前方部の基壇と第 2 段墳丘の規模と形態復元には，トレンチ調査による裏付けはなく，国分寺愛宕塚古墳（同図 4）をモデルにしている（小森紀・齋藤 1992）。

長塚古墳と国分寺山王塚古墳の周湟外縁形態は，墳丘と相似形にくびれるように復元されている。国分寺山王塚古墳は，変形が著しく，トレンチの数も限定されているので根拠が不足しているが，基壇や第 2 段墳丘と同様，近接する国分寺愛宕塚古墳の現況を参考にしてくびれ部が表現されている。

以上みてきたように，第 40 図 2〜4 に示した前方後円墳が，埴輪を樹立しない最後の前方後円墳と判断されるが，その墳丘形態は，かなり複雑であることがわかる。類型化してみると，第 2 段墳丘の前方部幅と後円部径がほぼ同じになり，周湟外縁の形態が，墳丘と相似形にくびれる例（国分寺愛宕塚古墳型）と前方部幅の方が広く，周湟外縁がくびれない例（三王山古墳型）がある。さらに，第 2 段墳丘の前方部幅の方が大きく，周湟外縁がくびれる例（長塚古墳型）を加えるならば，3分類することができる。長塚古墳型は，基壇面に河原石を敷く点で独自性をもつ。このことから，前方後円形であることを大前提にするが，その墳丘形態の細部についての決定権は，それぞれの地域の独自性に任されている，と推定することができよう。これは，どこで作られたどのような特徴をもつ埴輪を採用するかについては，それぞれの地域の首長に任されていた，とする低位置突帯埴輪の検討結果（本章第3節）とも通じる一側面である。

2　小規模前方後円墳の動向

若い研究者には「なんですかそれ？」と訝しがられるが，栃木県においては，通称＜オバQ型＞と呼ばれる古墳がある。実態は，くびれがないかあるいはほとんどない独特の第1段墳丘形態をもつ小規模前方後円墳である。岩崎卓也は，西日本では6世紀に入ると前方後円墳の数が激減するのに，逆に東日本では，この時期にピークに達する対照的なあり方が何に由来するかを探る，という目的で，栃木・茨城・千葉北半の後期前方後円墳の状況を検討した（岩崎 1992)。「前方後円形小墳」の定義としては，先行する小室勉（小室 1985）の行った茨城県内の「小規模前方後円墳」の検討成果（第41図）をもとに，①前方部に張りがあり，くびれ部も顕著なものに始まり，しだいに張りを失った短小な長方形状前方部へ移行すること，②埋葬施設が前方部に位置することをあげている。埋葬施設が後円部そして旧地表上に設けられる首長墓に対して，「前方後円形小墳」のそれが前方部の旧地表下に設けられるのは，まだ十分な力量を持つに至らなかった6世紀の大和政権が，東日本に対して，共同体的関係を梃子とする民衆支配体制の継続を志向したことの反映と考えている。そして，「前方後円形小墳」は，民衆と一体感をもって結ばれていた在地小首長層を組織化し，共同体的支配を温存するために築かれるようになった，と結語した。岩崎の論は，中央の意向との関係のなかで，群集墳に含まれる小規模な前方後円墳の意義を説明しようとした点で，一定の説得力があり，その後の研究に主導的な役割を果たした，と言える[25)]。近年，群構成を整理し，小規模前方後円墳を階層性のなかで理解しようとする意見も提示されている（中村 2011a)。

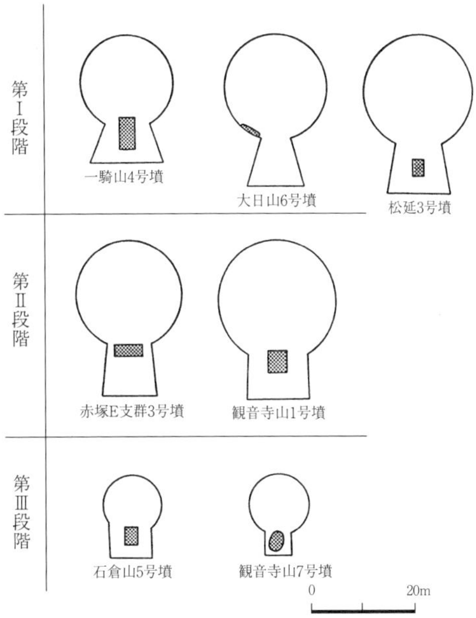

第41図　小室による常陸の小規模前方後円墳の諸段階

栃木県域における，小規模前方後円墳については，近年，岩崎の論を継承しつつ，同型墳という視点でも検討が進んでいる。

1つは，小山市飯塚29号墳と旧国分寺村第45号墳の比較である（秋元 2001)。飯塚29号墳は，

1986年に小山市教育委員会による調査が行われている（鈴木 1999）（第42図）。墳丘は，削平されており，周湟と地下式の横穴式石室が確認されている。墳丘長20.5m，後円部径16m，くびれ部幅12.7m，前方部幅17.8m，周湟を含んだ全長25.5mの規模で，前方部が短い小規模前方後円墳である。埋葬施設は，後円部にあり，奥壁・側壁ともに河原石を積んだ地下式の横穴式石室である。

一方，旧国分寺村第45号墳は，しもつけ風土記の丘資料館と宇都宮大学考古学研究会によって1994年に墳丘，1996年に横穴式石室の測量調査が実施されている（黒﨑ほか 1995）。墳丘長25.8mの西面する前方後円墳で，後円部には，奥壁・側壁ともに河原石を積んだ横穴式石室が開口している。

第42図　飯塚古墳群調査区全体図

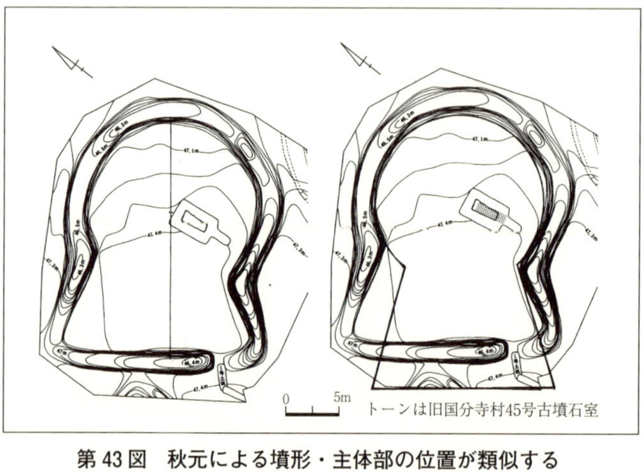

第43図　秋元による墳形・主体部の位置が類似する小規模前方後円墳

秋元陽光は，両墳の墳丘と石室を比較し，後円部径の一致，石室位置の一致，石室が同一規格で構造も類似することを根拠に，前方部形状を異にする前方後円墳が，同時に存在することを明らかにした（秋元 2001）（第43図）。秋元は，飯塚29号墳の墳丘復元について2案を示しているが，おそらく＜オバQ型＞の基壇の上に前方部が開かない通常の前方後円形の墳丘第2段がのる形態に復元されると判断される。

秋元が注目するように，両墳は20m前後のきわめて小規模な前方後円墳である。したがって，前方後円墳のなかでは，最も下位にランクされる被葬者と判断してよければ，その階層のなかにも前方部の大きさによって，被葬者間に差が認められることになる。これは，小規模前方後円墳の性格を考えるうえで，きわめて重要な意味をもつと思料される。秋元の指摘は，岩崎の論を一歩進めた，と評価される。

2つ目は，帆立貝形前方後円墳の規格性についてである。山口耕一は，2005年に調査された下野市オトカ塚古墳の報告書のなかで，前方部が短い前方後円墳の墳丘形態を共有するグループがあることに注目している（山口・木村 2007）。オトカ塚古墳は，基壇をもつ2段築成の前方後円墳で，墳丘長約45m，後円部径約34m，墳丘第2段の墳丘長34m，後円部径26.5mの規模をもち，上記した飯塚29号墳のほぼ2倍の規模といえる。前方部前端に地下式の横穴式石室が確認され，側壁・奥壁ともに河原石を積んで構築されている。山口は，墳丘主軸を南北方向にとり，前方部前端に横穴式石室を構築する典型的な形態に注目し，壬生町壬生牛塚古墳，下野市三王山38号墳，宇都宮市久部愛宕塚古墳，下野市旧国府村第34号墳の4基に，オトカ塚古墳の周湟と石室位置を重ねて，墳丘の形態を比較している（第44図）。これら4古墳については，周湟や埋葬施設の調査が実施されていないので，確定は将来の調査を待つことになるが，現状のコンターラインとは，非常によく整合していることを明らかにした点で重要である。

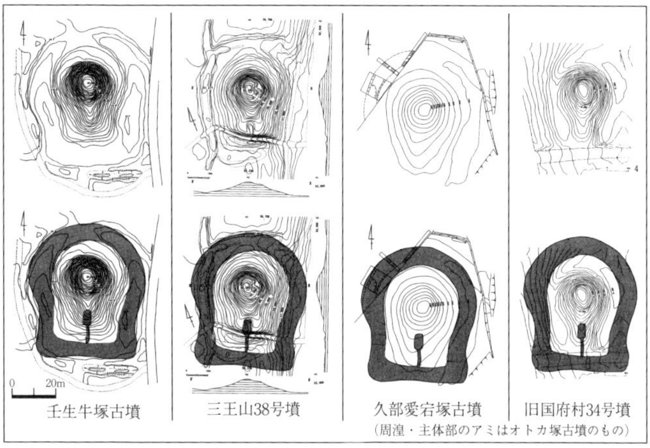

第44図　山口による規模・平面形が類似する小規模前方後円墳

山口の作業は，宇都宮市稲荷2号墳と鹿沼市狼塚古墳は同型墳とする見解（秋元 2000a）と合

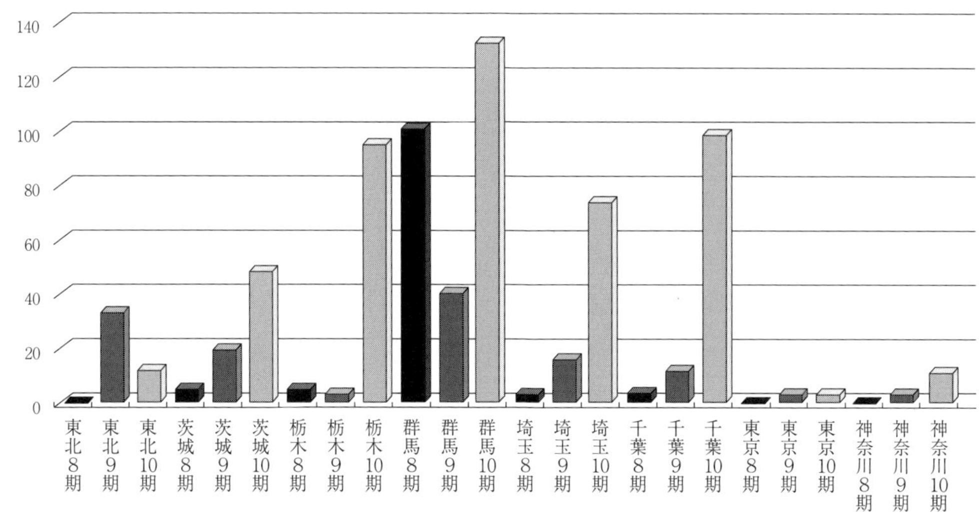

第45図　東国における前方後円墳築造数の変化

わせ，40m クラスの前方後円墳の規格性に注目し，小規模前方後円墳の広がりの意味について多くの示唆を含む論と位置づけることができる。

筆者が特に注目したいのは，同一規格の前方後円墳の分布がしもつけ古墳群の範囲を越えて広がった点にある。100m クラスの最高ランクの首長墳は，しもつけ古墳群内に限定して営まれるが，同一時期の 40m クラスの同一規格の前方後円墳の分布が，宇都宮市の鬼怒川流域までその版図を広げていることを確認できるからである。時期的には，10a 期を中心にして 10b 期にわたる。

なお，同じ栃木県の南西部にあたる足利地域においては，齋藤弘による明神山古墳群（齋藤 1990）や齋藤・中村享史による機神山古墳群（齋藤・中村 1992）などの前方後円墳を含む古墳群の詳細な検討が進んでおり，大澤伸啓は，最初に前方後円墳が丘陵上部の最も目立つ場所に造られ，その後，下の斜面に円墳が続く，と整理している（大澤 2003）。さらに，大澤は，後の足利郡となる地域においては，首長層と小首長層の横穴式石室構造の変化が対応関係にあることを強調するとともに，小首長墓の方が首長墓よりも後まで前方後円墳を採用していることを明らかにしている点は重要である。正善寺古墳と足利公園 3 号墳の墳丘形態の比較などをとおして，栃木県南部のしもつけ古墳群における様相と対比させながらさらに論を深めることができる，と思料されるからである。

以上を簡単にまとめてみると，しもつけ古墳群における小規模前方後円墳の動向から，① 20m クラスの小規模前方後円墳の被葬者は，前方部の形態から 2 つの階層に分けられる可能性がある，②しもつけ古墳群の範囲を越えて，40m クラスの同一規格前方後円墳の広がりがみられるようになり，首長間関係の拡大と判断できる，という 2 点を確認することができた。①は，規模と墳形によって，より広い階層が前方後円墳に葬られたことを示し，②は，首長連合体制の版図拡大を示す，と位置づけられ，装置としての前方後円墳にかかわるこの 2 つの動向が，東国の 10 期における前方後円墳築造数の多さ（第 45 図）の大きな要因であると考えられる[26)]。②の広がりは，後の律令期における郡領域にほぼ対応する。

少し視野を広げ，年代的には 6 世紀末から 7 世紀前半，墳丘長 15m 前後・20m 前後・30m 前後の常陸と下野の小規模前方後円墳の墳丘図を示した（第 46 図）。墳丘形態は＜オバ Q 型＞であるが，それぞれの地域の括れ方の強弱に違いが見出せる。また，墳丘の主軸については，下野が北北西－南南東方向を示すのに対し，常陸においては北東－南西から東－西方向に振れる。さらには，下野は地下式の横穴式石室，常陸は箱式石棺，と相互に明らかな地域色を示す。

ここで注目したいのは，埋葬施設の位置である。両者とも長軸を墳丘の主軸に合わせ，墳丘全体からみて，後円部から前方部にうつる部分に墓壙が穿たれている。偶然の産物，とはとても片づけられない共通性である。研究史を辿れば，変則的古墳の概念で括り，両地域を結んでその地域性を探る研究の方向性がある。しかし，地域色の必然性，構築の合理性あるいはその系譜を辿るには，まずはそれぞれの地域においてイレギュラーではなく，レギュラーな埋葬施設と認めて追究する必要があると考える。下野に引き付けて述べるならば，下野型古墳の 3 要素（第 2 章第

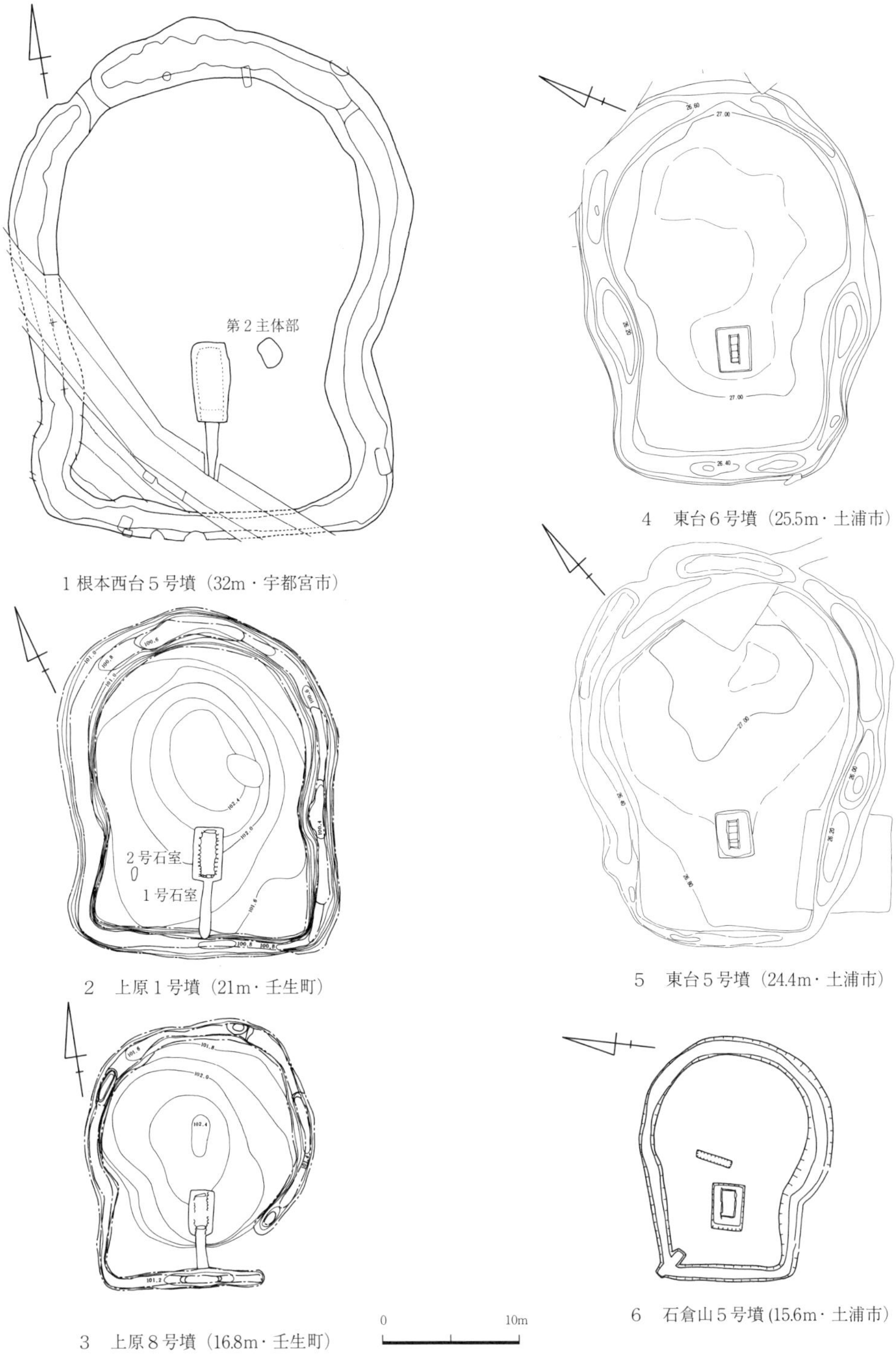

第46図　下野（1～3）と常陸（4～6）の小規模前方後円墳

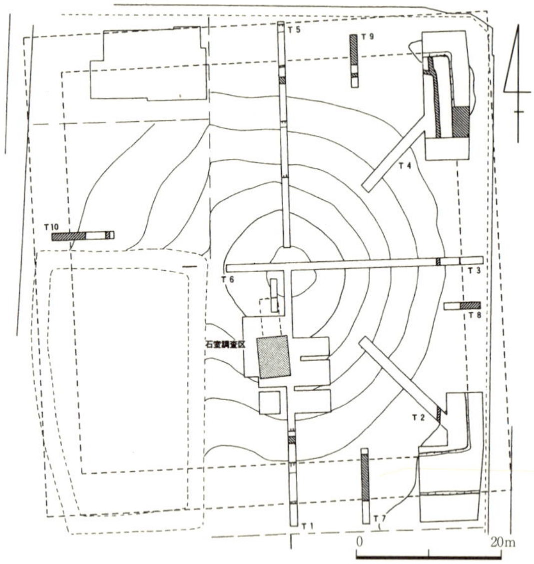

第47図　多功大塚山古墳墳丘図

1節）の1つである前方部のみに埋葬施設をもつ，という特徴を15mほどの小規模前方後円墳も共有する，と位置づけることができる。多数の小規模前方後円墳の存在は，6〜7世紀の東国社会の一端を示す特色であり，関東各地に検索の手を広げる必要がある。ここでは，小規模前方後円墳の地域的特色をもとにその性格を一律に述べることは難しく，独自性と共通性が併存することこそがその背景解釈に有効であろうという展望を示しておきたい。

3　終末期古墳の様相

しもつけ古墳群における前方後円墳終焉後の有力終末期古墳は，墳形が円墳に転換し，その後に，大型方墳が築造される。羽生田地域では，長塚古墳（10b期・前方後円墳・82m）→桃花原古墳（11期・円墳・63m），壬生地域では，壬生牛塚古墳（10b期・帆立貝形前方後円墳・60m）→壬生車塚古墳（11期・円墳・86m），飯塚・国分地区では，国分寺愛宕塚古墳（10b期・前方後円墳・78m）・国分寺山王塚古墳（10b期・前方後円墳・90m）→国分寺丸塚古墳（11期・円墳・74m），というように，10b期から11期へ墳形はすべて円墳に変化している。

これらの大型円墳は，①すべて基壇をもち，②凝灰岩切石使用横穴式石室（あるいは一部に使用した）を埋葬施設にもつことが大きな特色である。この2点は，下野型古墳の3つの要素のうちの2つにあたり，墳形が変化しても，独自の地域的特色は，そのまま受け継がれたことになる。

大型方墳は，出土遺物から12期に位置づけられる。石橋・薬師寺地区における上三川町多功大塚山古墳である（秋元・斎藤 1994）。墳丘は，耕作により削平されているが，現在でも畑中に地膨れが確認できる。墳丘規模は，53.8m，周湟外縁で64.3mあり，12期（7世紀後半）においては，群馬県宝塔山古墳（60m）に次いで，列島第2位の規模をもつ大型方墳となる（第47図）[27]。周湟幅は5m前後で底面は，ほぼ平らである点が特徴である。墳丘南側中央に，横穴式の埋葬施設が確認された。構造は，玄室・羨道・前庭部からなる。石室の下には，ローム土と砂利による厚さ90cmの版築が確認された。

遺物は，前庭部から須恵器フラスコ瓶・土師器杯，石室攪乱土中から鉄釘，墳丘北側から須恵器大甕が出土している。破壊が著しいが，横口式石槨であった可能性の指摘は重要である（秋元 2007）（第48図）。そうであるならば，しもつけ古墳群のなかからは，生まれない埋葬形態であり，畿内からの影響のもとに導入された埋葬施設と考えられる。位置的には，下石橋愛宕塚古墳

（10b期・円墳・82m）の南東方約1kmと互いに視認できる至近距離にあたる。現段階では，多功大塚山古墳が築造された契機として，①下石橋愛宕塚古墳からの系譜を考える，あるいは，年代差を重視して，②新たに築造されたとする，の2つの場合が想定される。下石橋愛宕塚古墳に7世紀中葉まで下がる遺物は確認されていないので，②の可能性が高いと考えられる。当地では系譜の追えない埋葬形態とその構築法，そして木棺用の鉄釘がその傍証となろう。周辺には，多功南原1号墳（方墳・25m）・薬師寺観音塚古墳（方墳？・31m）があり，12期に位置づけられる。

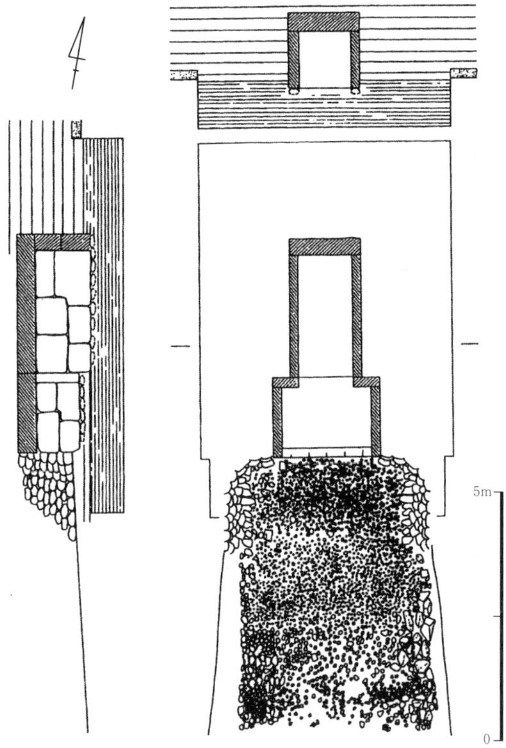

第48図　多功大塚山古墳の埋葬施設推定復元図

7世紀（11期・12期）になって新たにみられるようになった要素としては，①鉄釘の出土にみられる木棺の変化，②石室構築基盤の版築，③横口式石槨の採用，の3点が注目される（秋元 2007）。前述したように当地の墓制の変遷のなかから生まれる要素ではない点は明らかであり，具体的には畿内との政治的往来がその背景にある，と位置づけられる[28)]。

4　前方後円墳終焉の背景

モノは，その終焉の時にそのモノがもっていた本来の存在意義を表出する，と言われる。東国における前方後円墳の築造は，6世紀末～7世紀初頭にその終焉をむかえる（第5章第2節）。この時期，しもつけ古墳群が造営された栃木県南部の地域には，＜絶えるもの＞＜続くもの＞そして＜生まれるもの＞があった。

下野型古墳を築造してきた本県南部の動向は，埼玉県行田市埼玉古墳群でみられる長方形二重周湟や外方に突出する造り出し，あるいは，千葉県富津市内裏塚古墳群にみられる二重周湟など，地域ごとに独自の特色を主張しつつ，大枠では，＜前方後円墳を造る＞という体制のなかにとどまる点において，列島内の地域首長層と軌を一にするかたちで理解することができる。

しもつけ古墳群における50mを超える大規模墳は，前方後円墳11基に対して円墳6基そして方墳1基である。この数字が物語るのは，前方後円墳築造終焉以降の「大型円墳・方墳の時代」の「短さ」だけではないだろう。6世紀後半代，数的にも面的にもどんどん広がった前方後円墳被葬者に代わって，数的にも階層的にもごく限られた特定の人物だけが古墳に葬られるようになったことを示している。下野では他の地域と同様に，いつまでも前方後円墳を造り続けることはなく，文字どおり＜絶えた＞。ここで注目しておきたいのは，墳形が変わっても基壇そして切石石室はそのまま＜続くもの＞であった事実である。そして何にもまして，墓域がまったく移動せず，そのまま＜続くもの＞であったことだ。集落にも大きな変化は認められない。＜前方後円墳の終焉は，集落に影響を及ばさなかった＞。したがってこの前方後円墳終焉のブレーキは，地方の事情でかけられたものではないことは明白である。推古朝の大きな変革の時期にあたる。

しかし，数少ない大型円墳・さらに少ない方墳を採用しながらも下野型古墳を造り続け，独自性を地域の内と外に対して示してきた7世紀前半の下野の最高首長層も，＜前方後円墳を造らない＞というかたちを変えた大枠の残存のなかにとどまっていたこともまた事実である。

7世紀後半になって間もなく，この地に，郡衙の前身とも言える評衙，西下谷田遺跡が営まれる（第3章第4節）。一見，＜新たに生まれた＞ようにもみえる。が，眼を見開いてよく観ると場所を移して＜続いている＞ようにみえる。けだし，評衙の長である評督は，もはや古墳には葬られなかった。その意味では新たに＜生まれた＞と評価される。石室を発くなどの＜否定する出来事＞（第3章第2節）は，その＜生みの苦しみ＞の1つと位置づけることができるだろう。

註

1) この「基壇」という名称については，栃木の研究者が県外で話をするときに「墳丘の周りには，低くかつ幅の広いテラス部分がありまして云々……」と言葉を添えるのが通例である。県外の研究者からは「お寺じゃないんだから……」と批判も受けた。しかし，別の適当な名称も見当たらず，但書の言葉を添えて使用してきた。そのうちに下記したような経緯で，墳丘の第1段だ，という考えが広まり，定着してきた。現段階では，「うちの県にも栃木の基壇に似た構造の古墳があるんですけど……」いうような会話がなされるようになり，市民権を得てきた感がある。

2) 基壇は墳丘1段目であるという認識は，1987年の広瀬和雄の来県を待たなければならない。広瀬は，①墳丘長は，墳丘側の周湟立ち上がりから測るのが原則である，②基壇の機能を考えること，の2点を指摘した。文献には残らないが，県内の研究者の目が見開かれた瞬間であったことを銘記しておきたい。白石太一郎による「この地域にしか通用しない計測法」との地元の研究者に対する厳しい指摘（白石 1990）も学史上重要である。白石の指摘に対しては，基壇の平面規模は盛土量を示さないので「単純に古墳の規模とはならない本県の特殊性」に注意すべき，との立面と地域性を重視する立場（秋元 1992）やその対論としての「地山成形部を含む墳長は，その墳丘を造ることを認められた被葬者の社会的政治的地位の指標としての意味をもつ」との平面規格を重視する意見（内山 1993）があり，それを受けて秋元も「墳丘規模の相対的比較」には「周湟内縁下端」が妥当，と修正した（秋元 2000a）。一方では決着の鍵を基壇自体の性格や機能の究明が握ることとなった。その後，基壇部分については，なかなか調査の手が入らなかった。しかし，2004年の下野市（当時国分寺町）甲塚古墳における基壇上の埴輪群・土器群が，基壇の果たした儀礼的性格を雄弁に物語り，墳丘の重要な構成要素であることが明確となったと言える。

3) 研究者により，表記がまちまちで「刳り抜き」「くり抜き」等がみられるのが現状である。本節では，それぞれの研究者の表記のしかたをそのまま用いた。筆者も厳密に区別しない使い方をしてきたが，現在では「刳り貫き」（『広辞苑』など）が適切ではないかと考えるようになった。

4)　しもつけ古墳群の地域区分については，非常に重要な課題と認識している。先行研究では，9地域（秋元・大橋 1988），7地域（秋元 2007，君島 2011，広瀬 2011）がある。それぞれの違いは，秋元・君島が秋元・大橋の「北赤塚」をカットし，「石橋」と「薬師寺」を1つの地域とみて7地域としたところ，秋元・君島と広瀬は数が同じだが，広瀬は「三王山」を除外し，秋元・君島の「国分寺」を甲塚古墳と愛宕塚古墳の間を境に2つのグループに分ける点にある。筆者の地域区分は，秋元・君島の考えに近く，「上三川地区」と「三王山地区」を田川左岸，鬼怒川右岸にあたる一体の地域と捉え，あわせて「上三川・三王山」とし，全体を6地域と考えた。

一方，栃木県南部の思川・田川流域をより広く捉え（東西20km・南北30km），1030基の古墳をドットして25の単位地域を抽出する作業も明治大学古代学研究所によるプロジェクトチームにより実施されている（古屋ほか 2005，草野 2005，草野 2007）。大規模墳とその周囲にある群集墳だけでなく，河川流域全体の古墳の動向を悉皆調査する手法は，ここを1つのケースとして他地域と比較することにより，より大きな成果をあげる可能性を示した。

5)　墳丘規模については，発掘調査をした古墳とそうでない古墳とのバランスを欠く。君島利行は，しもつけ古墳群においては，20m級の円墳にも基壇が採用されていることを明らかにするとともに，現況からは想像できないほど大きな規模になることを述べている（君島 2001）。藤井古墳群における具体例では，34号墳（18→26m），36号墳（34→46.5m），38号墳（22→50m），46号墳（11→18m）というように，136～227%大きくなっている。本来であれば，君島の所見を重視し，調査を経たものに限定する，あるいは現況の規模と調査による規模を厳密に区別して集計すべきである。君島も指摘するように，遺跡の保存・保護の範囲にかかわる問題でもあるからである。しかし，本節では，全体の傾向を摑むことを目的とし，両者を区別しないで集計している筆者の＜曖昧さ＞を明記し，批判に堪えたい。

6)　古墳の方位を意識して図化したが，それぞれの地域ごとの伝統，あるいは時期的な傾向は見出せなかった。ただし，6世紀末段階で，ほぼ東西主軸に主軸をもつ前方後円墳が主流になることは，認めてよいだろう。

7)　吾妻古墳の横穴式石室については，従来，栃木県立図書館所蔵の『下野國古墳図誌』所収の絵図から，凝灰岩切石使用石室と推定されてきたが，2007～2010年に亘る調査により，以下の4点が明らかとなった（中村 2011b）。下記した③により，上限が6世紀中葉になるが，本節の年代観には影響しないと考えている。

①　玄室の奥壁・両側壁・天井石は，凝灰岩ではなく，閃緑岩である。したがって，刳り貫き玄門（壬生小学校所蔵の前室あるいは羨道の天井石は凝灰岩製）のみが，凝灰岩製となる。

②　石室は，単室ではなく複室構造になる可能性が高い。

③　盛土直下から群馬県榛名山起源のFP（6世紀中葉）が確認された。

④　後円部トレンチや電気探査により，主体部の有無が調査されたが，後円部にはなかった可能性が高い。

8)　前稿（小森 1990）では，「地理的にみた場合，直接彼我を結びつけるのは難しい」とした。①盛土に覆われて見えなくなる石室の外面を蒲鉾形に仕上げる手法は石棺を意識した，②石棺に穴を穿つからこそ刳り貫き技法が生まれた，以上2点が下野で創出されたと推定するのに「出雲あるいは九州ましてや畿内の影響を考える必要はない」とし，「下野型石棺式石室」の名称を提唱した。なお，Ⅰ・Ⅱ・Ⅲ類はより祖形に近い形態の石室がみつかっていないことが「下野型石棺式石室」の課題，床石が欠如していることが出雲の石棺式石室からの系譜を考える場合の問題点であることを指摘した。

その後，地域間交流の視点から，上記の考えの見直しと訂正が必要と考えた（小森 2011・2012）。

9）森田・鈴木は，「低位置凸帯埴輪」と表記し，筆者もそれを踏襲した（小森 1995a・b）が，以下，「低位置突帯埴輪」と読み替えて記述する。

10）十河は，周辺の古墳を吟味し，「消去法的」に北東約6.5kmにある河内大塚山古墳を供給先と考えている。しかし，現段階では，河内大塚山古墳に埴輪が並べられていたことを示す事実は，認められない。十河は，河内大塚山古墳は未完成であり，日置荘西町窯系埴輪は，搬出されずにストックされていたもの，と推定する。＜無い＞ものを証明するのは，むずかしく，可能性の1つを示す。橋本は十河の考えを受け入れつつ，松原市樋野ケ池須恵器窯を，河内大塚山古墳造営者の生活用具生産用，と位置づけている。

11）円筒埴輪の口縁部の形態から，通常の形態のもの（A類），折り返し口縁・貼り付け突帯・口縁部突帯など肥厚部があるもの（B類），朝顔形（C類），に3分類した。B類は，貼り付けの位置・幅・高さにより3分類される。一方，低位置突帯については，底面に突帯があるもの（Ⅰ類），底面から突帯1・2本分の間隔をおくもの（Ⅱ類），底面から第1突帯までの間隔がほかの段の半分くらいになるもの（Ⅲ類），に3分類した。

低位置突帯Ⅰ・Ⅱ類の出現は，MT15型式以降と考えている。根拠としては，近畿地方における器財埴輪の倒立技法がTK23～47型式以降で，盛行期はMT15型式にあるので，低位置突帯はそれ以降と考えられることをあげている。

12）新山は，普通円筒埴輪の突帯は2～3条が主流であるのに対し，低位置突帯埴輪は，5～6条と多条で，普通円筒埴輪より大きいことに注目する。そして，多条突帯埴輪の多くが，バランスを保つためにやや低い位置に第1突帯を貼付する，と理解している。新山のⅢ類は，多条突帯埴輪の一部分を本来の低位置突帯埴輪ではなく，低位置突帯埴輪類型と位置づけることになる。

13）根拠としては，綿貫観音山古墳例から，折り返し口縁の多条突帯円筒埴輪は，低位置突帯埴輪にならず，両者が同一個体では確認されないことをあげる。これは，かつて加部二生も注目した要素（加部 1981）であり，1つの特色ともいえる。しかし，新山による栃木県も「群馬県と同様な状況」と北関東を一括りする理解には，不足がある。羽生田富士山古墳例が両者を同一個体で確認できるからである。また，新山が低位置突帯と貼り付け口縁が同一個体で認められないと認識している綿貫観音山古墳で，完存資料10例のうちに1例認められるとする報告（徳江 1998）は，新山のⅢ類（低位置突帯埴輪類型）と貼り付け口縁が同一個体で確認されたことを示す。さらに，太田市駒形神社埴輪窯の埴輪集積場の円筒埴輪（宮田 1996）にも注目する必要があるだろう。

14）このような綿密な調査と遺物整理の積み重ねが，墳丘祭祀の具体像を少しずつ解明することになる。調査関係者の真摯な姿勢に敬服する。

15）集成と検討にあたっては，それぞれの市町村史，発掘調査報告書，遺跡分布地図などを参考にした。なお，群集墳については，6～7世紀に焦点化を図るため，横穴式石室採用以前のいわゆる初期（古式）群集墳や時期的に4世紀～6世紀初頭に限定される古墳群は，単位群から除外した。一方，集落遺跡の動向については，今回対象とした地域のなかで，北寄りに東西に走る北関東自動車道や東寄りに南北に走る新4号国道，さらには，自治医科大学の南に位置する住宅・都市整備公団による大規模開発などに伴う調査によるところが大きい。言ってみれば，東西と南北の長い2本のトレンチと広めのグリッドの様相から，全体を推し量る限界を前提にしている。ただし，おおまかな様相は把握できる，と考えた。なお，小山市西高椅遺跡，梁古墳群，寺野東遺跡については，調査中の部分があり，全容が判明してから検討対象とすることにした。

16)　栃木県下都賀郡教育会・下都賀郡町村長会・下都賀郡小学校長会 1940『紀元二千六百年記念古墳調査』の記載によれば，J 藤井で 34 基，K 国分で 53 基が記録されている。その後の分布調査や発掘調査の成果から，143 基が復元されているが，破壊された古墳も勘案すると，200 基ほどになると推定される。R 飯塚も 100 基程度と考えられており，さらに大規模となる。東国では屈指の，畿内にも比肩する大規模群集墳となる。

17)　このほか，報告書が未刊のため本文から割愛したが，小山市東部の田川に面した丘陵端部に営まれた一連の古墳群が注目される。方墳が，西高橋古墳群（3 基），梁古墳群（1 基），寺野東遺跡（1 基）で確認されている。円墳を主体とし，そこに前方後円墳が含まれる古墳群であり，方墳築造に至る大規模な群集墳として重要である（福田 1993，野口 1993）。

18)　目的は古墳と集落の動向を同一土俵で通時的に観察することにある。しかし，須恵器が古墳時代の竪穴住居から出土するのは稀である当地方においては，古墳編年と竪穴住居出土の土師器編年を対応させるのは難しい。そのような状況下で，第 8 表は，土師器の編年における，前期を 3 期区分，中期を 3 期区分する説を採用し，それぞれおおまかには，集成編年 1・2～3・4 期と 5・6・7 期に対応させ，模倣杯出現以降を須恵器型式との対応関係のなかで判断した。

19)　註 18）で記したような事情から，古墳編年と土師器編年は，厳密には対応していない。それゆえ「付近」なる曖昧な表現となる。

20)　下野市二ノ谷遺跡で確認された D5-SI007 を例外とする。土師器杯の出土がなく位置づけに苦慮するが，短脚の高杯と甕の特徴から，TK43～209 型式段階の竪穴住居と判断した。182ha にも及ぶ広大な開発区において，唯一確認された当該時期の竪穴住居である。

21)　この地域にプロットされている集落の時期を示すと，㉓ 3 期，㉔ 11 期，㉕ 4・5 期，㉖ 1・11 期，㊵ 5 期となる。前期・中期と終末期には集落があるが，後期にはまったくないことがわかる。ただし，黒川の上流左岸にあたる，新郭遺跡や大力遺跡，その北に位置する鹿沼市稲荷塚遺跡では，10 期の竪穴住居が確認されていることから，考古学的に「無い」ことを根拠に論を構築するのは，危険であることは，今さら記すまでもない。<現段階では>と但し書きを付しておきたい。

22)　居住域はどこか，最有力首長はどこに住んでいたのか，という大きな問題が残る。現段階では，残念ながら考古学的に明らかにできない。予察的には，しもつけ古墳群とその周辺にはない，と考えている。現在の栃木県域あるいは埼玉県や茨城県の一部を含むより広い視野から，墓域としてのしもつけ古墳群を位置づける必要があるだろう。もちろん，それぞれの小地域ごとの単位群においては，最有力首長層の大規模古墳と並行する時期に，小規模墳が営まれていたことが確認されている。

23)　内山敏行は，埴輪のない前方後円墳である国分寺愛宕塚古墳の須恵器を TK43 型式期，宇都宮市竹下浅間山古墳を TK43 型式期新相，国分寺山王塚古墳の鉄地銀張飾り金具を TK209 型式期に位置づける。一方，埴輪の伴う下野市御鷲山古墳の馬具を TK209 型式期に位置づけ，副葬品や須恵器が追葬でなければ，群馬県域と同じく，埴輪を伴う例も最後の前方後円墳になる可能性を考えている（内山 1998）。筆者は，国分寺愛宕塚古墳の須恵器のうち，𤭯は TK43 型式期，ほかの器台については対比資料がなく，現段階では，幅をもたせて TK43～209 型式期と位置づけている。出土状態から須恵器群が一括であると判断してよいならば，少し年代は下がる可能性がある。御鷲山古墳については，内山も述べるように追葬の問題があり，判断が難しい。埴輪が群馬よりも早く終焉をむかえるとして「上野と下野の地域差」と捉える考え（橋本 2000）の一方では，群馬よりやや早く前方後円墳自体が終焉をむかえた可能性（加部 2010）も指摘されている。また，しもつけ古墳群の場合で考えてみると，埴輪の有無を時期差とすればわかりやすいが，そうでないとすれば，何がその背景にあるのか，新たな課題が生まれてくる。いずれにしても，副葬品が判明している調査例が少ない現段階では決定打がでないが，内山の考えは前方後円墳と埴輪の終焉時期についてのきわめて重要な見解であり，今後の調査動向を注視したい。

24）しもつけ古墳群内における周堤は，二重周湟の延長線上にあると理解している。具体的には，二重周湟をもつ摩利支天塚古墳（8期）や琵琶塚古墳（9期）にみられる特徴が，変容しながら受け継がれたのだろう。羽生田富士山古墳（10a期）などの前方後円墳だけでなく，壬生愛宕塚に隣接する壬生車塚古墳（11期）などの円墳にもみられる点で，墳丘形態の系譜関係を探る視点となる。

25）岩崎の論点で，もう1つ重要なのは，地下埋葬の共有という属性をもとに栃木県下の古墳と常総地方の古墳が，相互に関係をもちながら展開した，との主張である。ただし，前者が，横穴式石室が主体であるのに対し，後者が箱式石棺を採用しているところに相違がある。

26）関東地方の後期における小規模前方後円墳の築造数の多さの背景については，大別2つの見解がある。1つは，全国的な基準で説明するのではなく，関東のエリア内だけの別の論理が関東の後期古墳には働いていた（白石ほか 1998，p.179における車崎正彦の発言），あるいは，千葉・茨城の小規模前方後円墳は，規模・形態から判断して前方後円墳とするのは適切でない（黒澤 2012），と関東地方の独自性を強調する説である。

もう1つは，すでに記したが，6世紀の大和政権が，東日本に対して，共同体的関係を梃子とする民衆支配体制の継続を志向したことの反映（岩崎 1992），あるいは，関東を中心とする東国が畿内王権を経済的にも軍事的にも支えるような特別な関係をもった地域であるという視点（白石ほか 1998，p.180における白石太一郎の発言），さらには，東国首長層を再編成するための政策（広瀬 2010）と理解しようとする，畿内との政治的関係を重視する考え方である。

筆者は，首長墳としての大型前方後円墳築造終焉後も，小規模前方後円墳が一定期間築造され続ける状況は，その被葬者が畿内と直接政治的関係をもった結果ではなく，畿内政権に築造を認められた地域の首長との関係のなかで有力者層が小規模前方後円墳を造ったことを示す，と考えている。地方の有力者層にしてみれば，せっかくかち得たシンボルを簡単に放棄するはずはなく，群集墳中にみられる＜オバQ型＞の築造は，その意識の表象，とすることができるだろう。

なお，岩崎の論に対しては，畿内において前方後円墳が終焉したのちに，畿内との政治関係を前方後円墳の築造で表示することは困難，との批判（太田 2010）がある。

27）周湟の内側には，区画溝が方形に巡ると報告されている。さらにその内側部分に関しては，報告書から読み取る限り，形態が不明といわざるを得ず，上円下方墳の可能性も残している。

28）古墳の要素の変化とともに県域における畿内産（系）土師器の動向（板橋 2003など）がその背景を考える物的証拠の1つと位置づけられる。

参考文献

青木健二・中山哲也・矢野淳一・平尾良光 1989『栃木県壬生町　上原古墳群』日本窯業史研究所
秋元陽光 1992「栃木県における大型円墳」『下坪古墳群・北原17号墳・桃花原古墳』壬生町教育委員会
秋元陽光 1994『上神主浅間神社古墳・多功大塚山古墳』上三川町教育委員会

秋元陽光 1995「栃木県における家形埴輪」『王者の家――はにわ家が語る富士山古墳――』壬生町立歴史民俗資料館
秋元陽光 2000a「栃木県の前方後円墳ノート1」『栃木県考古学会誌』第21集　栃木県考古学会
秋元陽光 2000b「しらみ塚古墳（上郷4号古墳）」『上三川町の古墳Ⅰ』上三川町教育委員会
秋元陽光 2001「栃木県の前方後円墳ノート3」『栃木県考古学会誌』第22集　栃木県考古学会
秋元陽光 2003「各地の終末期古墳　下野」『季刊　考古学』第82号　雄山閣
秋元陽光 2005「栃木県における前方後円墳以降と古墳の終末」『シンポジウム　前方後円墳以後と古墳の終末』東北・関東前方後円墳研究会
秋元陽光 2007「河内郡における終末期古墳」『上神主・茂原官衙遺跡の諸問題』栃木県考古学会
秋元陽光・大橋泰夫 1988「栃木県南部の古墳時代後期の首長墓の動向」『栃木県考古学会誌』第9集　栃木県考古学会
秋元陽光・齋藤恒夫 1994「多功大塚山古墳」『上神主浅間神社古墳・多功大塚山古墳』上三川町教育委員会
荒井啓汰 2013「下野型古墳における基壇の役割」『栃木県考古学会誌』第34集　栃木県考古学会
池上　悟 1988「野州石室考」『立正大学文学部論叢』第88号　立正大学文学部
石川均・森田久男・小森哲也 1985「栃木県域における埴輪の諸問題」『第6回三県シンポジウム　埴輪の変遷――普遍性と地域性――』群馬県考古学談話会・千曲川水系古代文化研究所・北武蔵古代文化研究会
出雲考古学研究会 1987『石棺式石室の研究――出雲地方を中心とする切石造横穴式石室の検討――』古代の出雲を考える 6　出雲考古学研究会
板橋正幸 2003『西下谷田遺跡』栃木県教育委員会・（財）とちぎ生涯学習文化財団
市橋一郎 2008「栃木市岩家古墳の石室について」『栃木県考古学会誌』第29集　栃木県考古学会
市橋一郎 2010「下野における切石石室」『唐沢考古』29　唐沢考古学会
岩崎卓也 1992「関東地方東部の前方後円形小墳」『国立歴史民俗博物館研究報告』第44集　国立歴史民俗博物館
岩崎卓也・森田久男 1984「古墳は語る」『小山市史』通史編Ⅰ　小山市
岩崎浩恵 2000『成願寺遺跡』栃木県教育委員会・（財）栃木県文化振興事業団
入江正則 1989「日置荘遺跡埴輪窯」『大阪府の埴輪窯』（財）大阪文化財センター
入江正則 1991「日置荘遺跡埴輪窯の概要」『考古学ジャーナル』334　ニュー・サイエンス社
入江正則・森屋美佐子 1995「第Ⅳ部　Ⅳ区調査区の調査成果」『日置荘遺跡』大阪府教育委員会・大阪文化財センター
上野恵司 1992「下野・切石石室考」『立正考古』第31号　立正大学考古学研究会
上野恵司 1996「東国古墳の石室にみる出雲の影響」『考古学の諸相』坂詰秀一先生還暦記念会
内山敏行 1993「1992年栃木県の動向　古墳時代」『考古回覧』第16号
内山敏行 1998「高尾神社古墳発掘調査報告（1）」『栃木県埋蔵文化財保護行政年報』20　栃木県教育委員会
内山敏行 2006「古墳時代後期の甲冑」『古代武器研究』第7号　古代武器研究会
内山敏行 2011「小札甲（挂甲）――北関東西部における集中の意味――」『季刊考古学別冊17　古墳時代毛野の実像』雄山閣
内山敏行 2011「栃木県域南部の古墳時代馬具と甲冑」『しもつけ古墳群――下毛野の覇王，吾妻ノ岩屋か

ら車塚へ──』壬生町歴史民俗資料館
大金宣亮 1984「各地域における最後の前方後円墳　栃木県」『古代学研究』106　古代学協会
大金宣亮 1990「下野の首長墓──前方後円墳の消長──」『前方後円墳の消滅──畿内政権の東国支配を探る──』新人物往来社
大川　清 1964『安蘇山麓古代窯業遺跡』窯業史研究所
大澤伸啓 2003「後期群集墳の中の前方後円墳」『大塚初重先生喜寿記念論文集　新世紀の考古学』大塚初重先生喜寿記念論文集刊行会
太田博之 2010「東国の前方後円墳終焉をめぐる研究史」『前方後円墳の終焉』雄山閣
大橋泰夫 1989「天地根元造家形埴輪の表現したもの」『特別展　しもつけのはにわ人たち』壬生町歴史民俗資料館
大橋泰夫 1990「下野における古墳時代後期の動向──横穴式石室の分析を通して──」『古代』第 89 号　早稲田大学考古学会
大橋泰夫 1995「下野」『全国古墳編年表』雄山閣
大橋泰夫・秋元陽光 1986「思川流域の古墳」『第 14 回古代史サマーセミナー研究報告資料』古代史サマーセミナー事務局・栃木県考古学会
大和久震平 1967『藤井古墳群発掘調査報告書』壬生町教育委員会
大和久震平 1970『小山市飯塚古墳群』小山市教育委員会
大和久震平 1971・1972「栃木県における横穴式石室と馬具の変遷（Ⅰ）（Ⅱ）」『栃木県史研究』第 1 号・第 2 号　栃木県史編さん専門委員会
大和久震平 1972「第 5 章古墳文化」『栃木県の考古学』吉川弘文館
大和久震平 1976「切石積み横穴式石室」『江上波夫教授古希記念論集　考古・美術編』山川出版社
大和久震平 1981「後期・終末期の古墳」『栃木県史』通史編 1　栃木県
小川和博・大淵淳志 1991『木田余台』Ⅰ　土浦市教育委員会・土浦市遺跡調査会・木田余土地区画整理組合
尾崎喜左雄 1964「横穴式古墳の基壇と所謂前庭」（尾崎先生著作集第 3 巻『上野国の古墳と文化』尾崎先生著書刊行会 1977 所収）
小野山節 1983「花形杏葉と光背」『MUSEUM』№ 383　東京国立博物館
賀来孝代 2010「東国における埴輪の消滅──下野古墳群を一例に──」『前方後円墳の終焉』雄山閣
加部二生 1978「山王廃寺跡第 4 次調査報告　考察──特に埴輪転用施設について──」『礎』8 号　前橋工業高校歴史研究部
加部二生 1981「出土遺物からみた考察」『金冠塚（山王二子山）古墳調査概報』前橋市教育委員会
加部二生 2009「太田市東矢島古墳群の再検討」『利根川』第 31 号　利根川同人
加部二生 2010「群馬県」『前方後円墳の終焉』雄山閣
亀田幸久 2007『西赤堀遺跡』栃木県教育委員会・（財）とちぎ生涯学習財団
君島利行 1998『富士山古墳』壬生町教育委員会
君島利行 2001『藤井古墳群──第 1 集復刊・34 号・36 号・38 号・46 号墳──』壬生町教育委員会
君島利行 2002『長塚古墳』壬生町教育委員会
君島利行 2005『愛宕塚古墳』壬生町教育委員会
君島利行 2006『桃花原古墳』壬生町教育委員会

君島利行 2008『車塚3号墳』壬生町教育委員会
君島利行 2011「しもつけ古墳群とは」『しもつけ古墳群――下毛野の覇王，吾妻ノ岩屋から車塚へ――』壬生町歴史民俗資料館
君島利行 2013『車塚古墳群』壬生町教育委員会
木村　等 1988『藤井51・52号墳発掘調査概報』栃木市教育委員会
草野潤平 2005「下野における後期・終末期古墳の地域設定と動向」『古代学研究所紀要』第2号　明治大学古代学研究所
草野潤平 2007「下野における後期・終末期古墳の地域設定と動向」『関東の後期古墳群』六一書房
国分寺町教育委員会 2005『甲塚古墳――平成16年度規模確認調査――』
黒﨑淳・平山剛宏・飯田光央 1995「旧国分寺村第45号墳墳丘測量調査報告」『栃木県立しもつけ風土記の丘資料館年報』第9号
黒澤彰哉 2012「茨城県における後期・終末期前方後円墳の地域性と階層性」『茨城県史研究』96　茨城県立歴史館
後藤健一 1989「湖西古窯跡群の須恵器と窯構造」『静岡県の窯業遺跡』静岡県教育委員会
小林孝秀 2005「刳り抜き玄門を有する横穴式石室の比較検討――下野の事例とその評価をめぐる基礎的作業――」『専修考古学』第11号　専修大学考古学会
小室　勉 1975「5号墳」『土浦市烏山遺跡群　土浦市烏山住宅団地造成用地内埋蔵文化財2・3次調査報告書』茨城県住宅供給公社
小室　勉 1985「前方後円墳の終焉と方墳」『常陸風土記と考古学』雄山閣
小森哲也 1986「栃木県における主要古墳の諸問題」『第14回古代史サマーセミナー研究報告資料』古代史サマーセミナー事務局・栃木県考古学会
小森哲也 1990a「下野における凝灰岩切石使用の横穴式石室」『第4回企画展　古墳文化の終焉』栃木県立しもつけ風土記の丘資料館　栃木県教育委員会
小森哲也 1990b「下野の首長墓」『峰考古』第8号久保哲三先生追悼号　宇都宮大学考古学研究会
小森哲也 1994「地域の概要　下野」『前方後円墳集成』東北・関東編　山川出版社
小森哲也 1995a「関東における低位置凸帯の円筒埴輪」『日本考古学協会1995年度大会発表要旨』日本考古学協会
小森哲也 1995b「関東北部における低位置凸帯埴輪」『シンポジウム2　関東における埴輪の生産と供給』日本考古学協会茨城大会実行委員会・ひたちなか市
小森哲也 1996「下野の前方後円墳」『第1回東北・関東前方後円墳研究会　東北・関東における前方後円墳の編年と画期』東北・関東前方後円墳研究会
小森哲也 2001「関東北部における低位置凸帯の円筒埴輪」『シンポジウム　縄文人と貝塚・関東における埴輪の生産と供給』日本考古学協会・茨城県考古学協会編　学生社
小森哲也 2011「地域間交流としての石棺式石室――中九州・山陰そして下野の動向――」『平成23年度九州考古学会総会　研究発表資料集』九州考古学会
小森哲也 2012「地域間交流としての石棺式石室――中九州・山陰そして東国の動向――」『日本考古学』第34号　日本考古学協会
小森紀男 1990「栃木」『古墳時代の研究』11　地域の古墳Ⅱ　雄山閣
小森紀男・黒田理史 1990「国分寺町山王塚古墳第3次発掘調査報告」『栃木県立しもつけ風土記の丘資料

館年報』第 4 号（平成元年度版） 栃木県教育委員会

小森紀男・齋藤恒夫 1992「大型前方後円墳の築造企画（1）──栃木県国分寺町山王塚古墳の復元をめぐって──」『研究紀要』第 1 号 （財）栃木県文化振興事業団埋蔵文化財センター

今平昌子 1999『一本松・文殊山遺跡』栃木県教育委員会

齋藤恒夫 2000「栃木県の前方後円墳ノート 2」『栃木県考古学会誌』第 21 号 栃木県考古学会

齋藤弘 1990「足利市明神山古墳群の築造年代について」『唐澤考古』9 号 唐澤考古会

齋藤弘・中村享史 1992「足利市機神山古墳群の形成過程について」『研究紀要』第 1 号 （財）栃木県文化振興事業団埋蔵文化財センター

坂本和俊 1995「七輿山古墳出現の背景──埴輪・屯倉・金属生産の視点から──」『群馬考古学手帳』5 群馬土器観会

志村 哲 1990「七輿山古墳」『範囲確認調査報告書』Ⅴ 藤岡市教育委員会

志村 哲 1992「七輿山古墳」『範囲確認調査報告書』Ⅶ 藤岡市教育委員会

志村 哲 2004「第 4 節藤岡産埴輪の供給について」『国立歴史民俗博物館研究報告』第 120 集 国立歴史民俗博物館

下野市教育委員会・壬生町教育委員会 2013『下野市・壬生町周辺の古墳群』

白石太一郎 1990『関東地方における終末期古墳の研究』国立歴史民俗博物館歴史研究部

白石太一郎 1992「関東の後期大型前方後円墳」『国立歴史民俗博物館研究報告』第 44 集 国立歴史民俗博物館

白石太一郎ほか 1998『シンポジウム日本の考古学 4 古墳時代の考古学』学生社

進藤敏雄 1990「栃木県の群集墳の一様相」『古代』第 89 号 早稲田大学考古学会

進藤敏雄 2002「栃木県の後期古墳の地域性」『シンポジウム 前方後円墳の地域色』東北・関東前方後円墳研究会

杉山晋作ほか 2004「猿田Ⅱ遺跡の調査」『国立歴史民俗博物館研究報告』第 120 集 国立歴史民俗博物館

鈴木一男 1984「前方後円墳の型式分類」『小山市史』通史編Ⅰ史料補遺編 小山市

鈴木一男 1994「砂礫裏込の横穴式石室──栃木県南部にみられる石室裏込の一様相──」『小山市立博物館紀要』第 4 号 小山市立博物館

鈴木一男 1999『飯塚古墳群』Ⅲ 遺構編 小山市教育委員会

十河良和 2007「日置荘西町窯系埴輪と河内大塚山古墳」『埴輪論叢』第 6 号－奥田尚先生還暦記念号－埴輪検討会

高橋克壽 1992「器財埴輪」『古墳時代の研究』第 9 巻 雄山閣

高橋克壽 1994「埴輪生産の展開」『考古学研究』第 41 巻第 2 号 考古学研究会

田代 隆 1993『谷館野東・谷館野西・上芝遺跡』栃木県教育委員会

塚田良道 2002「関東地方における後期古墳の特質」『古代学研究』157 古代学研究会

常川秀夫 1974「下石橋愛宕塚古墳」『東北新幹線埋蔵文化財発掘調査報告者』栃木県教育委員会

津野 仁 2012『甲塚古墳』栃木県教育委員会・（財）とちぎ未来づくり財団

徳江秀夫 1998「第 6 章考察 2. (2) 円筒埴輪の特徴」『綿貫観音山古墳』Ⅰ 墳丘・埴輪編 （財）群馬県埋蔵文化財調査事業団

中村享史 1996「鬼怒川東流域の横穴式石室」『研究紀要』第 4 号 （財）栃木県文化振興事業団埋蔵文化財センター

中村享史 2003「栃木県における後期古墳の諸段階」『シンポジウム　後期古墳の諸段階』東北・関東前方後円墳研究会
中村享史 2011a「後期後半から終末期の下毛野」『古墳時代毛野の実像』雄山閣
中村享史 2011b『吾妻古墳──重要遺跡範囲確認調査──』栃木県教育委員会・(財) とちぎ生涯学習文化財団
中山晋ほか 1987『郭内・松香遺跡調査報告』栃木県教育委員会
新山保和 2007「群馬県出土の低位置突帯埴輪」『研究紀要』25 (財) 群馬県埋蔵文化財調査事業団
沼澤　豊 2004「古墳築造企画の普遍性と地域色──栃木県における基壇を有するとされる古墳をめぐって──」『古代』第114号　早稲田大学考古学会
野口静男 1993「西高椅古墳群」『小山の遺跡Ⅱ──10年間の発掘成果──』小山市立博物館
橋本澄朗 2009「栃木県の首長墓に関する諸問題」『野州考古学論攷』中村紀男先生追悼論集刊行会
橋本澄朗ほか 1979『薬師寺南遺跡』栃木県教育委員会
橋本高志・山口耕一 2012『丸塚古墳』下野市教育委員会
橋本達也 2010「樋野ヶ池窯と河内大塚山古墳──橋本明一採集資料の紹介をかねて──」『比較考古学の新地平』同成社
橋本博文 1981「埴輪研究の動静を追って──近年の研究動向の総括から──」『歴史公論』63　雄山閣
橋本博文 1996「埴輪の需給関係」『佐野の埴輪展』佐野市郷土博物館
橋本博文 2000「栃木・群馬における前方後円墳の終焉とその後」『シンポジウム　前方後円墳の終焉とその後』東北・関東前方後円墳研究会
土生田純之 1996「葬送墓制の伝来をめぐって──北関東における事例を中心に──」『古代文化』第48巻第1号　財団法人古代学協会
広瀬和雄 2008「6・7世紀の東国政治動向（予察）──上総・下総・下野・武蔵地域の横穴式石室を素材として──」『古代日本の支配と文化』奈良女子大学COEプログラム
広瀬和雄 2011a「下野地域の後・終末期古墳の歴史的意義──6～7世紀・東国統治の一事例──」『国立歴史民俗博物館研究報告』第163集　国立歴史民俗博物館
広瀬和雄 2011b「しもつけ古墳群の歴史的意義──6・7世紀の東国政策をめぐって──」『しもつけ古墳群──下毛野の覇王，吾妻ノ岩屋から車塚へ──』壬生町歴史民俗資料館
福田定信 1993「梁古墳群」『小山の遺跡Ⅱ──10年間の発掘成果──』小山市立博物館
古屋紀之・草野潤平・五十嵐祐介・西島庸介 2005「関東における後期・終末期古墳群の地域動態研究──下野南部を対象とした古墳集成──」『古代学研究所紀要』第2号　明治大学古代学研究所
前澤輝政 1986『多功南原遺跡』上三川町教育委員会
増田逸朗 1985「埼玉古墳群と円筒埴輪」『第6回三県シンポジュウム　埴輪の変遷──普遍性と地域性──』群馬県考古学談話会・千曲川水系古代文化研究所・北武蔵古代文化研究会
増田逸朗 1987「埼玉政権と埴輪」『柳田敏司先生還暦記念論文集　埼玉の考古学』新人物往来社
水沼良浩 1987a「茶臼山古墳」『壬生町史』資料編 原始古代・中世　壬生町
水沼良浩 1987b「亀の子塚古墳」『壬生町史』資料編 原始古代・中世　壬生町
水沼良浩 1990「低位置突帯の円筒埴輪」『壬生町史』通史編Ⅰ　壬生町史編纂委員会
水沼良浩 1992「三王山古墳群」『南河内町史』資料編1 考古（付図）
水野順敏 2009『みずほの台遺跡群』Ⅲ　宇都宮市教育委員会

三辻利一 1996「佐野市内の埴輪の蛍光X線分析」『佐野の埴輪展』佐野市郷土博物館
三辻利一 1998「富士山古墳出土埴輪の蛍光X線分析」『富士山古墳』壬生町教育委員会
宮田 毅 1996「太田市駒形神社埴輪窯跡埴輪集積場」『考古学ジャーナル』331 ニュー・サイエンス社
森田久男・鈴木勝 1980「栃木県における後期古墳出土の埴輪の一様相──最下段における「低位置凸帯埴輪」資料の紹介──」『栃木県史研究』第19号
森田久男 1981「稲葉郷古墳群」『小山市史』資料編 原始・古代 小山市
森屋美佐子 1995「第2章日置荘遺跡Ⅳ区調査区出土埴輪の基礎分析」『日置荘遺跡』大阪府教育委員会・(財)大阪文化財センター
谷中 隆 2012「藤井古墳群」『栃木県立しもつけ風土記の丘資料館特別展 吾妻古墳と藤井古墳群』栃木県教育委員会
梁木 誠 1983『針ケ谷新田古墳群』宇都宮市教育委員会
山口耕一 2012a「附1 国分寺愛宕塚出土遺物」『丸塚古墳』下野市教育委員会
山口耕一 2012b「附2 下石橋愛宕塚古墳の調査と寄託資料」『丸塚古墳』下野市教育委員会
山口耕一 2012c「附3 横塚古墳出土資料」『丸塚古墳』下野市教育委員会
山口耕一 2013「下野国 河内・都賀郡の地域開発──多功南原遺跡を中心に──」『東国古代遺跡研究会第3回研究集会発表資料』東国古代遺跡研究会
山口耕一ほか 1999『多功南原遺跡』栃木県教育委員会
山口耕一・木村友則 2007『オトカ塚古墳』下野市教育委員会
山越 茂 1974「外形より見た下野国の古墳11例」『栃木県研究』第8号 栃木県史編さん専門委員会
山越 茂 1981「古墳時代研究の諸問題」『栃木県史』通史編1 栃木県
山ノ井清人 1981「栃木県における切石使用横穴式石室の編年」『栃木県考古学会誌』第6集 栃木県考古学会
山ノ井清人 1987「愛宕塚古墳」『壬生町史』資料編 原始古代・中世 壬生町
山ノ井清人・水沼良浩 1992「御鷲山古墳」『南河内町史』資料編 考古1 南河内町

図表出典

第1図：小森 1994をもとに加筆転載
第2図：下野市教育委員会・壬生町教育委員会 2013をもとに筆者作成
第3図：中村 2011bをもとに加筆転載
第4図：下野市教育委員会・壬生町教育委員会 2013
第5図：下野市教育委員会・壬生町教育委員会 2013
第6図：下野市教育委員会・壬生町教育委員会 2013
第7図：(上段) 山口 2012b (下段) 常川 1974
第8図：常川 1974
第9図：山口 2012a
第10図：山口 2012a
第11図：山口 2012a
第12図：1 (山ノ井・水沼 1992), 2 (常川 1974), 3・6・7 (君島 2006), 4 (秋元・大橋 1988), 5 (秋元・大橋 1988), 8 (秋元 1994)

第13図：国分寺町教育委員会 2005
第14図：国分寺町教育委員会 2005
第15図：小森・黒田 1990
第16図：中村 2011b
第17図：中村 2011b
第18図：中村 2011b
第19図：筆者作成
第20図：筆者作成
第21図：筆者作成
第22図：小森 1995a をもとに加筆
第23図：日置荘遺跡（入江・森屋 1995），七輿山古墳（志村 1992）
第24図：羽生田茶臼山古墳（水沼 1987a・筆者作成），羽生田富士山古墳（君島 1998）
第25図：山口 2012
第26図：大川 1964
第27図：津野 2012
第28図：判官塚古墳（森田・鈴木 1980），橋本古墳（森田・鈴木 1980・秋元 2000b），足尾塚古墳（森田 1981）
第29図：亀の子塚古墳（水沼 1987b），壬生愛宕塚古墳（山ノ井 1987・君島 2005），吾妻古墳（中村 2011b）
第30図：常川 1974 をもとに加筆
第31図：下石橋愛宕塚古墳（常川 1974），桃花原古墳（君島 2006）
第32図：下野市教育委員会・壬生町教育委員会 2013 をもとに加筆
第33図：谷中 2012（一部改変）
第34図：君島 2013
第35図：水野 2009
第36図：岩崎 2000
第37図：鈴木 1999
第38図：飯塚古墳群（鈴木 1999），藤井古墳群（51号墳：木村 1988，38号墳：大和久 1967）
第39図：下野市教育委員会・壬生町教育委員会 2013 をもとに加筆
第40図：壬生愛宕塚古墳（君島 2005），三王山古墳（水沼 1992），長塚古墳（君島 2002），国分寺愛宕塚古墳，国分寺山王塚古墳（小森・齋藤 1992）
第41図：小室勉 1985
第42図：鈴木 1999
第43図：秋元 2001
第44図：山口・木村 2007
第45図：東国古墳研究会の集計結果をもとに筆者作成
第46図：根本西台5号墳（水野 2009），上原1・8号墳（青木・矢野・中山・平尾 1989），東台5・6号墳（小川・大淵 1991），石倉山5号墳（小室 1975）
第47図：秋元・齋藤 1994

第48図：秋元 2005

第4・5表：筆者作成

第6表：小森 2001をもとに加筆

第7表：筆者作成。それぞれの古墳群の調査報告書・市町村史・遺跡分布図等を参考にした。

第8表：筆者作成。それぞれの遺跡の調査報告書・市町村史・遺跡分布図等を参考にした。

追記

脱稿後，2014年の発掘調査により，足利市行基平山頂古墳が出土須恵器から6世紀第Ⅰ四半期に遡ることが判明した（足利市教育委員会による現地説明会資料）。第20図では10a期に位置づけたが，9期に訂正し，あわせて規模も43mとしたい。

第3章　遺跡・遺物が語る律令国家への道程

第1節　須恵器生産の開始と神宮寺塚古墳の「塼」敷横穴式石室

栃木県の南東部，真岡市の東部を流れる小貝川の西岸に築造された神宮寺塚古墳の横穴式石室から出土した須恵質の陶板（以下「塼」と「」付きで表記する）と，この遺物が提起する問題について考察を加えたい[1)]。

はじめに

「石室の床面になんだか瓦みたいなものが敷いてある！」

「そんなことあるわけねえべな……」

真岡市史編纂委員会の原始古代部会（部会長・塙静夫，古墳時代専門委員・山ノ井清人）による神宮寺塚古墳の石室測量のための床面清掃はこうして始まった。1982年のことである。少しずつ顔を見せてきた須恵質の“平たい焼きもの”の表面には明らかに同心円や平行の叩き・ハケ目が見られ，当地域では初めて見る遺物に百家争鳴，議論が沸騰した。

墳丘・石室の概要および玄室の入り口付近から出土した「塼」[2)]については，山ノ井清人による報告（山ノ井 1984）がなされている。

その後，原始古代部会の調査員であった筆者と梁木誠はそれぞれにこの神宮寺塚古墳周辺の遺跡について検討する機会があった（小森 1986，梁木 1987）。そのなかでは神宮寺塚古墳出土の「塼」に注目して，予察的に古墳被葬者と窯業の関係について言及した。しかし「塼」それ自体についての検討は不十分であった。そこで，本節では山ノ井の報告に導かれながら，『真岡市史考古資料編』では明らかにならなかった「塼」の大きさを含めて，製作技法，使用状態を分析する。合わせて類似例について検討する。また，南方約1.5kmにある南高岡窯跡群採集の須恵器の様相を紹介し，その位置づけを通して「塼」の性格について考える。

1　周辺の遺跡

神宮寺塚古墳は，真岡市の市街地から東南東へ約5kmの地点に所在する。この周辺は，ほぼ南流する小貝川の流域であり，丘陵の麓部や低台地上を中心に多くの遺跡が分布する。ここでは特に古墳と窯跡に注目して，その分布状況を概観してみることにしたい（山ノ井・小森紀・小森哲 1984）（第49図）。

まず，小貝川の右岸には本墳も含め多数の古墳が分布するが，その大部分は後期に属するとみ

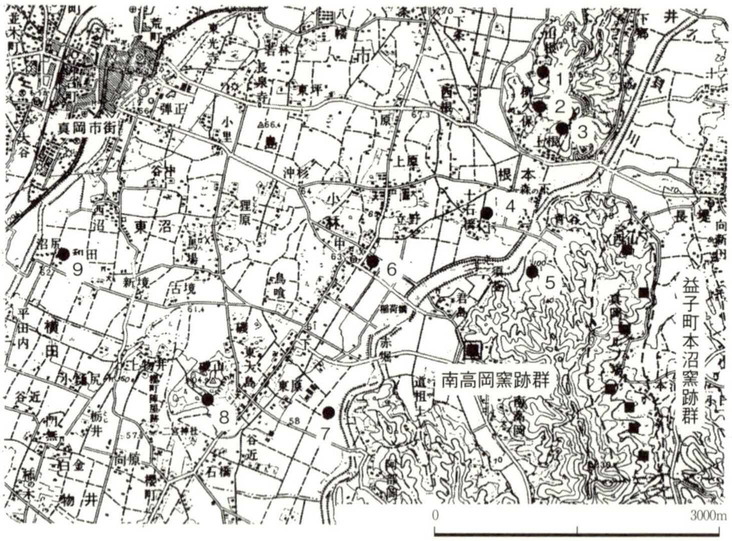

第 49 図　神宮寺塚古墳周辺の遺跡（■は窯跡，●は古墳）

1：根本山古墳群　2：山崎古墳群　3：大根山古墳　4：神宮寺塚古墳
5：峯の岩屋古墳　6：小林大塚古墳　7：東大島の箱式石室　8：磯山古墳群
9：沼尻八幡山古墳

られる円墳である。現存数は根本山古墳群が 18 基，山崎古墳群が 4 基，本墳のある森の木古墳群が 4 基，磯山古墳群が 3 基，そしてその他が単独である。しかし，これらの周辺には開田や宅地化で壊されたものが相当あるようで，かつてこの一帯は非常に密度の濃い古墳群であったことが推定される。内部主体については，本墳をはじめ峯の岩屋古墳，沼尻八幡山古墳などから，やはり横穴式石室が主体的とみられるが，磯山古墳群で確認された地下式横穴（小森 2009）や粘土槨，さらには東大島や大根山古墳で検出された箱式石棺など興味深い形態もみられる。なお，出土遺物では森の木古墳群中の兜塚古墳より出土した頭椎大刀が特筆できる（小森 1986）。

次に小貝川左岸の丘陵地帯に転じてみると，須恵器生産を中心とした窯跡が多数分布する。そのうち最も小貝川寄りに位置するのが南高岡窯跡群（梁木 1987）であり，古墳時代に遡る須恵器窯跡として特筆される。その詳細な内容については，神宮寺塚古墳との関連で後述する。この南高岡窯跡群の東方には，益子町本沼窯跡群が南北約 2km にわたって展開している。発掘調査されたものはないが，多くの須恵器や瓦片が採集されており，主として奈良から平安時代にかけての窯跡群であることが確認されている（菅沼 1985）。古代益子地方の窯業は，この本沼窯跡群をはじめとして山本地区の窯跡群，栗生地区の窯跡群をも含めて一連の広がりを形成していたとみられる（田熊 1986）。現在，益子地区の窯跡群のなかで操業開始が最も古く遡ると思われるのは，山本地区の原東窯跡群であり，8 世紀前葉と考えられている（大川ほか 1989）。なお，本沼窯跡群中の北端には，大内廃寺跡や堂法田遺跡など主に芳賀郡内の寺院・官衙への供給瓦を焼成した西山瓦窯跡が所在する。

以上のように本古墳周辺は，小貝川を境として，右岸の古墳分布地帯と左岸の窯跡分布地帯とに大きく二分して考えることができる。（梁木担当部分を要約した）

2　神宮寺塚古墳の概要

墳形・規模（第50図）

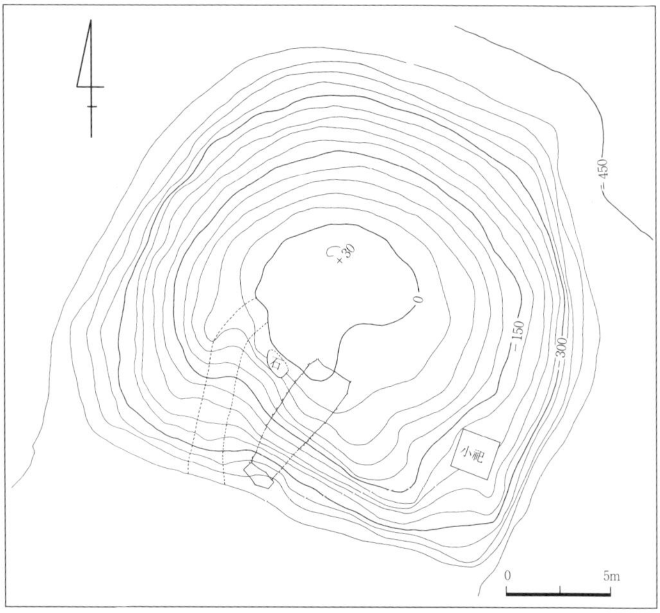

第50図　神宮寺塚古墳墳丘図

墳丘の南側に公民館があり，横穴式石室の羨道部を完全に破壊してしまう位置まで削平されている。また，西側および東側も変形して等高線が直線的になっている。しかし，墳丘の北側だけはきれいに等高線がまわっており，旧状をとどめていると思われる。墳形は円墳と推定される。

現状では，東西24.4m，南北22.6mの墳丘であるが，墳丘北側の形状と石室の羨道部の位置を合わせ考えると直径は30m前後に復元できる。高さは，墳頂部が変形しているが，現状では約4.2m（『真岡市史』の墳丘測量図の等高線の表記は誤植で－200は－300，－250は－450）である。周溝の有無については現況からは判断できない。なお，埴輪，葺石は現在のところ確認できない。

横穴式石室（第51図）

羨道部は破壊されてその形状，規模は不明である。玄室部のみが現存する。ほぼ南西方向に開口（中軸方向はN－39°－E）する。なお，開口した時期は不明である。

玄室の平面形は，『真岡市史資料編』によれば，「胴張りを持つ無袖型横穴式石室」との報告がある。しかし，県東部，鬼怒川以東の五行川・小貝川流域や県北部の那須地方に特徴的にみられる梱石の上に2本の玄門柱を立て，その上に楣石を横架させる形態をとる可能性が大きいことから両袖型と判断してよいだろう。また胴張りは，それほど顕著なものではなく“胴張りをほとんどもたない両袖型横穴式石室”と理解しておきたい。

玄門部は梱石を残して完全に破壊されており，この付近の側壁および一番手前の天井石は後世の積み替えである。奥壁から梱石の外縁までは6.31m，奥壁幅1.8m，最大幅は，奥壁から2mのところで2.25mである。玄室の高さについては，図より判断して奥壁部で約2mである。

石材は，すべて割石で奥壁は一枚石，玄室天井部には4枚の大型割石を用いている。側壁は，根石にやや大きめの割石を用い，天井に至るまでに3度水平に目を通して構築単位とし，持ち送りながら積み上げられている。なお，石の隙間には小割石を詰め，粘土で目張りをしている点が特徴である。

床面の状態は一様ではなく「少なくとも3回の埋葬が行われた」と報告されている。『真岡市史資料編』をもとにその概要を記してみよう。

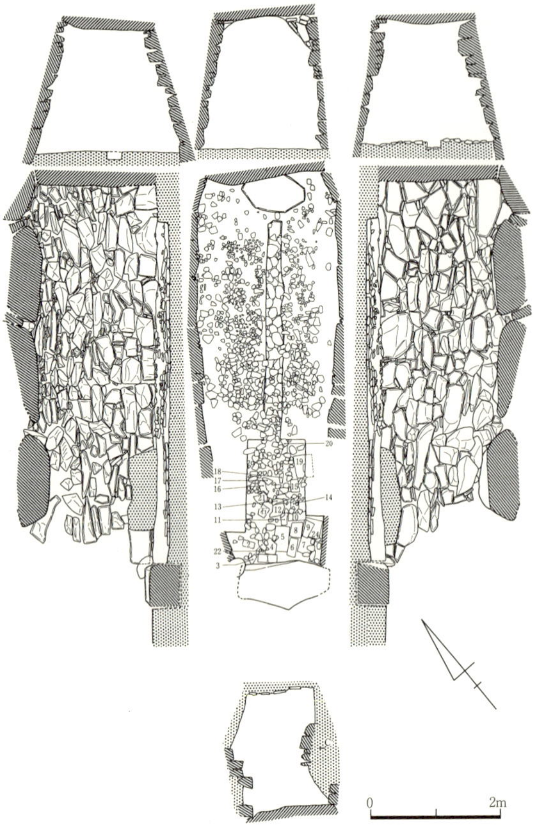

第51図　神宮寺塚古墳石室図

（初葬面）　石室掘り方の底面であるローム上に扁平な割石を敷き，その上に直径15cm前後の扁平円形の河原石を敷く

（第1追葬面）　初葬面の上を礫や須恵器の大甕を含む土で整地し床面とする

（第2追葬面）　玄門付近の初葬面と第1追葬面の扁平河原石や板状割石を取り除いて「塼」を2段に積んだ面

以上のように推定される。

次に石室実測図をもとに床面の状況を再検討し，気づいたことを列記してみたい。

① 石室掘り方の底面は梱石を境に高さが違い，羨道部に比べて玄室部は約20cm低い。

② 玄室掘り形底面のレベルは，玄門寄りの「塼」を敷いてある部分もそれより奥の扁平割石を敷く部分もほとんど変わらず水平である。

③ 床面精査のためのサブ・トレンチの断面図は同じ図が両側壁に投影されている。それによれば掘り方底面のロームに密着して玄門寄りには「塼」，それより奥は扁平割石が敷かれており両者の上面のレベルはほぼ水平である。

④ 第1追葬面とされる礫を含む土は残念ながら一部しか断面図には投影されていないが，「塼」と同じレベルかそれを覆う状態でも多数検出されていることを平面図から読み取ることができる。これは「塼」の上には「ほとんど礫を含まない柔らかい土砂が堆積している」との調査所見とは合致しない。

⑤ もし④でみた「塼」と同じかそれより上でみられた礫が動いたものであるとすれば，「第2追葬面」は「第1追葬面」より約15cm低くなり，床面が段差をもつ特異な形態をとっていたことになる。

このようにみてくると，はたして「塼」を用いた埋葬面を「第2追葬面」と判断してよいのか，という疑問が湧いてくる。それを解決するためには，「塼」自体が原位置を保っているかどうかを検討しなければならない。しかし，後記するように神宮寺塚古墳出土の「塼」は，碁盤の目のようにきちんと隙間なく敷き詰められるように規格性をもって作られたものではないことと相まって，判断が難しい。ここでは，「塼」を用いたのは，初葬時に近いと考える別の解釈の可能性を指摘しておきたい。つまり，「塼」と扁平割石の面を初葬時とし，礫を含む面を追葬時かあるいは石室開口後の石室の二次的な利用（奥壁前に鎮座する大日如来石仏）のための整備と考えるわけである。

さらにこの解釈を吟味するために出土状態についてもう少しくわしくみてみよう。

「塼」の出土状態（第52図）

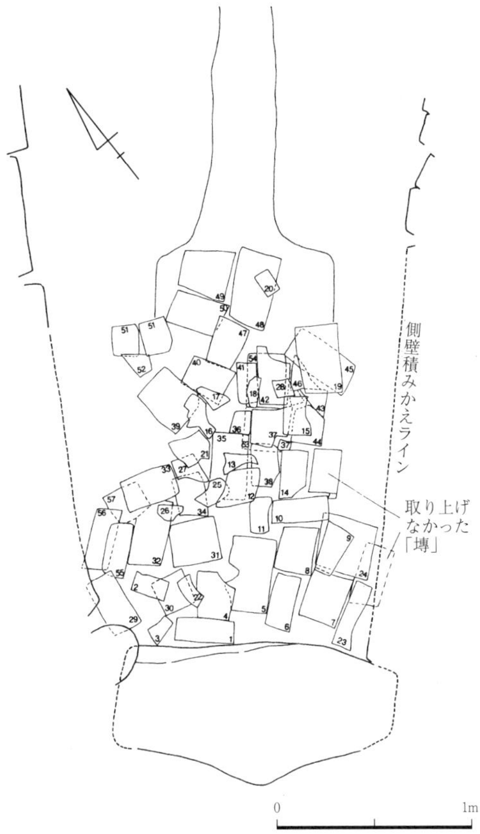

第52図　神宮寺塚古墳「塼」出土状況図

『資料編』では「塼」の出土状態が，第121図と第128図に分けて図示してあるため，まばらに出土しているようにみえる。しかし，両者を合成して，新たな図を作成してみると長辺をほぼ石室の主軸方向におき，それぞれが重ならないように敷いている様子がうかがえる。また梱石や側壁寄りでは，各々の石材に接するように細長い「塼」を用いていることも確認できた。

一方，「2段に積んだ」と理解されている「塼」のうち「上段」のものは，割れたり方向が石室の主軸とずれたりしているものがほとんどである。また，左右側壁寄りの部分には，「塼」の空白域がみられる。これは「上段」が後世に動いていることを示しており，本来は側壁寄りに敷かれていたものと推定される。「上段」と「下段」の側壁寄りの「塼」が剝がされて石室の外に運び出された可能性もあるが，ここではその可能性を考えない。

結論を急げば「下段」の大部分は原位置を保っており，「上段」のものは後世の攪乱を受けて「下段」が動いたものと判断される。破片の接合関係は，6例あるがすべて「上段」の資料に限られる。そのうち一番離れているものでは1.25mであり攪乱を裏づける。玄門部付近の天井石と両側壁は後世の積み替えであることは前記した。したがって，「塼」は，当初重ねることなく，玄室の床面に梱石の内縁より1.95mのところまで敷かれていたと推定される。それを裏づけるように梱石寄りの1・5・6・7と一番奥の48・49は1～2cmのレベルの違いでほぼ水平に敷かれている。再検討の3に示したように，この高さは奥壁寄りの扁平割石とも対応し，両者一体となって床面を構成していた可能性が高い[3)]。

「塼」はどちらの面を上に敷かれたかは不明である。平面図や記録写真をもとに一部分を推定することは可能であるが今回は果たせなかった。また後記する「塼」の分類ごとの敷き分けは見られない。ただし前記したように細長いものを周辺部に用いていることは認めてよいだろう。「塼」敷きの床面は，隙間なく整然と敷き詰めたものではなかった，と推定される。「塼」の側面の各辺が弧を描いているものがあり，製作の時点から少し隙間があくことには，無頓着であったことがうかがわれる。次に「塼」そのものの観察に移ろう。

3 「塼」の観察と分類

石室より取り上げられた「塼」は48点が図示されている。そのうち今回の再検討で23と24が接合し，他に小破片が6点あることが判明した。また，左側壁寄りの完形と思われる2点は，そのまま埋め戻してある。したがって，総数では55枚前後の「塼」が用いられていたと推定される。

観察の視点は，残存状態，大きさ，重さ，胎土，焼成，色調，小口面や側面を含む表裏の整形の7点である。このうち，どちらの面を表にあるいは裏にするかという問題については，本来であれば使用状況を踏まえるべきであることは，十分に承知している。しかし，どちらの面を上にして出土したか不明なものがあることから，便宜的に平らな面をもつ方を裏面，少し膨らみがあり，凸凹している面を表面とした。

分類の基準としてはまず完形品をもとに大きさで6分類し，それに整形技法を加味することにした。整形についてはすでに山ノ井によるA～F類の7分類がある（山ノ井 1984）。今回の再検討ではなお細分の可能性を認めつつも，基本的には山ノ井分類が妥当であると考え，それに従うことにした。

なお，分類に入る前に，仕上げの整形に至るまでの製作技法（成形技法）について，若干触れておかなければならない。本墳出土の塼を観察すると，成形技法にかかわることとして次のような点があげられる。

① 少なくとも片面には，必ず板の圧痕が残る。ただし一枚板である場合は稀であり，何枚かの小板を寄せ集めたようなものや木の表皮を延ばしたようなもの（これらを板状とする）が多い。

② 大部分のものは中央部が厚く，縁辺部が薄い。

③ 一辺が直線的とならずに丸味をもつものや角が丸くなっているものが目立つ。

以上のようなことから本墳出土の「塼」の基本的な成形技法を復元するとすれば，まず平らな板あるいは板状の敷物の上に適当な量の粘土塊をおき，これを後述するようなさまざまな技法によって板状に叩き延ばし，最後にできるだけ無駄のないところで方形に切り落とすというようなことではなかろうか。つまり第一次成形として粘土板を作成したり，粘土と板の間に布を用いたりというような状況は認められない，と梁木は考察している。

形状による分類

Ⅰ類（第53図8） 長方形で，大きさは長辺38～39cm，短辺25～26cmと非常に大きい。厚さは

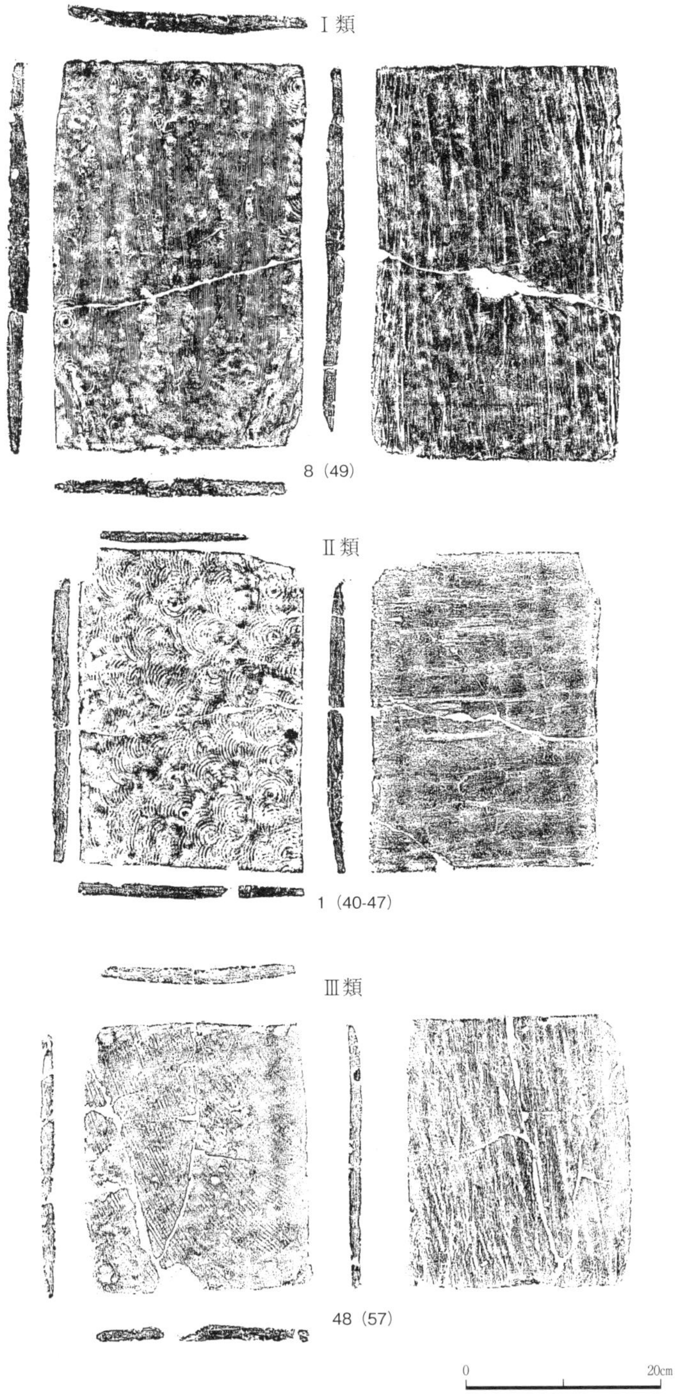

第53図　神宮寺塚古墳「塼」実測図（1）
（　）内の数字は第52図に対応

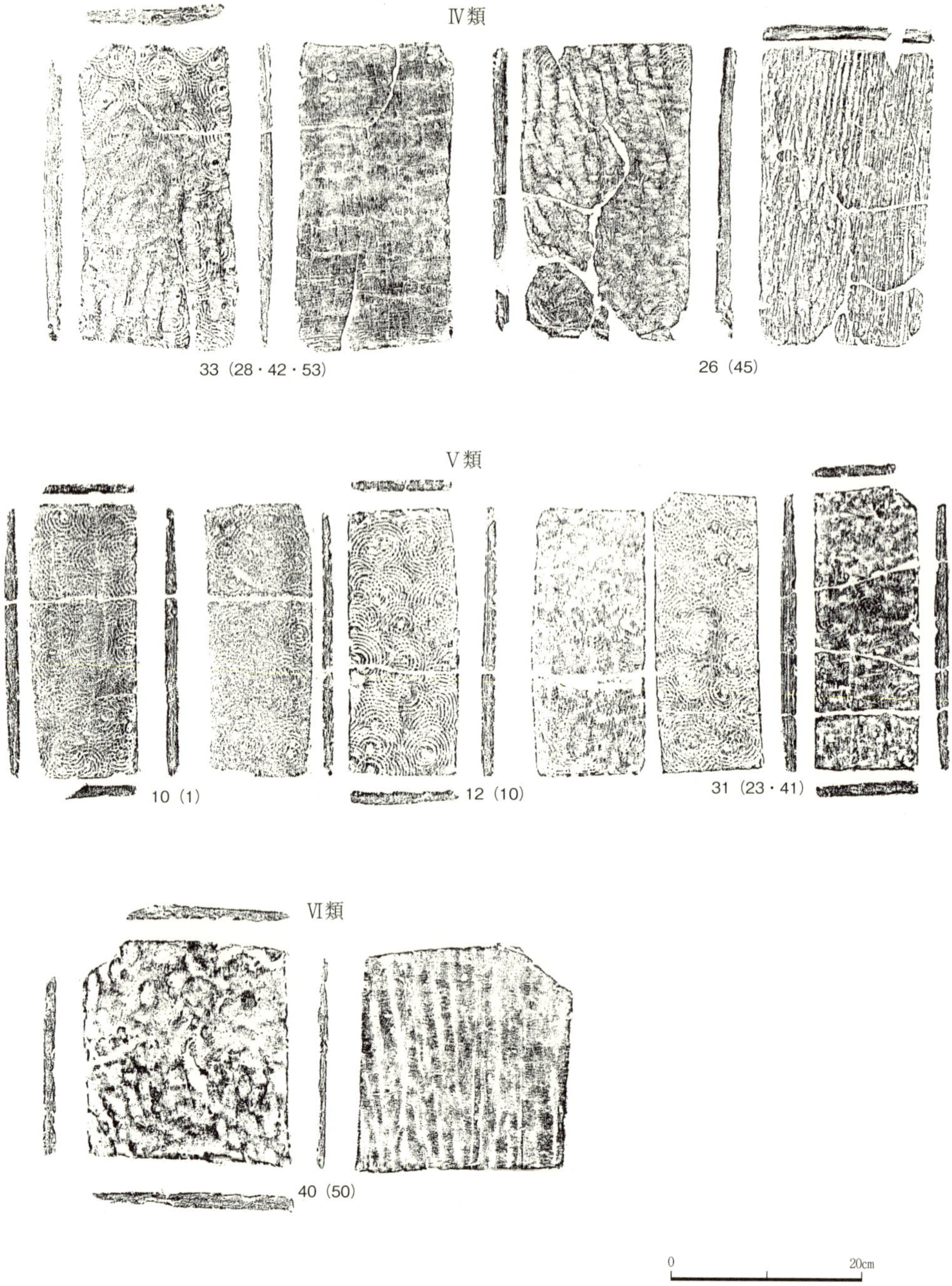

第54図　神宮寺塚古墳「塼」実測図（2）

中央部が2.5～3cmと厚く，縁辺部が1～1.5cmと薄い。

Ⅱ類（第53図1）　長方形で，各辺は直線的。大きさは長辺32cm，短辺23cmほどで，厚さは薄手（1～1.5cm）でほぼ一定している。

Ⅲ類（第53図48）　長方形で，一辺に丸味がある。大きさは長辺27～30cm，短辺23～25cm。厚さは中央部が1.8～2.3cmと厚く，縁辺部が1～1.5cmと薄い。

Ⅳ類（第54図26・33）　やや細身の長方形で，一辺に丸味がある。大きさは長辺30～35cm，短辺16～18cm。厚さは中央部が1.7～2.2cmと厚く，縁辺部が0.9～1.4cmと薄い。

Ⅴ類（第54図10・12・31）　細身の長方形で，一辺に丸味がある。大きさは長辺26～28cm，短辺16～18cmで，厚さは薄手（1～1.5cm）でほぼ一定している。

Ⅵ類（第54図40）　正方形に近く，各辺は直線的。大きさは長辺22～23cm，短辺21～22cmで，厚さは薄手（0.9～1.4cm）でほぼ一定している。

梁木により，以上Ⅵ類に分類されている。大まかにはまとまりがみられるものの，ひとつひとつはかなり不揃いで規格性は認められない。側面が弧を描くものがあり，隙間なく「塼」を敷き詰める意識がない，と判断される（梁木により，グラフ化しての検討が加えられているが，本節では割愛した）。

整形技法による分類

A類（第53図1・第54図31）　表面に同心円叩き痕が，裏面に板の圧痕がみられる。裏面を指頭でナデするものも若干みられる。

B類（第53図8）　表面は同心円叩きの後にハケ調整され，裏面には板の圧痕がみられる。

C類（第54図10・12）　表裏両面に同心円叩き痕がみられるが，裏面には同心円叩き痕の上に板の圧痕が残る。

D類（第54図33）　表面は同心円叩きの後に指頭によるナデ調整。裏面には板の圧痕がみられる。なお，板目は長辺，短辺いずれの方向にもみられる。

E類（第54図40）　表面に指頭による強いナデ痕が，裏面に板の圧痕がみられる。

F類（第53図48）　表面に平行叩き目が，裏面に板の圧痕がみられる。

さて，以上のように，本古墳出土の「塼」は，形状・技法の両面からそれぞれ6分類されるが，形状と技法の連関は認められず，全体的には，類型化が難しい。したがって，この「塼」の製作者の意識としては，ある程度の形状差はつけるものの寸法の厳密さはなく，整形技法についても統一あるいは形状差による使い分けというようなことはみられない。むしろ整形技法に指頭によるナデなどかなり粗雑なものが目立っているところをみれば，単に方形の板（陶板）であればよかったという印象が強い。

木片を工具とするハケ整形の様子を観察するとき，まず，埴輪製作者との関連が考えられる。また「塼」の製作には同心円叩きや平行叩きが多用されていることから，須恵器工人が大きく関与していたことは想像に難くない。また，梁木は，粘土塊から1枚1枚を叩きのばすという基本的な製作手法や製品の規格性のなさなどからは瓦工人の関与を考えるのは難しい，とみている。

本墳の「塼」のなかに埴輪製作者と須恵器工人とのかかわりを見出すことができることを強調しておきたい。（梁木担当部分を要約）

4 「塼」使用古墳（墓）の検討

「塼」を使用している古墳（墓）を集成したのが第9表である。お亀石古墳（15）は家形石棺の周りに平瓦を積み上げた例である。一応「焼いたもの」を用いているので取り上げたが，一線を画すべきと思われる。年代は4世紀後半まで遡る白山藪古墳（2）を例外として，おおまかには古墳時代後期～一部奈良時代に亘る。なお，焼成方法からは，白山藪古墳例および岡山県内出土例は，土師質（酸化焔焼成）であり，他の須恵質（還元焔焼成）の資料とは区別される。

使用状況ははっきりしない出土例が多いが，判明しているものについては以下の5つに類型化できる。

① 床面に敷く例 神宮寺塚古墳（1）・若林3号墳（32）？・亀ヶ原古墳群（24）中？・谷川内出土（33）

② 床面に敷くだけではなく側壁にも用いる例 高安山第30号墓（4）・牛石13号墳（17）・牛石14号墳（18）・青龍寺裏山1号墳（21）？・小松谷出土例（23）？

第9表 「塼」および瓦使用古墳（墓）一覧

No.	古墳（墓）名	所在地	墳形・規模m	内部主体	文献
1	神宮寺塚古墳	栃木県真岡市根本	円墳・径約30	横穴式石室	山ノ井1984・小森・梁木1990
2	白山藪古墳	愛知県名古屋市北区味鋺堂の前	前方後円墳？・？	粘土槨	伊藤・高橋1977
3	平野2号墳	奈良県香芝市平野	円・径約26	横穴式石室	下大迫2002
4	高安山墳墓群30号墓	奈良県生駒郡三郷町南畑	（方形区画）	塼槨	河上1982
5	阿武山古墳	大阪府高槻市奈佐原	方墳・辺18.5	横口式石槨	梅原ほか1936・飛鳥資料館1981・鍋島2000
6	初田1号墳	大阪府茨木市安威	方墳・辺11.7	横穴式石室	飛鳥資料館1981・中井1972
7	田辺墳墓群8号墓	大阪府柏原市国分本町7丁目			花田1987
8	誉田山15号墳	大阪府柏原市旭ヶ丘4丁目	円墳・径8.6	横口式石槨	堀田1973・中岡2002
9	鉢伏山西峰古墳	大阪府羽曳野市駒ヶ谷	方墳・20×15.5	横口式石槨	伊藤1994
10	観音塚上古墳	大阪府羽曳野市飛鳥	円墳・径9.6	横口式石槨	飛鳥資料館1981・山本・笠井1981
11	仏陀寺古墳	大阪府南河内郡太子町山田		横口式石槨	鍋島2000
12	（林光寺境内）	大阪府南河内郡太子町			上野1984・小林ほか1998
13	一須賀古墳群	大阪府南河内郡太子町			上野1984・小林ほか1998
14	（宮前山丘陵西方）	大阪府富田林市			北野1972
15	お亀石古墳	大阪府富田林市中野	円墳・15	横口式石棺	野上1968・飛鳥資料館1981・北野1985
16	錦織古墳	大阪府富田林市錦織		横穴式石室	野上1968・飛鳥資料館1981・芝野1986
17	牛石13号墳	大阪府堺市原山台3丁目		塼室	中村ほか1977・中村・中井・宮野1990
18	牛石14号墳	大阪府堺市原山台3丁目	円？・14～15	塼室	中村ほか1977・中村・中井・宮野1990
19	檜尾塚原2号墳	大阪府堺市鴨谷台2丁目	円・13×14	横穴式石室	尾谷・宮野1990
20	陶器千塚杯塚古墳	大阪府堺市			石部正志氏の教示による
21	青龍寺裏山1号墳	兵庫県三田市福島	円墳・径10.5	横穴式石室	太田1932・高島・畠中1984
22	青龍寺裏山3号墳	兵庫県三田市福島	円墳・径18.7	横穴式石室	三田市教育委員会2000
23	小松谷古墳	岡山県瀬戸内市長船町東須恵		直葬	時実1938・中岡2002
24	亀ヶ原古墳群	岡山県瀬戸内市長船町西須恵		横穴式石室	近藤1952
25	亀ヶ原古墳群	岡山県瀬戸内市長船町西須恵		横穴式石室	中岡2002
26	庄田塚ノ上古墳	岡山県瀬戸内市邑久町庄田		横穴式石室	中岡2002
27	通山1号墳	岡山県瀬戸内市邑久町尻海	円墳・径約10	横穴式石室	中岡2002
28	敷井奥古墳	岡山県瀬戸内市邑久町尻海			中岡2002
29	江田池1号墳	岡山県倉敷市矢部		横穴式石室	阿部・中岡1987
30	江田池4号墳	岡山県倉敷市矢部	円墳・径7.3	横穴式石室	阿部・中岡1987・中岡2002
31	矢部大山谷古墳	岡山県倉敷市矢部		横穴式石室	阿部・中岡1987・中岡2002
32	若林3号墳	岡山県津山市福田		横穴式石室	近藤1952
33	谷川内火葬墓	岡山県小田郡矢掛町東三成		火葬墓	角田1944

小森・梁木 1990および中岡 2002をもとに作成。

③　石棺のまわりに積む例　お亀石古墳（15）・仏陀寺古墳（11）

④　棺台，閉塞，石棺の被覆に用いる例　阿武山古墳（5）

⑤　立て並べて副葬品室をつくる例　白山藪古墳（2）

このうち，神宮寺塚古墳例のように床面だけに用いる①型は側壁にも用いる②・③型とは系譜を異にするであろう。また類例に乏しい④・⑤型とも区別される。②・③・④型については大和の桜井市周辺の磚槨墳（泉森 1988）や朝鮮半島の磚槨と関連する可能性もあるが，確固たる成案は持ち合わせていない。たとえば高安山30号墓（4）例は大きさが規格的で高温で焼成されたものであり，一見すると煉瓦のようで，その用い方は直接的には磚槨墳や塼を用いた石室とは連続しないと判断される点で問題はより複雑である。

一方①型については，畿内において石室床面に扁平な石を敷く例と一脈通じる可能性があるが，これについても彼我を結びつける積極的な根拠に乏しい。なお，陶棺を置く際の床敷きに使用されたとされる岡山の2例（近藤 1952）については検討し得なかった。これに関しては，埼玉県立野遺跡出土の小陶棺形製品の敷塼に使用される可能性のある，竈に転用されていた塼が，7世紀後半に位置づけられており（酒井 1987），系譜が注目される。岡山県谷川内（33）出土例のように土坑の底面に敷く例もあり用い方は一様ではない。ここではいくつかの類似例の存在の可能性を残しながらも，現段階では，神宮寺塚古墳のような「塼」の使用例は皆無であるということを確認せざるを得ない。

それでは製作方法についてはどうであろうか。集成例のうち，本例のように叩きあるいはハケ整形のみられるもの，あるいは指の圧痕のあるものに限定して列記してみたい。

＜同心円叩き＞　阿武山古墳（5）・錦織古墳（16）・仏陀寺古墳（11）

＜格子叩き＞　一須賀古墳群中（13）

＜ハケ整形＞　白山藪古墳（2）・高安山第30号墓（4）・青龍寺裏山古墳（15）

＜指の圧痕＞　江田池1号墳（29）・矢部大山谷出土（31）

しかし，ここに例示したものは整形技法が類似しているのみで，「塼」それ自体の大きさ，厚さ，焼成，胎土，成形法はまったく異なるものである。たとえば阿武山古墳例については写真から判断する限り同心円叩きが施された長方形の塼であることから，非常によく似た遺物と考えていた。しかし，実見させていただくと，大きさが長辺で50cm強，厚さも3.6cmと分厚く，かつ大きい。また，焼成も硬質でよくしまっており，成形法もまったく違うものであった。一方，仏陀寺古墳例は，表面に十字に直線的な沈線があり，厚さが5cmもある。また，青龍寺裏山古墳例については側面がL字型に加工されている点で神宮寺塚古墳例とはかなりの開きを感じる。後記するように神宮寺塚古墳例はこれらの古墳よりは年代的に遡るものであり，使用状況からも成形・整形技法の面からも現在のところ類例を見出すことができない。

5　南高岡窯跡群採集の須恵器

採集された資料は，すべて小破片である。器種は，蓋（1～12）・杯（5～22）・高杯（23～29）・

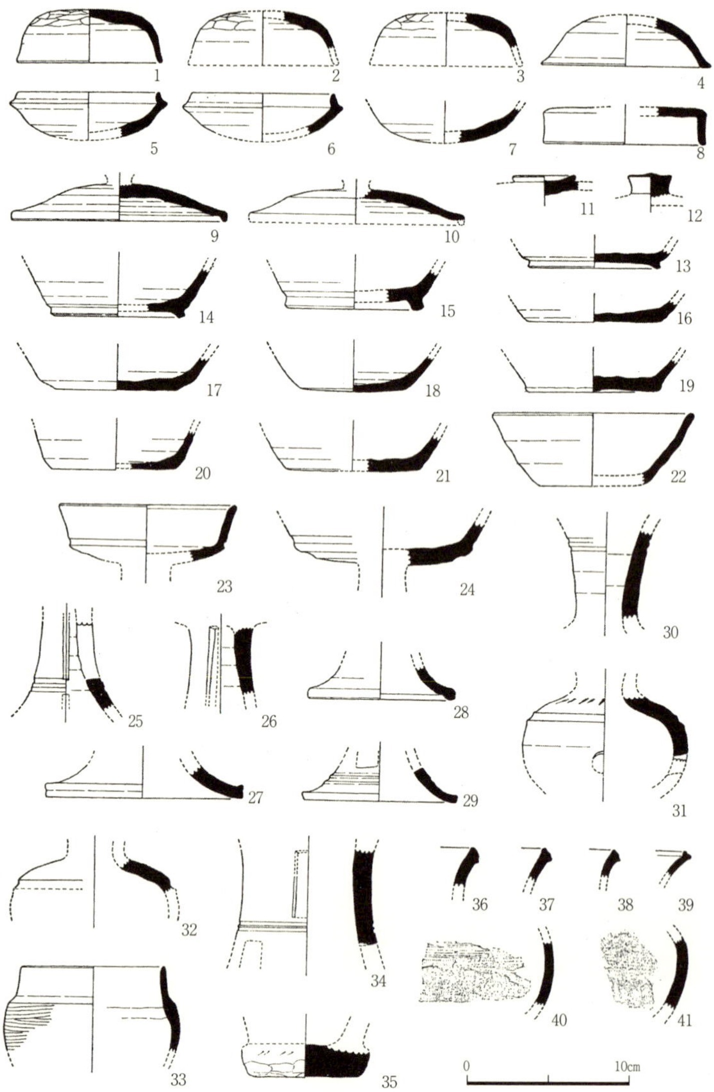

第55図　南高岡窯跡群採集の須恵器

𤭯（30～32）・短頸壺（33）・脚（34）・瓶（36～41）・甕が確認できる（第55図）。甕の破片が7～8割を占める点が特徴的である。

蓋は，梁木により，A～Dの4分類されている。蓋A（1～3）は，やや平らな天井部から，口縁部が「ハ」の字状に開くもので，天井部外面は，手持ちヘラ削り調整される。口径は，9cm弱と小さい。蓋B（4）は，口縁が小さく外反し，端部が平坦になるもので，天井部外面は，回転ヘラ削り調整される。蓋C（8）は，口縁部が垂直に折れる短頸壺用のものである。蓋D（9～12）は，扁平な天井部にツマミの付くもので，口径は13cmを超える。ツマミには，リング状のもの（11）と擬宝珠状のもの（12）がある。

杯もA～Dに4分類されている。杯A（5～7）は，丸底で蓋受けをもつ。立ち上がりは，6～7㎜と短く，やや内傾する。底部外面は回転ヘラ削り調整され，口径は9cmに満たない。杯B（13～15）は，平底で高台のつく形態である。高台は，4～6㎜と短く，外端が稜状になるもの（13・14）がある。杯C（16・17・19～21）は，平底で，底径が8cm前後と大きい。杯D（18・22）は，平底で，底径が6cm代と小さいものである。

高杯には，無蓋の杯部（23・24）や長脚の一部分（25～29）がある。25には，2条の沈線があり，2段スカシと判断される。スカシの方向には，二方（25）と三方（26）がある。焼きひずみがある。

脚（34）は，2本の沈線を挟んで推定長方形のスカシが千鳥状に配される脚付長頸壺の破片と推定されている。

瓶類のうち，36～39は口縁部破片である。いずれも小さく，口径は５～8cmである。40・41は，胴部破片で，外面にカキ目調整がみられる。提瓶あるいは平瓶の破片と判断される。

（梁木担当部分を要約）

6　問題点の整理

(1)　神宮寺塚古墳の年代的位置づけ

本古墳の年代を考える際，その手がかりとして残されたものは円墳と推定される墳丘，石室，「塼」，そして若干の須恵器片だけである。このうち須恵器片は細片のため全体の器形を知ることができず細かい位置づけは難しい。「塼」は類例が乏しくそれ自体から年代を導き出すのはなおさら難しい。そこで築造年代あるいは「塼」の年代を推定できる最後に残された要素である石室の位置づけに簡単に触れておきたい。なお，検討は本古墳が含まれる小貝川，五行川流域の石室を中心とする。

本地域の横穴式石室の変遷についてはまだ十分に検討が進んでいないのが現状である。盗掘のために出土遺物が不明な古墳が多く，遺物から年代を導き出すのが困難なのは他地域の例に漏れない。そこでここでは，ある程度石室の内容や遺物が判明している古墳に限定して検討することにした。

石室はまず玄門の形から３タイプに分けることができる。

Ａタイプ　玄門形態は不明であるが楣石を用いない点でＢタイプ，羨道から玄室へのスロープ・段差をもたない点でＣタイプと区別される。

Ｂタイプ　梱石の上に２本の玄門柱を立てその上に梱石を横架させる玄門で当地域においては主体的に用いられた形態である（中村 1996）。

Ｃタイプ　羨道部が短くスロープ状で段差をもって玄室と区別する。楣石，玄門柱，梱石等の玄門施設はない。

次に胴張りの有無を加味するとＡ・Ｃタイプでは今のところ確認されていないが，Ｂタイプでは胴張りのないもの（B1）とあるもの（B2）に分類される。Ｂタイプのなかでの比較ではB1タイプがB2タイプに先行する（視点１）。

埴輪については導入以前の古墳はないことは明らかなので，伴う古墳が，伴わない古墳に先行する（視点２）。

墳形と埴輪の関係については，当地域においては前方後円墳の終焉に先行して埴輪が樹立されなくなる。つまり埴輪を伴わない前方後円墳が存在する（視点３）。

第10表　小貝川・五行川流域における横穴式石室の変遷

段階	玄門形態 胴張りの有無	埴輪	前方後円墳	円墳
１段階	A・B1・C	有	天王塚古墳 上大曽１号墳	鶏塚古墳
２段階	B1・C	無		神宮寺塚古墳 上大曽２号墳
３段階	B2・C?	無	中村大塚古墳 山崎２号墳 西坪３号墳	荒久台12号墳 石下14号墳 西坪１号墳 刈生田古墳

上に記した視点をもとに当地域の横穴式石室の変遷を考えてみると，おおまかには第10表のように3段階に分けて考えることができる。このうち1段階においてはAタイプが先行する可能性があり，2・3段階におけるCタイプの位置づけにも言及する必要がある。しかし，この問題はさしあたって神宮寺塚古墳の位置づけを左右しないので別稿に譲りたい。使用石材についても同様としたい。

以上のように整理してみると神宮寺塚古墳の横穴式石室は，胴張りをもつ横穴式石室を主体部とし，埴輪を伴わない前方後円墳よりは先行することになる。前方後円墳の終焉時期が6世紀末段階にある（大金 1984，秋元・大橋 1988，小森 2010）とすれば，2段階は型式的にそれ以前となる。なお，3段階の下限についてはここでは言及しない。一方，1段階の古墳のうち比較的遺物の内容が判明しているのは益子町天王塚古墳で6世紀後半段階に位置づけられる（車崎・小森 1987）。したがって神宮寺塚古墳が含まれる2段階は6世紀後半から末段階ということになる。結果的には各々の段階は微妙にオーバーラップしながら非常に短い時間を相対的に編年したことになる。神宮寺塚古墳の「塼」が初葬の時期に近いと判断するならば，その年代も自ずから限定されたことになる。

(2) 南高岡窯跡群採集須恵器の位置づけ

本窯跡群の須恵器（第55図）は，すべて採集資料という制限があるものの，前述したようにある程度形式的な変遷をたどり得る内容である。そこでここでは，主に蓋杯の変化から本資料を3時期に区分し，それぞれの様相をまとめるとともに編年的な位置づけを与えてみることにしたい。

Ⅰ期　本時期は蓋A（1〜3）と杯A（5〜7）の組合せとして設定するものであるが，これに蓋B（4），高杯（23〜29），𤭯（30〜32），瓶類（36〜41），短頸類（33），脚付長頸壺（34）そして甕という各器種を加え，豊富な器種構成をもつ段階としてもとらえたい。

さて，編年的な位置づけをするうえで，最も手がかりとなるものは，やはり蓋・杯Aの存在である。全体的に器肉が厚い点や蓋Aの口縁部がハの字に開く点，また同じく蓋Aの天井部が手持ヘラ削りされる点など若干地域的な個性（酒井 1981）もみられるが，全体的には畿内の編年に照合できるものと思われる。この場合，最も大きな特徴としてあげなければならないことは，法量が非常に小さい（杯Aの口径は9cm）ことであろう。つまり，たちあがりをもつ型式の蓋杯としては，かなり退化した段階のものとみなければならない。これは，大阪陶邑窯の編年で示せば，田辺編年（田辺 1966）のTK209〜TK217段階，中村編年（中村 1981）のⅡ型式6段階にみられる様相であり，また，豊浦寺へ瓦を供給したことで知られる京都府隼上り窯出土の須恵器編年に合わせればⅢ段階（菱田 1986）にあたる。

ところで，この時期の須恵器の年代については，飛鳥・藤原宮をはじめとする畿内の宮都遺跡や寺院跡あるいは瓦陶兼業窯等の調査所見から導き出されているわけであるが，まだ定説をみるに至っていないのが現状と思われる。とりあえず，菱田の分析による隼上り窯編年に従えば，Ⅲ段階は7世紀の第Ⅱ四半期に比定されており，本時期の年代を考えるときの1つの拠り所となる。ただし，他の器種をみるとカエリを有する形態の蓋杯が認められないことや長脚2段スカシの高杯が存在することなどは，隼上り窯のⅠ段階に近い様相である。また，全体的な器種構成は古墳時代的である。したがって，本時期の年代としては，やや幅をもたせて７世紀前半代を中心とした時期としておさえておくことにした。

Ⅱ期　本時期は杯Ｂ（13〜15），杯Ｃ（16・17・19〜21），蓋Ｄおよび甕の一部という器種構成で設定したい。Ⅰ期と比較して器種構成が極端に単純化することは，本時期の様相的に大きな特徴である。本県内で本時期の須恵器の内容に近いものは，佐野市北山・八幡窯跡（大川 1972）および益子町原東４号窯跡（大川ほか 1989）である。低い高台，扁平な蓋のツマミさらには甕口縁部の施文状況と共通する部分が多い。ところで，北山・八幡窯跡はカエリを有する蓋や削り高台などの存在から７世紀末から８世紀前葉に，また原東４号窯跡はやはり削り高台がみられ８世紀前葉にと，それぞれ操業時期が考えられている。カエリ蓋や削り高台は確認することができないが，おそらく本時期もこれらとあまり変わりのない操業時期と考えられよう。

Ⅲ期　杯Ｄ（18・22）と蓋Ｄおよび甕の一部という組合せが考えられる。資料的にはまだ不十分であるが，形式的にも時間的にもⅡ期に後続するものとみられる。

以上のように本窯跡群採集の須恵器は大きく３時期に分けられるが，Ⅰ期からⅡ期の間には少なくとも２，３の型式が介在することが明らかになった。すなわち，本窯跡群においては古墳時代後期で一旦操業がとだえるという状況を確認しておきたい。（梁木担当部分を要約）

７　小結

神宮寺塚古墳出土の「塼」は，初葬時に近い時期に横穴式石室の床面に敷かれたものである。石室の年代は６世紀後半から末と推定され，「塼」の年代もそれに近い時期と考える。ただし，床面を作り替えた可能性も残されている。「塼」は梱石の内縁から1.95mの所まで敷かれていた。この部分にだけなぜ「塼」が敷かれていたのかは不明と言わざるを得ないが，特別な部分，たとえば木棺を安置するための施設（棺床）と考えることもできる。1.95mという長さとも矛盾しない。

形状と整形技法吟味からは，それぞれ６分類される。両者は一部対応関係もみられるが寸法，仕上げ整形の規格性，統一性はみられない。１枚１枚粘土塊を叩き延ばしたものと判断し，同心円や平行叩きの多用から須恵器工人が関与したものと考えられる。一方，ハケ整形がみられる「塼」については，埴輪工人がかかわったと判断される。吉田恵二による，須恵器窯の地方への波及の背景には，地方豪族層の須恵器入手への願望があり，その１つの道として埴輪工人が関与していた場合が少なくなかった，とする見解（吉田 1986）と呼応する資料と判断される。一方では，瓦の影響および製作上の技術的関連は認められない。ただし飛鳥時代の瓦，たとえば福岡県春日市大浦窯跡，大野城市神ノ前２号窯等で「600年前後の須恵器を共伴」し「須恵器技法の叩きをもつ」例があるという記載（九州歴史資料館 1981）もあり，瓦陶兼業窯の問題も含めて今後の検討課題である。

神宮寺塚古墳出土の「塼」およびその用い方の類似例はほとんどみられない。これは，当地において独自に「塼」を創出した可能性を示していると思料される。「塼」は確実に窯で焼かれたものであり，その背景には，南高岡窯跡群の資料が物語るように須恵器生産の開始が密接に結びついていた可能性が考えられる。操業と埋葬の同時性は，まだ十分に証明できない。しかし，被葬者については，窯業を司る人物であった可能性が高い。同様な窯業生産と古墳被葬者の強い結びつきについては，岡山県江田池周辺でも確かめられている（阿部・中岡 1987，中岡 2002）ことが注目される。

古墳時代における地方の須恵器窯は単発的で，しかも後に技術的に継承されない例が多い。このことについては種々の要件が考えられるが，当地における「塼」および須恵器生産が断続するあり方から想定すれば，導入期においては一地方首長が技術者を招聘し，独自に生産を行った可能性が指摘できる。また神宮寺塚古墳の玄門形態が当地で盛行するBタイプと想定されることから窯業生産の主体者は当地の首長と考えられる。

今後は，「塼」と南高岡窯跡群採集須恵器の技術的関連をつきつめ，胎土分析等も援用して両者の関係を明らかにする必要がある。

追記1

2002年には，中岡敬善による「塼」使用の古墳・墳墓一覧表の作成と形態分類，および使用法についての見解が示されている（中岡 2002）。「塼」使用古墳・墳墓は，神宮寺塚古墳を含む31例が集成され，あらためて岡山県と大阪府への集中が再確認された。「塼」の形態分類は，厚さと大きさを主な分類要素としてA，B，Cの3類に大別され，調整法などからさらに細分されている。

A類　厚さ2cm以下で，長辺20〜35cmの長方形

B類　厚さ2〜4.5cmで，長方形のものが大半。長辺寸法により3種類に細分

①25〜40cm　②40〜45cm　③50〜55cm

C類　厚さ4.5cm以上で，外形は長方形と方形で規格性が高い（本来は寺院の堂塔の基壇化粧の材料として製作された）

C-1類　同心円叩きを施し，長さ33cm前後，幅25cm前後，厚さ5.5〜6cm

C-2類　格子叩きを施し，長さ35〜36cm，幅26〜28cm，厚さ4.6〜5.1cm

「塼」の性格に関しては，神宮寺塚古墳も含まれるA類について，6古墳の具体例をあげて詳細に検討されている。A類に分類されるのは，誉田山15号墳（大阪府柏原市），鉢伏山西峰古墳・観音塚上古墳（大阪府羽曳野市），平野2号墳（奈良県香芝市），江田池4号墳（岡山県倉敷市），青龍寺裏山1号墳（兵庫県三田市），そして神宮寺塚古墳である。その結論だけを記してみると，①いずれも棺敷または棺台として使用している点で共通，②単次葬に用いる場合（平野2号墳・青龍寺裏山1号墳）と追葬時に用いる場合（誉田山15号墳・神宮寺塚古墳・江田池4号墳）がある，③A類のうち床面を造り替える例は，須恵器敷床（土器床・須恵器床）との関連が考えられる，④追葬時に木棺の棺敷として「塼」を使用する古墳には，被葬者と窯業生産のかかわりが想定される例がある（江田池4号墳と江田池窯跡群・神宮寺塚古墳と南高岡窯跡群）。このうち，①と④については，かつて筆者らが述べた神宮寺塚古墳出土「塼」についての見解（小森・梁木 1990）と合致し，意を強くすることができた。③の須恵器床については，今西隆行による集成によれば，広島県に17例，島根県13例，鳥取県13例，兵庫県1例が確認されている

（今西 1994）。ただし，広島では，主に横穴式石室，島根および鳥取では横穴墓に用いられている点において，独自の地域色を示している。さらに，岡山県１例，大阪府１例も確認され（中岡 2002）こちらは，両者とも須恵器窯跡群に近接していることが注目される。神宮寺塚古墳の「塼」の歴史的背景を考えるにあたって，その共通性は非常に重要な意味をもつ，と判断される。

追記２

関東地方における須恵器生産については，①古墳時代においては，小規模で継続性がないことを特徴とし，在地の有力者層による単発的な経営であること，②７世紀末から８世紀前半の官衙・寺院の創設期に「官指導的な」本格的須恵器生産が開始されたこと，との整理がある（梁木 1992）。また，７世紀前半の須恵器生産は，大甕の焼成を目的とし，群集墳と横穴墓の造営主体がそのまま須恵器生産の経営主体で，短期的・非量産的であったことが指摘されている（服部 1995）。

南高岡窯跡群採集資料や近年調査された足利市樺崎渡戸古窯の資料（**第 56 図**）は，梁木・服部の考えを裏づける様相を示す。南高岡窯跡群採集資料については前記したが，樺崎渡戸古窯の須恵器の器種は，蓋杯，高杯，こね鉢，瓶類（提瓶・フラスコ瓶・平瓶・横瓶など），壺類（長頸瓶・短頸壺など），甕がある。そして，器種による大きさの差を勘案しても，甕と横瓶が目立って多いと報告されている。蓋杯の特徴は，たちあがり部をもつ杯のみで，カエリ蓋出現以前の様相を示しており，奈良文化財研究所の分類にしたがえば杯Ｈのみの構成である。杯の口径は，10.7〜10.9cm のものが３点，12.0cm が１点と南高岡窯跡群（復元 9cm）に比べてやや大きい。したがって，７世紀第Ⅰ四半期（本論編年 10b 期）に位置づけられる。

県内の古墳時代の須恵器窯は，真岡市南高岡窯跡群，足利市樺崎渡戸古窯跡のほかに，樺崎渡戸古窯の南東約 1km の馬坂古窯跡（前澤・田村・大澤 1989），北西約 3km の田島岡古窯跡（足利市教育委員会 2000）の４遺跡が確認されているにとどまる。いずれも小規模で，単期間の操業と判断される。

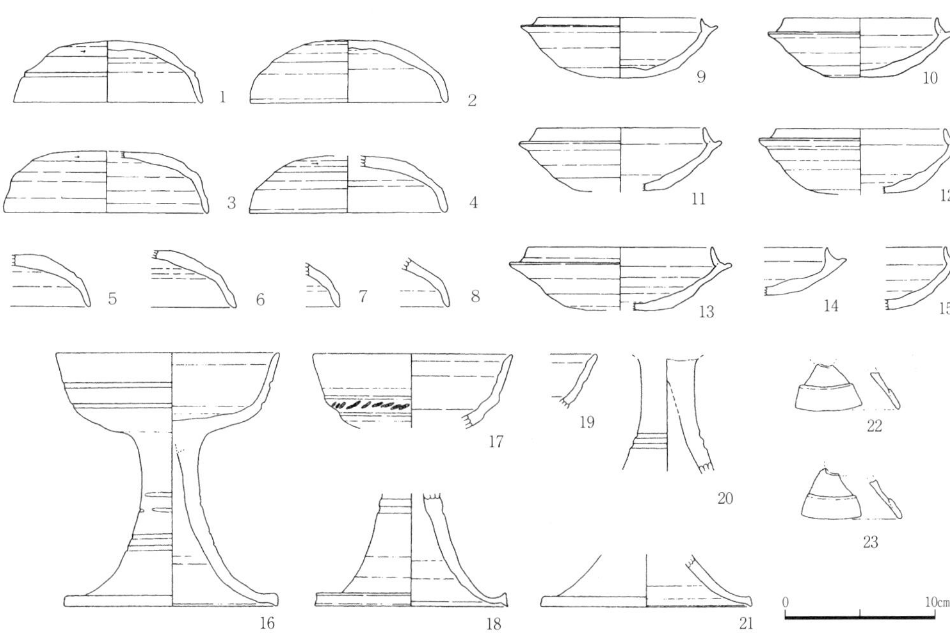

第 56 図　樺崎渡戸古窯跡出土須恵器

第2節　破壊された石室

調査の所見から築造後まもなく発かれたと判断される古墳がある。以下，2例について，その概要を記してみよう。

1　益子町山守塚古墳

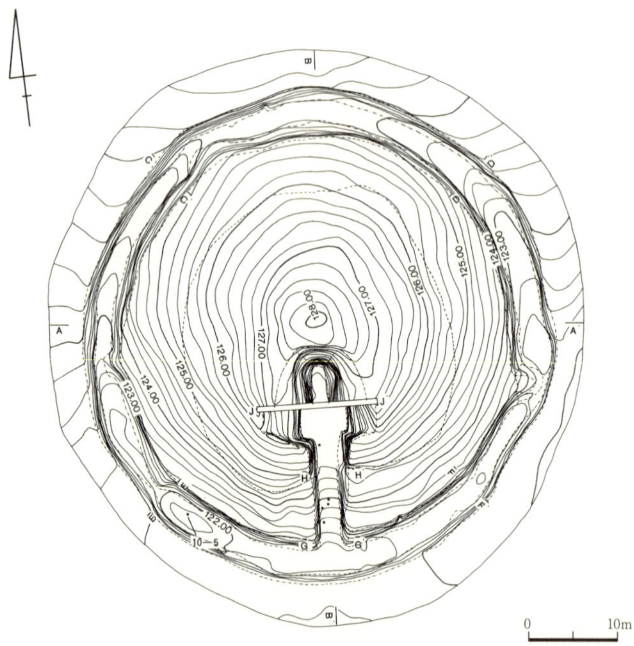

第57図　山守塚古墳墳丘図

栃木県の南東部，芳賀郡益子町小宅に築造された墳丘径44m，周湟外縁径54mの円墳（久保・岩松 1986）で芳賀郡域では，最大級の規模をもつ（第57図）。小貝川の支流に当たる小宅川の北約600mにあたる。同一丘陵上の南西約400mには，前方後円墳5基，円墳16基からなる小宅古墳群がある（小森 1987a）。さらに南南東約300mには，前方後円墳1基，円墳3基からなる西坪古墳群があり，付近で産出する凝灰岩である「芦沼石」のブロック状切石を用いた横穴式石室が2基開口している（小森 1987b）。これらの古墳群は，時期的には6世紀後半から7世紀初頭を中心とし，7世紀前半～中葉に築造された山守塚古墳の前段階の首長墓域として位置づけることができる。当該地域は，後に芳賀郡として編成される五行川・小貝川流域の6世紀後半～7世紀前半における中核の1つ，と評価することができる。

本墳の埋葬施設は，石室掘り形から石室の石組みにいたるまで，完全に破壊されていたが，墓壙や羨道部の存在から，横穴式石室と推定されている。石室南側の周湟付近では，多数のブロック状の石材が確認されている（第58図・第59図）。一方，調査時の土層観察により，主体部の「盗掘」は3回あった，と報告されている。「初段階のものは最も徹底して行われたようで，周湟南部一帯に出土した石材は，この時点で引き摺り出されたものと考えられる」との所見である。石材は，周湟直上あるいは若干浮いた状態で出土した。したがって，最初の「盗掘」は，「本古墳のそれ程時間差をもつことなく実行された」と報告されている。

第58図　山守塚古墳石材出土状況図

第59図　山守塚古墳　横穴式石室の石材出土状況

周湟底面の直上にある石材を，未構築の石室用材とみる意見があるかもしれない。しかし，この意見は，石室の玄門推定地点付近から出土した平釘（栃木では非常に珍しい釘打ち式の棺が推定される）や，整地完了後の主体部の縄張り周辺で確認された，石材加工時の凝灰岩の削り屑により否定される。

以上のような調査成果からは，石室を開き，副葬品を持ち去ることだけでは達成しない，破壊者の強い意思が看取される。したがって，筆者は，「盗掘」ではなく「破壊」と判断する。築造後間もなく，石室を基底石まで完全に破壊し，その石材を残らず周湟の方まで引き摺り出した強い意志と労力はいかほどのものであっただろう。さらに思いを馳せれば，横穴式石室は単に墓室として造られたことにとどまらず，被葬者自体を表現していた可能性が高いと思料されるのである。

山守塚古墳の調査で判明した，墓を発き，そして徹底的に破壊し，石材を周湟まで運び出すという被葬者とその系譜の「全否定」という「行為」の事実は，その裏に潜む，7世紀のおおきな歴史のうねりを物語る。破壊したのは何者か？想像をたくましくすれば，小宅古墳群や西坪古墳群からの勢力の流れを酌む被葬者の象徴としての山守塚古墳を好ましく思わない集団の仕業かもしれない。調査指導員の

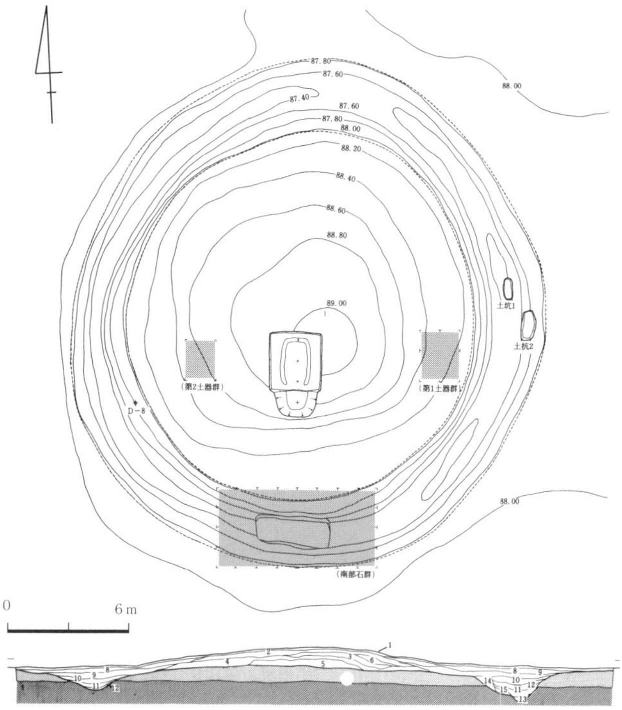

第60図　針ヶ谷新田1号墳　墳丘図

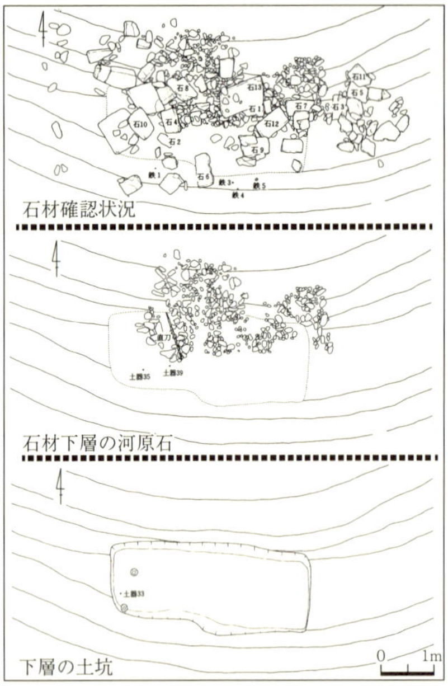

第 61 図　針ヶ谷新田 1 号墳　石室南の石材出土状況

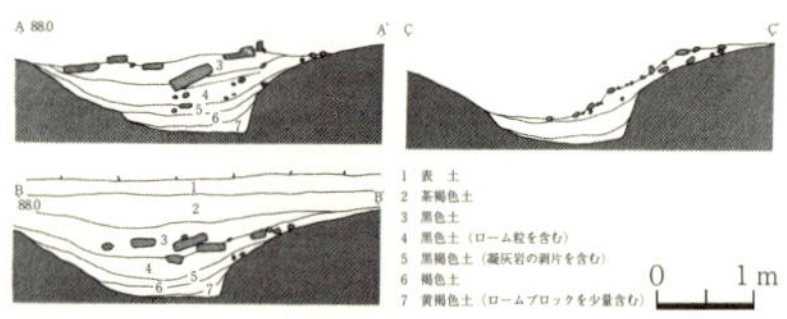

第 62 図　針ヶ谷新田 1 号墳　石材・土坑断面図

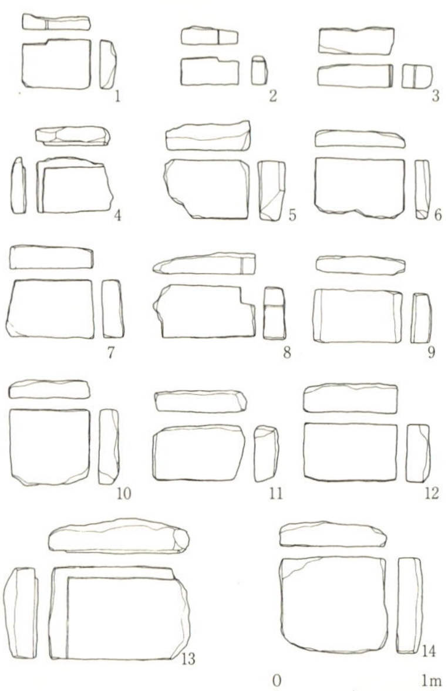

第 63 図　針ヶ谷新田 1 号墳　石材実測図

久保哲三は，「単なる副葬品狙いにしては労力をかけ過ぎた嫌いがあり，（中略）盗掘は山守塚の被葬者を十分認識し得たものの仕業」（久保・岩松 1986）と推定している。ただし，このような「全否定」が山守塚古墳のみであれば，あるいは古墳時代の前・中・後期全般を通じて散見されるのであれば，その強い意思と大きな労働力を「私怨」と片付けることも可能である。しかし，このような築造後間もない石室破壊の事実は，山守塚古墳にとどまらないようである[4)]。

2　宇都宮市針ヶ谷新田古墳群 1 号墳

宇都宮市の南部，宇都宮市針ヶ谷町に所在し，姿川の右岸にあたる宝木台地上に営まれた古墳群である。小学校新設の造成に伴い，円墳 2 基（1・3 号墳）が調査され，円墳 1 基（2 号墳）が現状保存された。2 号墳は，径 17m の円墳，3 号墳は，径 16m の横穴式石室をもつ円墳である（梁木 1983）。

本節で注目する 1 号墳は，径 17m ほどの円墳で，周湟まで含めると約 24m の規模をもつ（第 60 図）。埋葬主体は，凝灰岩切石積みの玄室に川原石積みの羨道がつく横穴式石室である。しかし，「玄室部の石材は総て取り除かれ，掘り形と羨道部だけが検出された」。玄室では，凝灰岩の削り屑層がみつかったが「側壁，天井石はもちろんのこと，床面石敷も根石もきれいに取り除かれていた」という。しかし，羨道部には川原石を小口積みにした側壁が残っていた。両側壁ともかなりの角度をもって外側に広がっており，前庭部があったことが想定される。調査者は「玄室部の石材が盗掘など後世の攪乱によって取り去られたものではない」ことなどから石室の構築を途中で中止した可能性を考えている。しかし，「根石をすえた溝や凝灰岩の削り屑層の検出から，石室がある程度まで構築されたことは確かであるが，石敷の床面が検出されなかったこと」については「入念に取り除いたとも考えられるが」と但し書きをして，わずかな可能性を示した。筆者は，そのわずかな可能性，つまり石室の床石まではがしてしまう徹底的な石室破壊があったことを考えてみたい。

石室南側の周湟部分には，多数の凝灰岩切石と川原石が散在していた（第61図）。これらの石材は，調査者によれば「墳端部側から流れ込んだ状況」で出土した。この石材中には，鉄鏃・刀子・直刀が混入していた。石材は，周湟の床面ではなく中層に浮いた状態で出土している（第62図）。破壊された横穴式石室の石材と副葬品は，前庭部に放置され，その後周湟の埋没と並行して順次流れ込んだ結果，と推定しておきたい。石材は，完形品はなく，割れた（割られた）状態であった（第63図）。石室は，途中で構築を中止したのではなく，床石まで完全にはがし，発かれたのであろう。

3　小結

以上2例により，山守塚古墳のような大型円墳だけでなく，群集墳中の20mほどの古墳にも，石室を破壊し，被葬者を否定するという「行為」があった事実を確認しておきたい。時期的には，両者ともその「行為」の時期は厳密に限定できないが，7世紀前半以降と推定される。この事実は，律令国家成立にむかう途上の，地方における社会情勢のおおきな変動を物語る。7世紀前半に築造され，まもなく発かれた山守塚古墳は芳賀郡に所在し，その郡衙は，のちに山守塚古墳から直線距離で約10km離れた真岡市京泉地区に営まれることになるからである。京泉地区には，6世紀後半段階の多種・多数の形象埴輪の出土で著名な鶏塚古墳を含む京泉シトミ原古墳群（小森 1984）があるが，益子町小宅地区とは対照的に周辺に前方後円墳は1基も築造されていない。誤解を恐れずに単純化してみると，在来の勢力を否定して（あるいは避けて），新たな土地に地方官衙を造営したことになる[5)]。他地域にも視野を広げ，今後とも7世紀に発かれた古墳の調査に注目する必要があるだろう[6)]。

第3節　那須国造碑と『日本書紀』持統紀新羅人東国移配記事

1　那須国造碑とその周辺

(1)　那須国造碑

日本三古碑[7)]として名高い那須国造碑は，大田原市（旧湯津上村）所在の笠石神社に安置され，国宝に指定されている。東北地方へ続く主要幹線道である奥州街道のすぐ西に隣接しており，古代東山道もほぼ同じルートを辿ったと推定されている。四角柱の碑身の上に冠石が載る形態から「笠石」と呼びならわされ，地元では現在でも「笠石さん」と呼称している。

碑身は，花崗岩（花崗閃緑岩）[8)]を方柱状に整形し，その上に截頭四角錐形の冠石を載せる。碑身底は，後設の2段積みの台石に嵌め込まれており，総高は148cmとなる。碑身と冠石は元来同一の石材であったと推定されている。田熊信之・清彦による計測値を，記しておきたい（田熊信之・清彦 1987）（第64図）。

碑身（冠石底面から台石上面までの値）

・高さ 120，最上部幅 42，同厚 25.5cm

・最下部幅 48.5，同厚 41.5cm

・刻字部　縦 58.9，横 23.9cm

冠石（向かって右側の後部破損）

・下底部幅 51.5，同厚 47，高さ 28cm

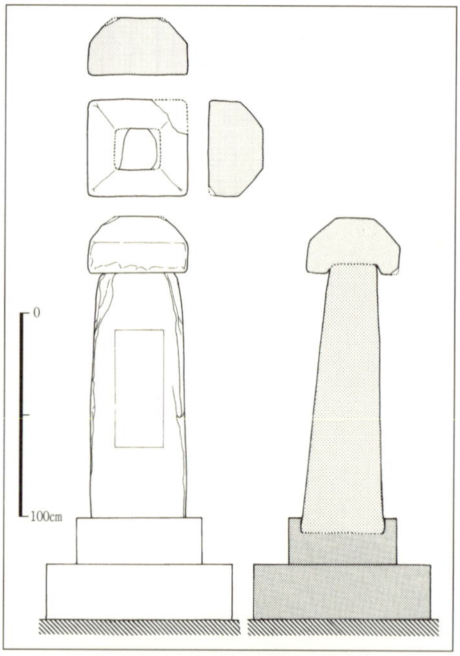

第 64 図　那須国造碑実測図

両氏の観察によれば，碑身は，やや後方（北方）に傾いており，冠石を少し前傾させてバランスをとっている，と記録されている。さらに，碑身南面頂部の枘状に整形された冠石に接する部分に，倒置した「大」字状の刻線様のものを確認している（第 65 図）[9]。

元禄年間に記録された『笠石御建立起』（大金家文書）には，次のような記載がある。

長八間横七間之塚上ニ高四尺三寸石碑あり

つまり，江戸時代には，長さ 8 間，横 7 間，およそ 14.4m×12.6m ほどの塚の上に，高さ 4 尺 3 寸（約 1.3m）の石碑があった，と推定することができる。これについては，現在の碑堂の建つ土盛りが，南北約 13.5m，東西約 13.6m の規模であることから，那須国造碑の原位置は，現在の場所であり，この高塚が，那須国造直韋提の墓そのものである，とする意見も提示されている（斎藤 1986）。もしそうであるとすれば，「長八間横七間之塚」は，700 年に死去した韋提の墓，終末期古墳ということになり，非常に興味深い。しかし，現段階では，その正否を考古学的に確かめる術がないのが非常に残念である。

第 65 図　那須国造碑　碑身南面中央部（冠石下）の写真・拓影

碑文の解釈については，上・下車塚（上侍塚古墳・下侍塚古墳）発掘調査の指揮をとった佐々宗淳をはじめ，江戸時代より新井白石・伊藤東涯・蒲生君平など名だたる学者たちが，釈読に取り組んできた。「永昌」という唐の年号をはじめとして，計り知れない那須国造碑のもつ史料価値が，幾多の研究者の探究心を掻き立てたことは，想像に難くない。その経緯については，大著『那須国造碑・侍塚古墳の研究』（斎藤・大和久 1986）や『那須国造碑』（田熊信之・清彦 1987）に詳しく，筆者の力の及ぶところではない。

那須国造碑は，1行19字×8行＝152字が，一字もかけることなく，1300年の時を経てきた，奇跡のような古代石碑である。西暦700年に没した那須国造直韋提（いで）の遺徳をしのび，一族と思われる意斯麻呂（おしまら）が建したものである。その後，碑は，倒れて苔むし，いつしか人々の記憶から失せるところとなった。しかし，976年後の延宝4（1676）年に，旅の僧円順により，再び世人の注目を浴びることとなった。古碑発見の情報を聞きつけた地元の大金重貞そして大金より情報を得た水戸光圀の手厚い保護により，那須国造碑は現在に伝わることとなった。光圀が，墓誌を求めて，近在の前方後方墳，上侍塚古墳・下侍塚古墳を発掘し，出土品の詳細な記録をとり，再び出土品を埋納し，墳丘の保護に松を植樹した経緯は，発掘調査の意義と文化財の保護にかかわり，夙に有名な話となっている。

さらに冒頭に刻まれた「永昌」なる元号は，唐の則天武后の時代，689年にあたり，しかもわずか10か月間だけの元年のみの元号である。都を遠く離れた東国那須の地に，なぜ唐の元号を刻む古碑があるのかをめぐり，唐の影響下にあった朝鮮半島からの渡来人とのかかわりのなかで理解しようとする幾多の研究の積み重ねがある（斎藤 1972，大金 1974など）。また『日本書紀』が伝える，新羅人東国移配記事（板橋 2001，酒寄 2008など。本節2参照）との関連のなかでの位置づけも一定の評価を得ている。

那須国造碑が語る内容については，佐藤信による優れた整理がある（佐藤 1999）。3点にまとめてみよう。

① 永昌元（689）年に，那須国造である那須直韋提が，評督に任じられたことを強調している。

② 庚子（700）年に没した韋提を偲んで子孫かと思われる意斯麻呂等が建碑

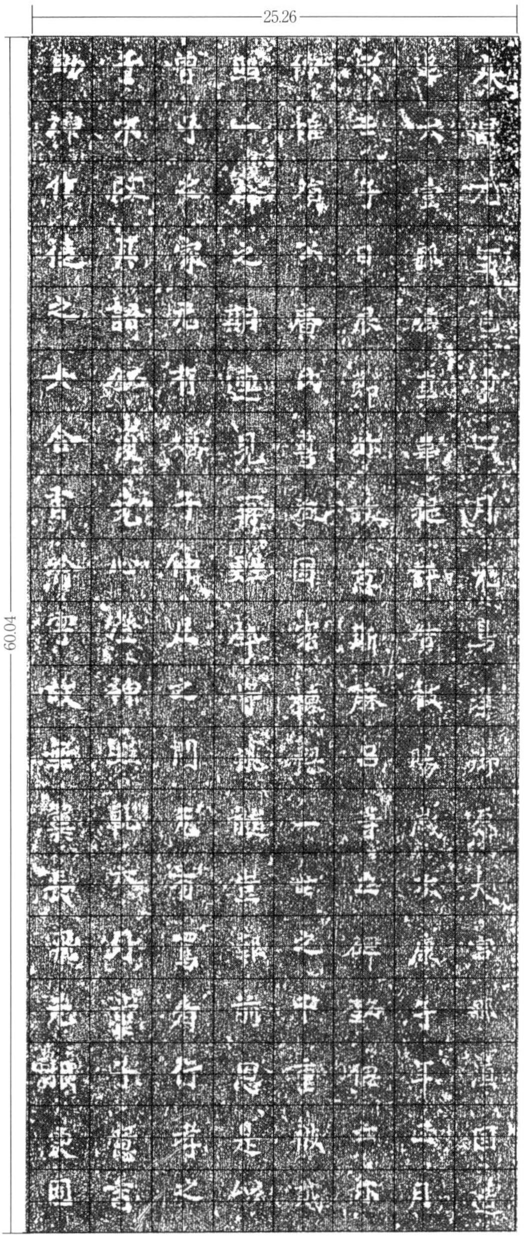

第66図　那須国造碑の碑文割り付け

した経緯を明示している。

③　在地豪族の那須直氏が7世紀末の段階で，漢字文化や儒教をよく受容している。

本節では，田熊信之・清彦による考古学的な研究成果を紹介しながら，那須国造碑が語る4点目を考えてみたい。

田熊両氏は，那須国造碑文の割り付け寸法・用尺から観察推考した規則性に言及している。碑文の文字の大きさならびに行の心々間の長さから判断して，字間・行間ともに約3.16cmの数値を導き出した（第66図）。そして，この数値を出土遺物と比較するという，非常に興味深い考察を行っている。

まず，平城宮跡SK-820から平城Ⅲ期（750年頃）の土器群とともに出土した，折敷の側板転用の「ものさし」（『平城宮跡発掘調査報告』Ⅶ）と対比した。目盛の墨線は，1寸5分目盛と判断し，一寸＝約2.93cmになるとしている。次に，太宰府跡蔵司西地区出土の背面に「ものさし」の目盛を施した第4号木簡（『太宰府跡』福岡県文化財報告書第47集）の報告による，最大3.185，最小2.775cmの計測値に注目している。この木簡に伴出した2号木簡には「評」字がみえ，大宝令施行前の「ものさし」と判断されている。さらに，仙台市郡山遺跡の「定木」から導かれた1尺＝29.65cm，長岡京出土の「定木」から導かれた29.8cmとも比較している。

以上の検討の結果，那須国造碑文の割り付けから導かれた3.16cmは，太宰府出土「ものさし」の1寸の数値範囲内に納まるとし，令制に則った寸尺に近い尺度が使用されていることをつきとめている[10)]。両氏に全面的に依拠し，那須国造碑の第4の意義として，

④　碑文割り付けの規則性から判断して，令制下の規準寸尺に言及できる可能性が高い。

を付け加えたいと思う。

この碑を建立した目的と主張の中心は，「評督被賜」にあるとする意見（佐藤 1999）に強く賛同する。佐藤は，在地豪族が，評司の地位を獲得したことと，その譜代性の表明・告示と機能をもつ，と評価する。意斯麻呂らは，先代が，中央に認められたことを誇示するとともに，自らの血筋の正統性を評内の人々に知らしめ，支配をより強固にしようと企てたのだろう。そのような目で改めて那須国造碑を見ると，「飛鳥浄御原大宮」＝持統天皇と那須国造直韋提との関係，つまり中央と地方の有力者との関係が，「評督被賜」ような，前者が任命権を保有していたこと，さらに，その任命を中央との密接な関係を示すものとして，自己の地歩を強固にしようとする当時の実態が眼前に浮かび上がる。

那須国造碑は，大宝令制前における中央と地方間の関係，そして700年前後の地方における治世の在り方を読み解くことができる点において，我が国の古代国家形成史研究に欠くことができない，史料と位置づけることができる。

(2)「奈須評」箭刻銘

天平宝字8（764）年，恵美押勝の乱の際，東大寺に献納された武器・武具は，ほとんど持ち出されてしまった，と伝えられる。しかし，正倉院中倉に収蔵され，第3号胡簶（第67図）に収められた50本の箭は，幸運にも現在に伝わる。本節では，この箭に刻まれた文字に注目してみ

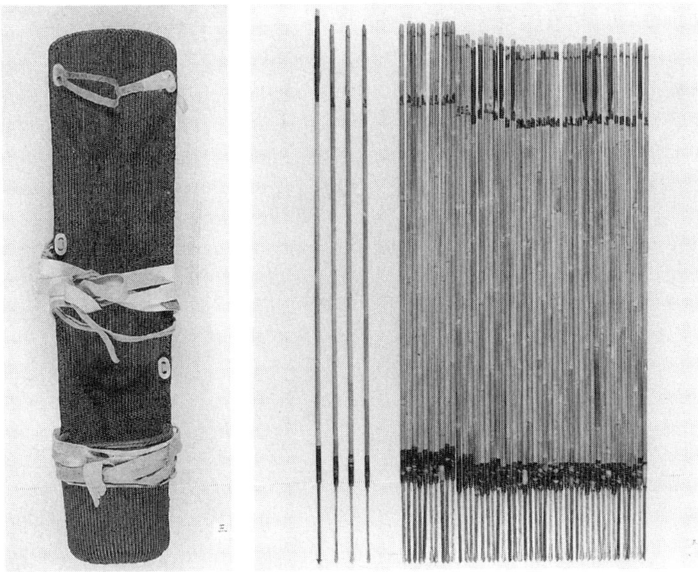

第67図　胡籙と下毛野奈須評箭刻銘のある箭50本（正倉院蔵：写真原版正倉院事務所）

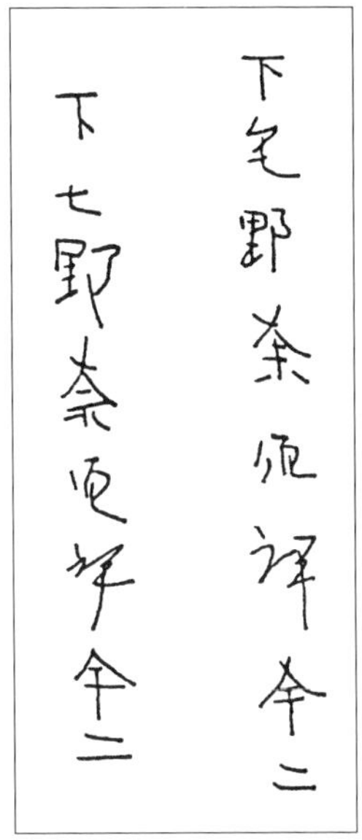

第69図　下毛野奈須箭刻銘

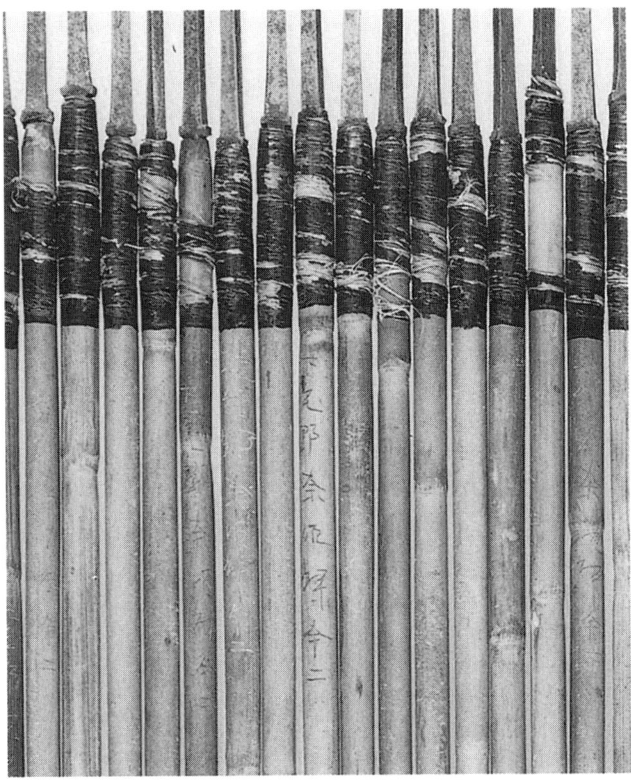

第68図　箭刻銘細部（正倉院蔵：写真原版正倉院事務所）

たい。本件については，1980年に発表された東野治之の論文（東野 1980）に詳しく，東野に依拠して，概観することとする。

文字は，50本全部に刻まれていると報告されている。写真から判断して，篦竹の先端を細く整形し，鉄鏃を挿入して根巻きを施したすぐ下の部分に文字が刻まれている[11)]。線はかなり細く，針状のもので刻んだ，と推定することができる（第68図）。文字は，従来『正倉院宝物銘文集成』や『正倉院御物目録』などで，「下毛野奈須郷个二」と判読され，特別に注目されることはなかった。しかし，東野により「下毛野奈須評个二」と判読されるに至り（第69図），大宝令による郡制以前の評制下の文物として注目されるようになった経緯をもつ。「下毛野」は，奈良時代に2字で国名を表すようになる以前の名称で，現在の栃木県域に重なる地域を示す国名と判断される。さらに「奈須」は,「那須」と解される。東野により,「个」は,「簳(やがら)」[12],「二」は,矢羽の数と判断されている。ただし,東野のいうように,「二」は矢羽の数を表記した可能性もあるが,少し不自然である。通常,箭は50本一組で扱われることが知られるが,何セットか納められ,そのセットの数を「一,二……」と表現した,とするのも一案かと思料される。

「国名＋評名」の記載例は,藤原宮などから出土している貢進物荷札にある(東野 1980,市 2006など)[13]。那須の地に奈須(那須)評が確実に存在したこと,そして,その奈須評からは,箭が,のちの諸国貢献物の前身とも言えるような形態で,中央に貢進されるような政治体系が成立していたことを示している。評制下の木簡の検討から導かれた,天武末年の国境策定事業を境にサトから記載する木簡が激減し,国から記載する例が増加する,とする整理(市 2012)に対応する可能性を指摘することができる。

(3) 浄法寺廃寺と尾の草遺跡

浄法寺廃寺は,那須郡那珂川町(旧小川町)大字浄法寺にあり,中世城館と重複する。那珂川右岸,箒川との合流点近くに立地し,南方約300mには,那須官衙遺跡(那須郡衙),南約3kmには,三和神社(式内社)がある。那珂川の対岸,那珂川町(旧馬頭町)小口には,尾の草遺跡がある。瓦窯跡ではないことが確認されているが,性格は不明である。浄法寺廃寺と同巧の瓦が出土している。

両遺跡出土の瓦は,素文縁有稜素弁八葉蓮華文鐙瓦と三重弧文宇瓦の組み合わせである(第70図)。従来,白鳳期の瓦として著名であるが,鐙瓦の瓦当面と丸瓦の接合技法に注目し,天智朝大津京期(667〜672年)を上限とし,7世紀後半から末とする年代観が示されている(真保 1997a・b)。東北・関東においては,福島県腰浜廃寺,同県黒木田遺跡,群馬県山王廃寺と合わせ,計5遺跡が知られるのみである(真保 1997b)。

那須国造碑に記された那須国造直韋提が,那須(奈須)評督に任じられた689年もまさに両遺跡と年代的に重なることになる。韋提自身が,浄法寺の造営にかかわった可能性も十分に考えられる[14]。浄法寺廃寺に隣接する那須官衙遺跡は7世紀末以降に位置づけられ,現段階では,まだ寺の時期まで遡る瓦は確認されていない。しかし,各地で確認されている,官衙とセットになる

第70図　浄法寺廃寺と尾の草遺跡出土の瓦

寺院として位置づけられる可能性が高く，地方における7世紀後半〜末の様相を物語る遺跡群と位置づけられる（三舟 2005，真保 2008など）[15)]。

2　出土遺物からみた『日本書紀』持統紀新羅人東国移配記事
――栃木県における7〜8世紀の新羅（系）土器を中心として――

(1)　問題の所在――3つの土器の動きから――

『日本書紀』持統紀は，現在の栃木県域に新羅人を3度にわたって移配したことを伝えている（以下，『日本書紀』の引用は，坂本太郎・家永三郎・井上光貞・大野晋校注 1965『日本古典文学大系68 日本書紀』岩波書店　による）。

持統元（687）年3月22日条

「投化ける新羅十四人を以て，下毛野國に居らしむ。田賦ひ稟受ひて，生業に安からしむ」

持統3（689）年4月8日条

「投化ける新羅人を以て，下毛野に居らしむ」

持統4（690）年8月11日条

「帰化ける新羅人等を以て，下毛野國に居らしむ」

これらの記事は，朝鮮半島から渡来した人々が，中央の意向のもとに，当地域に居住したことを伝える内容として注目されてきた。

さらには，大田原市（旧湯津上村）所在の那須国造碑に刻まれた「永昌元年」（持統3〔689〕年）なる元号が，唐代則天武后の時代を示していることから，碑の撰文には，大陸からの人物あるいは唐の年号を用いていた新羅からの人物が深く関与していたことも広く認められている。

一方，当地域の考古資料からは，7〜8世紀において，3つの類型の土器の動きがあったと考えられる。<その1>は，「畿内発→東国」いわゆる律令的土器様式の波及，<その2>は，「関東発→東北」で東北地方では関東系土器と呼称するもの，<その3>は小規模ながらも「半島発→倭（日本）」である[16)]。モノの移動の背景には，さまざまな要因が想定されるが，人間そのものの移動を含む。3つの類型の物言わぬ土器群が，律令国家成立期の情勢を雄弁に語る。

本項では，類型の<その3>に限定し，『日本書紀』持統紀の記事を念頭に置きながら，栃木県内出土の新羅（系）土器をもとに東国7世紀史の一端について記してみたい。

(2)　先行研究の整理

栃木県域で新羅土器が確認されたのは，1980年代以降である。したがって，それ以前は，持統紀の新羅人移配記事は，おもに栃木県の北西部にあたる那須地域に色濃く残る渡来系の要素を語る際に引用されてきた。古代那須地域には，①那須国造碑（大田原市），②7世紀代に遡る初期寺院（那珂川町浄法寺廃寺・同町尾の草遺跡），③古代における那珂川町武茂川流域の産金，④小金銅仏（那須烏山市），⑤那須烏山市白久（しらく）等の地名，などがみられ，文献史学と考古学が相互補完的に当該記事と考古資料を引用しながら那須地域における渡来人の存在を想定してきた，と言える。

新たな見解が示されたのは，1988年である。江浦洋は，全国集成のなかで，栃木県芳賀町免の内台遺跡SI-306出土の盒，同町芳賀工業団地内遺跡SI-014出土の壺，宇都宮市前田遺跡SI-97出土の盒の3点を，竪穴住居址から出土した新羅土器として紹介した（江浦 1988）。①関東地方における統一新羅系土器出土遺跡の分布が下野に集中すること，②3例とも集落遺跡からの出土であること，以上2点をその特徴とした。年代的には7世紀中葉から後葉に位置づけ，『日本書紀』新羅人移配記事と関連づけながら「当該地の農地の開墾・経営に携わった新羅人が直接的に新羅より持ち込んだもの」と一歩踏み込んだ考えを提示している。那須地域だけではなく，栃木県の中央部周辺でも渡来人の足跡が確認され，渡来人の移配に具体的に言及した研究として特筆される。

その後，1997～2000年の西下谷田遺跡（宇都宮市・上三川町）調査において，新たに多くの新羅土器が確認され，議論が活発化した。西下谷田遺跡は，7世紀後半から営まれた，東西推定108m・南北約150mの掘立柱塀による方形区画施設をもち，南辺塀列の中央に八脚門がつく。方形区画の内部は，掘立柱塀で区画され，大型竪穴建物3棟，掘立柱建物14棟が確認されている。遺構の性格としては，評家（Ⅰ期・7世紀第Ⅲ四半期後半），その後国宰の常駐施設（Ⅱ期・7世紀第Ⅳ四半期～8世紀初頭）と推定されている（田熊・板橋 2003）。

調査者である板橋正幸は，新羅土器の全国集成を通じて，新羅土器が多数出土した「西下谷田遺跡の特異性」に注目し，「『日本書紀』新羅人移配記事との強い関連性を窺わせる」と述べた（板橋 2001）。さらに栃木県内における20例の新羅土器の検討から，7世紀後半代を中心とする「官都（もしくは筑紫国から直接）から移配され，中央政府や国・郡の意向で在地集団と意図的に集住させられ，官人等と共に職務執行」していた西下谷田遺跡の場合と，西下谷田遺跡以外の8世紀代の「『記紀』に記載のない新羅人が」「下野国内の郡家や官衙関連施設の周辺に移配され（中略）地域開発や郡関連の職務を指導するために，関連集落に再移配された」場合の2つに分けてその背景を提示している（板橋 2008）。

さらに，田熊清彦は，西下谷田遺跡SI290出土の刻書土器文字資料を，新羅の官位である「大舎」とする解釈を示している（田熊 2004）。新羅土器との関連とともに，評家と新羅の官人のかかわりが確認される点が特筆される。

文献史学の立場からは，酒寄雅志による考古資料の分析を踏まえた積極的な発言がある（酒寄 2003・2005・2008）。那須国造碑・小仏像・佐波里匙・火熨斗等に注目し「西下谷田遺跡や那須地方には，新羅系の渡来文化の痕跡が色濃く認められる」（酒寄 2008）と述べるとともに，渡来人の移配については，「政治的配慮はもとより，その優れた行政能力や土木・手工業の技術，また仏教思想をはじめとした高度な教養を地方に伝播させることを期待した」と考えている（酒寄 2003）。

(3)　半島系遺物の吟味

1）　新羅（系）土器

西下谷田遺跡では，長頸壺1（第71図1）・蓋1（同図2）・椀3（同図3～5）・杯4（同図6～9）・

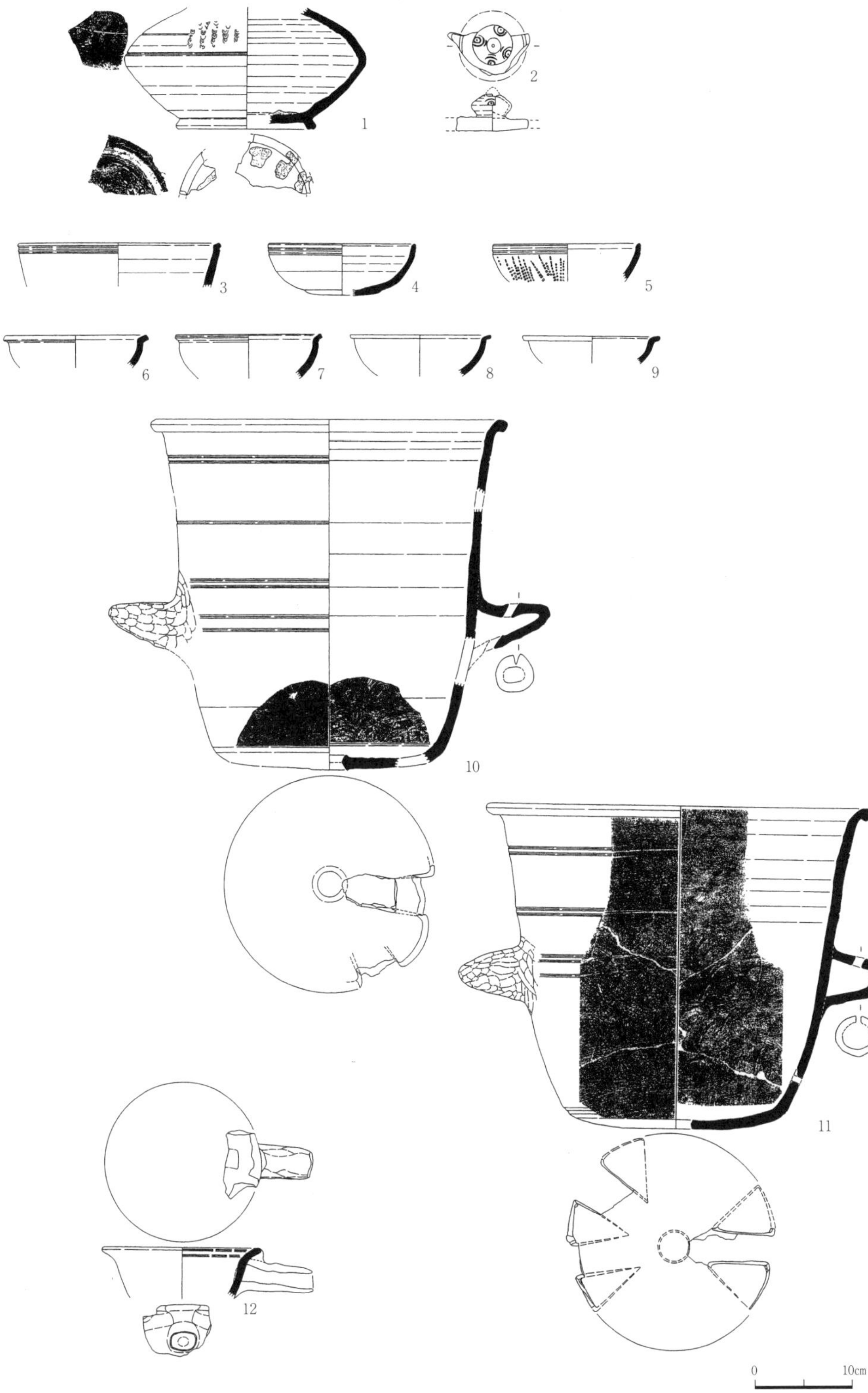

第 71 図　西下谷田遺跡出土新羅土器

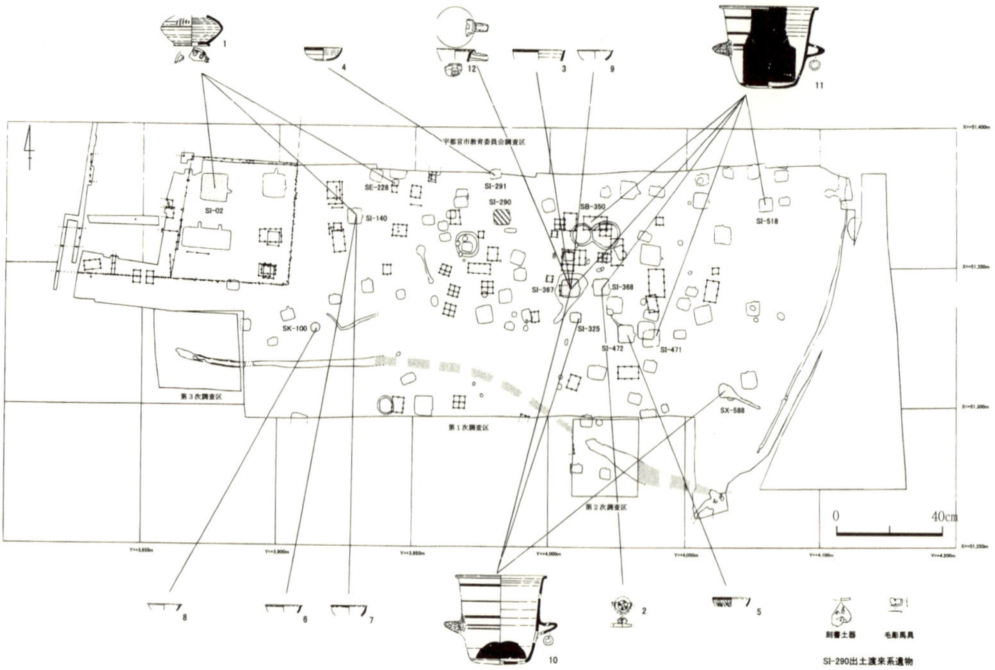

第 72 図　西下谷田遺跡　新羅土器出土遺構

甑 2（同図 10・11）・柄杓形土器（同図 12）の計 12 点が出土している。破片の遺構間接合が確認されており，それぞれの遺構が埋まりきらずに同時に開口していたことがわかる（第 72 図）。

本県における新羅土器は，西下谷田遺跡の 12 点以外に，前田遺跡 2 点（宇都宮市），落内遺跡 2 点（下野市・旧南河内町），郭内遺跡 1 点（下野市・旧石橋町），惣宮遺跡 1 点（下野市・旧石橋町），免の内台遺跡 2 点（芳賀町）の 5 遺跡 8 点が知られ，合計で 6 遺跡 20 点となる。県内全域に分布するのではなく，現段階では，河内郡とその東に隣接する芳賀郡のみに偏在する（板橋 2008）。

次に少し視野を広げて，全国の 7〜8 世紀の遺跡から出土した新羅土器の状況をみてみよう（第 11 表）。

分布は，9 都府県にわたり，74 遺跡 130 点が確認されている。遺跡の種別ごとにみてみると，26 基の古墳から出土しており，出土遺跡全体の 1/3 を占める。時期的には 7 世紀中葉から後半にあたる。数で続くのは，集落遺跡で 11 遺跡，官衙とその関連遺跡が 8 遺跡，そして寺院関係が 8 遺跡，さらに鉄などの生産遺跡が 6 遺跡となる。遺跡の性格を特定できない場合や表土中出土が 15 遺跡ある。

都府県別にみると，最も多いのは福岡県の 28 遺跡 44 点[17]，続いて奈良県の 17 遺跡 28 点で，栃木県の 6 遺跡 20 点，大阪府の 13 遺跡 19 点と続く。中国・朝鮮からの玄関口である鴻臚館や大宰府が置かれた福岡県，7 世紀代の飛鳥や藤原京のある奈良県，前期難波宮が営まれた大阪府と政治・交通の要所となる 3 府県とそれらとは対照的な東国の栃木県に集中する。長崎県出土は

第11表　新羅土器の出土状況

県名	遺跡数	点数	遺跡の種別						器種						
			古墳	宮都・官衙関連	寺関連	生産遺跡	集落	不明・その他	壺	蓋	杯・椀（盒）	甑	高杯	硯・硯蓋	不明・その他
長崎	4	8	4						8						
福岡	28	44	16	3		1	8		28	12	1		2		1
山口	2	5	1			1				2	2		1		
島根	1	2						1	2						
大阪	13	19	1	1	1	1		9	15		1			2	1
奈良	17	28	2	3	5	2		5	18	6	1			3	
京都	2	2	1		1				1					1	
千葉	1	2	1						1	1					
栃木	6	20		1	1	1	3		4	2	10	2			2
総数	74	130	26	8	8	6	11	15	77	23	15	2	3	6	4

江浦 1988・宮川 2000・板橋 2001・板橋 2008・上田 2011 をもとに作成した。

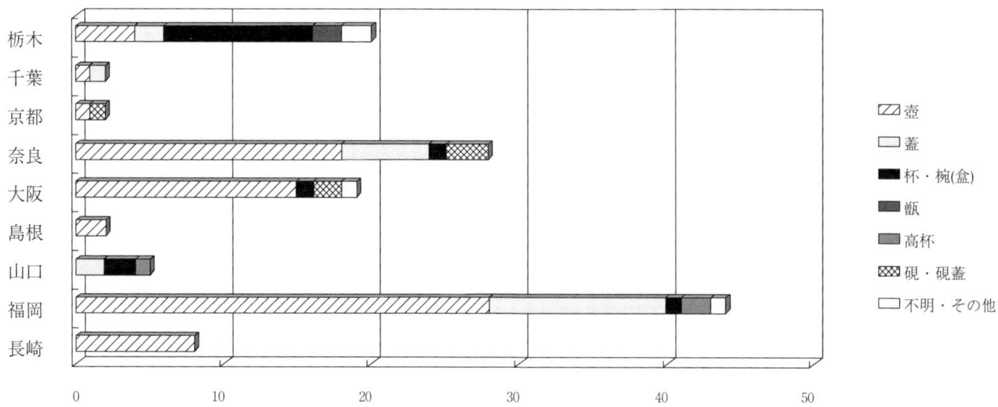

第73図　新羅土器の器種別出土数

対馬と壱岐に限定される。したがって，半島から対馬・壱岐を経由して筑紫に入るとともに，陸路ではなく瀬戸内の海路をとって畿内に入るルートが眼前に浮かび上がる。栃木県に集中する背景については，次の器種別出土数の吟味を経てから考えてみたい。

新羅土器の器種別の出土数をグラフ化してみよう（第73図）。

器種別で一番多く確認されているのは，壺で77点と半数以上を占める。ここで留意しておきたいのは，壺にはスタンプ文など特徴的な装飾があるので，新羅土器と認定しやすい点である。しかし，それを勘案してもなお，福岡・奈良・大阪に集中する壺は注目に値し，「畿内の官都や拠点的な遺跡から出土する新羅長頸壺は優れた機能性と装飾性を兼備した土器として選ばれ，新羅使・遣新羅使に伴う朝貢品・交易品中の薬物・顔料などの容器として搬入されたもの」とする考え（江浦 1994）を支持したい。

一方，栃木県出土新羅土器の器種は，列島内において独自の位置をしめる。第11表・第73図で示したように，杯・椀類が10点，甑が2点，いわゆる日常什器と蒸飯器が出土しているので

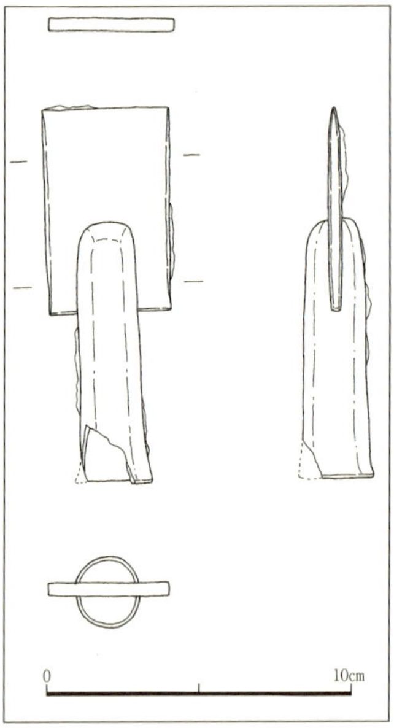

第 74 図　桃花原古墳出土サルポ

第 12 表　サルポ出土古墳一覧

№.	県名	古墳名
1	長崎	高下古墳
2	福岡	平塚古墳
3	〃	香ノ木古墳群 3 号
4	〃	西尾山第 1 古墳
5	岡山	大谷 1 号墳
6	〃	定東塚古墳
7	〃	〃
8	〃	定北古墳
9	兵庫	東山 1 号墳
10	〃	黍田 F 号墳
11	大阪	珠金塚古墳
12	京都	椿井大塚山古墳
13	〃	広沢古墳
14	奈良	ホケノ山古墳
15	〃	清水スゲ谷古墳
16	三重	経塚古墳
17	岐阜	稲荷塚 1 号墳
18	神奈川	かろうと山古墳
19	東京	稲荷塚 1 号墳
20	千葉	栗野 I 遺跡 001 号墳
21	栃木	十二天塚古墳
22	〃	桃花原古墳
23	福島	小申田北 18 号横穴墓

君島 2006，李 2010 をもとに作成。
※アミかけは，新羅土器出土府県。

ある。これは壺を主体とするほかの地域とはまったく違う特徴であり，栃木で出土する新羅土器は，＜生活に密着した土器＞とすることができる。北部九州における半島からの搬入土器は，5〜7 世紀中葉までは早良平野に集中するが，福岡平野から太宰府の地域では 6 世紀末から増加して 7 世紀後半以降も新羅土器の搬入が継続し分布の中心となる，と整理されている（寺井 2012）。その背景に対外交渉拠点の移動と那津官家設置以降の福岡平野側の発展をみる寺井誠は，搬入土器の器種には壺と蓋の類が多い，と述べる。北九州におけるこの特徴は，栃木の器種構成を際立たせることになる。朝貢品・交易品としての蓋付長頸壺による＜モノの移動＞に対して，＜人の移動＞の証左となる。従来，栃木県における新羅土器の出土数の多さだけがクローズアップされがちであったが，土器の種類の検討からも『日本書紀』持統紀の新羅人移配記事を裏づけることができた。なお，オンドル・大壁建物・L 字かまどなどは現在のところ確認されていない。

2）サルポ（鏟）

2001〜2005 年に調査された壬生町桃花原古墳から，サルポ（鏟・斧状鉄製品）が出土している（第 74 図）。桃花原古墳は，直径 63m，高さ 4.8m の 3 段築成の大型円墳で，河原石による葺石がみられる。石室の石材はほとんど失われていたが，凝灰岩切石を用いた横穴式石室であったことが確認されている。石室の前面には，河原石で構築された前庭部があり，直刀・鉄鏃・鉄地金銅張の馬具・武具などが出土している。埴輪は認められず，須恵器大甕による葬送儀礼が行われている。出土遺物から 7 世紀前半代に位置づけられている（君島 2006）。

サルポは，他の武器・武具・馬具と一緒に前庭西側平坦面から出土した。サルポについては，「農工具として副葬されたとは考え難く」「武器あるいは儀器」「あるいは渡来系文物として副葬された」との指摘がある（高田 1998）。李東冠と君島利行の集成をもとに出土地一覧表を作成した（第 12 表）。14 都道府県で 23 例が確認されている。南は長崎から北は福島まで分布する。第 11 表の新羅（系）土器の出土する都府県とかなりの部分で一致することに注目しておきたい。これは，偶然ではないだろう。今回のささやかな考察の成果の 1 つと考えている。

一方，新羅土器が確認できない岡山県の真庭市にサルポ4例が集中する。どのように解釈したらよいであろうか。このことについては，サルポは「単なる農具としてではなく，農耕にかかわる権威のシンボル」であり，その意味を認めていた被葬者は「渡来人ないしそれにきわめて近い人々」とする説が示されている（新納 2001）。

年代的には，奈良県ホケノ山古墳や京都府椿井大塚山古墳のように3世紀代の別格に古い例があるが，ほとんどが6世紀末～7世紀に集中する。一方，朝鮮半島では，42例が報告されている（李 2010）。系譜的に彼我が年代を含めて一系統なのか，それとも年代ごとにそれぞれ独自の流れを見せるのかは現段階では明らかにし得ない。両地域を包括する型式分類による考察が今後の課題である。

3）　佐波理匙

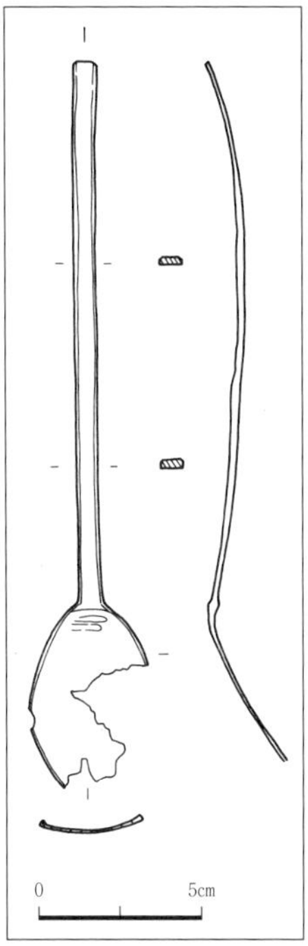

第75図　益子町ケカチ遺跡出土佐波理匙

平安時代の益子町ケカチ遺跡A地区2号竪穴住居跡から，青銅製（佐波理）の匙が出土している（第75図）。受部の一部を欠くが，残存長21.2cm，受部厚0.15cm，柄部長16cm，柄部平均幅0.7cmである。青銅製の匙については，伝世品として正倉院所蔵品や東京国立博物館所蔵の法隆寺献納宝物が著名であるが，国内の出土品としては，内山敏行の集成によれば，10例ほどが知られるにすぎない（内山 1997）。類似の遺物は，統一新羅時代の遺構とされる，韓国慶州の雁鴨池，あるいは中国唐時代の遺構・陝西省慶山寺舎利塔基からの出土品にも見られる（奈良国立博物館 1988『昭和63年正倉院展目録』）。

ケカチ遺跡出土例の材質は，東京国立文化財研究所江本義理の非破壊による蛍光X線分析により，銅を主成分とし，錫25%程度，不純物の少ない「いわゆる古代の佐波理」と報告されている（川原・大山・江本 1978）。正倉院所蔵の佐波理匙も錫が24%であり，分析値が近似するが，アンチモンが含まれている点がケカチ遺跡出土例と異なる点が指摘されている。鈴木靖民は，正倉院所蔵文物について「唐文化とならんで，新羅文物の伝播・影響も決してないがしろにできない」と述べ，背景として8世紀前半段階の日本の佐波理製品と新羅あるいは新羅人との密接な関連について論及している（鈴木 1985）。ケカチ遺跡出土例は，基本的には仏具として理解され，時期的にみて，2次的に当地にもたらされたモノとも考えられるが，半島との関係を示す，出土例が希少な佐波理製品である。

（4）　小結

1）　新羅人渡来の背景

7世紀後半の東アジアの情勢は，唐の勢力拡大により，663年に百済，668年には高句麗が滅亡する。さらに670年には，唐と新羅が争う事態になり，特に朝鮮半島の社会情勢が非常に不安定な状況にあった。そのようななか，危機を逃れて倭に百済人や新羅人が渡ってくるような事態が生じ，『日本書紀』は，天智4（665）年に「百済の百姓男女四百余人」を近江に，天智5（666）

年に「百済の男女二千余人」を東国に「居く」ことを伝え，663年の百済滅亡に関する記事と考えられている。さらに，天武13（684）年の「百済の僧尼及び俗の男女併せて二十三人」武蔵国安置を経て，持統紀の常陸・武蔵・下毛野への多くの移配記事が続くことになる。本節で示した，栃木県内出土の半島系遺物はちょうど上記した時期以降のものであり，倭の東国・下毛野の地から東アジアの情勢を垣間見ることになった。ささやかではあるが，モノを通して当時の社会を考える，という目的を果たせた，と考えている。

2）渡来人移配の背景

渡来人を受け入れることについての倭のリーダーたちの考え方は，田中史生が注目しているように（田中 2005），以下の『日本書紀』推古20年の記事が参考になる。

> 百済の國より化來る者あり。其の面身，皆斑白なり。若しくは白癩有る者か。其の人に異なることを悪みて，海中の嶋に棄てむとす。然るに其の人の曰く「（前略）亦臣，小なる才あり。能く山岳の形を構く。其れ臣を留めて用ゐたまはば，國の爲に利有りなむ。（後略）」といふ。是に，其の辞を聞きて棄てず。

百済国から「化來る」（おのづからにまうくる）者，つまりわが国のよさを慕って来朝し，帰化しようとした人物がいたが，全身が白く異様なので，海中の島に棄てようとした。しかし，その人物は「わたしには，造園の技術があります。わたしを用いれば国に利益をもたらすでしょう」と訴えたので方針を変えて棄てなかった。概略このような内容であるが，半島からの渡来人のもつ技術に期待して受け入れていたことがよくわかる記事と考えられる。

さらに続けて，

> 又百済人味摩之，歸化けり。曰く「呉に学びて，伎樂の儛を得たり」といふ。則ち櫻井に安置らしめて（後略）

百済人の味摩之が「歸化」（まうきおもむ）したが，伎樂の舞技をもっていたので，桜井に安置して云々，という記事である。この記事も半島から渡来した人物をその特技をもとに桜井に安置したことを伝えている。

以上の内容は，半島から渡来した人々が，緊張した事態を逃れて海を渡った単なる難民だったのではなく，技術と文化を携えて渡来してきたことを伝えている，と解釈できるだろう。したがって倭の側からすると，渡来した人々を無条件に受け入れたのではなく，彼らの携えた優れた技術や文化を積極的に取り入れることを目的に移配・安置した，と考えられる。酒寄雅志による渡来人の移配に政治的配慮，技術，高度な教養を期待したとする考え（酒寄 2003）を再確認するとともに，「日本の古代国家形成期における渡来人の影響の大きさは，身体そのものよりも身体を介してもたらされたものの方にある」とする田中史生の意見（田中 2005）に沿いたい。

3）残された問題

栃木における西下谷田遺跡以外の諸遺跡出土の8世紀前半から中葉にかけての新羅土器の確認は，『記紀』が伝えていない新羅人の移配の可能性を示唆する。鈴木靖民は，遣新羅使・新羅使の詳細な一覧表（鈴木 1985）を作成し，遣唐使の空白期における遣新羅使10回・新羅使25回

(鈴木 2008) の役割を重視する。さらに，8世紀前後の支配層が「デュアル・ポリシィの政策，思想」をもち (鈴木 2008),「ダブル・スタンダードの外交」であった (鈴木 2007) と主張する。朝鮮半島との関係が基本であり，双方の使節により新羅と交流・依存しながら，他方で唐に傾倒し，その文化の摂取を希求する体制であった，と理解される。今回十分に論及できなかった栃木県出土の8世紀の新羅土器やケカチ遺跡の佐波理匙は，新羅との関係の一端を示している，と位置づけることも可能であろう。佐藤信は，「双方向で多元的な国際関係を一元的な国家間外交のみに限定せず，どれだけ交流の特質を把握できるかという課題」を提示している (佐藤 2007)[18]。今回扱った内容は，単線的で朝鮮半島発⇒日本列島着と一方通行の交流だけに終始した。今後は，半島における＜倭系遺物＞，例をあげれば，半島出土の須恵器 (酒井 2008) など，あるいは＜前方後円墳＞などの考古資料を素材として古墳時代以降7～8世紀の日本列島発のモノ・コトについて複線的に考察し，あらためて両者の相互交流とその歴史的意義について考えてみたい。

第4節　立評と西下谷田遺跡そして下野薬師寺の建立

1　西下谷田遺跡の調査成果 (第76・77図)

西下谷田遺跡は宇都宮市茂原町，上三川町上神主，下野市下古山にまたがる行政境に所在する，縄文時代から中世までの複合遺跡である (田熊・板橋 2003)。そのうち，飛鳥・奈良時代の遺構としては，区画施設・竪穴式住居150・掘立柱建物56・井戸12・道路遺構・水場遺構3・溝3・周溝遺構4・円形有段遺構3・鍛冶関連遺構1・土坑などが確認されている。注目されるのは，遺構の中心施設である「区画施設」とその周囲に展開する「区画施設関連集落」である。「区画施設」は，角材を用いた掘立柱塀によって囲まれ，その規模は南北約150m・東西推定108mで，

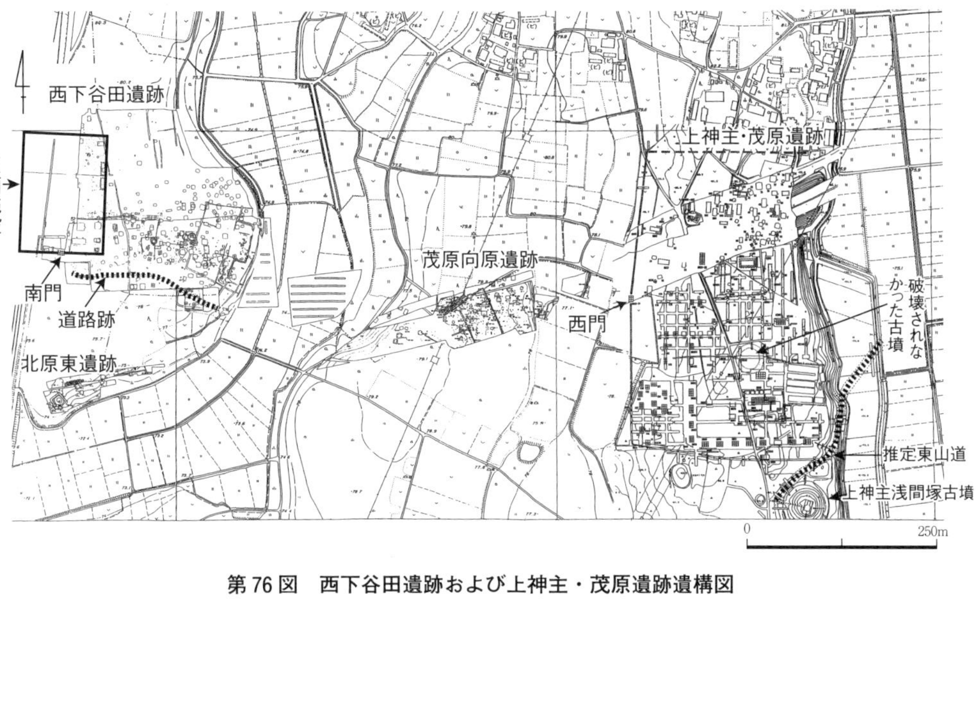

第76図　西下谷田遺跡および上神主・茂原遺跡遺構図

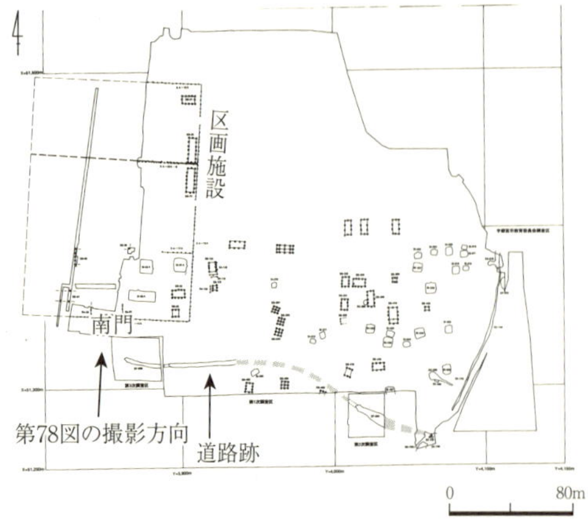

第 77 図　西下谷田遺跡Ⅰ期遺構図

第 78 図　西下谷田遺跡（南上空より）

第 79 図　西下谷田遺跡出土新羅（系）土器

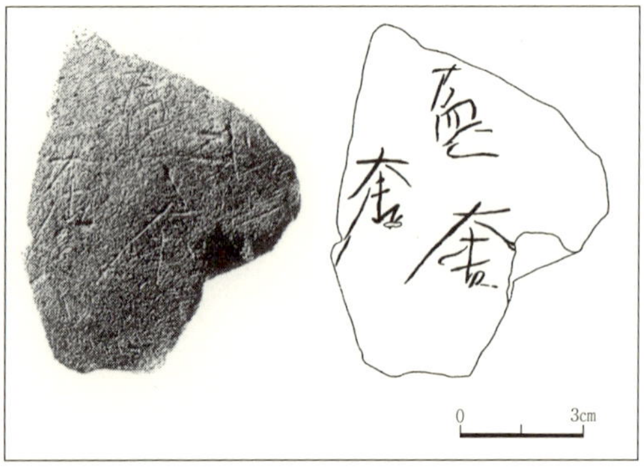

第 80 図　西下谷田遺跡出土の刻書土器

2 時期（Ⅰ期・Ⅱ期）に区分されている。南辺塀の中央には南門（Ⅰ期は棟門・Ⅱ期には八脚門）がある。各期の年代は，Ⅰ期が 7 世紀第Ⅲ四半期の後半から 7 世紀第Ⅳ四半期前半，Ⅱ期が 7 世紀第Ⅳ四半期後半から 8 世紀第Ⅰ四半期以前と考えられている。調査者である板橋正幸は，Ⅰ期は，家政的性格を内包した（豪族の居宅と官衙が未分化）拠点的な評衙（初期評衙）と位置づけ「毛野地方（後に下毛野国）に最初に設置された」としている。この地が選定された理由としては，ほぼ同時期に創建が開始された可能性がある下野薬師寺や，当地域を本拠地にしていた下毛野氏の存在が深く関与していた，と考えられている（板橋 2007）。遺構の年代およびその状況から河内評衙（家）と位置づけるのが妥当と思われる。

「区画施設」内は，塀により 3 分割され，北区と中央区の東辺の中央やや北寄りに棟門が確認されているが，南区では，南辺に南門が認められる（第 77 図）。Ⅰ期においては，北区と中央区の区画塀に寄った位置に南北棟の掘立柱建物 2 棟（SB22，23），南区に竪穴建物 3 棟，掘立柱建物 2 棟などが確認されている。竪穴建物 3 棟のうち，南門を入ってすぐ右手にあたる位置に営まれた長方形大型竪穴建物は，東西 17m，南北 6.2m の規模である。「区画施設」の中央から西の全体の 2/3 ほどが緑地保存区および道路・線路となっており（第 78 図），全体像は明らかになっていない。

出土遺物で注目されるのは，新羅（系）土器の出土である（板橋 2001・2008 など）（第79図）。西下谷田遺跡の性格を考えるとき，重要な要素の1つとなる（本章第3節2で詳述）。

西下谷田遺跡の出土文字資料としては，墨書土器と刻書土器がある。前者には，「寺」があり，遺跡内で下野薬師寺所用瓦も出土していることから，同寺とのかかわりが類推されている（田熊 2004）。また，刻書土器のなかで注目されるのは，290号住居出土の土師器杯である（第80図）[19)]。この住居からは，金銅製毛彫馬具（帯先金具）・円面硯・高台付杯の転用硯・男瓦などが出土している。土器の年代は，7世紀第Ⅳ四半期に位置づけられている。田熊清彦は，刻字中にみられる「㕦」は，「大」と「舎」の2文字を合筆した，と解釈し，第1案は「大屋」，第2案は「大舎人」の省略，第3案は新羅の官位「大舎」と理解する，と3つの案を提示している。このうち，第3案にたてば，西下谷田遺跡に直接渡来人が来住していた証左になり，『日本書紀』の下毛野国への渡来人移配記事の理解を見直さなければならない，と述べている。そして，新羅の官位「大舎」の文字がこの遺跡で直接に書かれていたことの重要性を強調する（田熊 2004）。田熊の提起した考えは，酒寄雅志（酒寄 2002・2005・2008）や板橋正幸（板橋 2001・2005・2008）などが主導する新羅土器と下毛野国渡来人移配記事との連関を考える論に，奥行きを与える論と位置づけられ，7世紀末段階の東国社会の一側面を明らかにした点で学ぶところが大きい。「大舎」は，新羅の官位17等のうちの12番目にあたり，やや下位の官人と判断されるが，彼が遠く異国の地方官衙に来住して執務していた姿を1点の刻書土器から思い描くことができるからである。

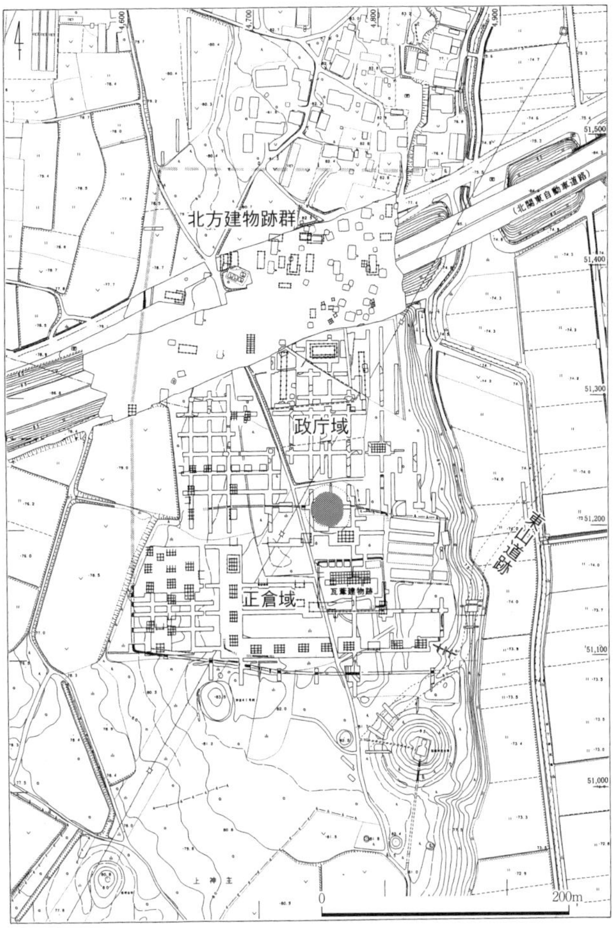

第81図　上神主・茂原官衙遺跡遺構図

下毛野の河内評衙は，まず西下谷田遺跡の区画施設におかれ（西下谷田遺跡Ⅰ期＝7世紀第Ⅲ四半期後半～7世紀第Ⅳ四半期前半），次いで政庁を，上神主・茂原官衙遺跡に遷し（西下谷田遺跡ⅡA期＝上神主茂原官衙遺跡Ⅰ期＝7世紀第Ⅳ四半期後半），奈良時代の前半には建物も建替え整備され，下野国河内郡家として機能してい

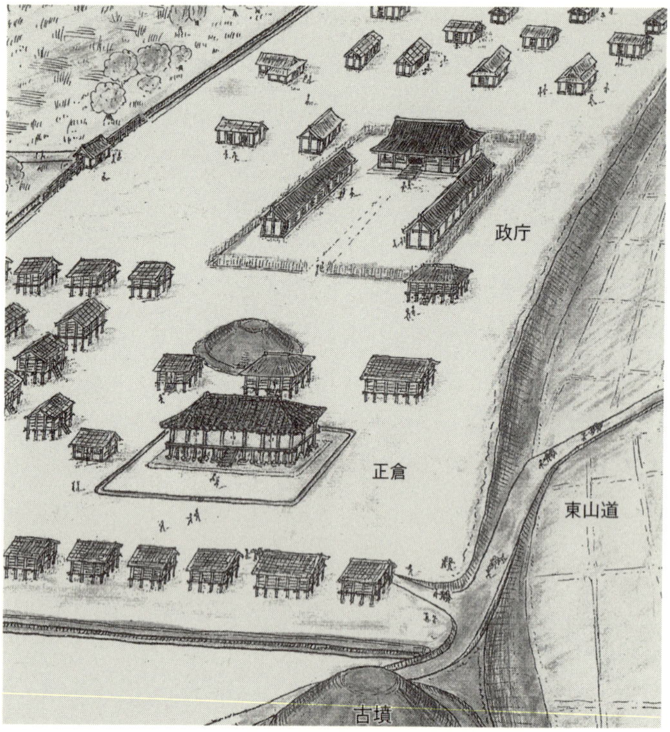

第82図　上神主・茂原官衙遺跡と東山道のイメージ図

た，と整理されている（田熊 2004）。

最後に2つのことに注目して，この項を終えたい。第1点は，「区画施設」の南門にとりつくように，道が確認されたことである[20]。上神主・茂原遺跡においては，河内郡衙の南東部コーナー付近で道が確認されている。この道は，東山道である可能性が指摘されている（第81図）。西下谷田遺跡の道が，この東山道とどのようにかかわるのかは，まだ明らかになっていない。評家の設置は，中央と地方を結ぶネットワークの整備と綿密な関係にあり，孝徳立評により，評家駅家制が成立した，とする先行研究がある（松原 1988）。西下谷田遺跡と上神主・茂原官衙遺跡の調査成果は，古代の幹線道路を取り込んで，あるいは隣接して評衙・郡衙が営まれていることを確認できる点において，重要な問題提起をした，と言える。

第2点は，上神主・茂原官衙遺跡において，コの字型に配置された正殿と東・西脇殿を備えた政庁の中軸線上約120m（40尺）南に，円墳が破壊されずに保存されていたことである（第81・82図）[21]。東西約250m，南北約390mの規模をもち，整然と倉を配置する南部の正倉域，中央の政庁域，北の関連建物群という配置の中に，径25mの円墳が存在する光景をどのように理解したらよいであろうか。報告書では，「政庁の選地にあたっては，この円墳が強く意識された」としている（深谷・梁木 2003）。また，政庁の設計がこの古墳を真南に置くことを基準にしているとの指摘もある（梁木 2005）。平城宮の調査では，官衙の造成に伴って破壊された大型前方後円墳が複数確認されている[22]。しかし，東国下野においては，本例のように郡衙内の古墳を削平せずに保存したり，下野国分僧寺の区画を曲げて国分寺甲塚古墳の周湟を避けたりする例があり（国分寺町教育委員会 2005），都とは，対照的なあり方を示す。おそらく，畿内の宮都研究者には信じられない事実と思われる。国の都と東国の田舎の違い，と言われればそれまでだが，造営主体者の性格の違いを反映した調査成果である可能性が高い。7世紀末における上神主・茂原遺跡の河内評衙造営主体者は，円墳に葬られた主をあるいはその名を知っている何代かのちの後継者であったと推考しておきたい[23]。

2　下野薬師寺の建立

西下谷田遺跡に河内評衙が営まれて間もなく，南方約 8.2km の位置に下野薬師寺造成の槌音が聞こえ始めた。現在の地名は，下野市薬師寺字寺山で，国指定史跡となり，一部は安国寺の境

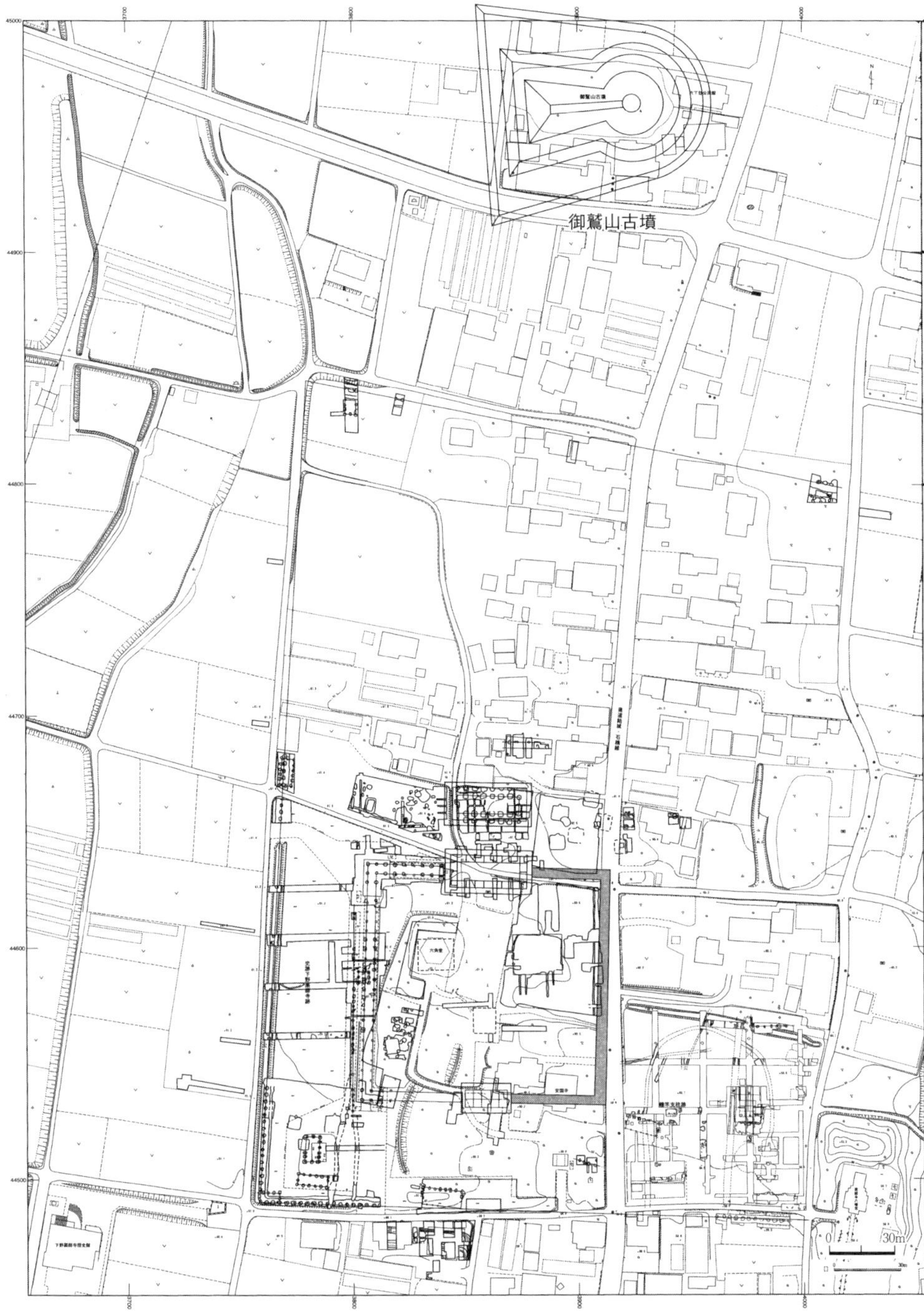

第 83 図　下野薬師寺跡全体図

内となっている（第83図）。下野薬師寺の創建については，従来2つの意見が出されている。その1は，この地を治めていた有力豪族である下毛野氏の氏寺として小規模な堂宇が営まれ，やがて奈良時代に官寺化して，大規模伽藍を建築したとする考え（森 1977・1981など），その2は当初から国家的規模の天皇勅願寺として成立した，とする説（石村 1954，大金 1991・1998，須田 2012・2013など）である。文献史料から読み取る下野薬師寺の創建は，天智朝，天武朝，持統朝，文武朝とまちまちで，信憑性に欠ける。一方，考古学の発掘調査による成果からみれば，西回廊出土の大和川原寺系の瓦[24]をもとに天武朝期（672〜686年）とする点で一致している。しかし，創建期重弧文軒平瓦の製作技法をもとに，発願は天武朝にあるが，創建は持統朝の後半から文武朝が目安として，7世紀末〜8世紀初頭とやや下降させる意見もある（須田 2012・2013）。

『日本書紀』天武14（685）年3月条は，以下のように伝える。

諸国に家毎に仏舎を作り，乃ち仏像および経を置きて礼拝供養せよ。

この記事のなかの「家毎」が表現する内容としては，通常，それぞれの評家ごとに仏舎を造ると理解されている。森郁夫は，下毛野氏による氏寺を想起するのかもしれない。一方，大金宣亮は，この記録を天武・持統朝における仏教の地方拡大政策を示す記事として，その要として下野薬師寺が創建された，との立場をとる。発掘調査の成果から，大金は，①講堂の基壇版築や礎石根固めに瓦の混入がないこと，②Ⅱ期（改作）西回廊の下層にほぼ平行するように確認された遺構にも瓦が混入せず，創建伽藍は改作伽藍に規模が劣ったものとは断じ難いこと，の2点に注目する。この見解が正しければ，上記した下野薬師寺創建にかかわる2つの意見については，当初から国家規模での造営であった，とする後者の意見に軍配が挙がる可能性が高い。ただし，瓦の出土量からすると白鳳期には七堂伽藍の全容は完成していなかった，と推定されている（大金 1991）。

では，なぜ栃木県南部のこの地が，平安初期に編纂された『続日本紀』に，（南都）七大寺の如し，との記録が残る，南北330m（3町），東西252m（2町20間）にも及ぶ大規模な寺院造営地に選ばれたのだろうか。この国家的プロジェクトは，幾多の先学が指摘するように，下毛野朝臣古麻呂の存在を抜きにして語ることはできない（石村 1954，大金 1998，須田 2013など）。

古麻呂が初めて文献上に現れるのは，『日本書紀』持統3（689）年である。奴婢600人の解放を願い出て持統天皇に許される記事である。時の冠位は「直広肆（じきこうし）」で，大宝律令に対比させれば，従五位下にあたり極めて少数の高級貴族であるという（佐藤 1998）。この記事からは，①古麻呂が600人を所有するほどの財力をもっていたこと，②直接天皇に上奏可能な地位にあったこと，を読み取ることができる。

次は，『続日本紀』大宝元（701）年4月に古麻呂等3人が，重臣たちに大宝律令について講義をした，とする記事である。同年8月には，藤原京で大宝律令完成の功で，編纂の責任者である刑部親王，藤原不比等，下毛野古麻呂らに禄を賜う儀式が催されている。翌大宝2（702）年10月，大宝律令が天下に頒下されることになる。翌大宝3（703）年，古麻呂は2月と3月に律令編纂の功で田が与えられている。つまり，古麻呂は大宝律令編纂の中心人物であった。

大和薬師寺（本薬師寺・藤原京）が，天武9（680）年の皇后の病気平癒のための勅願寺であることは，よく知られている。天武・持統に近い古麻呂が，東国下野に同じ名前の薬師寺造営を勧めたことは，十分にあり得たことと思われる。佐藤信は，下野薬師寺造営の背景を，①東国・東北政策上での下野の重要性，②移配された渡来系の人々との関係から先進文化を受け入れる文化的位置づけ，③もと下野の在地豪族出身で中央貴族化した下毛野氏の代表者で，7世紀後半から8世紀初頭にかけて中央政界で活躍した下野朝臣古麻呂の存在，の3点に整理している（佐藤1998）。傾聴に値し，考古学の成果から，①については，東山道のルートが付近に想定されること，②は，本章第3節で述べたようにこの地に渡来系の文物が散見されること，③については，しもつけ古墳群に葬られた有力首長との系譜のなかで下毛野氏を位置づけることが，佐藤の整理と呼応する可能性が高い。

下野薬師寺は，すぐ北側に隣接する御鷲山古墳の築造から70年ほど後に創建されたのであり，被葬者の名前も人となりも十分に理解したうえで，この地が選定されたことは，想像に難くない。したがって，西下谷田遺跡で営まれた河内評衙の鍬入れ式も，一辺54mの大規模な方墳である多功大塚山古墳の横口式石槨前庭部において挙行された墓前祭も，今は中央で活躍する古麻呂本人，あるいは彼の縁故ないし側近が直接的にかかわる，下毛野氏にとって重要な儀式であった，と推定されるのである。

註

1）本節の内容の一部については，かつて梁木誠と共同で考察した（小森・梁木 1990）。執筆分担を明記しておきたい。はじめに・2・4を小森，1・3・5を梁木，6・7を両名が担当した。本節では，梁木執筆部分1・3・5を小森が一部改変して要約している。

2）後記するように本資料は古代における寺院や西日本の一部の終末期古墳で使用された塼とは明らかに異なる。なんと呼称すべきか現在でもわからないが一応「」付きで「塼」と表現して論を進め，類例の増加を待つことにした。

3）ただし，「塼」が追葬時に扁平割石を剝がして敷き替えられたものである，という可能性を残している。しかし，少なくとも再検討の4・5を根拠に礫を用いた面よりは先行する，と推定することは許されるだろう。

4）古墳および横穴式石室が，完存あるいは未盗掘の状態でみつかることは非常にめずらしい。筆者は，それぞれの古墳ごとに墳丘がいつ壊されたのか，その石室がいつ開口したのか考える材料をきちんと吟味する必要性を痛感する。なかなかの難問である。しかし，その小さな作業の積み重ねが，「お宝探し」や耕作あるいは石材入手という古墳破壊当時の生活事情を物語る場合と被葬者の「全否定」という歴史的事実を示す場合の二者を峻別する。後者の場合，その物語る内容は，深くそして重い。

5）橋本澄朗は，栃木県の南東部にあたる鬼怒川東側の地域（現在の芳賀郡）は，令制前は新治国造域に属し，立評段階で，芳賀評が下毛野国に編入されたと推定する（橋本 2012）。根拠として，①芳賀地域は，地理的・歴史的に茨城県域と関連の深い歴史的世界を形成したこと，②郡域の古墳は大部分が台地上に築造されたが，芳賀評家は対照的に五行側に面した低台地上に建設されたのは，新治国造支配下の集団による低地開発と推定されること，③芳賀郡家と新治郡家の構造が類似し，瓦も新治系が用いられ，8世紀後半段階まで共通性をもつこと，の3点をあげている。歴史的解釈としては，非常にダイナミックで魅力的な仮説であり，一定の説得力をもつ。ただし，①と②については，考古学的にはなかなか論証できない問題であり，特に②については地域間交流や流通を強調して交通の面からも考えたい課題である。律令国家成立期の地方における社会情勢のおおきな変動を想定する本節の趣旨は，橋本の域に達することはできないが，通底する部分が一部にある。

6）茨城県宮中野古墳群の7世紀前半の築造と推定される，11期における列島最大の円墳（径92m）の大塚古墳の調査所見として，「石室が完膚なきまでに叩き壊されていること」と，石室の破壊後に「非常に締りのいい埋め方をしている」ことが報告されている（小林三郎 2013）。小林は，鹿島神宮の成立と古墳の破壊との関連性を考えているが，その論の成否はともかく，さらに類例の検討を進める必要性を痛感している。

7）日本三古碑は，那須国造碑（700年），多胡碑（711年），多賀城碑（724年）とされる。ちなみに，上野三碑は，山上碑（681年），多胡碑（711年），金井沢碑（726年）である。この〇〇三古碑は，いつの時代に誰が定めたものかは，明らかにできなかった。7～8世紀の古碑が，東国に多く残されていること，それぞれが古代交通路近くに建立されていることが注目される。

8）花崗岩は，白，灰，淡黄，黒色の鉱物結晶がモザイク状に点在し，那珂川左岸の八溝山地から産出する，とされる（田熊信之・清彦 1987）。

9）「疵にしては偶然過ぎ線にしては粗雑にすぎる」との但し書きが添えられている（田熊 1987，p11）。

10）即座に碑文の解釈に及ぶのではなく，まず資料を熟覧する両氏の鋭い見識がなせる成果，と判断される。

11）評の時代，つまり7世紀後半の鉄鏃型式の定点となるとともに，鉄鏃の固定法，篦竹の形成，矢羽の状況など，その情報は測り知れないものがある。

12）矢の竹の部分。

13）箭刻銘の「奈須」と那須国造碑の「那須」の表記の違いが，気ががりではある。たとえば木簡にみえる「三野」と「美濃」の違いと同列に扱ってよいのかもしれない。

14）那須郡衙で確認された道路遺構が，西（正倉院）ブロックと中央ブロックの間を抜け，北延長線上に浄法寺廃寺が位置する，との調査所見が示されている（板橋 1998）。郡（評）衙と一体となる寺であることがよくわかる。

15）三舟隆之は，那須評の成立について，在地の有力豪族が，従来からの自分の勢力地に寺院や郡衙を造営したものではなく，7世紀末に新たに開発して寺院や郡衙を造営した，との考えを示している（三舟 2005）。近接して築造された梅曽大塚古墳が，10b期の50mの前方後円墳で，埋葬施設が2つあることを勘案すると，一概に言い切ることは，難しいようにも思われる。

16）土器の移動とその史的背景に関する研究については，先学による数々の蓄積があるが，特に＜その1＞については，（西 1982，林部 1986・1992・1994），＜その2＞については，（長谷川 1993，村田 2000，髙橋 2007）などに多くを学んできた。

17）福岡県域には，甑や鍋の把手に溝状の切り込みをもつ朝鮮半島系土器がみられ，博多湾沿岸だけでも，11遺跡が確認されている（上田 2011）。時期的には5世紀代から6世紀前半の空白期を挟んで7世紀中葉に及ぶと整理されている。今回は，上田も述べるように，時期決定できない資料が多いため，検討から除外した。糸島半島や宗像市の例（上田 2011）も加えると，予察的には，福岡県出土は最大で40遺跡前後，60点弱ほどになろう。いずれにしても列島内で最大集中地域であることに変わりはない。

18)　佐藤は「在唐新羅人」と「在日新羅人」,「偽使」「故意の漂流」等のテーマを例示しており，示唆に富む。田中史生の「我々がこれまで移住者，定住者とみてきた渡来人が，本当に列島への定着を本質とする移住者だったかどうか自体が十分検証されていない」とする発言（田中 2005）にも留意しながら考えていきたい。

19)　SI290は，拡張・建替えが1回ある。旧住居（A期）の北と西を0.8m拡張して新住居（B期）を営んでいる。本節でとりあげた刻書土器は，B期住居覆土最上層（4層）出土である。刻書土器は，もう1点あり，B期覆土最下層（1層）出土で「大乃」と判読されている。

20)　確認された路面幅は，2.5〜6.5mで側溝は伴わない。区画施設の南門付近で確認され，東に向かうほど幅が広くなる。路床は浅い溝状で，幅1.6mの轍痕が確認されている（板橋 2006）。東に延長すると上神主・茂原官衙遺跡の西門に通じる。西下谷田遺跡の区画遺構と上神主・茂原官衙遺跡が密接な関係をもっていたことがよくわかる事実である。ただし，その中間にあたる茂原向原遺跡では，道が確認されていない（安永 2001）。なお，区画施設の中軸ラインから，約750m東の位置が上神主・茂原官衙遺跡の西門となる（田熊・板橋 2003）。

21)　SZ45と命名された古墳で，区画溝が古墳をはさむように立ち上がること，聞き取り調査により土地所有者が昭和30年代まで墳丘が残っていたと話していることを根拠にしている（深谷・梁木 2003）。

22)　平城宮域では，大極殿の北に位置する市庭古墳（全長253m）の前方部が破壊されたことがよく知られ，第2次大極殿跡には，完全に破壊された神明野古墳（全長117m）もある。ただし，京域に目を広げると，宝来山古墳（垂仁天皇陵）や念仏寺山古墳（開化天皇陵）など，破壊されなかった古墳も多い。

23)　①評衙内に古墳があっても頓着しなかった，②古墳墳丘を政庁の主軸におき，測量の基点とした，③中央から派遣された国宰（くにのみこともち）が，地元との融合を図るために古墳を利用した，④祭祀に利用した，等の案も考えたが，最終的に国分僧寺と国分寺甲塚古墳の関係も想起しながら，このように推考した。一方，政庁域においては，少なくとも4基の小規模円墳が確認されている。造成にあたって削平され，周湟が人為的に埋め戻された，との調査所見である。大和新明野古墳の下野版である。

24)　面違波文縁（鋸歯文）をもつ複弁八葉蓮華文鐙瓦（101型式）と型挽き三重弧文宇瓦（201型式）の組み合わせ。

参考文献

秋元陽光・大橋泰夫 1988「栃木県南部の古墳時代後期の首長墓の動向──思川・田川水系を中心として──」『栃木県考古学会誌』第9集　栃木県考古学会

足利市教育委員会 2000「田島岡古窯跡第5次発掘調査概要」『平成11年度埋蔵文化財調査年報』足利市教育委員会

河部泰久・中岡敬善 1987「倉敷市矢部・江田池周辺の窯跡と陶板」『古代吉備』第9集　古代吉備研究会

石村喜英 1954「下野薬師寺創立に関する試論（上）（下）」『史迹と美術』240・241号　史迹美術同巧会

泉森　皎 1988「磚槨墳研究その後──石室復元工事を通してみた磚槨墳の観察──」『橿原考古学研究所論集』第9　吉川弘文館

板橋正幸 1998「下野国那須郡衙発見の道路遺構」『古代交通研究』第8号　古代交通研究会

板橋正幸 2001「栃木県内出土の新羅土器について──西下谷田遺跡出土新羅土器を中心として──」『研究紀要』第9号 (財)とちぎ生涯学習文化財団埋蔵文化財センター

板橋正幸 2005「西下谷田遺跡の一考察」『古代東国の考古学』大金宣亮氏追悼論文集刊行会

板橋正幸 2006『西下谷田遺跡』Ⅱ 栃木県教育委員会・(財)とちぎ生涯学習文化財団

板橋正幸 2008「下毛野の渡来文化──下毛野地域の新羅土器について──」『第16回企画展 那須の渡来文化』栃木県教育委員会・栃木県立なす風土記の丘資料館・那珂川町教育委員会

市 大樹 2006「総説」『奈良文化財研究所史料第76冊 評制下荷札木簡集成』独立行政法人文化財研究所 奈良文化財研究所

市 大樹 2012「飛鳥・藤原木簡の研究現状」『国際学術研究会 交響する古代Ⅱ──国際的日本古代学の展開──予稿集』明治大学古代学研究所・明治大学日本古代学研究所・明治大学日本古代学教育研究センター

伊藤秋男・高橋信明 1977『人類学研究所紀要第6号 白山藪古墳発掘調査報告』南山大学人類学研究所

伊藤聖浩 1994「鉢伏山西峰古墳」『羽曳野市史』第3巻 資料編1

今西隆行 1994「屍床の研究──須恵器床を中心として──」『文化財学論集』文化財学論集刊行会

上田龍児 2011「博多湾沿岸地域における古墳時代後半期の陶質土器・朝鮮半島系土器」『古文化談叢』第65集(4) 九州古文化研究会

上野勝巳 1984『王陵の谷・磯長谷古墳群』太子町教育委員会

内山敏行 1997「手持食器考──日本的食器使用法の成立──」『HOMINIDS』第1号 CRA

宇都宮市教育委員会・上三川町教育委員会 2003『史迹上神主・茂原官衙遺跡』宇都宮市教育委員会・上三川町教育委員会

梅原末治ほか 1936『摂津阿武山古墳調査報告』 大阪府史蹟名勝天然記念物調査報告第7輯 大阪府

江浦 洋 1988「日本出土の統一新羅系土器とその背景」『考古学雑誌』第74巻2号 日本考古学会

江浦 洋 1994「海を渡った新羅の土器──土器からみた古代日羅交流の考古学的研究──」『古代王権と交流5 ヤマト王権と交流の諸相』名著出版

大金宣亮 1974「栃木県那須地方における古墳の分布と展開」『下野古代文化』創刊号 下野古代文化研究会

大金宣亮 1984「各地域における最後の前方後円墳 栃木県」『古代学研究』106 古代学研究会

大金宣亮 1991「下野薬師寺造営の背景」『栃木県立しもつけ風土記の丘資料館第5回企画展 東国の初期寺院』栃木県教育委員会

大金宣亮 1998「Ⅱ下野薬師寺の創建 第1章遺跡からみた下野薬師寺」『南河内町史』通史編 古代中世 南河内町

大川 清 1972「犬伏窯跡・北山窯跡群」『東北縦貫自動車道埋蔵文化財発掘調査報告書』日本道路公団東京支社・栃木県教育委員会

大川清他 1989「原東窯跡群」『益子町史』窯業編

太田陸郎 1932「摂北特殊構造古墳二例」『考古学雑誌』22巻8号 日本考古学会

尾谷雅彦・宮野淳一 1990「檜尾塚原古墳群の調査」『陶邑』Ⅶ 大阪府教育委員会

河上邦彦 1982『高安城跡確認調査概報』橿原考古学研究所

川原由典・大山浩一・江本義理 1978『星の宮ケカチ遺跡』益子町教育委員会

北垣聰一郎 1985「「いわゆる終末期石槨古墳」の構造的変遷について──大和・河内を中心として──」

『末永先生米寿記念献呈論文集乾』末永先生米寿記念会
北野耕平 1972『富田林市史』第4巻
北野耕平 1985「お亀石古墳」『富田林市史』第1巻
君島利行 2006『桃花原古墳』壬生町教育委員会
木村友則 2013『下野薬師寺跡発掘調査報告書――第38・39次発掘調査報告――』下野市教育委員会
九州歴史資料館編 1981『九州古瓦図録』柏書房
久保哲三・岩松和光編 1986『益子・山守塚古墳』益子町教育委員会
車崎正彦・小森哲也 1987「荒久台古墳群」『益子町史』第1巻 考古資料編
合田恵美子 2012『樺崎渡戸古窯跡・樺崎中妻遺跡・栃本西遺跡・唐沢山城跡』栃木県教育委員会・(財)とちぎ未来づくり財団
国分寺町教育委員会 2005『甲塚古墳――平成16年度規模確認調査――』国分寺町教育委員会
小林三郎 2013「関東における古墳の終焉」『古墳から寺院へ――関東の7世紀を考える――』六一書房
小林義孝ほか 1998「渡辺忠教氏採集の考古資料の意義(4)」『太子町立竹内街道歴史資料館　館報』第4号
小森哲也 1984「京泉シトミ原古墳群」『真岡市史』第1巻 考古資料編　真岡市
小森哲也 1986「真岡市根本兜塚古墳出土の頭椎大刀について」『真岡市史案内』第5号　真岡市史編さん委員会
小森哲也 1987a「小宅古墳群」『益子町史』第1巻 考古資料編　益子町
小森哲也 1987b「西坪古墳群」『益子町史』第1巻 考古資料編　益子町
小森哲也 2010「各地域における前方後円墳の終焉　栃木県」『前方後円墳の終焉』雄山閣
小森哲也・梁木誠 1990「真岡市根本神宮寺塚古墳の「塼」をめぐって――地方における須恵器生産開始期の一様相――」『古代』第89号　早稲田大学考古学会
近藤義郎 1952『佐良山古墳群の研究』第1冊　津山市
斎藤　忠 1972「古代東国における帰化人安置に関する二,三の考察」『仏教史研究』6
斎藤　忠 1973「第5章　総括」『下野薬師寺跡発掘調査報告』栃木県考古学会
斎藤　忠 1986「第2編　第1章　那須国造碑文の考察と原位置および那須国造墳墓の推考」『那須国造碑・侍塚古墳の研究』吉川弘文館
斎藤忠・大和久震平 1986『那須国造碑・侍塚古墳の研究』吉川弘文館
酒井清治 1981「房総における須恵器生産の予察(1)」『史館』第13号
酒井清治 1987「北武蔵における7・8世紀の須恵器の系譜――立野遺跡の再検討を通して――」『研究紀要』第9号　埼玉県立歴史資料館
酒井清治 1988「関東における古墳時代の須恵器生産――群馬・埼玉を中心に――」『考古学雑誌』第73巻3号　日本考古学会
酒井清治 2008「韓国出土の須恵器」『生産の考古学』Ⅱ　倉田芳郎先生追悼論文集編集委員会
酒井清治・藤野一之・三原翔吾 2009『群馬・金山丘陵窯跡群』Ⅱ　駒澤大学考古学研究室
酒寄雅志 2003「律令国家の誕生と下毛野国」『第17回企画展　律令国家の誕生と下野国――変革の7世紀社会――』栃木県立しもつけ風土記の丘資料館
酒寄雅志 2005「再論，律令国家の誕生と下野国」『古代東国の考古学』大金宣亮氏追悼論文集刊行会
酒寄雅志 2008「古代東国の渡来文化――上毛野，そして下(毛)野を中心に――」『第16回企画展　那須

の渡来文化』栃木県教育委員会・栃木県立なす風土記の丘資料館・那珂川町教育委員会
定森秀夫 1993「日本出土の陶質土器――新羅系陶質土器を中心に――」『MUSEUM』第 503 号　東京国立博物館
佐藤　信 1998「Ⅱ下野薬師寺の創建　第 2 章創建」『南河内町史』通史編 古代中世　南河内町
佐藤　信 1999「古代東国の石文とその背景」『東国石文の古代史』吉川弘文館
佐藤　信 2007「序　前近代の日本列島と朝鮮半島」『史学会シンポジウム叢書　前近代の日本列島と朝鮮半島』山川出版社
三田市教育委員会 2000『三田市遺跡分布地図』
芝野圭之助 1986『錦織公園内古墳群発掘調査概要』大阪府教育委員会
下大迫幹洋 2002「奈良県平野 2 号墳の発掘調査成果――大和における終末期古墳の調査――」『日本考古学』第 13 号　日本考古学協会
篠川　賢 1999「山上碑を読む――「佐野三家」を中心として――」『東国石文の古代史』吉川弘文館
真保昌弘 1997a「下野国の初期寺院」『関東の初期寺院』関東古瓦研究会
真保昌弘 1997b「陸奥地域の関東系軒先瓦を中心とした受容とその背景」『関東の初期寺院』関東古瓦研究会
真保昌弘 2008『侍塚古墳と那須国造碑――下野の前方後方墳と古代石碑――』同成社
菅沼克博 1985「益子町本沼窯跡群分布調査報告」『峰考古』第 5 号　宇都宮大学考古学研究会
鈴木靖民 1985「正倉院の新羅文物――日羅文化交流の実相――」『古代対外研究史の研究』吉川弘文館
鈴木靖民 1996「日本古代の首長制社会と対外関係――国家形成の諸段階の再検討――」『歴史評論』551　歴史科学協議会　校倉書房
鈴木靖民 2007「古代東アジアのなかの日本と新羅――7 世紀における文字文化の伝播――」『史学会シンポジウム叢書　前近代の日本列島と朝鮮半島』山川出版社
鈴木靖民 2008「日本律令の成立と新羅」『史学会シンポジウム　日唐律令比較研究の新段階』山川出版社
須田　勉 2012『東国古代仏教の中心寺院　下野薬師寺』新泉社
須田　勉 2013「第 2 章　下野薬師寺の創建と官寺化」『日本古代の寺院・官衙造営――長屋王政権の国家構想――』吉川弘文館
高島信之・畠中剛 1984「三田市青龍寺裏山 1 号墳出土の塼」『兵庫考古』第 19 号
高田恭一郎 1998「鏟形金銅製品と鏟について」『大谷 1 号墳』岡山県北房町教育委員会
髙橋誠明 2007「律令国家の成立期における境界地帯と関東の一関係――宮城県大崎地方出土の関東系土師器と出土遺跡の意義――」『国士舘考古学』第 3 号　国士舘大学考古学会
田熊清彦 1986「真岡市における奈良・平安時代の須恵器――井頭遺跡を中心として――」『真岡市史案内』第 5 号
田熊清彦 2004「下野国河内郡家と文字資料」『法政史学』第 61 号　法政大学史学会
田熊清彦・板橋正幸 2003『西下谷田遺跡』栃木県教育委員会・（財）とちぎ生涯学習文化財団
田熊信之・田熊清彦 1987『那須国造碑』中國・日本史學文學研究會
田中史生 2002「渡来人と王権・地域」『日本の時代史 2　倭国と東アジア』吉川弘文館
田中史生 2005「古代史からみた渡来人――令制前の渡来人をめぐって――」『ヤマト王権と渡来人』サンライズ出版
田辺昭三 1966『陶邑古窯址群Ⅰ』平安学園考古クラブ

角田文衛 1944「備中国下道氏塋域における一火葬墓」『考古学雑誌』34巻4号　日本考古学会
鶴間正昭 1999「関東の7世紀の須恵器生産」『東京考古』第17号　東京考古談話会
寺井　誠 2012「6・7世紀の北部九州出土朝鮮半島系土器と対外交渉」『沖ノ島祭祀と九州諸勢力の対外交渉』第15回九州前方後円墳研究会北九州実行委員会
東野治之 1980「正倉院武器中の下野国箭刻銘について──評制下における貢進物の一史料──」『続日本紀研究』第208号　続日本紀研究会
時実黙水 1938「箱形組合陶棺」『吉備考古』38
栃木県立しもつけ風土記の丘資料館 2003『律令国家の誕生と下野国』栃木県教育委員会
栃木県立なす風土記の丘資料館 1993『那須の歴史と文化』栃木県教育委員会
中井貞夫 1972「初田第1号古墳調査概要」『節・香・仙』第9号
中岡敬善 2002「邑久地域の古墳出土の塼について──時実黙水氏採集資料を中心に──」『平井勝氏追悼論文集　環瀬戸内海の考古学』古代吉備研究会
中村享史 1996「鬼怒川東流域の横穴式石室」『研究紀要』第4号 （財）栃木県文化振興事業団埋蔵文化財センター
中村　浩 1981『和泉陶邑窯の研究』柏書房
中村浩ほか 1977『陶邑Ⅱ』大阪府教育委員会
中村浩・中井貞夫・宮野淳一 1990「牛石古墳群の調査」『陶邑Ⅶ』大阪府教育委員会
鍋島隆宏 2000「仏陀寺古墳出土の塼について」『太子町立竹内街道歴史資料館館報』第6号
奈良国立文化財研究所飛鳥資料館 1981『飛鳥時代の古墳』同朋舎出版
新納　泉 2001「定東塚・西塚古墳の歴史的位置」『定東塚・西塚古墳』岡山大学考古学研究室
西　弘海 1982「土器様式の成立とその背景」『小林行雄博士古稀記念論集　考古学論叢』
野上丈助 1968『河内の古墳』(2)　古美術鑑賞社
橋本澄朗 2012「下毛野国芳賀評の成立事情──古墳時代後期から終末期の首長墓の視点からー」『野州叢書3歴史のなかの人間』おうふう
長谷川厚 1993「関東から東北へ──律令制成立前後の関東地方と東北地方の関係について──」『二十一世紀への考古学』櫻井清彦先生古稀記念会　雄山閣
服部敬史 1995「東国における六・七世紀の須恵器生産──経営主体と工人をめぐって──」『王朝の考古学』大川清博士古稀記念会
花田勝弘 1987『田辺古墳群・墳墓群発掘調査概要』柏原市教育委員会
林部　均 1986「東日本出土の飛鳥・奈良時代の畿内産土師器」『考古学雑誌』第72巻第1号　日本考古学会
林部　均 1992「律令国家と畿内産土師器──飛鳥・奈良時代の東日本と西日本──」『考古学雑誌』第77巻第4号　日本考古学会
林部　均 1994「律令国家と土器の移動」『古代王権と交流5　ヤマト王権と交流の諸相』名著出版
菱田哲郎 1986「畿内の初期瓦生産と工人の動向」『史林』第69巻第3号　史学研究会
深谷　昇 2005「下野国河内郡衙の変遷──上神主・茂原官衙遺跡および多功遺跡の分析を中心に──」『古代東国の考古学』大金宣亮氏追悼論文集刊行会
深谷昇・梁木誠 2003『上神主・茂原官衙遺跡』上三川町教育委員会・宇都宮市教育委員会
堀田啓一 1973「西日本における横口式石棺の古墳について（補論）」『論集　終末期古墳』塙書房

前澤輝政・田村充彦・大澤伸啓 1989「馬坂古窯跡群第1次発掘調査」『昭和63年度埋蔵文化財発掘調査年報』足利市教育委員会

松原弘宣 1988「令制駅家の成立過程について」『直木孝次郎先生古稀記念　古代史論集』上　塙書房

三舟隆之 2005「那須国造碑と那須評の成立」『古代東国の考古学』大金宣亮氏追悼論文集刊行会

宮川禎一 1988「新羅陶質土器研究の一視点──7世紀代を中心として──」『古代文化』第40巻第6号　古代学協会

宮川禎一 2000『日本の美術第407号　陶質土器と須恵器』至文堂

村田晃一 2000「飛鳥・奈良時代の陸奥北辺──移民の時代──」『宮城考古学』第2号　宮城県考古学会

森　郁夫 1977・1981「下野薬師寺の官寺化・下野薬師寺の官寺化（承前）」『野州史学』4・5号　野州史学会

安永真一 2001『上神主・茂原　茂原向原　北原東』栃木県教育委員会・（財）とちぎ生涯学習文化財団

梁木　誠 1983『針ケ谷新田古墳群』宇都宮市教育委員会

梁木　誠 1987「南高岡窯跡群採集の須恵器」『真岡市史案内』第6号　真岡市史編さん委員会

梁木　誠 1992「関東地方の須恵器生産」『新版古代の日本』第8巻 関東　角川書店

梁木　誠 2005「上神主・茂原官衙遺跡の造営企画」『古代東国の考古学』大金宣亮氏追悼論文集刊行会

山ノ井清人・小森紀男・小森哲也 1984「古墳時代」『真岡市史』第1巻

山ノ井清人 1984「神宮寺塚古墳」『真岡市史』第1巻 考古資料編

山本彰・笠井敏光 1981『羽曳野の終末期古墳』羽曳野市教育委員会

吉田恵二 1986「須恵器以降の窯業生産」『岩波講座日本考古学』3 生産と流通　岩波書店

李　東冠 2010「日韓における鐎（さるぼ）の変遷と変容」『武末純一先生還暦記念献呈文集・研究集──還暦，還暦？，還暦！──』武末純一先生還暦記念事業会

脇坂光彦 1999「横穴式石室の須恵器敷床」『同志社大学考古学シリーズⅦ　考古学に学ぶ』同志社大学考古学研究室

図表出典

第49図：梁木誠作成

第50図：山ノ井 1984

第51図：山ノ井 1984

第52図：山ノ井 1984をもとに加筆

第53図：山ノ井 1984をもとに加筆

第54図：山ノ井 1984をもとに加筆

第55図：梁木誠作成

第56図：合田 2012

第57図：久保・岩松編 1986

第58図：久保・岩松編 1986

第59図：久保・岩松編 1986

第60図：梁木 1983

第61図：梁木 1983

第62図：梁木 1983

第63図：梁木 1983
第64図：田熊信之・田熊清彦 1987
第65図：田熊信之・田熊清彦 1987
第66図：田熊信之・田熊清彦 1987
第67図：栃木県立しもつけ風土記の丘資料館 2003　正倉院蔵・写真原版正倉院事務所
第68図：栃木県立しもつけ風土記の丘資料館 2003　正倉院蔵・写真原版正倉院事務所
第69図：東野治之 1980
第70図：栃木県立なす風土記の丘資料館 1993
第71図：板橋 2008
第72図：板橋 2008
第73図：筆者作成
第74図：君島 2006
第75図：川原・大山・江本 1978
第76図：深谷・梁木 2003
第77図：板橋 2006
第78図：田熊・板橋 2003
第79図：田熊・板橋 2003
第80図：田熊 2004
第81図：深谷・梁木 2003
第82図：宇都宮市教育委員会・上三川町教育委員会 2003
第83図：木村 2013
第9表：筆者作成
第10表：筆者作成
第11表：筆者作成
第12表：筆者作成

追記

脱稿後，重見泰　2012『新羅土器からみた日本古代の国家形成』学生社，を知った。筆者の文献渉猟の視野が狭く，本章第3節のなかで言及できなかった非礼をお詫びしたい。特に第Ⅱ部第3章「東日本と新羅の土器──搬入経緯と渡来人──」は，数々の示唆に富み，拙稿と深くかかわる。併読いただきたい。

第４章　埋葬施設にみる広域地域間交流の実態とその背景

第１節　石棺式石室

はじめに――問題の所在――

「出雲型」石棺式石室（出雲考古学研究会 1987）については，その系譜を肥後に求めるとともに，さらに出雲を起点として伯耆へ伝播したとする説がほぼ定着した感がある。一方，東国・下野に分布する刳り貫き玄門をもち，大型一枚石の切石を用いる石棺式石室の系譜については，地理的に離れているためか，山陰および九州の研究者間の議論の俎上にのっていないのが現状である。

栃木県の南部にあたる黒川・思川および田川水系には，古墳時代後期から終末期の大型前方後円墳および円墳が集中して築造される。50m を超える前方後円墳が 11 基，円墳が６基，方墳が１基と下野における歴代の最高ランクの首長層の墓域となる。

これらの首長墳は，①墳丘の第１段目に低平で幅の広い，いわゆる基壇をもつ，②前方部だけに石室をもつ，③凝灰岩切石を用いた横穴式石室を内部主体とする，という「造墓の型」を共有する。この３つの要素を備えた古墳を「下野型古墳」と呼称することが提唱されている（秋元・大橋 1988）。

「下野型古墳」に採用された石棺式石室は，①ほとんどが床石を欠く，②長方形玄室の短辺中央に羨道が取り付く（いわゆる妻入り），以上２点において出雲との大きな隔たりをみせる。さらに，下野においては，最高ランクの首長墳のみが独占して

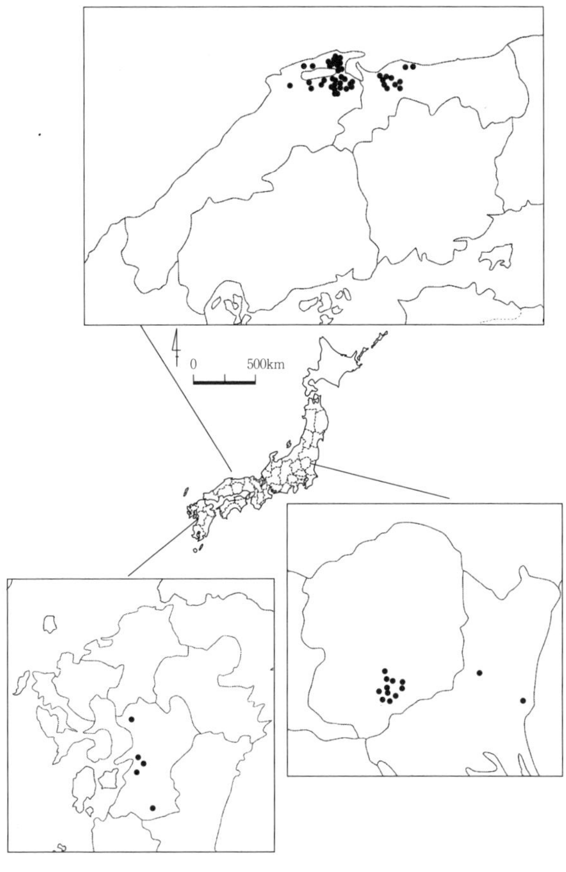

第84図　石棺式（系）石室の分布

採用した階層制を示す埋葬施設であるのに対し，出雲においては，群集墳中にも認められ，比較的広い階層が採用した様相が看取される。しかし，刳り貫き玄門や大型の一枚石で石室を構築し，天井石の外面を丸く加工するなど「出雲型」石棺式石室との共通点も多い。また，一定の地域に限定して採用された独自性と地域性を示す埋葬施設であることも共通する。

一方では，下野の石棺式石室にみられる妻入りと床石を欠く特徴を伯耆系あるいは肥後系とする意見（小林 2005a，市橋 2008・2010）がある。類似するいくつかの地域的特徴をとりあげ，似ている点を強調して系譜を論じる手法と言える。いずれにしても下野では，前代からの系譜をまったく追えない型式であり，現段階では，出雲，伯耆，肥後に系譜を求める意見が多い。その成立について，かつて，筆者は，直接彼我を結びつけることに疑問をもち，独自に成立した可能性を排除しない方向性でこの地域的特色を「下野型石棺式石室」と呼称して表現することを提唱し，その背景に有力首長層の創意と歴史的意義を見出した（小森 1990）。この考えについては，批判もあり（小林 2005a），今回は，持論の見直しも含んでいる。問題は，従来の研究が，それぞれの地域の石棺式石室を統一した基準で比較・検討する姿勢が貫徹されず，＜似ている＞，＜似ていない＞，の段階にとどまらざるを得ない点にあろう。

方法的には，まず，肥後を中心とする中九州，山陰の出雲・伯耆，そして東国・下野の 4 者の石棺式石室[1]を同一俎上にのせ，形態・構築法などの諸要素を比較する。次に，4 地域の石棺式石室の共通性と独自性について整理しながら，地域間交流の様相を中心として記してみたい。

1　研究史抄

(1)　系譜について

梅原末治は 4 回にわたって「出雲に於ける特殊古墳」を『考古学雑誌』に掲載し，出雲地方の独特の地域色を広く学会に紹介するとともに，九州北部との関連を考えた（梅原 1918・1919・1920，梅原・石倉 1920）。その後，山本清は，「石棺式石室」の綿密な集成と石室の諸要素の検討を通して，その特徴と歴史的背景に言及し，出雲の地域的特色を明らかにした（山本 1956・1964）。さらに伯耆・因幡も射程に入れ，出雲東部と対比して，「亜流」あるいは「異態」と表現しながらその差異にも言及した。山陰の石棺式石室は，①九州起源，②出雲が第 2 の起点となる，として「地域間交渉」について論じ，「古墳文化の地域的特色が地域社会の歴史的あり方にほかならない」と結語した。

「故地」とされた九州側からは，小田富士雄の発言がある。家形石棺を墳丘内直葬あるいは石室内に納める段階，妻側に横口を設ける段階，さらに石棺式石室成立への変遷を明らかにしながら，九州の初期横穴式石室の諸要素が出雲に継承され，家形平入式などの新しい創意が加えられて発展した，との見解を示した（小田 1980）。さらに小田の再論（小田 1986）を経て，山陰の石棺式石室は九州の要素を選択的に受け入れながら成立したとする点において双方の合意を得た，と言える。また，土生田純之は，広い視野から，西日本各地における横穴式石室の諸要素に中・北部九州の影響が見られることを指摘している（土生田 1980a・1980b・1983）。

一方，池上悟は，九州との系譜的関連に首肯せず，「出雲型石室」を提唱した（池上 1982)。玄門の刳り貫き技法については，肥後や下野でも認められていることにすでに注目しており，一枚石使用壁体構造に関連して「没交渉的に在地で発生し得た技法の可能性」を指摘した。その後，和田晴吾は，家形石棺からみた出雲の地域的特色の分析とその史的背景に言及した（和田 1983)。

1987年に発刊された『石棺式石室の研究』は，10年間・100基におよぶ石室実測の成果を盛り込みながら，研究史とその問題点や構造・変遷を明らかにした（出雲考古学研究会 1987)。研究の到達点を示すとともに，自発的な組織活動として地域の資料を蓄積し，その特色と史的背景を論じる手法は，「地域の考古学」のあるべき姿を国内に示した，と高く評価される。

発刊後，出雲考古学研究会と熊本古墳研究会による検討会の成果と山陰の地域性が明らかにされた（出雲考古学研究会 1995，山陰考古学研究集会 1996)。池上悟は，『石棺式石室の研究』を受けて九州との関連を認めながら「石棺式石室」と横穴墓の関連を規格の面から考察し，初現期横穴墓を前提として切石使用石室が定型化した，とする（池上 1998)。石棺式石室編年の指標として「羨道付設位置の中央化」をあげている点に先見の明がある。

角田徳幸は山本清説と『石棺式石室の研究』を基盤に，年代・諸要素の整理・独自性の3点を追究しながら研究を補強し，新たな境地を開いた（角田 1993・1995・2005・2008)。さらに西尾克己（1995)，高木恭二（1995)，上野恵司（1996)，古城史雄（2003)，西尾良一（2004)，小林孝秀（2005a)，田中麻衣子（2008)，広瀬和雄（2011a）等の研究の蓄積もある。

さらに，石室構造だけにとどまらない，近年の墳丘構築と石棺式石室の葬送儀礼との関係（西尾 2004，角田 2005）や出雲型子持壺からみた出雲の独自性の追究（池淵 2004・2011）は，石棺式石室の性格をより立体的にしてきた点で大きな成果と言える。

最後に下野における当該石室の研究の動向について，系譜にかかわる内容に限定して触れておきたい。従来，栃木県南部に分布する凝灰岩大形石材使用横穴式石室については，山陰，特に出雲からの影響を考える意見が提示されてきた（秋元・大橋 1988，上野 1996)。一方，筆者は，出雲との比較および九州・出雲間の交流を踏まえて，下野独自に展開した可能性を考え「下野型石棺式石室」と位置づけた（小森 1990)。より祖形に近い形態の石室がみつかっていないこと，床石が欠如していることを出雲の石棺式石室との関連を考える場合の正と負の問題点とした。その後，一転して本県における横穴式石室や他の埋葬施設などの諸要素の広域地域間交流の可能性を考え始めた（小森 2009)。

一方，玄室の平面形・羨道のつく位置と一枚石床石の有無とを勘案して，出雲ではなく，伯耆西部や肥後との類似性を説くとともに，肥後と下野の間に系譜的なつながりを想定する意見（小林 2005a）がある。さらには，出雲あるいはその影響を受けた西伯耆の石棺式石室変遷の過程のなかにその淵源を求める意見もある（市橋 2008b・2010b)。1回だけでなく，複数回の影響を想定する市橋一郎の意見は傾聴に値する。一方，広瀬和雄は，出雲東部の石棺式石室と酷似することから下野型石棺式石室として扱い，成立の背景に出雲東部と下野の首長層の政治的な契機による中央での接触を予察する（広瀬 2008・2011a)。

系譜関係についてはまだ定見をみないが，各研究者が石棺式石室の採用と限定された分布域の史的背景に，強い政治性をみる点で一致している。

(2)　編年について

石棺式石室の編年に関する先行研究としては，出雲考古学研究会による「出雲型」石棺式石室の4期編年がある（出雲考古学研究会 1987）。その概要を記しておきたい。

1期（6世紀中～後半）

・定型化した石棺式石室が現れない段階（古天神古墳・伊賀見1号墳）。

・外形を家形石棺に似せ，それに羨道を付け加える，九州地方の一変化形態。屍床仕切り石も九州地方の影響。

2期（6世紀後半～末）

・狭義の石棺式石室の出現・横長の玄室に狭い羨道がつく。

・天井内面は平坦なものと4注式のものがある。

3期（7世紀前後～前半）

・石棺式石室の完成期・玄室平面形は，横長から正方形へ変化。

・羨道の幅が広がって複室構造状を呈する。

・壁がすべて直角に交わる。

4期（7世紀中葉以降）

・定型化した石棺式石室が消滅し，畿内の横口式石槨の強い影響を受けた石室が現れる。

・玄室平面形が縦長プランで小型になる。

その後，2期・3期については，それぞれに時間幅があるとして，玄室の方形化と羨道幅の拡大を指標として，細分案が示されている（角田 2008）。

肥後においては，小田富士雄が出雲の石棺式石室のプロトタイプと位置づけた（小田 1980・1986）宇城市宇賀岳古墳についての古城史雄の整理（古城 2003）がある。内容は，宇賀岳古墳は，先行する宇城市大道夫婦塚3号墳の横口式家形石棺と石屋形状の施設をもつ国越古墳の要素をもとに創出されたとして，石棺式石室の変遷図を提示している。

出雲においては，＜細分＞，肥後においては＜祖形＞と＜その後の変遷＞が今後の研究のキーワードとなろう。

一方，下野においては，南部・中部・南東部に分布する凝灰岩切石使用石室全体を対象として，検討が加えられてきた（山ノ井 1981，梁木 1983，秋元・大橋 1988，大橋 1990，小森 1990，市橋 2010b など）。それぞれ，大型の一枚切石使用石室とブロック状の切石を積んだ石室を網羅的に扱い，地域的特色と変遷の把握を通して，6～7世紀における下野の実態解明をめざしたものであった。

2　「出雲型」石棺式石室の整理（第85図）

『石棺式石室の研究』に示された出雲東部における狭義の石棺式石室は，①刳り抜き玄門をもち，その前面周囲に閉塞石を受ける刳り込みを有する，②切石を使用する，③四壁，天井，床石

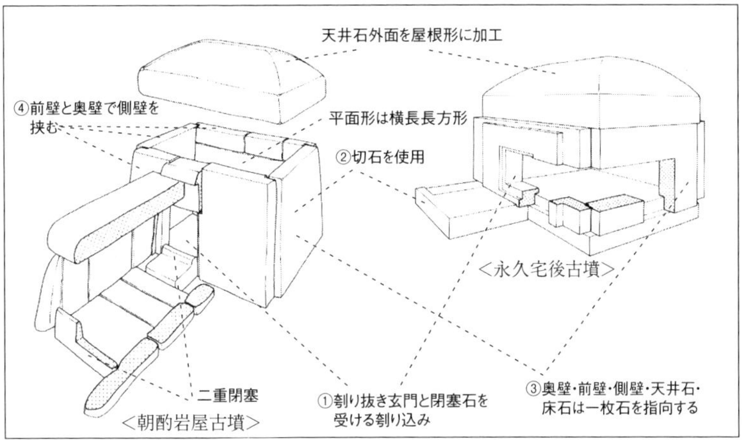

第85図　「出雲型」石棺式石室の諸要素

は一枚石を志向する，④前壁，奥壁で側壁を挟む，以上4点で定義されている（出雲考古学研究会 1987）。この4要素については，すでに幾多の先行研究で紹介されているので，いまさら記すまでもないが，実は，重要なのは，定義の後段に示されている，＜狭義の石棺式石室の構造的な特徴＞である。7点でまとめてみよう。

①玄門と羨門を二重閉塞

②前庭状の施設（側壁に自然石や割石を積む）

③平面形は横長長方形もしくは正方形

④南向き開口を指向

⑤天井石外面に縄掛突起あるいは屋根形加工

⑥壁を構成する石材に長持形石棺様の縄掛突起

⑦前方後方墳2例，他は墳形がわかるものはすべて方墳

以上の要素は，出雲と伯耆，肥後，下野の石棺式石室の様相との比較をするときの重要な視点になる。

3　肥後・出雲東部・伯耆西部・下野の石棺式（系）石室の様相（第84図・第13表）

前記した狭義の石棺式石室とその特徴のいくつかをもつ石室（石棺式系石室）の分布（第84図）と古墳名・諸要素を示した（第13表）。現段階では，肥後5，出雲34，伯耆11，下野11の合計61例が認められる[2)]。ただし，集成のなかには，それぞれの地方の概観のなかで触れるように，石棺式石室からの流れではなく，畿内の横口式石槨の影響を受けたと判断される7世紀中葉以降に位置づけられる切石使用埋葬施設や狭義の石棺式石室を離れた石棺式系石室も含まれていることをあらかじめ記しておきたい。

(1)　肥後（第86図）

分布は，肥後西部の有明海側，宇土半島の根元付近，行政区画では宇城市，氷川町，白川を越えた北部の菊池川流域の和水町そして南端の内陸にあたるあさぎり町に及ぶ。

墳形は，円墳で20m未満の小規模な古墳に採用されている点が特筆される。

石室は基本的に単室構造であるが，江田穴観音古墳（高木 1984a）だけが複室構造をとる。玄室の平面形は，長方形が主流で正方形が1例（江田穴観音古墳）だけある。短辺中央に玄門のあ

第 13 表　下野南部・出雲東部・伯耆西部・肥後における石棺式（系）石室の諸要素

No.	古墳名	所在地	墳形・規模	平面形	玄室縦横比 玄室長／玄室幅	構造	組合せ	床の切石	玄門	天井内面	側壁傾き	開口位置	開口方向	切石	一枚石	石材	前門	石室分類	須恵器	その他
1	桃花原古墳	栃木県壬生町	円・63	a	1.33	複	a	無	d'	?	a	中央	南	○	○	凝	d	Ⅲa		河原石積前室・羨道，前庭部
2	上三川兜塚古墳	栃木県上三川町	円・45	a	1.59	単	b	無	b'	平	a	中央	南	○	△	凝		Ⅰa	TK43	河原石積羨道，天井石2
3	上三川愛宕塚古墳	栃木県上三川町	円・40	a	1.57	単	a	無	a'	平	a	中央	南	○	○	凝		Ⅰa		移築
4	国分寺甲塚古墳	栃木県下野市	前方後円・66	a	1.50	単	b	無	b'	?	a	中央	南	○	○	凝		Ⅰa	TK43	河原石積羨道
5	国分寺丸塚古墳	栃木県下野市	円・74	a	1.36	単	b	無	b'	平	b	中央	南	○	○	凝		Ⅰb		河原石積羨道
6	御鷲山古墳	栃木県下野市	前方後円・85	a	1.39	複	b	無	d'	平	a	中央	南	○	○	凝	?	Ⅲa		河原石積羨道
7	吾妻古墳	栃木市・壬生町	前方後円・128	a	1.41	複	b'	無	b	平	a	中央	南	○	○	閃		Ⅲa	TK43	赤彩，河原石積羨道，羨門 d'
8	大塚岩家古墳	栃木県栃木市	円・61	a	1.37	単	b	有	?	平	b	中央	南	○	○	凝		Ⅰb		床石 2
9	車塚古墳	栃木県壬生町	円・86	c	1.05	複	a'	無	d'	平	a	中央	南	○	○	凝	?	Ⅴa		赤彩
10	下石橋愛宕塚古墳	栃木県下野市	円・82	c	1.00	複	b	有	d'	平	a	中央	南	○	○	凝	d'	Ⅴa	TK209	河原石積羨道，床石 2 羨門 d'
11	丸山古墳	栃木県栃木市	円・？	?	?	単	?	?	?	平	?	?	?	○	?	凝		Ⅰ ?		
12	（若塚古墳）	島根県安来市	方・11	a	1.70	単	－	－	b	家	b	中央	南	－	－	荒		—		刳り貫き玄室，石床（下駄状）
13	栗坪 1 号墳	島根県松江市	方・10	a	1.11	複	a	有	a	家	a	中央	南	○	○	凝		Ⅲa		妻入り
14	（廻原 1 号墳）	島根県松江市	方・10	a	2.18	?	－	－	c	平	b	中央	南	－	－	荒	－	—		刳り貫き玄室
15	（講武岩屋古墳）	島根県松江市	不明・不明	a	1.33	複	b	有	d'	家	b	中央	南東	○	○	凝		Ⅲb		
16	下の空古墳	島根県松江市	不明・不明	a	1.70	?	b'	?	d	家	a	中央	南西	○	○	来		? a		陽刻閉塞石
17	鏡北廻古墳	島根県松江市	方・10	a	1.80	単	b'	有	d	家	a	東寄	南	○	○	来		Ⅰa		陽刻閉塞石，帯状陽刻
18	（出西小丸古墳）	島根県出雲市	円・10	a	1.64	単	b	?	d	家	a	中央	西	○	△	来		Ⅰa	TK217	陽刻閉塞石
19	塩津神社古墳	島根県安来市	不明・不明	b	0.63	?	a	有	a	家	a	中央	南	○	○	荒		? a		縄掛突起
20	飯梨穴神古墳	島根県安来市	方・12×18	b	0.90	?	a	?	b	家	a	東寄	南東	○	○	凝		? a		
21	岩屋後古墳	島根県松江市	不明・20	b	0.67	複	a'	有	b	家	a	西寄	南西	○	○	凝		Ⅳa	TK43	
22	古天神古墳	島根県松江市	前方後方・27	b	0.79	複	b	有	d	蒲	a	西寄	北西	○	△	凝		Ⅳa	MT85	屍床仕切石，縄掛突起
23	団原古墳	島根県松江市	不明・不明	b	0.72	?	a	有	b	平	a	西寄	南西	○	○	凝		? a		縄掛突起，移築
24	山代方墳	島根県松江市	方・45×40	b	0.77	複	a	有	a	家	a	中央	南西	○	○	凝	d	Ⅳa	TK209	屍床
25	永久宅後古墳	島根県松江市	方・	b	0.90	複	a'	有	b	家	b	中央	南	○	○	荒		Ⅳb		
26	雨乞山古墳	島根県松江市	方・	b	0.81	複	a'	有	b	家	b	中央	南	○	○	凝		Ⅳb		
27	池の尻古墳	島根県松江市	不明・不明	b	0.68	?	a	?	b	?	a	?	西	○	○	凝		? a	TK43	
28	林 8 号墳	島根県松江市	方・17×20	b	0.76～0.81	複	a'	有	b	平	a	西寄	南	○	○	来		Ⅳa		陽刻閉塞石，屍床仕切石（造り付け）
29	朝酌岩屋古墳	島根県松江市	方・30×28	b	0.61	複	a'	有	a	平	a	西寄	南	○	△	荒	板	Ⅳa		赤彩，縄掛突起
30	朝酌小学校校庭古墳	島根県松江市	不明・不明	b	0.61	?	a'	有	a	平	a	北寄	西	○	○	凝		? a		
31	川原古墳	島根県松江市	不明・不明	b	?	?	a	?	b	平	a	中央	南	○	○	安		? a		
32	（葉佐間古墳）	島根県松江市	不明・不明	b	0.83	?	a'	有	a	家	a	中央	南	○	○	安		? a		屍床仕切石（造り付け）
33	太田 1 号墳	島根県松江市	不明・10 前後	b	0.70	?	a	有	b'	蒲	a	西寄	南	○	○	荒		? a		
34	太田 3 号墳	島根県松江市	不明・不明	b	0.89	?	a'	有	c	平	a	西寄	南	△	○	安		? a		天井・右壁・奥壁は来待石，床石 2
35	太田 5 号墳	島根県松江市	不明・不明	b	0.83	複	a	有	b	平	a	西寄	南	○	○	安		Ⅳa		
36	奥屋敷古墳	島根県出雲市	不明・不明	b	0.80	?	a	有	a	平	a	中央	南東	○	○			? a		
37	寺山 1 号墳	島根県出雲市	方・16×22	b	0.73	?	a'	有	a	?	a	中央	南	○	○	凝		? a		外護列石
38	飯梨岩舟古墳	島根県安来市	不明・不明	c	0.93～0.97	複	b'	有	b	家	b	中央	南	○	○	荒		Ⅴb		床石 3，石棺 2
39	大井向山古墳	島根県松江市	不明・不明	c	0.96	?	a	?	b	?	a	?	南西	×	○	自		? a		
40	西宗寺古墳	島根県松江市	不明・不明	c	0.91～1.0	複	a	有	b	平	a	西寄	南西	×	○	安		Ⅴa	TK217	
41	太田 2 号墳	島根県松江市	不明・不明	c	1.02	複	a'	有	a	家	a	西寄	南	○	○	荒	d	Ⅴa		厨子形石棺
42	太田 4 号墳	島根県松江市	不明・不明	c	1.03	複	a'	有	a	家	a	西寄	南	○	○	荒		Ⅴa		
43	伊賀見 1 号墳	島根県松江市	前方後方・25	c	1.02	複	b'	有	c	平	a	西寄	北	○	○	来	板	Ⅴa	TK43	陽刻閉塞石，屍床仕切石，床石 4
44	向山 1 号墳	島根県松江市	前方後方・53	c	0.96	複	a	有	b	家	a	東寄	南	○	○	凝		Ⅴa		陽刻閉塞石，厨子形石棺
45	山崎古墳	島根県出雲市	不明・不明	c	1.00	?	a	?	b	家	a	中央	南	○	○	凝		? a		
46	福岡岩屋古墳	鳥取県米子市	前方後円・70	a	1.47	複	b'	無	b'	平	a	中央	南西	○	○		b	Ⅲa	TK43	赤彩
47	小枝山 3 号墳	鳥取県米子市	不明・不明	?	?	?	?	?	c'	?	?	中央	南西	○	○	角		?	TK217	近接して石馬谷古墳
48	（城山 7 号墳）	鳥取県米子市	円・22	a	1.09	複	b	無	d'	平	a	南寄	南西	△	○	角		Ⅲa		
49	（晩田 1 号墳）	鳥取県米子市	不明・不明	a	2.19	?	?	無	?	平	a	?	南	×	×			? a		刳り貫き玄門
50	晩田 2 号墳	鳥取県米子市	不明・不明	a	1.09	複	b	無	b	平	a	中央	南西	△	○			Ⅲa		切石は前壁のみ
51	晩田 31 号墳	鳥取県米子市	方・22	－	?	複	?	有	b	?	?	中央	南	△	?			Ⅲ ?	TK217	舟形陽刻閉塞石，外護列石
52	（高田 26 号墳）	鳥取県大山町	不明・不明	a	1.50	?	b	無	d	平	a	中央	西	○	△			? a		
53	平 24 号墳	鳥取県大山町	不明・不明	a	1.27	?	b	無	b	平	a	中央	南西	○	△			? a		
54	蔵岡 1 号墳	鳥取県大山町	円・18	a	1.17	複	b	無	a	平	a	中央	南	○	○			Ⅲa		組み合わせ式石棺
55	岩屋平ル古墳	鳥取県大山町	円・18	a	1.74	?	b	無	a	平	a	中央	南東	○	○	安		? a		天井石 2
56	出上岩屋古墳	鳥取県琴浦町	不明・不明	a	1.90	複	b	無	a'	平	a	中央	西	○	×	安	b'	Ⅲa		赤彩？前門は組み合わせ式，屍床仕切石
57	岩立 C 古墳	熊本県氷川町	円・14～16	a	1.27	単	b	無	b'	?	a	中央	南西	○	○	凝		Ⅰa	TK43	赤彩
58	年ノ神古墳	熊本県宇城市	円・？	a	1.50	単	b	無	b'	?	a	中央	南	△	△	石		Ⅰa	TK217	屍床 3，玄門は 2 枚石の中央を刳り貫く
59	鬼ノ釜古墳	熊本県あさぎり町	円・13	a	1.17	単	b	無	b'	蒲	a	中央	南	○	△	凝		Ⅰa		石棚
60	宇賀岳古墳	熊本県宇城市	円・10 数 m	a	1.23	単	b'	無	d	蒲	b	中央	南	○	△	凝		Ⅰb		装飾あり，寄棟屋根形石棚
61	江田穴観音古墳	熊本県和水町	円・17	c	1.04～1.13	複	b'	無	a	蒲	b	中央	南西	○	○	凝	a'	Ⅴb	TK209	装飾あり，屍床前室 2・後室 3
	徳化原古墳	茨城県城里町	方・20	a	1.35	複	b	有	d'	平	b	中央	南	○	○	凝		Ⅲb		
	虎塚 4 号墳	茨城県ひたちなか市	方・20	a	1.15	単	b	有	b'	?	b	中央	南西	○	○	凝		Ⅰb		

※前門の「板」は，板石のみによる閉塞，石材の「凝」は凝灰岩・「閃」は閃緑岩・「安」は安山岩・「来」は来待石（凝灰質砂岩）・「荒」は荒島石（浮石凝灰岩）・「角」は角閃石安山岩。

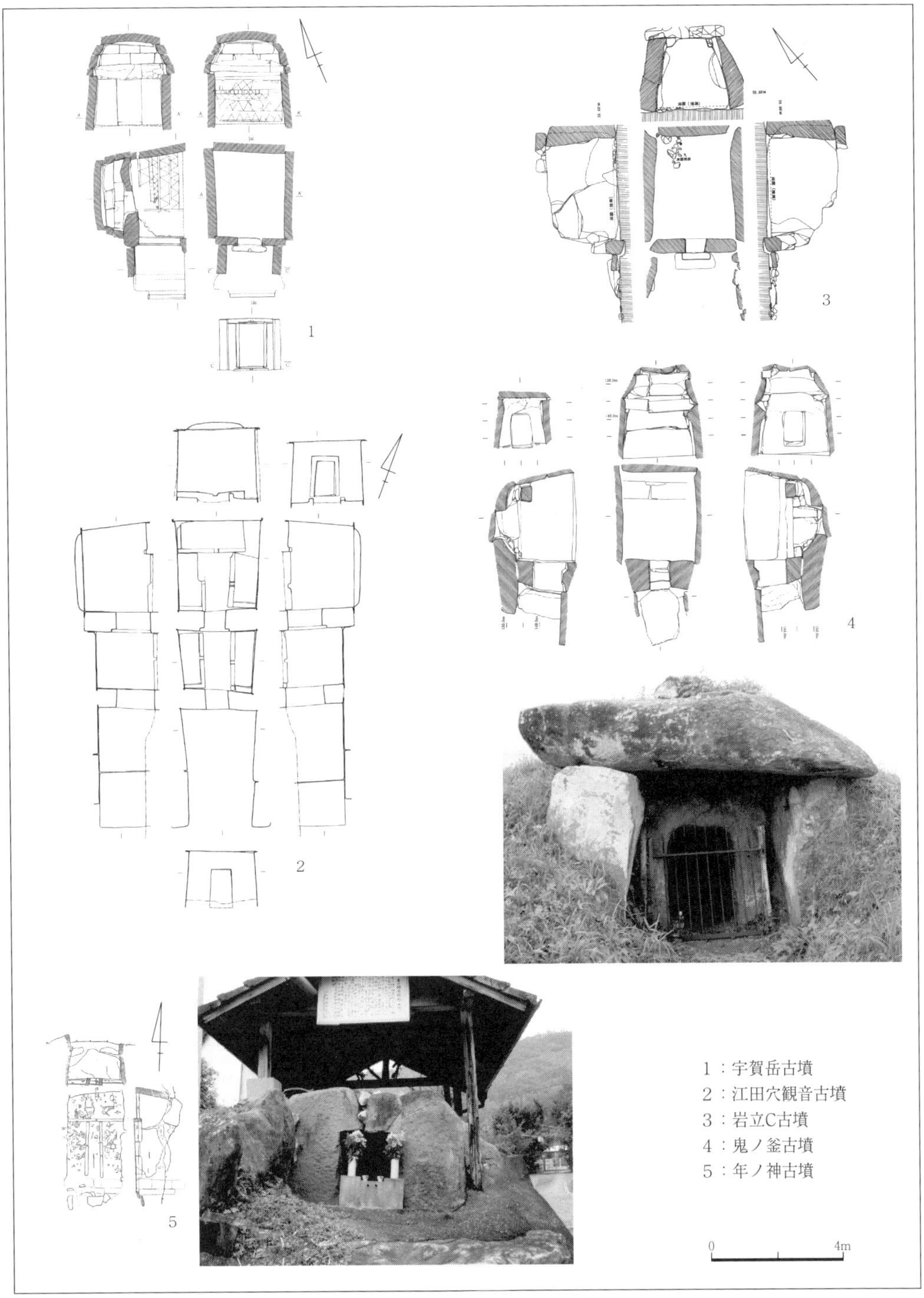

第 86 図　肥後の石棺式石室

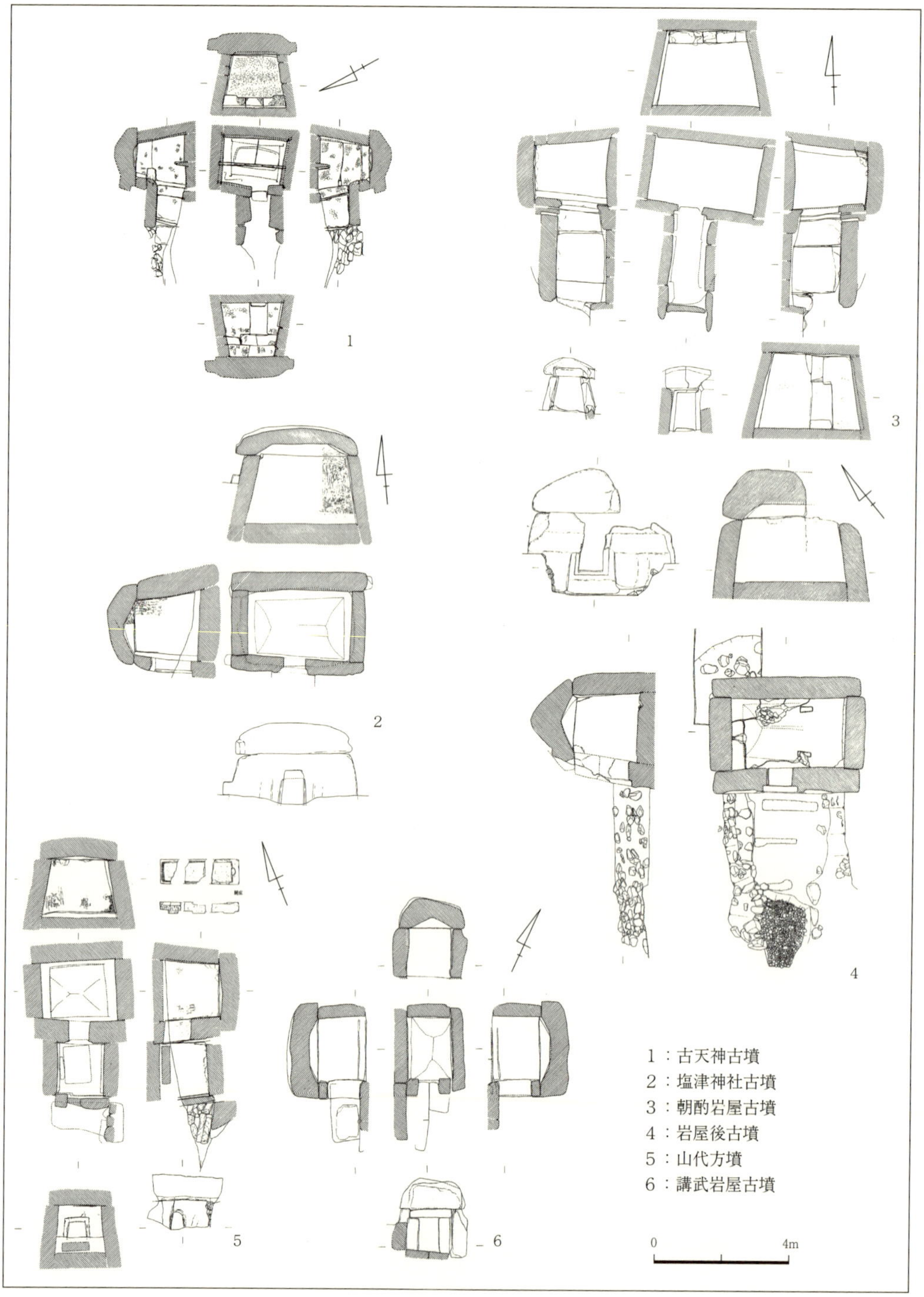

第 87 図　出雲の石棺式石室（1）

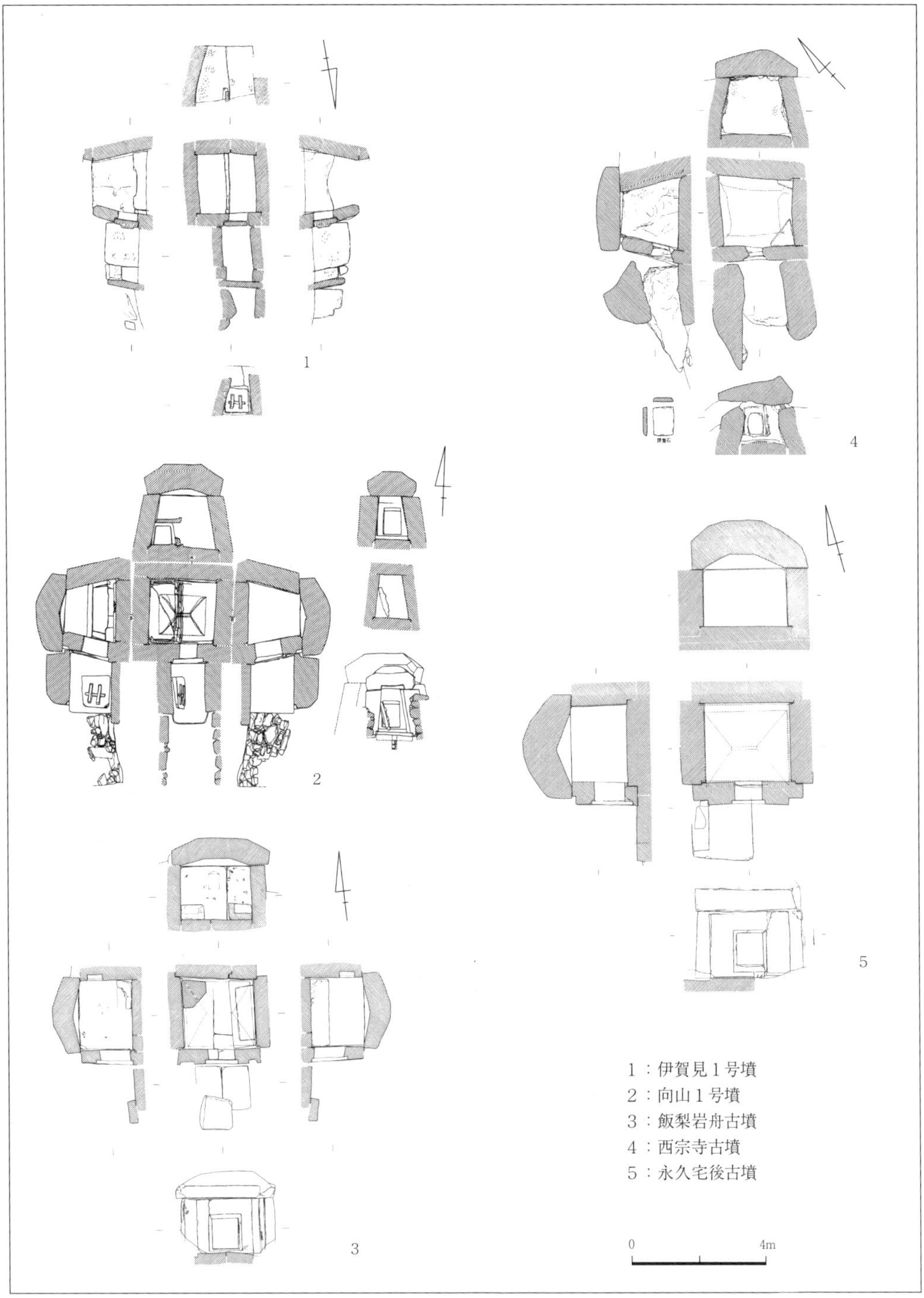

第88図　出雲の石棺式石室（2）

る，いわゆる妻入り長方形で，玄門が片寄っている例は認められない。

切石床石は，基本的にない。屍床が年ノ神古墳（富樫・松本 1958）・江田穴観音古墳に認められる。2 枚の側壁石は，前壁石と奥壁石を挟む。基本的には長辺で短辺を挟む方式である，側壁石は，直立するが，岩立 C 古墳（村井 1979）はやや内傾する。一枚石を指向するが，組み合わせる場合がある。

天井石外面は不明なものが多いが，宇賀岳古墳（勢田 1984）は丸く整形されている。内面は，蒲鉾形に整形する例が認められる。縄掛突起は確認されていない。奥壁石は，内傾する場合と直立する場合がある。

玄門は，一枚石の中央を刳り貫くものと組み合わせ式のもの（宇賀岳古墳）がある。年ノ神古墳の玄門は，2 枚合わせの石材の中央を刳り貫く。周囲に閉塞石を受ける刳り込みをもつもの（江田穴観音古墳の玄門（第 92 図）・宇賀岳古墳）ともたないもの（江田穴観音古墳の前門，鬼ノ釜古墳，年ノ神古墳・岩立 C 古墳）がある。肥後における刳り抜き玄門については，20 例が確認され，そのうち閉塞石を受ける刳り込みを有するのは，白川以北の江田穴観音古墳を含む 4 例に限定されることが明らかにされている（藏冨士 1997）。玄室内赤彩は岩立 C 古墳に認められ，宇賀岳古墳と江田穴観音古墳には装飾がある。

石棚が鬼ノ釜古墳（藏冨士 1999），屋根形石棚が宇賀岳古墳に認められ地域色を示す。閉塞石の陽刻については，後述する。

（2） 出雲東部（第 87 図・88 図）

分布範囲は，出雲東部，宍道湖の東にあたる地域を中心とし，東西約 25km，南北約 8km。意宇川・飯梨川・朝酌川流域にあたり，行政区画では松江市からその東の安来市を中心として一部宍道湖西部の出雲市に広がる。

墳形は，前方後方墳 3，方墳 11，円墳 1，不明 19 である。前方後方墳は，古天神古墳（27m）・向山 1 号墳（53m）・伊賀見 1 号墳（25m），方墳のうち山代方墳（45×40m）と朝酌岩屋古墳（30×28m。規模は角田 2007 による）だけは規模が大きいが，他は，ほとんどが 10〜20m の小規模の方墳である点が特徴である。

さらに，石棺式石室の分布は前方後方墳の分布と重なり，前方後円墳が最も集中する安来市東部に石棺式石室がまったくみられないとする所見（出雲考古学研究会 1987）は重要である。分布と採用古墳に独自性があることを確認しておきたい。

石室は基本的に複室構造をとる。しかし，前室部分が狭長なので，複室を認めない立場もある（出雲考古学研究会 1987）[3]。羨道・二重閉塞・前庭部の評価にかかわる。

玄室の平面形は，長方形（26 例・第 87 図）と正方形（8 例・第 88 図）に大別される。長方形は，長辺に玄門がつくもの（19 例）と短辺につくもの（7 例），いわゆる平入りと妻入りがあるが，前者が圧倒的に多い。また，平入り長方形の場合は，玄門が左右どちらかに片寄っているもの（古天神古墳・朝酌岩屋古墳・岩屋後古墳など）と中央にあるもの（塩津神社古墳・山代方墳など）がある。正方形を指向する例にも，中央ではなく片寄っている例（伊賀見 1 号墳・向山 1 号墳など）がみられ，出雲の独自性となる。平面形の相似・規格に政治的な秩序（大谷 2003），規模に階層性をみる意見がある（角田 2008）。

長方形妻入りのなかには，狭義の石棺式石室を離れ，若塚古墳（安来市）・廻原1号古墳（松江市）のように横口式石槨の影響を受けたと位置づけられる例がみられる（出雲考古学研究会 1987）。

床石を基本的にもち，屍床仕切石や石棺を設置する例がある。古天神古墳の屍床仕切石は，上辺中央部分が浅く刳り込まれており，肥後のそれを想起させる。

側壁は，前壁と奥壁に挟まれている点が特徴とされている（出雲考古学研究会 1987）。平入り長方形の場合，長辺（奥壁石・前壁石）で，短辺（2つの側壁石）を挟んで安定させる技法と考えられる。側壁石は，内傾するものと直立するものがあり，時期差を示す。一枚石を指向するが，組み合わせる場合がある。古天神古墳の奥壁から見て右側の側壁と前壁をつなぐL字形の石材は特徴的で類をみない（第89図）。

天井石外面は屋根形に整形される。一方，内面は，家形（18例），蒲鉾形（2例），平坦（11例），不明（3例）に分類される。古天神古墳・朝酌岩屋古墳・団原古墳の天井石には，縄掛突起状のものが造り出され，塩津神社古墳では，天井だけでなく前壁・奥壁にも突起がみられる（第90図）。

奥壁石には内傾と直立がある。前者から後者への時間差を示す可能性がある。

玄門は，基本的に一枚石の前壁石を刳り貫き，周囲に一枚石の閉塞石を受ける刳り込みをもつ。組み合わせ式の玄門もわずかながら認められる。塩津神社古墳の玄門の刳り込みの形状は，下野の吾妻古墳玄門石の天地見直しの参考となる（第91図）。

閉塞については，伊賀見1号墳・山代方墳が，二重閉塞を示す典型例となる。宍道湖南側にみられる閉塞石の陽刻については後述する。

玄室内の赤彩は，朝酌岩屋古墳で確認されているだけで一般的ではない。

(3)　伯耆西部（第93図）

分布範囲は，伯耆の西部，大山の北西から北側にあたる東西15km，南北7km。行政区画は米

第89図　古天神古墳の特徴的な石材用例

第90図　塩津神社古墳の石棺式石室

子市・大山町・琴浦町にわたる。

墳形は，前方後円墳 1，方墳 1，円墳 3，不明 6 である。前方後円墳の福岡岩屋古墳（70m）は，地域の卓越した有力古墳であるが，20m 前後の円墳にも採用されている点が特色である。

玄室平面形はすべて縦長の長方形となる。玄門は，短辺中央につき，長方形妻入りとなる。出雲東部に隣接しながらも伯耆の独自性を示す。片寄玄門は認められない。

切石の床石は，出上岩屋古墳以外には認められない。同じく出上岩屋古墳に屍床仕切石がみられるが一般的ではない。

側壁は，前壁と奥壁を両側壁で挟む。出雲と逆になるが，構築技法としては，長辺（2 つの側壁石）で，短辺（奥壁石・前壁石）を挟む理に適ったものである。側壁石は，直立する。一枚石を指向するが，組み合わせる場合も少なくない。

天井石外面は不明なものが多い。内面は，すべて平坦である。縄掛突起はみられない。

奥壁石には内傾と直立がある。前者から後者への時間差を示す可能性がある。

玄門は，一枚石の前壁石を刳り貫き，周囲に一枚石の閉塞石を受ける刳り込みをもつものと組み合わせ式の玄門があり，下野の様相に近い。

玄室内壁の赤彩が福岡岩屋古墳に認められ，出上岩屋古墳も可能性がある。

閉塞石の陽刻については，第 93 図に示したように晩田 31 号墳で，舟の舳先のような特徴的なものが確認されている（淀江町 1985）。

なお，福岡岩屋古墳や小枝山 3 号墳に近接する石馬谷古墳で石馬が確認されており，中九州との関連がうかがわれる。

(4)　下野南部（第 94 図・95 図）

分布範囲は，下野南部の黒川・思川と田川に挟まれた地域を中心とする，東西約 12km，南北約 13km。行政区画では下野市から壬生町，上三川町，栃木市にわたる。

墳形は，前方後円墳 3，円墳 8 である。大きな特徴は，前方後円墳では吾妻古墳（128m），円墳では壬生車塚古墳（86m）を最大として，6 世紀後半〜7 世紀にかけての当地の最有力首長層の埋葬施設として石棺式石室が採用されたことである[4]。

第 91 図　吾妻古墳の玄門

第 92 図　江田穴観音古墳の玄門

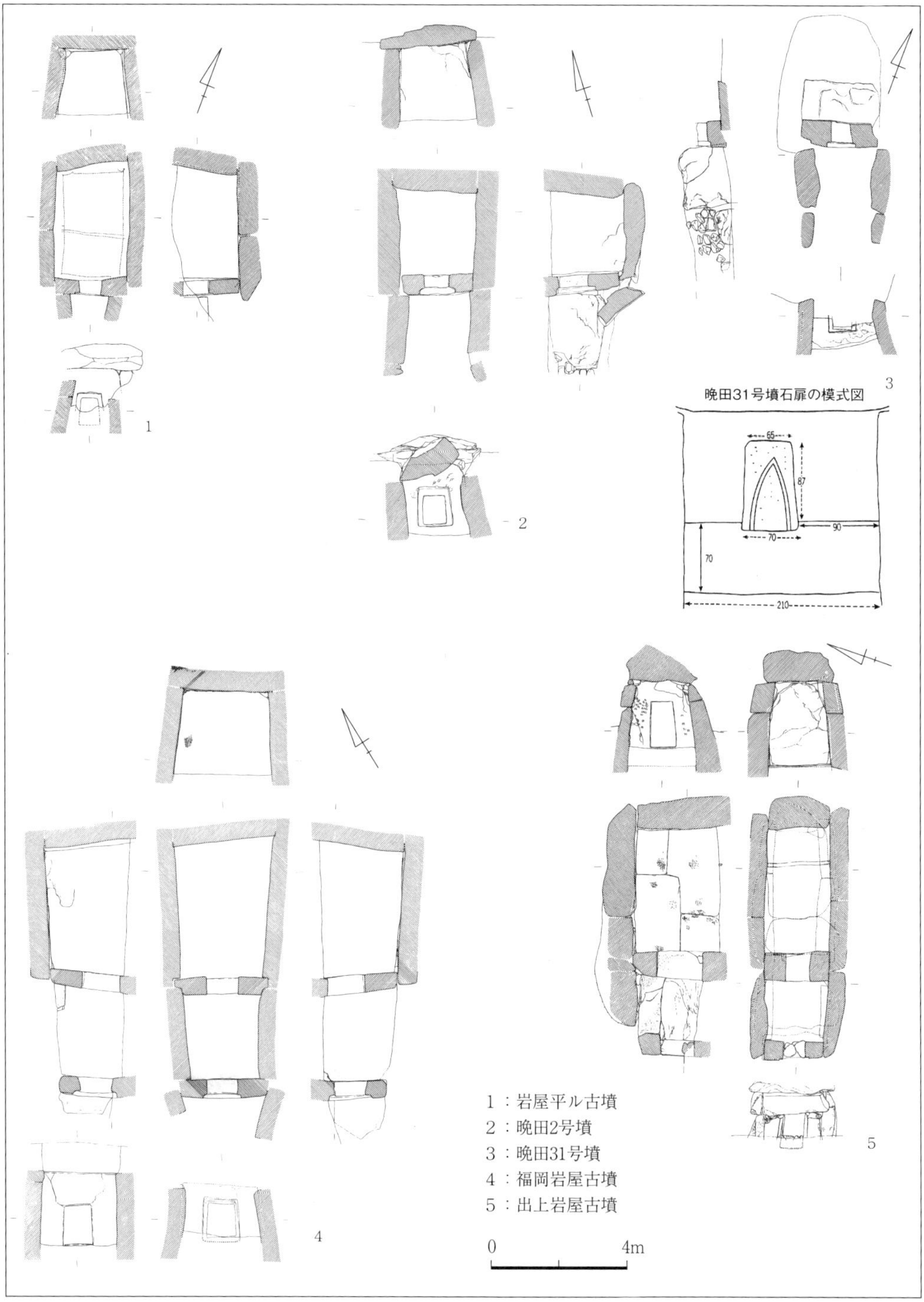

第93図　伯耆の石棺式石室

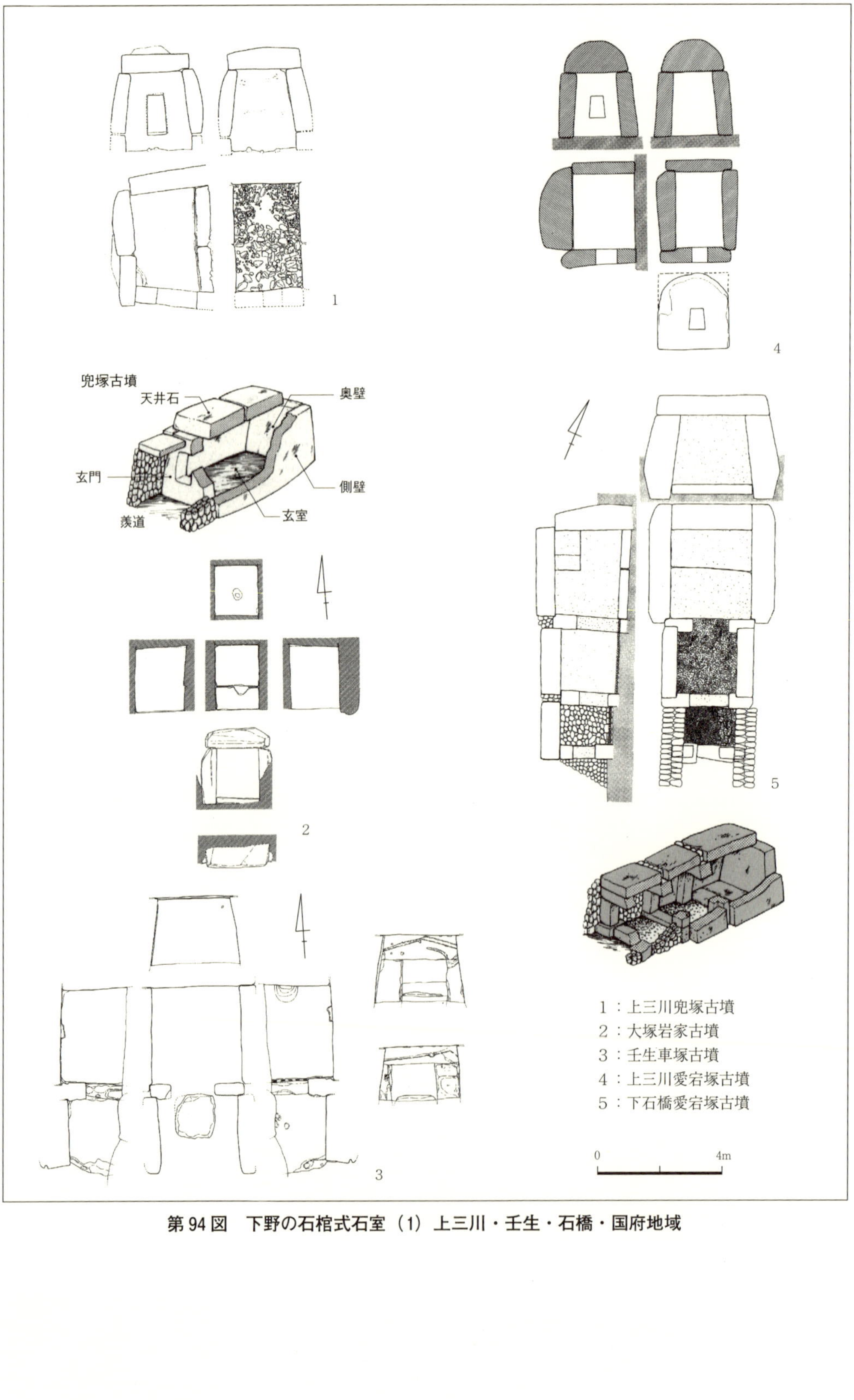

第 94 図　下野の石棺式石室（1）上三川・壬生・石橋・国府地域

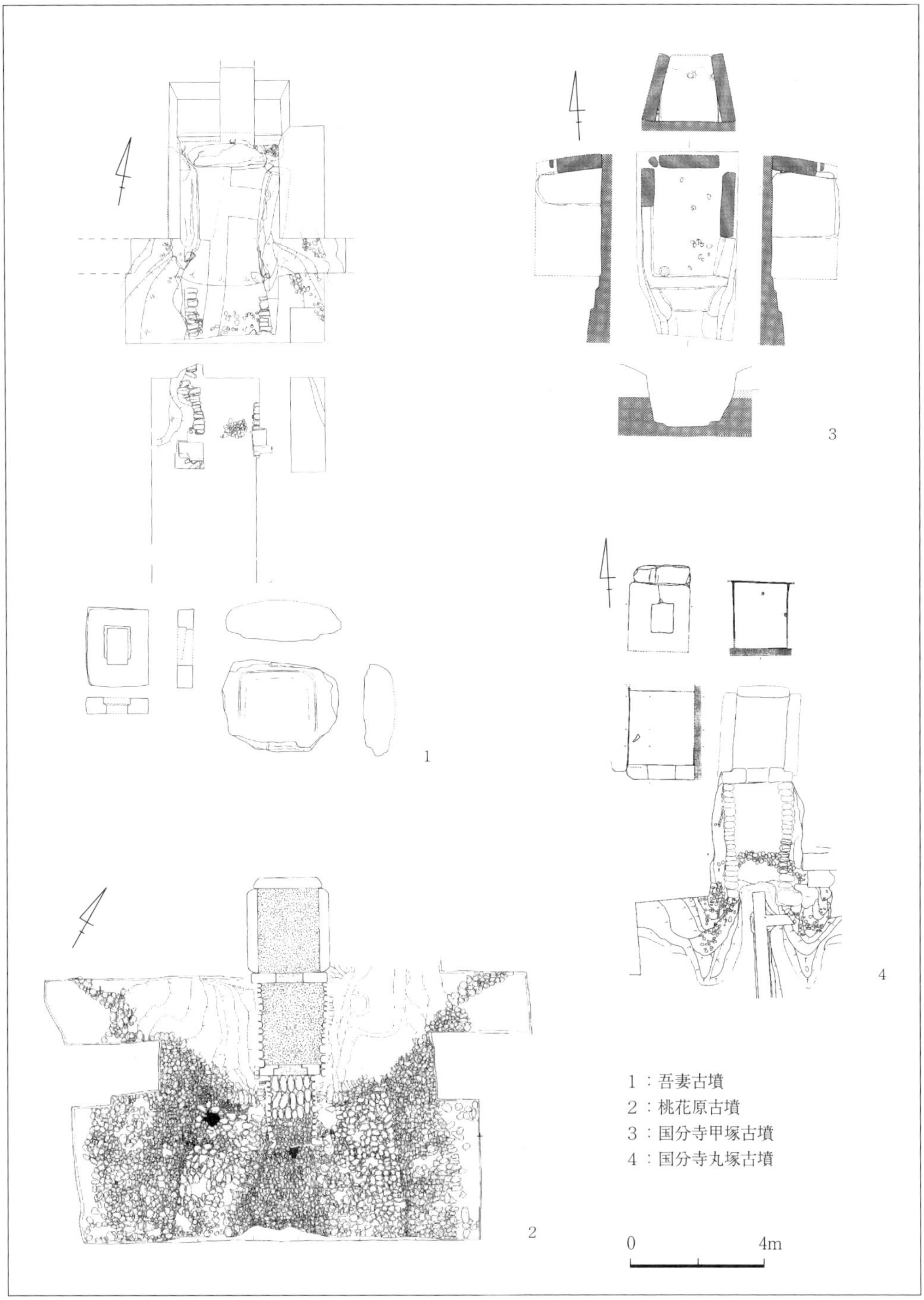

第95図　下野の石棺式石室（2）国分寺・羽生田地域

石室は，単室構造と複室構造の両者が認められる。基本的に河原石積みの羨道がつき，同じく河原石を使用して前庭部をもつ桃花原古墳のような例もある。

玄室の平面形は，長方形（8例）と正方形（2例）に大別される。長方形のものは，短辺に玄門がつき，長方形妻入りとなる。玄門が左右どちらかに片寄る例はない。

切石床石をもつ例は，大塚岩家古墳・下石橋愛宕塚古墳の2枚を組み合わせる2例のみで，一般的でない。屍床仕切石の例はない。

側壁石は基本的には，前壁石と奥壁石を挟む方式であり，出雲とは逆になる。伯耆の概要でも記したが，長辺で短辺を挟む，という原則に沿う。側壁石は，内傾するものと直立するものとがある。一枚石を指向するが，組み合わせる場合も少なくない。

天井石外面は蒲鉾形に整形される。家形のものはみられない。内面は，おしなべて平坦である。縄掛突起は確認されていない。

奥壁石には内傾と直立がある。他地域と同様に前者から後者へと変遷するようである。

玄門は，一枚石の前壁石を刳り貫く例が6例（上三川兜塚・上三川愛宕塚・吾妻古墳・国分寺丸塚・国分寺甲塚・国分寺山王塚古墳），玄門柱を突出させ，楣石を横架させる組み合わせ玄門が4例確認されている。このうち，国分寺山王塚古墳例は，側壁が河原石積みで，奥壁と玄門部だけに凝灰岩切石を使用する例外的なものである。閉塞石を受ける刳り込みは，吾妻古墳で確認されている（第91図）だけで一般的ではない。桃花原古墳の閉塞石には，玄門柱と組み合わせるための加工がみられる。

玄室内の赤彩は，壬生車塚古墳でベンガラ（赤鉄鉱）が認められ（君島 2010），閉塞石の陽刻については，現段階では確認されていない。

4　石棺式（系）石室の諸要素の検討と編年

(1)　作業の手順

肥後，出雲東部，伯耆西部，下野南部における大形の一枚切石（または指向する）を用いる石室に限って，前稿（小森 1990）の分類をもとにしながら，以下Ⅴ類に分類する。

Ⅰ類　玄室に直接羨道がつく単室構造で，玄室の平面形が縦長の長方形（縦横比1.05以上）の石室。大型の一枚石を用い，玄門は刳り貫き式を基本とする。

Ⅱ類　Ⅰ類と同じく単室構造で，玄室の平面形が横長の長方形（縦横比0.95以下）の石室。

Ⅲ類　前室・後室の複室構造で，玄室の平面形が縦長の長方形（縦横比1.05以上）の石室。大型の一枚石を用い，玄門は刳り貫き式と組み合わせ式がある。

Ⅳ類　Ⅲ類と同じく複室構造で，玄室の平面形が横長の長方形（縦横比0.95以下）の石室。

Ⅴ類　複室構造で玄室の平面形が正方形ないし正方形を指向する（縦横比0.95～1.05）石室。

さらに，Ⅰ～Ⅴ類それぞれを，側壁が内傾するもの（a）と側壁が直立するもの（b）に分類し，「Ⅰa」，「Ⅴb」のように10類型化して示した（第13表）。

続いて石棺式石室の諸要素を分類（第96図）し，あわせて第13表にまとめた。

次の作業として，第13表をもとに4つの地域のそれぞれの特色を明らかにするために，諸要素を比較して表にまとめた（第14表）。

10類型と須恵器型式の対応（第15表）・時期ごとの要素の変遷（第16表）をもとに編年表[5]を示した（第17表）

（2）作業の結果

① 平面形

bタイプは，出雲東部のみにみられる大きな特徴。一方伯耆西部・肥後・下野南部はaタイプが主流である。cタイプは，伯耆西部では確認できないが，他地域では少数認められる。

② 石材の組み合わせ

奥壁と前壁で側壁を挟むa・a′が出雲東部の特徴で，他地域はb・b′が主流となる。長辺で短辺を挟む（短辺にもたれかかる）という構造上の特徴であり，平面形と連動している。石材の組合せ方を地域的特徴とする意見が多いが，強調は禁物で平面形を反映した要素であることに留意する必要があろう。

③ 玄門の形態

閉塞石を受ける刳り込みは，雲伯地方の特徴で，肥後では2例，下野では1例確認。

④ 天井石内面加工

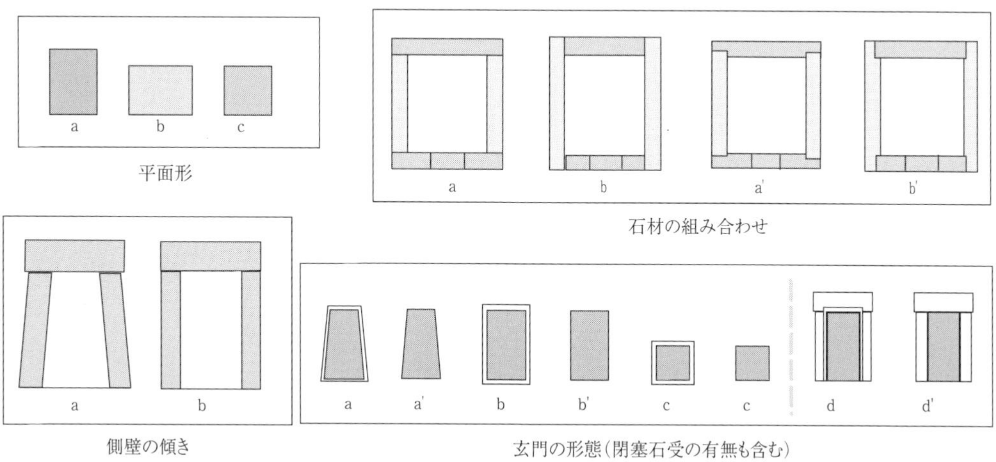

第96図　石棺式石室の諸要素の分類

第14表　石棺式石室の諸要素の比較

要素＼地域	平面形 a	平面形 b	平面形 c	入り方	天井内面	床石	閉塞石受	閉塞石陽刻	石材組合わせ aa′	石材組合わせ bb′	二重閉塞	片寄玄門	天井石数	縄掛突起	屍床	赤彩
肥　後	○	×	△	妻入	△	×	△	△	×	○	○	×	1？	×	△	△
出雲東部	△	○	△	平入	家形	○	○	△	○	△	○	○	1	△	△	△
伯耆西部	○	×	×	妻入	平	×	○	△	×	○		×	1	×	△	△
下野南部	○	×	△	妻入	平	△	△	×	△	○		×	2→1	×	×	△

（○主体　△少数　×確認できない）

第 15 表　石棺式石室型式と須恵器型式との対応

時期	須恵器型式	Ⅰa	Ⅰb	Ⅱa	Ⅱb	Ⅲa	Ⅲb	Ⅳa	Ⅳb	Ⅴa	Ⅴb
Ⅰ期	TK10～(MT85)		宇賀岳	—	—			古天神		伊賀見	
Ⅱ期	TK43	●		—	—	●		●			
Ⅲ期	TK209			—	—	●		●		●	●
Ⅳ期	飛鳥第Ⅱ段階	●	●	—	—				●	●	
Ⅴ期	飛鳥第Ⅲ段階		●	—	—		●				

第 16 表　時期ごとの要素

要素 時期	平面形	玄室縦横比				縄掛突起	片寄玄門	屍床
		下野	出雲	伯耆	肥後			
Ⅰ期	定型化しない					↓	↓	↓
Ⅱ期	長方形（a・b）	1.4 以上	0.7 以下	1.4 以上	1.2 以上	↓	↓	↓
Ⅲ期	↓正方形化	1～1.4	0.71～1	1～1.4	1～1.2		↓	↓
Ⅳ期	正方形（c）	壁が直立（b）	壁が直立（b）		壁が直立（b）			↓
Ⅴ期	長方形（a・b）							↓

第 17 表　下野南部・出雲東部・伯耆西部・肥後における石棺式（系）石室の編年

年代	編年	下野南部	出雲東部	伯耆西部	肥後
550	Ⅰ		古天神古墳 伊賀見 1 号墳		宇賀岳古墳
	Ⅱ	吾妻古墳 国分寺甲塚古墳 上三川兜塚古墳	朝酌岩屋古墳 塩津神社古墳 岩屋後古墳	出上岩屋古墳 岩屋平ル古墳 福岡岩屋古墳	岩立 C 古墳
600	Ⅲ	御鷲山古墳 下石橋愛宕塚古墳 車塚古墳	山代方墳 向山 1 号墳 西宗寺古墳	晩田 2 号墳	鬼ノ釜古墳 江田穴観音古墳
650	Ⅳ	上三川愛宕塚古墳 国分寺丸塚古墳	飯梨岩舟古墳 永久宅後古墳 雨乞山古墳	小枝山 3 号墳 晩田 31 号墳	
	Ⅴ	大塚岩家古墳	（講武岩屋古墳） （廻原 1 号墳） （若塚古墳）		年ノ神古墳

内外面を家形ないし蒲鉾型に加工するのが出雲東部・肥後の特徴。下野と伯耆西部は，外面のみの整形で，内面は平らなので対照的。

⑤　玄室への入り方

出雲東部は平入り，他地域は妻入り。出雲では，玄門が左右どちらかに片寄っている例が多数認められ，割合は，西：中央：東＝12：16：3 となる。片寄り玄門については，紀伊の岩橋千塚の T 字型石室との関連をみる見解（池上 1982）や，出雲西部，神戸川流域の横穴式石室内の石棺配置の非対称性を大社造と関連させる意見（西尾 1986）がある。また，埋葬の位置と順序を吟味し，左棺先葬と片袖型石室の相関をみる論考（森岡 1983）も示唆に富む。石棺式石室の片寄り玄門は，屍床などの埋葬施設の位置との関係のなかで究明できる。

⑥　床面の切石

出雲東部では基本的に切石の床石があるが，他地域ではみられない。下野に 2 例認められる。

⑦　縄掛突起

出雲東部のみにみられる特徴。時間差の指標となる。

⑧　屍床

下野では皆無。他3地域では，少数認められる。

⑨　赤彩

4地域で少数確認。カンバスとしての切石石室を意識する必要がある。

⑩　閉塞石の陽刻（第97図・98図）

山本清の指摘（山本 1964）以来，鳥取県石馬谷古墳の石馬とともに出雲と九州を結ぶ要素として注目を集め，出雲7例，九州7例，計14例が確認されている（角田 2004）。九州では，木製扉の把手を表現したような陽刻が，筑後に1例（横口式家形石棺），肥後に2例（横穴式石室），豊後に4例（横穴墓）みられる[6)]。出雲では両開きの扉に閂をかけた状態を示す陽刻が横穴式石室に6例，横穴墓に1例ある。水平の閂部分の一方の端部が細く表現され，両側の垂直の部分より1段低くなる写実的なもの（1類），3本ともほぼ同じ太さ・高さとなり形骸化したもの（3類）とその中間にあたるもの（2類）に分類され，時間差を示す。先行研究（山本 1964，角田 1993）により，扉を表現する点で出雲・肥後両地域が密接な関係にある点は首肯される。意匠の違いの背景は，石室に妻入りする肥後は＜片開き＞の扉，平入りする出雲は＜両開き＞の扉の具象と愚推している。

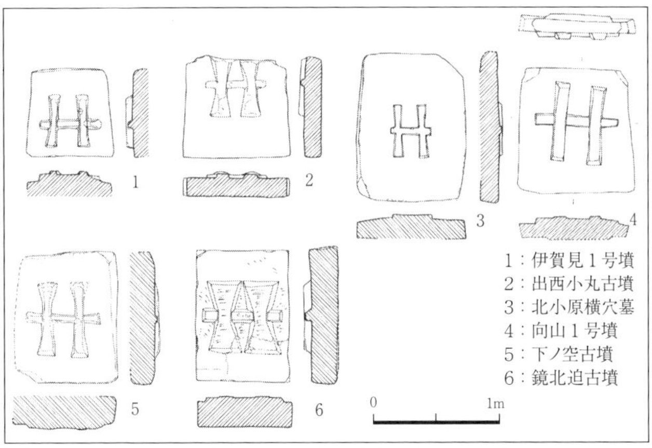

第97図　出雲の閉塞石にみられる陽刻

⑪　規模と平面形

地域性が顕著に現れている玄室の平面形と規模についてグラフ化した（第99図）。独自の範囲を占める出雲と他の3地域を明確に分離できる。

⑫　導入期石棺式石室の年代観

出雲においては，古天神古墳や伊賀見1号墳（松江市）が導入期の石棺式石室とされ，6世紀中葉に位置づけられている（出雲考古

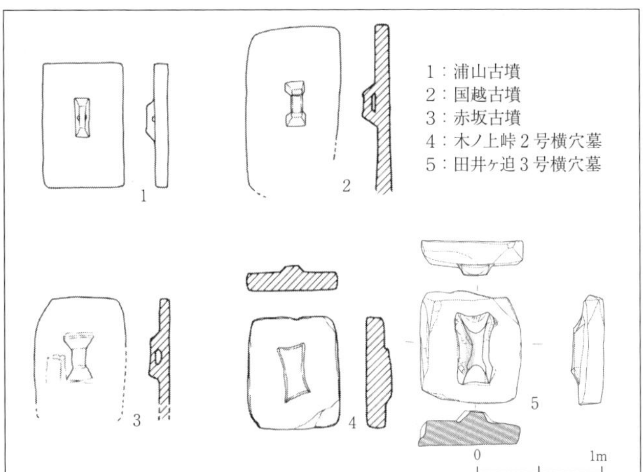

第98図　中九州の閉塞石にみられる陽刻

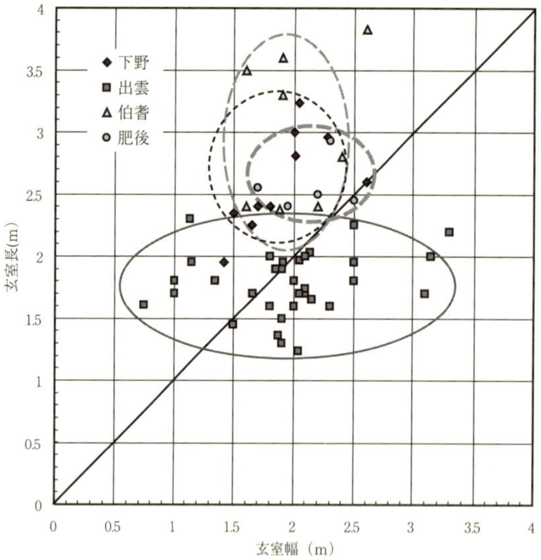

第 99 図　下野・出雲・伯耆・肥後における石棺式（系）石室玄室の規模

学研究会 1987，角田 2008）。一方，出雲の地域色を踏まえた須恵器の編年観によると古天神古墳を出雲 3 期（TK43），伊賀見 1 号墳の杯を出雲 4 期（TK43～209）と下降させる意見もあり（大谷 1994），評価が定まっていない。杯の形態から判断する限り，それほど下げる必要はなく，TK43 式期の古い段階（MT85）に位置づけておきたい。

一方，肥後では，宇賀岳古墳（宇土市）が初現期とされ，6 世紀前半を下らない（小田 1980）あるいは 6 世紀中葉（角田 1993，古城 2003）に位置づけられている。出土遺物が皆無で，位置づけが困難である。6 世紀後半には下らない，とする先行研究にしたがっておきたい。

5　小結――広域地域間交流の可能性――

4 地域それぞれの特徴を把握し，相互比較することにより，漠然と＜似ている＞あるいは＜似ていない＞に終始しないように留意しつつ検討を加えた結果，出雲と伯耆・肥後・下野の石棺式石室間に大きな距離が現出した。また，諸要素の特徴から，比較的距離の短い伯耆・肥後・下野のそれぞれの間にも，現段階では直接的に影響しあう姿を見出すことができなかった。したがって，石棺式石室の設計や施工を担う個人あるいは集団の移動を伴う相互の直接交流はなかった，と結語する。

しかし，それぞれの地域の石棺式石室を構成する要素の一部分に眼を向けたとき，在地の伝統あるいは先行する埋葬施設からの流れで理解することができない特徴が認められることもまた事実である。どのように理解すればよいのであろうか。なかなか解に到達できない難題である。しかし，少なくとも今回の検討結果から言えることは，まったく無関係にそれぞれが成立したのではなく，各地の実情に合わせて選択的に相互の情報を取り入れた，ということである。径 82m の大型円墳である下野の下石橋愛宕塚古墳（下野市）と径 17m の小円墳である肥後の江田穴観音古墳（和水町）の石室はその間の事情を雄弁に物語っている（第 100 図）[7]。したがって，主体はあくまでも受け入れ側にあった，と判断される。その意味では，出雲の石棺式石室は，「九州の直写」ではなく「山陰的展開」をしていると喝破した小田富士雄（小田 1986）と肥後の横口式家形石棺の諸要素を「出雲東部の主体性によって地域型化された石室」と位置づける角田徳幸の意見（角田 1995）は，的を射ている。情報の発信源は，研究史でも触れたように，5 世紀代に家形石棺に横口をつけた構造の埋葬施設が存在し，その後の 6 世紀への展開過程を追うことができる唯一の地，肥後であったことを現段階では疑う余地がない[8]。

地域間交流論については，「同列政体間相互作用」あるいは「中心地・周辺地交流論」を通して，国家成立に至る経緯をモデル化して理解しようとする欧米における研究動向の整理がある（佐々木 1995）。近接した，あるいは離れた社会間の関係が，等質であるか不均衡であるかの議論は，簡単に決着を観ない。しかし，地域と地域の交流が，それぞれの社会を発展させる，という研究の方向性は，今回扱った6～7世紀の倭においても導入可能である，と思料される。石棺式石室にみる広域地域間の情報交流を律令国家成立期に向けて，人，モノ，情報の動きが活発化した時期の一様相と位置づけておきたい。

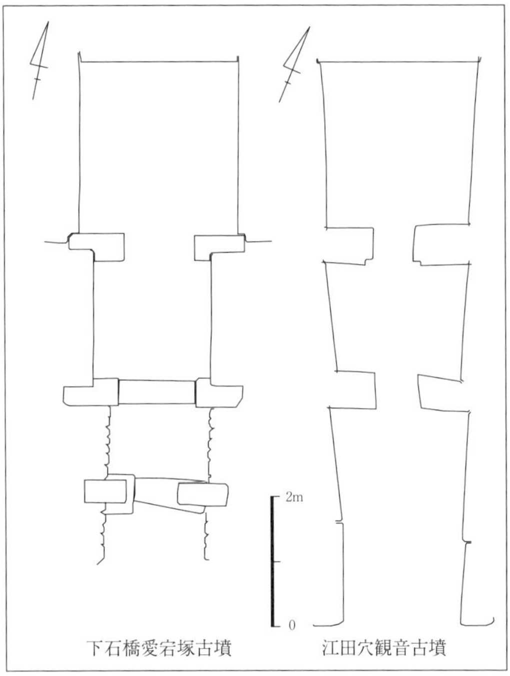

第100図　下野と肥後の複室構造石室

広瀬和雄は，石棺式石室の構築に関して，遠隔地の首長同士の「中央－畿内地域－での接触が直接的な契機になったのであろう」と明快に予察する（広瀬 2011b）。ただし，留意しておきたいのは，下記する石棺式石室を含めて6点あげた九州発の要素が，最有力首長墳から群集墳まで幅広い被葬者の階層にそれぞれの形で顕在化している点である。また，東海地域を経由する要素も看過できない。これらは，6～7世紀の首長間の交流にとどまらない，歴史の大きなうねりが現出したものであろう。

最後に今後の課題に触れておきたい。率直に，当時の人々の心に迫る手段，について考えている。下野においては，国分寺愛宕塚古墳（下野市）から須恵器脚と子壺（ただし，出雲型子持壺に通有の孔はない）が出土している。石室形態だけではなく葬送儀礼の相関にも目を向けたい。出雲において解明された天井石に覆土する前の段階での出雲型子持壺による儀礼（西尾 2004，角田 2005）と岩立C号墳（熊本県氷川町）における奥壁と側壁を設置し，掘り形を埋めた段階で火を焚いた行為（村井ほか 1979）に共通するのは，石室が見えている段階で葬送儀礼があったことを示す。換言すればそこに石棺式石室の意義があった，とも言える。1972年に下石橋愛宕塚古墳（下野市）を調査した常川秀夫は，その報告のなかで，石材が内面だけでなく「永遠に見られることない外面も丁寧に整形されている」と鋭く表現した（常川 1974）。築造過程を見せる石室だ，とも言える。今後とも解明していきたい課題である。

さらに，国分寺山王塚古墳（下野市）の墳丘盛土前に凝灰岩の粉を全面に敷き詰め，墓域を「聖定」する行為と向山1号墳の土師器と瑪瑙による墳丘基盤上の儀礼（松江市教育委員会 1996）にも注目している。

九州と東国を結ぶものは，石棺式石室にとどまらず，①装飾古墳・横穴墓，②横穴墓のコの字型屍床，③地下式横穴墓（小森 2009），④竪穴系横口式石室，⑤胴張り・複室構造，と多くの要素を枚挙することができる。このうち，地下式横穴墓については，栃木県真岡市磯山古墳群の吟味から，単発的ではない「畿内を介さない九州との直接あるいは間接的な交流」の一事例と位置づけた。下野の石棺式石室の妻入りの情報源を肥後に求めることも無謀ではない，と考えている。今回の検討により，九州発の広域地域間交流とその背景，さらには双方向性についての議論が深化することを大いに期待している。

第２節　横穴式木室

はじめに

1987 年，栃木県の南部，壬生町上原古墳群において，当地においてはまったく系譜が追えない横穴系の埋葬施設が確認された。ゴルフ場造成に伴う記録保存調査で，日本窯業史研究所の所員が調査にあたっていた。現場見学させていただいた折，20m ほどの円墳を前にして「石を使わず粘土と木で構築した横穴式の埋葬施設」との説明を伺った。調査中の他の古墳はすべて横穴式石室であり，石を使用しない埋葬施設は，当時の筆者が知る限り，県内では唯一の調査例であった。その系譜が気になり，『考古学雑誌』に掲載されていた「木芯粘土室」を扱った論文（柴田 1983）と関係するのかもしれないと思った。しかし，そのときは，あまり深く考えることなく，その疑問を通り過ぎてしまった。

翌年の 1988 年には，小山市飯塚 42 号墳が小山市教育委員会によって調査された。現場で担当者から「この埋葬施設は側壁や天井を構築した石が見つからない。徹底的に石を抜いたか，それとも構築中途で断念したか，あるいは最初から使っていなかったか」とあらゆる場合を想定しながら精査していることを伺った。周囲を見渡せば，この飯塚古墳群では，これまでの継続調査により，河原石を用いて矩形の玄室を構築し，短い羨道から１段下がって玄室に降りる形態の竪穴系横口式石室が盛行することが判明していた。横穴式石室の構造から東海地方との系譜関係が頭をよぎったが，やはり深く追究することはなかった。

本節執筆のきっかけは，上記２例を含めてこれまでほとんど注目されることのなかった，横穴式木室の分布の中心から遠く離れた栃木・茨城などの関東の調査成果に改めて注目し，地域間交流の一端を示す新たな例を提示してみようと思ったことにある。埋葬施設を素材にして古墳時代の社会について考察するとき，２つのアプローチがある。１つは，大きさや形態からみた階層性の追究，そしてもう１つは，構築技術・用材や形態からみた地域性とその系譜関係の追究である。両者は，互いに密接に結びつきながら被葬者の性格を物語る重要な要素と位置づけられる。ここでは，特に後者に力点を置き，6~7 世紀に近畿地方と東海地方を中心に横穴式石室に対して客体的に分布し，数は少ないながらも独自の位置を占める，石を用いず木と粘土で（あるいは木のみで）側壁部や天井部を構築した横穴系埋葬施設を横穴式木室と定義し[9]，まず，形態分類を通してその共通性と地域性を整理する。さらに，その成果から古墳時代後期において活発化する地域間交流と被葬者の性格について考えることを目的とする。

1　先行研究の整理

横穴式木室にかかわる研究は，1956年7月～8月に調査された大阪府陶器千塚21号墳に始まる。石材を用いず，丸太材を合掌形に組み合わせ，苆を混ぜた粘土で覆い，それを内外から焼き固める方法で構築され，しかも遺体を副葬品と一緒に焼く，という当時としては異例の埋葬形態であった（森 1961）。その後，畿内や東海西部を中心に調査例が増すが，埋葬施設や遺体を焼いている場合とそうでない場合があり，わが国における火葬の始まりの時期や仏教の影響を考えるか否かの問題も孕んで数々の意見が発表された。

1990年代初めまでに発表された研究史を扱った文献としては，柴田稔（1983），北野博司（1983），鈴木敏則（1991），岩中淳之（1993），風間栄一（1993a），藤井太郎（1994）などの一連の業績がある。併読いただきたい。本項では，1990年代後半以降の研究動向も含めて先行研究を整理したい。以下，(1) 名称・構造，(2) 火化の背景，(3) 被葬者像，(4) 系譜，(5) 形態分類と変遷，(6) 南加賀の「箱形粘土槨」，(7) 歴史的位置づけ，の7つの視点から，研究の動向を概観する。

(1)　名称・構造

火化[10] されている調査例については，「窯形粘土槨（窯槨）」（森 1959），「カマド塚古墳」（石部 1962），「火化墳」（水野・田代・岡村 1963），「窯槨」（森 1964），「カマド塚」（森 1964，結城 1990），「カマド槨」（森ほか 1966），「窯葬墓」（國學院大學考古学会歴史時代研究会 1966・1967），「窯形木心粘土室」（森・陳 1980），「窯槨古墳」（安井 1984）などの呼称がある。

一方，火化されているものといないものを含む呼称としては，「横穴式木心粘土室」（水野ほか 1963，水野 1966），「カマ形木槨」（森ほか 1966），「横穴式埴室」（水野 1974），「横穴式木芯室」（萱室・岡 1974），「横穴式木槨墓」（辰巳 1982），「横穴式木芯粘土室」（柴田 1983，風間 1993b）などがある。

「横穴式木室」なる用語を用いた最初の文献は，皇學館大学考古学研究会による三重県南山古墳発掘調査中間報告である（皇學館大学考古学研究会 1979）。「横穴式木室」との呼称は，横穴式石室との対置，という条件のなかから生まれた用語と思料される。その後，調査例の増加とともに総括的な研究において用語として「横穴式木室」が定着し（北野 1983，鈴木敏則 1991，風間 1993a，藤井 1994など），今日に至る。

構造については，大阪府上寺山古墳における先駆的な上屋構造の復元があり（田代 1972），その特徴的なあり方と横穴式石室に類似した構造に注目があつまった。その後，調査例をもとにして，兵庫県名草3・4号墳（森下・宮原 1984），大阪府陶器千塚29号墳（堺市博物館 1984），静岡県堀ノ内13号墳（前田 1997），同県林5号墳（田村ほか 2008），石川県ブッショウジヤマ2号墳（垣内・菅野 2001）等の横穴式木室復元図が示されている。また，「遠江Ⅱ型構築法模式図・瓦屋西

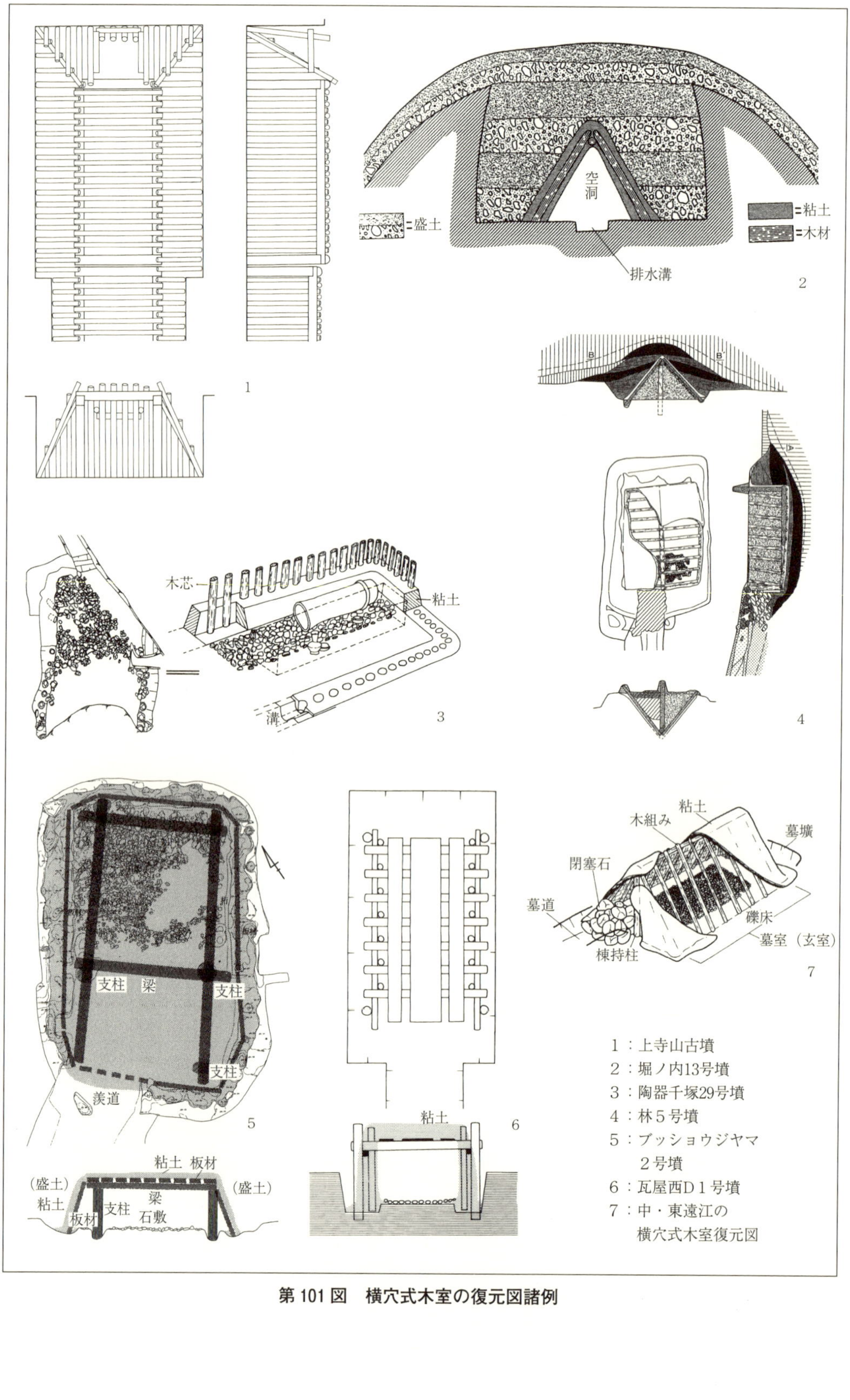

第 101 図　横穴式木室の復元図諸例

D1号墳横穴式木室復元図（八木勝行原図）」の掲載（鈴木敏則 1991）や「中・東遠江の横穴式木室の復元模式図」の作成（田村 2008），さらには，実際に棟木・垂木を組み，写真で構築過程を詳細に示して復元案を提示した兵庫県西山18号墳の実践例（中川ほか 1999）などは，横穴式木室を理解するうえで，特筆される業績と言える（第101図）。基本的には，壁が直立する切妻形と斜めに組み合わせる合掌形に復元される（北野 1983，柴田 1983，鈴木敏則 1991など）。

以上をまとめると，火化することに注目が集まる1950～60年代を経て，仏教の影響を考えるか否かの論争がやや下火になり，一方では火化しない調査例が増加した1980年前後を境に，地域差と構造の差異を包括する用語として「横穴式木室」が採用されることになった，と言える。背景には，特殊な埋葬施設と位置づけるのではなく，後期群集墳に採用された埋葬形態の1つとして認識していこうとする研究指向の暗黙の了解があった，と思料される。

(2)　火化の背景

次に，なぜ遺体や副葬品が火化されたのか，その理由についての言説を振り返ってみよう。なお，1990年代初めまでの研究については，風間栄一の優れた総括があり（風間 1993a），大いに参考にさせていただいた。

1)　仏教の影響説

森浩一は，大阪府聖神社2号墳の調査報告で，7世紀初頭に火葬場即墓室という窯形粘土槨があること，火葬古墳の被葬者は小豪族あるいは有力農民（須恵器生産関係者か）であること，和泉などの6，7世紀の初期仏教はいちはやく火葬という革新的な葬法を含んだものであること，以上3点を指摘した。その背景には「大和の貴族仏教とは異なるものが和泉等に普及し，その勢力が行基を支持する地盤であった」ことを推定した（森 1959）。

さらに森は，大阪府陶器千塚21号墳（カマド塚）が須恵器の窯に類似し，火葬とその場所への埋葬を計画した墓室であると述べた（森 1961）。7世紀初頭を降らない年代で，従来の火葬例よりさらに遡る，と主張した。さらに，火葬古墳と仏教の関連性に触れ，水野正好らの仏教の影響否定説に備えた（信太山遺跡調査団 1966）。翌年には，「窯槨火葬」は，火力で骨化を短時間ですませる葬法で，国内発生の余地も十分にあり，革新的な葬法でない，と前説（森 1959）を見直した（森 1967）。なお，同論文で森は「カマド塚」なる呼称は，陶器千塚21号墳自体を指すもので，普通名詞として誤用されていることに注意を喚起し，石部正志も同様の立場をとる（石部 1962）。その後，1980年には，仏教と火葬の関係に触れて「人間の死骸を焼けば火葬なので，仏教的な火葬かどうかは第2の問題」と述べ，「火の力をかりて死者の軟部を取ってしまう」風習が古墳時代後期段階からみられる事実こそが重要である，と改めて主張した（森・陳 1980）。

このような情勢のなか，石部正志は，火葬と埋葬との関係を類型化した（石部 1974）。火葬即埋葬の場合（A型），火葬場を埋葬場とする場合（B型），火葬と埋葬の場を異にする場合（C型），の3つを示し，文武天皇4（700）年の僧道昭の火葬より1世紀以上も古くA型火葬が出現している点を強調した。伝統的墓制につながらない「全くユニークな火葬法」が採用されたのは，家父長的世帯共同体単位の自立化を物語る，と独自の論を展開している。古墳群のなかに数基認められる火化された横穴式木室の性格を探るための一視点を提示した見解，と評価される。1980年には「日本最初の火葬古墳」として大阪府堺市陶器千塚をあげ，「かまど塚型式」では，「遺体は焼きっぱなし」で，8世紀初頭以後の火葬では遺骨を集めて蔵骨器に納めるので，両者に脈絡は認められない，と性格の違いに言及した。群集墳の1つの埋葬形式として終始し，大型有力古墳から始まった墓制ではないことから，「伝統への反発」であり，「古い共同体秩序の維持が困難」になった社会背景を読み取ろうとした（石部 1980）。

1982年，石部は，「カマド塚について，仏教の影響によるものではなく，須恵器窯の構造とも異なったもので，横穴式石室を木材と粘土で代用した木組粘土室に起源するとの田代克己の意見は首肯される点も多い」としながらも，「粘土室を焼き固めるのみならず，被葬者を副葬品もろとも火葬してしまっている事例が少なからず存在することの意味づけをかえって困難にした」と指摘した（石部 1982）。まず，火葬の事実を直視すべきであり，それが「カマド塚」の重要な要素である，との主張と理解することができる。

1988年，白神典之は，「火を使い遺体を葬っていることは，単に窯における焼成とは別に思想的な背景が存在」すると述べ，「革新的な葬法の採用」と評価した（白神 1988）。

1983年，柴田稔は，仏教との関連は，現時点で証明し得ないが，「渡来系氏族である点を重視すれば無視することはできない」と，間接的に関連を認める立場を示した（柴田 1983）。

2) 仏教の影響否定説

1963年，水野正好らは，大阪府茨木市上寺山古墳を6世紀後葉における「火化の墓制に従うもの」とみなし，奈良時代以降の「火葬墓とは系譜を異にする火化墳」と位置づけた（水野・田代・岡村 1963）。「火葬」と「火化」に用語を使い分け，森らに異論を唱えた。

さらに1966年，水野は，「横穴式木心粘土室」は，被葬者の火化を目的とする施設であって，「遺骨の摂取のなされた形跡はなく」「荼毘，拾骨，埋納の厳修を内容とする火葬と大きな差異があり，初現的な火葬墳墓とすることは不可能」と森らの意見を再び否定した。6世紀後葉より7世紀初頭に終始した特異な墓制で，被葬者も「特殊な状況を考慮すべき」とも述べている（水野 1966）。その後，「横穴式埴室」は火化されており，埋葬がまだ終了していない場合は火化をしないので，「火化という現象は羨道閉塞に通じる行為」との見解を示した（水野 1974）。焼かれている例も焼かれていない例も本来は「火葬施設」とする記述に氏の考え方がよく表れている。

1966年，國學院大學考古学会歴史時代研究会は，全国で6古墳を集成して検討し，「窯葬墓と火葬墓の関連に否定的」（國學院大學考古学会歴史時代研究会 1966）と述べ，さらに1967年には，7古墳8例の「窯葬墓」を集成し，「窯葬墓の被葬者を帰化系陶部工人とし，火化については，仏教を前提にしたものでは無い」（國學院大學考古学会歴史時代研究会 1967）と位置づけた。集成表に，須恵器窯跡群との距離を示して，被葬者の性格に迫ろうとしている点が特色である。

1972年，田代克己は，火がかけられた後にも追葬が行われ，それには火がかけられていない例や同じような構造でもまったく火の痕跡がない例もあることに注目した（田代 1972）。そして，

「仏教による火葬は，遺体を火で処理した後，骨を別に用意した容器に入れて埋葬することに重要な意味」があることを強調し，「ただ遺体を火で処理しているからという理由で簡単に仏教による火葬と決めてしまうよりは，何か別の特殊な理由をさがすべきだ」と仏教の影響を否定した。ただし，具体的な「特殊な理由」を示すことはなかった。

1991年，鈴木敏則は，火化する木室が畿内から東海にかけて，6つの地域に分散して存在するが，各々の地域内では集中する傾向を指摘し，特定の集団を想定した。「現状では，仏教との関わりを示すことはできない」との慎重姿勢をとりながら，横穴式木室は，横穴式石室から火葬の普及までの過渡的葬法を示すものではない，と述べている（鈴木敏則 1991）。

1994年，藤井太郎は，火化された横穴式石室（5遺跡7例）を踏まえ，横穴式木室の火化に論及した（藤井 1994）。横穴式木室は，潜在的に火化が意識されていた可能性はあるが，本来的には木材と粘土で構築される埋葬施設で6世紀後葉に「なんらかの理由により火化が行われるもの」との見解を示した。さらに「古墳時代後期において，一部では既に遺体を火により骨化する風習が存在した」とし，「律令火葬」以前に一部で遺体を焼く葬法が確立していた，と述べた。

2001年，伊藤久嗣は，「横穴式木芯室」の被葬者を隼人と措定し，火化行為を彼らの祖先神話（コノハナサクヤ姫の火中出産神話）にもとづく，との意見を発表した（伊藤 2001）。考古学的にはなかなか検証できない問題であり，論評は控えておきたい。

3）　浄化説

1984年，安井良三は「火葬理由について，流行病あるいは悪性の病による死者への浄化であろうという仮説」を提示した（安井 1984）。文献や民俗例を根拠にして火による「浄化と再生を願ったもの」と推定している。火化された例の説明は一応可能としても，されない例の説明が難しい，と思われる。また，安井の考えに対しては，火葬骨には，骨化後に火を受けた例がある，との反論がある（風間 1993a）。

ケガレ浄化説とも言うべき考え方もある。田村隆太郎は，墳丘完成前に横穴式木室が見えている状況を想定し，火で焼く行為は，「民俗学では，ケガレを浄化する意味が根本にある」ことを論拠に，「ケガレの主体に対して直接的な浄化の必要性」が生じた場合である，と独自の考えを示した（田村 2008）。成否の結論を遺構・遺物から考古学的に導くことは難しい。しかし，「いつ焼いたのか」について具体的に考えるための重要な提言と位置づけられる。

4）　家葬説

1970年，藤沢一夫は仏教影響説を否定し「遺体を焼いているからという理由だけで仏教の宗儀と言っているのは糞噌（原文ママ）同視の暴論」と強い口調で批判した。アイヌの習俗カシュ・オマンデ（死期が近くなると移り住むワラの家に火をつける）を引き，「窯塚か窯葬ではなく家葬というべきもの」と主張した。「死者の住家であり，羨道的な入口のあるアイヌの住居を想起させる」と述べている（藤沢 1970）。

5）　墓室強化説

1993年，岩中淳之は，三重県昼河A2号墳の二次焼成のない須恵器を根拠に，火化後の追葬を考え,「火化する目的が木室の耐久強度を強化」であった可能性を指摘している(岩中 1993)。火化されている例の一解釈とはなるが,火化されない例を説明できないところに疑問を残した。

同年,風間栄一は,火葬ではなく,埋葬施設構築の一環として火が使用された例として,静岡県瓦屋西 D1 号墳を示し,遺体を焼いたのか,墓室構築法なのか,またはその両方なのかを弁別する必要性に言及した(風間 1993a)。難題と言える。

6) 展望

風間栄一は,「なぜ焼くのか,または焼かないのかという点に集約され,形態的差異による地域相や火葬との関連性はほとんどなされていない」と憂い,先行研究を超えた次のステップをめざした。火葬例は,氏の分類によれば東海型の A2,近畿型の B1・B3 に含まれている。このうち,A2 は,20 例のなかで静岡県明ヶ島 10 号墳の 1 例だけであるが,B1 と B3 では 20 例中 13 例で火葬が認められることを示した(風間 1993b)。また,横穴式石室での火葬例が兵庫県下と近畿型の分布範囲と重なることにも触れ,「近畿型と火葬の関連性を深く掘り下げて考察すべき」と今後の研究の指針を明確に示した点は,画期的な研究と評価される。ただし,要旨の文章発表にとどまり,氏の優れた視点がその後の研究に活かされてこなかった点が惜しまれる。

火化の背景に関する研究史を振り返ると,2 つの争点があった。第 1 は,類例の少ない 1960 年を前後する時期の,仏教の影響を受けた火葬なのか,そうでないのかという論争。第 2 は,仏教の影響論争になかなか決着をみないまま,木と粘土を用いた多様な横穴系の埋葬施設が,近畿と東海西部地方を中心に次々と確認された時期の,多様な横穴式木室のあり方に対応する解釈の 1 つとして火化をどう位置づけるかということ。後者は,構造や要素のどこに力点を置くかによって解釈はさまざまになり,なかなか解に到達できない現状がある。今後の方向性は,「分類された類型ごとに性格が検討されるべき」(風間 1993a)とする意見に耳を傾け,それを実践する段階と捉えることができる。

(3) 被葬者像

1) 渡来系集団説

水野正好は,横穴式石室＝在来的な墓室の制,横穴式塼室＝外来的な墓室の制,と位置づけ,古墳群の形成基盤を在来系の氏族と外来系の氏族の同居した集落と考えた(水野 1974)。

北野博司は,畿内の小氏族あるいは渡来系氏族とする柴田の考え(柴田 1980)は正鵠を得たもの,と評し,独自の墓制を共有する極めて個性の強い集団で,一定のまとまりをもちながら各地に散在するという分布の特徴に言及した(北野 1983)。

柴田稔は,「横穴式木芯粘土室」の全国集成を示し,その構造・分布・時期・地域差等をまとめ,研究史上 1 つの画期となる論考のなかで,6 世紀前半ごろに各地へ移住した渡来系の氏族を被葬者とした(柴田 1983)。

その後,柴田は静岡県の太田川・原野谷川流域の「横穴式木芯粘土室」構築の基準尺を問題とし,「1 尺を 25.4cm とする集団によって横穴式木芯粘土室が採用された」とし,その集団を「今来漢人系」とした（柴田 1987）。ただし，この位置づけは対象地域限定で，全国の類例に適用するものではない，と付記している。横穴式木室の企画性を問題とした場合，横穴式石室の基準尺とどのような関係にあるのか分析することにより，深まりと広がりをもつ説となろう。

さらには，「新しい技術を携えた渡来系氏族」（中川ほか 1999），「外来系・渡来系の出自や生産活動における特別な役割」を示す（田村 2008・2010）との考えも示されている。

2）外来系集団説

国内のほかの地域からの外来説をここで扱うことにする。岩中淳之は，伊勢市昼河古墳群の報告書のなかで，外来系氏族を三河・尾張・遠江を含めた東海圏に求める考えを提示している（岩中 1993）。

3）須恵器工人説

この説は，おもに大阪府和泉陶邑窯周辺の火化された横穴式木室の調査例をもとに主張されてきた経緯をもつ。

森浩一は，須恵器生産に関係する地方の小豪族あるいは有力農民と考えた（森 1959）。

同様に中村浩は，「カマド塚（窯槨墳）」を須恵器の窯体構造に類似する形態をもつ特殊火葬墳と位置づけ，「窯業生産者が関与したもの」との考えを示した（中村 1973）。

石部正志は，「かまど塚とか窯葬墓」は，須恵器工人かその工人と接触のあった「外来系の人々」の葬法とした（石部 1974）。

結城慎一は，現在の宮城県仙台市の一部にあたる文政5（1822）年の村絵図にみえる「竈塚」に注目した（結城 1990）。5世紀から8世紀までの窯跡群や周辺の古墳を示し，現在は消滅した「竈塚」を畿内等にみられる「カマド塚」と仮定し，千数百年の時空を跳び越えてみせた。さらに，「竈塚」との呼称から，崩壊部に焼土や炭などが露見していたことも予測するなど，仮定に推定を重ねる論となっている。

4）技術者集団説

須恵器工人以外（鈴木敏則は含む）のなんらかの技術集団を想定する考えをここに含める。

鈴木敏則は，被葬者の階層は横穴式石室の被葬者と同じであることを前提に，遠江においては，「小鍛冶のような集団」であり，修復工人として地域首長に招かれた渡来系氏族とする。一方，遠江以外の各地の横穴式木室についても須恵器や小鍛冶など特殊な技能を有した集団を想定した（鈴木敏則 1991）。鈴木は，3）の須恵器工人説も包括するより広い視座に立つ。

藤井太郎は，火の使用に精通する集団であり，火を用いて骨化する風習に関して，横穴式石室の火化例（5遺跡7例）を射程に入れている（藤井 1994）。

松井一明は，渡来系氏族であったかどうかは，肯定・否定材料とも不十分としながら「なんらかの技術者集団」の移住を想定する。交流ルートの変遷に触れ，畿内政権が東国の入口にあたる遠江を重視した結果起こった畿内ないし伊勢からの移住，と考えている（松井 1996）。

5）石材入手困難説

石材を運ぶ力がない面を強調する説と石材の希少性を強調する説に大別される。

前者の説としては，甘粕健による，上流に石材供給源があるが被葬者の力ではこの距離を克服できず，力の限界を示す，とする埼玉県牛塚古墳の調査所見がある（甘粕 1972）。

一方，和泉陶邑窯を含む泉北丘稜の群集墳の吟味から，須恵器工人説とともに石材の問題に言及したのが，白神典之である。火化された例を含む古墳群の被葬者は須恵器の生産・流通等の従事者，火の使用のないものは，石材を産出しない群集墳の立地の特殊性から，横穴式石室に代わるものとして考案された，としている（白神 1988）。火化されない例の増加に伴い，石材の希少な地域で造られた埋葬施設であることをより強調した説，と位置づけられる。

須恵器工人説が有力であった近畿地方において，石材入手困難説に近い考え方を踏襲するのは，大阪府明神原古墳の報告である。具体性を欠くが，「何らかの事情——経済的なことも含めて——横穴式石室を構築し得なかった結果がこのような主体部を創出せしめた」と記した（和泉丘陵内遺跡調査会 1992）。横穴式石室を含めた地域的特色の吟味のなかで考えたい課題である。

6）移配隼人説

特定の集団を被葬者とする考え方のうち，具体的に名称をあげる唯一の説，と位置づけられる。伊藤久嗣は，「横穴式木芯室」の祖形を「南九州東部の切妻形地下式横穴墓」に求める点において独自性をもつ。さらに「横穴式木芯室」集成から，その地名に隼人関連地名を見出すことにより，被葬者を隼人と措定している。一方，火化については，彼らの祖先神話（日向を舞台とするコノハナサクヤヒメの火中出産譚）にもとづくことを説いた（伊藤 2001）。その後，類例を追加するとともに，須恵器工人説・渡来人説では説明できないと批判し，自説を補強した（伊藤 2002）。切妻形をもって地下式横穴墓との連関を説き，地名や神話を重視して結論を導く手法は，残念ながら考古学的に証明できない（氏自身も「拙論の主張する点を考古資料から検証できない」と述べる）。ただし，なぜ木室なのか，なぜ焼くのか，焼く横穴式石室との関係は如何，等について十分に説明できていない現在，将来において論理的に乗り越えなければならない説，といえよう。

7）その他

風間栄一は，横穴式木室と一括りするのではなく，分類を通じて地域相を明確にし，類型ごとに性格が検討されるべき，と先行研究の問題点を踏まえて今後の方向性を示した（風間 1993a）。

（4）系譜

どのような系譜関係をもとに，横穴式木室が成立・展開したのかを論じる説は非常に少ない。

このなかでまず，注目しておきたいのは，柴田稔の発言である。柴田は，渡来系氏族の墓という観点から，長野県大室古墳群の積石塚に注目し，特に合掌形石室と「横穴式木芯粘土室」との比較検討の必要性を説いている（柴田 1983）。傾聴すべき意見と考えられる。

鈴木敏則は，6世紀前半の三重県君ヶ口古墳と静岡県瓦屋西 B3 号墳の箱形の形態を横穴式木室の祖形と考えた。本貫地は，朝鮮半島にも国内にもその候補例はない，と述べた（鈴木 1991）。

中川渉は，畿内周縁部における多様性は，畿内中枢部に想定できる各集団の故地（1箇所とは限らない）を中心とした「放射状の関係」の反映とみた（中川ほか 1999）。はじめに地域ありきの分類に立脚する限り，このような考え方に導かれようが，一旦地域をはなれて横穴式木室を分類し，それを地域に戻す手法をとると，別の結果がでてくる可能性がある。

鈴木一有は，横穴式石室の伝播モデルを①拠点的伝播，②漸移的伝播，③着想伝播，④翻意的伝播，の4つに類型化する。横穴式木室については，独自色が強く，規範的形態が認められない点，地域間の技術交流が跡づけにくい点を根拠に「着想部分に偏った情報の広がり」を想定している（鈴木一有 2003)。「着想」の背景に言及していない点が惜しまれるが，整合的に横穴式木室の実態を整理している。

(5)　形態分類と変遷

1980年，石部正志は①陶器千塚型の遺体を葬って火葬しているもの，②木心粘土室の墓室だけを焼き固め，後に遺体と副葬品を搬入するもの，③道田池4号墳型で，単に木心粘土室と呼んだほうがよいタイプ，の3類型化した（石部 1980)。そして①→③への変遷観を示した。本来は，遺体を火化するための施設であったことを強調する考えをうかがい知ることができる。

1982年，岩中淳之は，Aカマド室，B横穴式木芯粘土室，C横穴式粘土室の3系譜に分類した（伊勢市教育委員会 1982)。南山古墳は，粘土を使用せず，木芯ではないことから横穴式木室とよび，君ヶ口古墳とともに，6世紀前半～中葉と古い時期の特徴，と位置づけた。

1983年，柴田稔は，「横穴式木芯粘土室」を全国で37墳39例集成し，東海地方の須恵器編年観をもとに，「横穴式木芯粘土室の築造時期（東海地方)」と題した編年表を示した（柴田 1983)。形態の変遷については記されていないが，1980年代初頭の時点で，横穴式木室が構築された時期の終始を明確にした点で先駆的研究と位置づけられる。ただし，三重県君ヶ口古墳をTK43型式期に置くなど再考を要する部分もみられる。

同年，北野博司は，横穴式木室30墳32例を集成し，分類と変遷を追究するとともに「箱形粘土槨」との共通点が多いことを明らかにした（北野 1983)。横穴式木室の分類基準としては，玄室側壁が直立する箱形ないし家形（Ⅰ類）と側壁が内傾し，玄室断面が三角形となる合掌形（Ⅱ類）に大別した。Ⅱ類については，中軸線上に主柱2本（Ⅱ-A類)，棟持柱のない合掌式（Ⅱ-B類)，4本主柱（Ⅱ-C類）に細分した。おおまかには，方形から長方形のながれを確認している。

ほぼ10年後の1991年，鈴木敏則は，全国49墳53例を集成し，遠江Ⅰ・Ⅱ・Ⅲ型，伊勢Ⅰ・Ⅱ型，和泉Ⅰ・Ⅱ型，摂津型，丹波型に9分類した（**第102図**)（鈴木敏則 1991)。掘り形，柱穴，上屋，平面形，粘土や火化の有無など分類の要素を網羅しており，現在までも輝きを失しない分類と言える。変遷については，その最古段階を6世紀前半（MT15型式期）の三重県君ヶ口古墳・静岡県瓦屋西B3号墳とし，「箱形が祖形」と述べるとともに，6世紀中ごろ（TK10型式期かその直後）までは，すべて東海地方に分布することを明らかにした。その後は，垂木を合掌形にする和泉Ⅰ型・遠江Ⅰ・Ⅱ型・丹波型，年代が降っても箱形を踏襲する遠江Ⅲ型・伊勢型というように地域性が顕著となるという。それぞれの地域の様相を的確に捉え，横穴式木室床面長幅

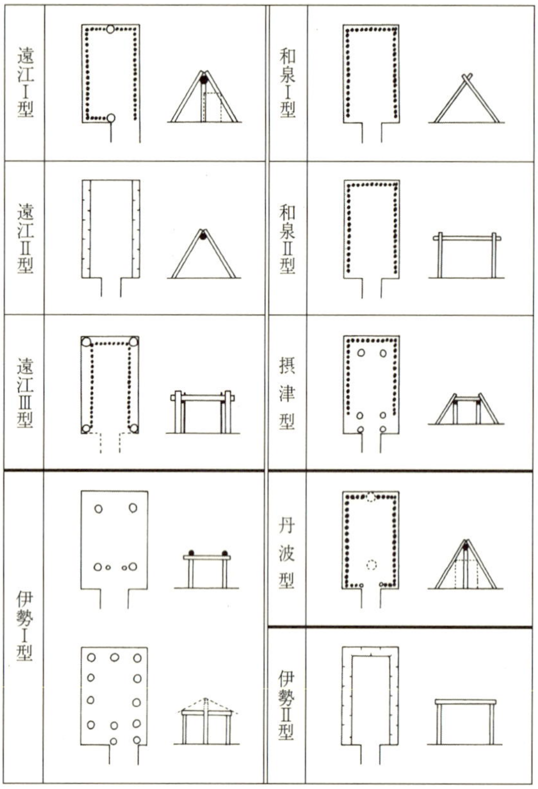

第 102 図　鈴木敏則による分類

関係図を提示してさらに地域相を明確にしている点などからして，非常に説得力の高い論と位置づけられる。

1993 年，風間栄一は，先行研究（柴田 1983，北野 1983，鈴木 1991 など）とは違う独自の基準で分類した（風間 1993b）。風間の視点は，上部構造ではなく，遺構として残る主柱穴と他の柱穴との位置関係を重視するものであった。大別 3 類（A・B・C），細別 6 類となる。形態分類を経てから地域を考える手法をとる。

A 類　奥壁，側壁，前壁を構成する柱穴間に主柱がある

A1　主柱が四隅にあるもの……伊勢湾沿岸から磐田市にかけて

A2　主柱が主軸上に 2 本あるもの……磐田市磐田原台地と磐田郡の低台地上

B 類　玄室内に主柱があるもの

B1　主柱が 4 本あるもの……大阪府北部と滋賀県

B2　主柱が主軸上に 2 本あるもの……京都府福知山市

B3　周囲のみに柱穴列がみられるもの（玄室内に主柱の存在を想定）……泉北丘陵と兵庫県加古川流域

C 類　柱穴が検出されずに溝のみが確認（板材の使用を想定）……浜松市三方原台地

さらに，A・C 類を「東海型横穴式木芯粘土室」，B 類を「近畿型横穴式木芯粘土室」と区分している。

時間的には，東海型 A1・C →近畿 B3・東海 A2 →近畿 B1・B2 という変遷を示した。また，火葬の問題にも言及し，先行する A1・C や出現が遅れる B2 には確認できず，東海型 A2 と近畿型 B1・B3 に共通して火葬例が含まれることを明らかにした。横穴式石室の火化にも触れ，兵庫県下と近畿型の分布と重なることから，近畿型と火葬の関係を深く掘り下げて考察すべき，と指摘した。形態分類とその変遷，地域的特色，火葬との関係等を的確にまとめた優れた論考と位置づけられる。

1993 年には，岩中淳之により（鈴木敏則 1991）分類の追加・細分案が示された（岩中 1993）。鈴木の伊勢Ⅱ型を主柱穴のない箱形（伊勢Ⅱ型 -a）と主柱穴がある箱形（伊勢Ⅱ型 -b）に分け，さらに昼河 13・14 号墳の構造から垂木を合掌形にする伊勢Ⅲ型を設定した。横穴式木室の類例

の少なかった伊勢において，昼河古墳群で類例が4基追加されたための対応と位置づけられる。しかし，それぞれの地域の型に固執するあまり，大阪南部の横穴式木室との共通性が十分に検討されなかった点に問題を残した。

1994年，藤井太郎は，59例を集成し，分布から5地域に区分し，その形態的特徴を明らかにした。変遷については，6世紀後葉以前は，遠江と伊勢のみに限られ，徐々に西に拡大し，畿内とその周辺で画一的に構築を開始する，とのおおまかな流れを示した。(鈴木敏則 1991）の分類基準をほぼ踏襲する見解といえる。

1999年，中川渉は，全国で78例を集成し，基本的には藤井太郎の分布図（藤井 1994）を援用しながら5地区に大別して検討した（中川ほか 1999)。躊躇なく加賀の9例を含めた点に特色がある。横穴式木室と「木芯粘土槨」の共通性を説いた北野博司（北野 1983）以降の研究と類例の蓄積による実態解明の結果によるものであり，賛同したい。ただし，筆者は，6世紀後半代の入口が確認された石川県小松市の2例（ブッショウジヤマ古墳群2号墳・八幡2号墳）だけを横穴式木室の範疇で捉え，横口の有無が確定しない例は，留保する立場をとることを明記したい。

2003年，谷口安曇は，遠江で39例を集成し，明ヶ島古墳群の8基の横穴式木室を，断面形で合掌形と箱形に2分し，それぞれの覆土，柱穴の位置，壁際の溝の有無について検討した（谷口 2003)。その結果，(鈴木 1991）分類の遠江Ⅰ・Ⅱ・ⅢにⅣ類（断面形が四角形で主柱穴や壁際の溝がない片袖型）を追加した。確認数が増加に伴って，遠江における横穴式木室の形態が多様であることをよく示している。

(6)　南加賀の「箱形粘土槨」について

石川県においては，「箱形粘土槨」,「木芯粘土室」,「木造粘土被覆室」などと呼ばれる非常に地域色の強い埋葬施設が認められる。石を用いず，粘土と木を使って室を構築する点において，横穴式木室と共通する部分が多い。

北野博司の研究は，当該埋葬施設の総括的な業績と位置づけられる。横穴式木室30墳32例，箱形粘土槨8例を比較検討した。「箱形粘土槨」を側壁が直立（Ⅰ類）と内傾（Ⅱ類）に2大別し，「床面指数」(長さ÷幅）により細分した。また，須恵器に型式差があることを根拠に追葬を想定し，横口部の存在を予想している。その結果，①伝統的な粘土槨・粘土床とは異質な墓制，②横穴式木室と同様に，周囲の溝に木材（丸太，板）を立てて，室の骨組みをつくり，そのうえに粘土を被覆して墓室を構築する，③南加賀で6世紀前葉～同後葉に終始する在地には系譜をもたない横穴系の墓制，④被葬者はなんらかの政治的要因により当地に移住，⑤ともに横穴系の墓制で，墓室構築に石材を用いず，木材と粘土を使用しているなど共通点が多い，以上5点を明らかにした（北野 1983)。河村好光は，北野が「箱形粘土槨」を横穴式木室との比較により木造の室とみたのは卓見，と評した（河村 1997）が，筆者も同感である。

北野の研究を受けて，樫田誠は，改めて横穴式木室との構造上の類似点に着目し，追葬を行う横口部の存在を想定しながら，「所謂箱形粘土槨」を「南加賀型木芯粘土室」と読み替え，①被葬者は技術者集団等特殊な立場におかれた集団，②横穴式石室を意識しながらも階層差を反映して成立したもの，③横穴式石室の導入と不可分の関係にあり，南加賀で自生，創出されたもの，以上3点を主張した（樫田 1989）。横穴式木室と「南加賀型木芯粘土室」の「両者の強い関連性を確信」しながら，樫田を踏みとどまらせたものは，分布が加賀を越えないこと，そして明確な羨道がないこと，以上2点であった。前者は，現段階の研究からすれば，その後明らかになってきた地域ごとの強い個性の表れであり，実は横穴式木室のもつ特徴の1つだったのである。

河村好光は，南加賀の11例を検討し，「木造粘土被覆室」と命名して「在地系譜をもたない墓制で被葬者も大和から送り込まれた渡来系集団」と位置づけた（河村 1997）。木造室としても木室との特定を避けた点に独自性がある。

垣内光次郎は，石川県ブッショウジヤマ2号墳の要素は，河村提唱による「木造粘土被覆室」に近いが構造の理解に違いがあるとして，復元図を示して河村との違いを明確に示した（垣内 2001）。埋葬施設の内部は，壁や天井が木材で組まれた木室構造，と判断している。

冨田和気夫は，横穴式石室が普及したTK43型式以降には，「粘土室」でも横口から追葬する方法を認めるが，本来は追葬を想定しない埋葬施設と位置づける（冨田 2002）。したがって，「粘土室」は，横穴系埋葬施設の影響下に南加賀で成立した固有の埋葬施設ではなく，他地域に系譜を有する完成形態の竪穴系埋葬施設が移入された結果，と先行研究の一部に異議を唱えた。

以上の学史整理により，北野が想定した横口部が，その後の調査で実際に確認され，横穴式木室との関係が明確になってきた経緯をなぞることができる。

(7)　歴史的位置づけ

当然ながら，(3) 被葬者像や (4) 系譜と不可分な関係にある。ここでは，古墳群全体のなかでの横穴式木室の評価と2000年以降の階層性の問題に論及した文献を取り上げておきたい。

柴田稔は，「横穴式木芯粘土室」を埋葬施設とする古墳の立地を①単独墳的傾向をもつもの，②群集墳内に1～数基存在するもの，の2つに分けて考える。このうち，①は普遍的なので，「横穴式木芯粘土室」の被葬者を特殊な性格とすることはできない，と述べる。さらに，1群1集落を前提として4～5の造墓主体をもつ集落の，1～2の造墓主体によって築造された，と推定した（柴田 1983）。いくつかの前提の上に成り立つ意見と判断されるが，学史的には，群集墳内のあり方を検討することが，横穴式木室の被葬者の性格を探る有力な方法の1つであることを述べた先駆的な論，と位置づけられる。

鈴木一有は，東海地方の後期古墳における横穴式系統埋葬施設を4つ（在地系石室・畿内系石室・横穴式木室・横穴）に分け，最有力階層から中小規模古墳造営層まで，埋葬施設の系統の違いと規模の差による重層的な階層モデル化に成功している（鈴木一有 2001b）。被葬者に関しては，横穴式木室を採用した5基の小規模前方後円墳から「新興勢力と判断され，中央政権の要請が働いていた可能性が大きい」と述べている（鈴木一有 2001a）。古墳時代後期の墓制全体のなかに横穴式木室を位置づけ，さらに地域性の問題にも論及する論文として1つの画期を成す。

田村隆太郎は，横穴系埋葬施設という同一の土俵に横穴式石室と横穴式木室を載せる（田村 2003）。そして，横穴式木室が平根鏃の副葬を主体とする点に注目して「統一した意識」を共有する技術集団を見出そうとした（田村 2004）。さらに，土器についても横穴式木室では，畿内系横穴式石室に比べて杯・高杯の副葬が少ない点から階層差や地位差が反映している，と位置づけた（田村 2006）。田村の業績は，横穴式木室自体からその性格を導き出すのではなく，横穴式石室と対比しながら，多面的にその歴史的性格を探る，新たな研究の方向性を示した点にある。

2　関東地方の横穴式木室にかかわる埋葬施設

繰り返しておこう。本節では，6～7 世紀に近畿地方と東海地方を中心に横穴式石室に対して客体的に分布し，木と粘土で（あるいは木のみで）側壁や天井を構築した横穴系埋葬施設を横穴式木室と定義する。本項では，分布の中心を離れた関東地方でも少数確認されている，横穴式木室の要素の一部が認められる横穴系埋葬施設を取り上げる。

(1)　埼玉県川越市牛塚古墳（甘粕 1972）

1966～1967 年にかけて調査された，墳丘長 45.6m の前方後円墳で，2 次に亘る埋葬が確認されている。そのうち第 2 次埋葬とされるのは，片袖型横穴式石室のプランを有する全長 7.6m の墓室である（第 103 図）。玄室と羨道の境界に段があり，羨道部の床面は玄室より約 0.4m 低い。玄室の床面は，第 1 次床面の上，約 0.4m の高さに，粘土を混じえたロームを盛ってつき固め，床面には円礫がほぼ一面に敷かれていた。玄室の側壁には石積みはなく，ロームを主とした壁で，部分的に粘土を貼って壁面としている。この構造については，「第一次の石室の石組が崩落したのちの土壁を，ロームあるいは粘土混じりのロームで修復した結果」であり，本来は粘土を張った垂直に立ち上がる約 0.6m の壁をもち，天井は木製，と推定されている。炭化材や焼土は確認されていない。

出土遺物は，第 1 次埋葬主体部からは，直刀片，鉄鏃，馬具，金銅環，管玉，切子玉，ねり玉，ガラス玉，第 2 次埋葬主体部からは，直刀片，刀子，小尻，柄頭，鐔，鉄鏃，雲珠・鏡板），金銅製指輪 2，ガラス小玉がある。墳丘面から須恵器の甕，提瓶などが出土している。築造時期については，7 世紀初頭頃，と推定されている。

(2)　茨城県水戸市ニガサワ 2 号墳（江幡 2003）

2002 年，土地開発事業に伴って記録保存調査され，前方後円墳 4，円墳 1，合計 5 基が確認された（第 104 図）。2 号墳は，墳丘長約 31m の前方後円墳で周湟が全周す

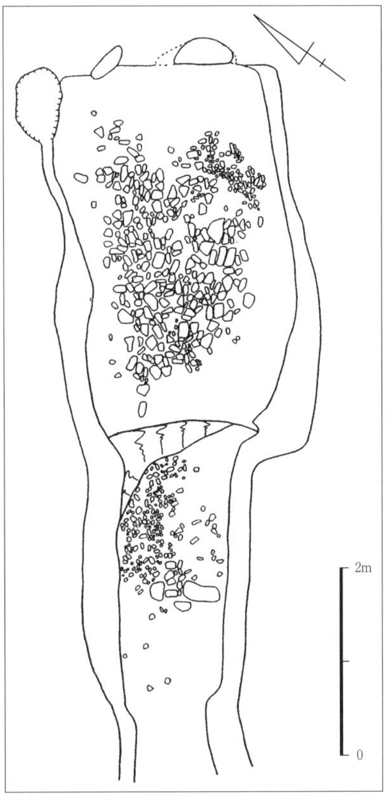

第 103 図　牛塚古墳の第 2 次埋葬施設

る（第105図）。

埋葬施設は，後円部中心からややくびれ部寄りで確認された，地下式の横穴式木室で飯塚42号墳（第111図）と墳丘に対する埋葬施設の位置が共通する。壁体は板材で構築され，主体部内には，板材の痕と考えられる幅8〜10cmほどの腐植土を含む層が認められた。

墓坑は，長さ4.5m，幅2.7〜3.1m，深さ0.95〜1.1m，木室は，長さ3.35m，幅1.05m，高さ0.95mの箱形で，柱穴は確認されなかった。天井部に用いられていたと推定される，厚さ10〜15cmの粘土が確認されている。両側の粘土壁面には，床面からほぼ直立する筋が4本確認されている。炭化材や焼土は確認されていない。羨道部の存在は攪乱のため判断できないが，旧表土を0.6m掘り下げた幅0.7〜0.9mの墓道がある。底面には粘土が貼られている。玄室は墓道より約0.3m下がる（第106図）。

主体部の床面から直刀3，鉄鏃82，轡1，周湟から土師器・須恵器が出土している。直刀のうちの1振りは，北東コーナー部に柄を上にして，北東壁に沿うように立て掛けられた状態で出土している点が特筆される。調査者は，浜松市瓦屋西B3号墳，同D1号墳における直刀の出土状態との共通性に注目している。

年代は，6世紀後半に位置づけられている。

(3)　栃木県壬生町上原5号墳（青木ほか 1989）

1987年，ゴルフ場造成に伴う記録保存調査。前方後円墳3，円墳13の計16基が確認され（第

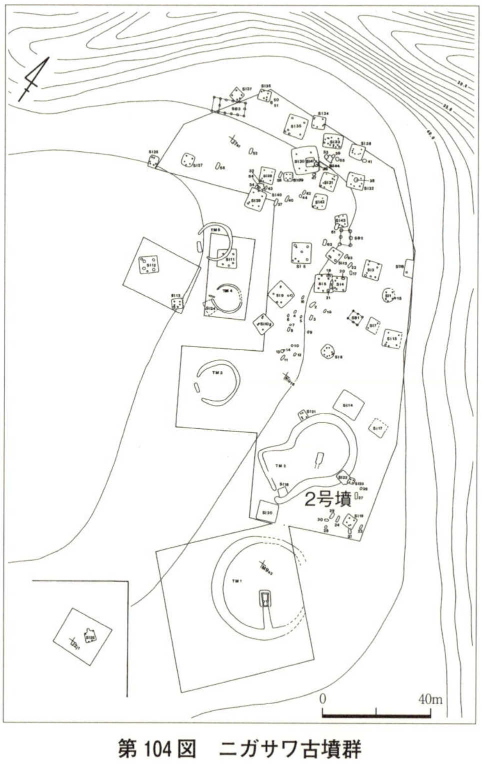

第104図　ニガサワ古墳群

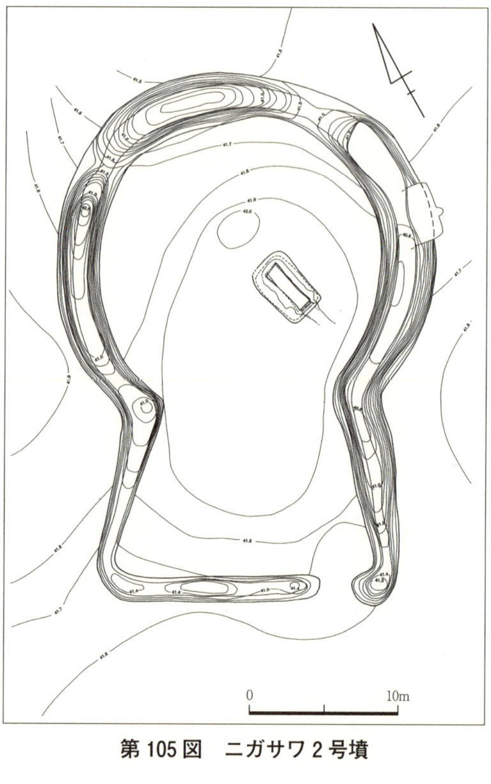

第105図　ニガサワ2号墳

107図)，そのうち5基が調査後に保存されている。

5号墳は，東西18m，南北14m，盛土は0.9mほどの円墳で，周湟は墳丘を全周せず，6号墳周湟と接している。「6号墳を念頭において設計」と報告されている。

主体部は，墳丘の南に位置し，主軸N－8°－Eの「南に開口する袖無横穴式の箱式粘土槨(室)」との名称で報告されている。旧地表面から深さ1.6m，長さ3.6m，幅2mの長方形の墓坑を掘り，「粘土槨」は，現存長2.1m，幅1.1mの規模をもつ（第108図・109図）。

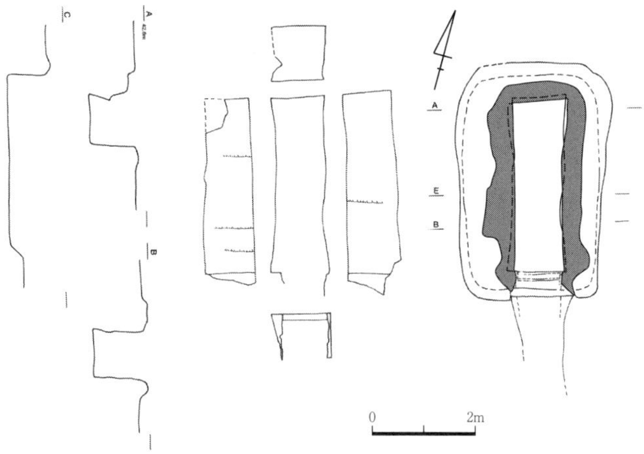

第106図　ニガサワ2号墳の埋葬施設

奥壁および側壁沿いは，幅0.4m，深さ0.2mの溝状に掘り込まれる。このうち，東および西側壁の溝状掘り込みの底面には，幅0.2～0.4m，長さ1.3～1.8m，厚さ5cmの浅い溝が確認された。さらに，墓道側の溝状掘り込みの底面には，東側に15×30cm，深さ5cm，西側に25×40cm，深さ10cmの小穴が確認されている（第109図)。奥壁，側壁ともに溝状掘り込み底面から30～40cm幅の白色粘土を積む。

構築時には，「粘土槨」内側に「枠板」を立て，粘土を積んだと判断され，西側壁には板目痕が認められたことが報告されている。天井については，木板で覆ったか，木板の上に粘土を置いたか明確ではなかった，という。

床面は，「ローム層を溝状掘り込みより20cm程高く掘り残す」。床面の東部分に0.5～1cmの小砂利が確認され，当初は，小礫敷きの床面であったと判断されている。炭化材や焼土は確認されていない。

閉塞部は，白色粘土を厚さ20cmほど敷き，その上に10～20cmの河原石を暗褐色土で固定していた。

墓道は，長さ4.2m，幅1.2m，深さ0.4～0.9mで，周湟まで続いていた。

出土遺物には，大刀破片，鉄鏃，瑪瑙勾玉4，鉛製耳環1，土師器（杯・高杯)，須恵器甕があり，築造年代は，6世紀

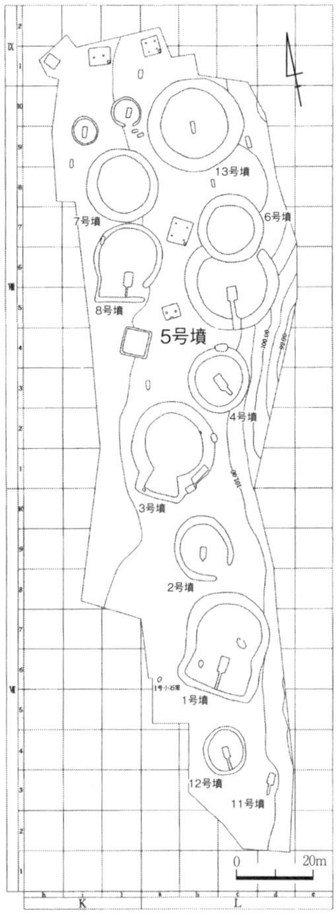

第107図　上原古墳群全体図

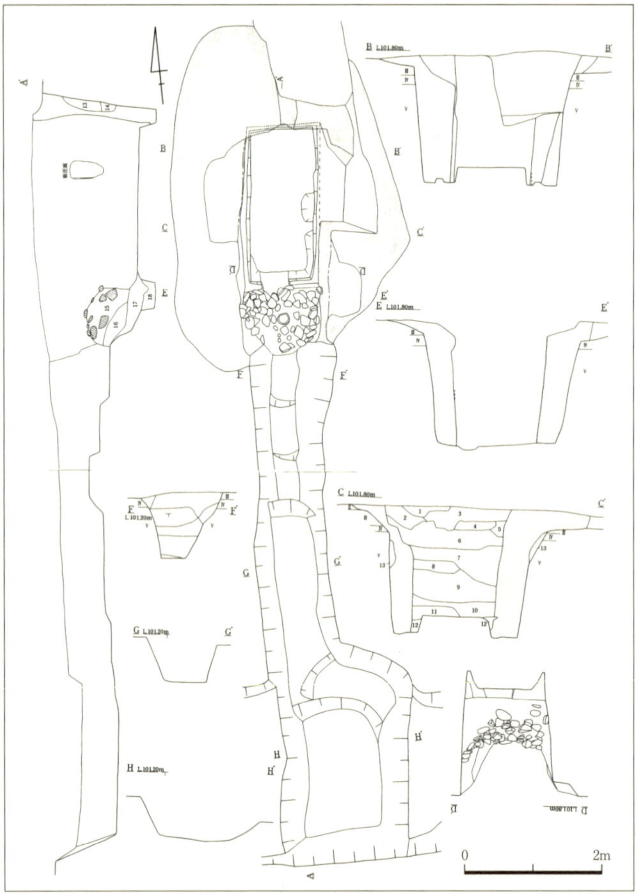

第 108 図　上原 5 号墳の埋葬施設

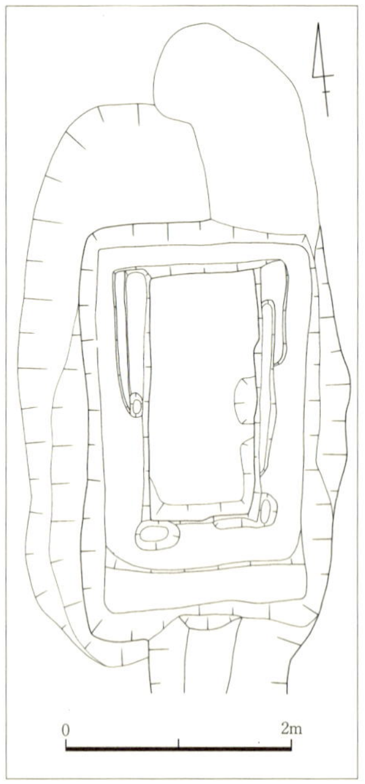

第 109 図　上原 5 号墳の掘り形

後半と考えられている。

(4)　栃木県真岡市西浦 2 号墳（佐藤 1932，秋元 2006）

真岡市在住の郷土史家，故佐藤行哉が残したメモのなかに記載された内容をもとに判断したとき，横穴式木室との関連が推定される古墳である。炭化材や焼土についての記載はなく，不明である。

佐藤の記録によれば，「玉石ヲ用ウルコトナク，粘土ヲ以テ築キタルモノニシテ，土壁ノ厚サ一尺五寸，高サ四尺五寸ノ箱形ニ築キタルモノ」で，略図には，「長十尺」「巾七尺」の長方形の埋葬施設とそこからのびる「羨道」が記されている。炭化材や焼土については，記載がなく不明である。

粘土の厚さが，約 45cm と非常に厚く，上原 3 号墳の 30～40cm と近似する，羨道をもつ横穴系埋葬施設と判断して大過ないであろう。

(5)　栃木県小山市飯塚 42 号墳（鈴木 1999）

1988 年に記録保存調査。飯塚古墳群は，南北 1.5km，東西 0.4km の範囲に 100 基を超す古墳が築造されたと推定されている。調査されたのは，前方後円墳 8，円墳 5，不明 1 の計 14 基である（第 110 図）。42 号墳は，墳長 21.5m の前方後円墳で，埴輪が前方部前面と北側くびれ部で少量確認されている（第 111 図）。

墓坑は，南北5.5m，東西4m，深さ1.6mの規模であるが，壁がかなり斜めに掘られているため，底面では南北4.75m，東西3.2mとなる。床面には敷石があり，その上面で長方形に並んだ河原石が確認された。調査担当者は，「石室の積石としては小振りすぎ」と判断している。床面敷石上に0.1mほどの粘土層があり，さらに墓坑壁際に砂礫層がある（第112図）。これを石室の裏込めと考え，「石室の造り替え」と報告されている。

しかし，粘土層上面に敷石や副葬品がまったく認められないことから，「主体部の改築が完了し，なおかつ埋葬が行われたとは考えられない」と述べ，「石室の改築が行われたものの，未完成のまま埋葬も行われず，替わりに土壙墓を石室上に築いたもの」と推定している。しかし，一方では，厚さ1mもの粘土層が間層を交えてレンズ状に堆積している状況から「天井部を被覆する粘土が陥没したようにみえる」とするなど，位置づけに苦慮する様子もうかがえる。

第110図　飯塚古墳群全体図

今回，報告書を尊重する方向で土層を再検討したが，なかなか整合性をもって納得いく結論には至らなかった。ただし，改築した（しようとした）横穴式石室の裏込めと想定した砂礫層の下に床面敷石が位置する状況から判断して以下のように考えておきたい。当初は，粘土を多用し，床に敷石をもつ墓坑全体を使うような横穴系埋葬施設であった，と。したがって，正式報告前の論考中の「当初の埋葬施設が横穴式石室であったとは断定できない」として，「木芯粘土槨も想定」（鈴木一男 1994），報告後の「横穴式木槨とも呼べる構造」（鈴木一男 2009）との見解の方に賛同する。

この飯塚42号墳については，ひとまず，横穴式木室に関連する埋葬施設と位置づけ，福島県浪江町加倉1・2号墳（生江・寺島 1979）や南相馬市真野寺内20・21・22号墳（梅宮 1964，清水 1964，穴沢・馬目 1972）などにみられる木や粘土も用いたと推定される小礫で構築した横穴系埋葬施設も含めて考える研究の方向性を示しておきたい。さらに，静岡県における「横口構造の礫槨」（大谷ほか 2010）との関連も視野に入れる必要がある。

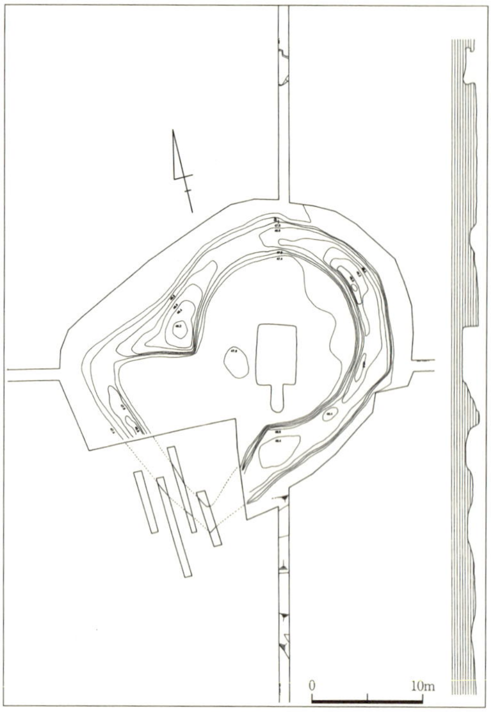

第 111 図　飯塚 42 号墳

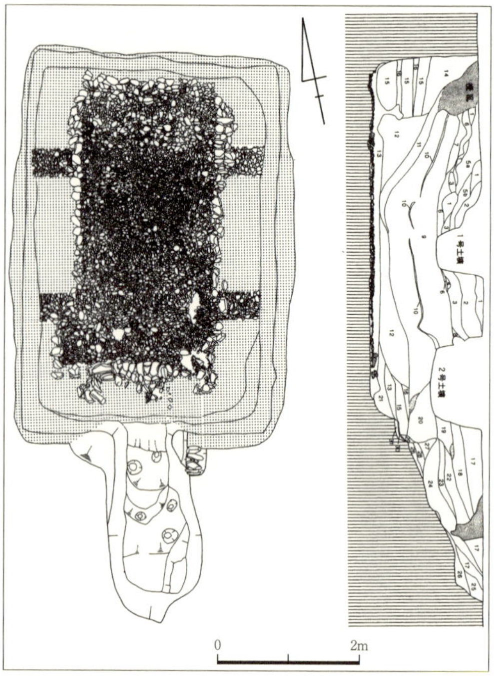

第 112 図　飯塚 42 号墳の埋葬施設

3　横穴式木室の分類

現段階で確認できた横穴式木室は，84 古墳 88 例である（第 18 表・第 113 図）。本項では，先学の分類（北野 1983，鈴木敏則 1991，風間 1993，藤井 1994，中川ほか 1999 など）を参考にさせていただきながら，新たな視点も盛り込み，横穴式木室を大別 2 類，細別 10 類に分類する。

分類の目的は 3 点ある。①地域相の把握，②形態ごとの編年，③系譜の追究，である。ここでは，まず，形態分類をして，その分布を平面地図に戻して地域的特色を探る手順（北野 1983，風間 1993b など）を踏む。逆に，全体の分布傾向から地域区分して横穴式木室の特徴を把握し，地域ごとに分類する手法（鈴木敏則 1991，藤井 1994，中川ほか 1999 など）はとらない。地域間交流を含む系譜の追究に備えるためである。

地域は，第 113 図に示した分布をもとに，14 地域に分けて検討する。便宜的に旧国単位で呼称する。南から順に，備前，播磨，摂津，和泉，河内・東摂，丹波，近江，南加賀，美濃，伊勢，遠江（天竜川の東側にあたる太田川流域の磐田原台地西縁および小笠山丘陵北縁。以下，便宜的に磐田原台地とする），遠江（天竜川の西側にあたる三方原台地の西縁。以下，便宜的に三方原台地とする），武蔵，下野・常陸である。

①側壁・奥壁の構築法

木室という構造上，主柱の有無および本数とその配置を基準とする[11]。

まず主柱があるもの（A 類）と主柱がないもの（B 類）に分ける。さらに，小ピットあるいは布堀状の溝の配置により a，b……と細分する。

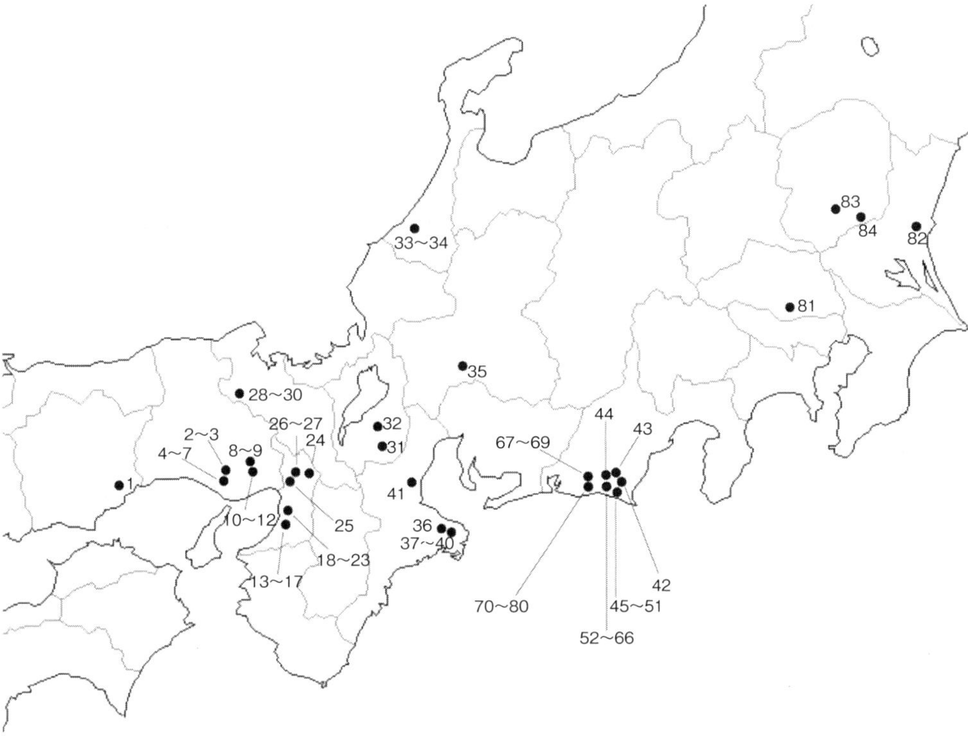

第113図　横穴式木室の分布

A類

A1　主軸上に2本

a　小ピットの列中にあるもの

b　小ピット列の内側にあるもの

c　奥壁側小ピット列中と内側にあるもの

A2　4本

a　小ピット列のコーナー部

b　小ピット列の内側

A3　5本以上で掘立柱建物状

B類

B1　小ピットのみ

B2　布堀状の溝

a　コの字

b　両側壁

B3　痕跡がないもの

②羨道と玄室の段差

A　段差があるもの（玄室が低い）

第 18 表　横穴式木室集成

No.	古墳名	所在地	墳形・規模 m	時期	分類	縦横比	平面形	段差	粘土	火化	文献
1	大門遺跡	岡山県備前市								○	泉本 1972
2	名草 3 号墳	兵庫県加東市（社町）	円墳・13	6C 末	B1	2.71	c	C	×	○	森下 1984
3	名草 4 号墳	〃	円墳・10	6C 後	B1	1.94	b	C	×	○	〃
4	中番 2 号墳	兵庫県小野市	円墳・9	7C 前		1.00	a		○	○	小野市教育委員会 1974
5	中番 3 号墳	〃	円墳・10	7C 前		2.43	c		○	×	〃
6	中番 10 号墳	〃	円墳・7	7C 前		1.65	b		○	×	〃
7	中番 18 号墳	〃	円墳・7.5	7C 前		3.24	c		○	○	〃
8	平方 1 号墳	兵庫県三田市	円墳・7.5	6C 後	A2b	2.67	c		×	×	篠宮 1993
9	平方 2 号墳	〃	不明		B1				×	○	〃
10	西山古墳群 2 号墳	〃	円墳・7	7C 前	B1	1.77	b	C	×	×	中川ほか 1999
11	西山古墳群 13 号墳	〃	円墳・8.3	7C 中	A2b	1.33	a	B	×	×	〃
12	西山古墳群 18 号墳	〃	円墳・11	7C 初	B1	2.44	c	B	×	×	〃
13	道田池 2 号墳	大阪府和泉市	円墳・14	6C 末		1.22			○	○	信太山遺跡調査団 1966
14	道田池 4 号墳	〃	円墳・15	6C 末		1.96			○	×	〃
15	菩提池西古墳	〃		6C 末		1.84			○	○	〃
16	聖神社 2 号墳（東）	〃	円墳・30	6C 後		1.37	a		○	○	森 1964
	聖神社 2 号墳（西）	〃		6C 後		1.29	a		○	○	〃
17	明神原古墳	〃	円墳・18	6C 後	B1	1.67	b	B	○	×	和泉丘陵内遺跡調査会 1992
18	檜尾塚原 8 号墳	大阪府堺市	円墳・13	6C 後	B1	1.47	a	C	○	×	中村ほか 1990
19	檜尾塚原 9 号墳 -3	〃	前方後円墳・17	6C 後	B1	2.40	c		○	○	〃
20	牛石 5 号墳	〃	円墳	6C 後						×	中村ほか 1977
21	野々井 30 号墳	〃	円墳・13	6C 後	B1				○	×	野上ほか 1987
22	陶器千塚 21 号墳	〃	円墳・15	6C 後		2.27	c		○	○	森 1961
23	陶器千塚 29 号墳	〃	円墳・10?	6C 後	B1				○	×	堺市教育委員会 1984
24	宇山 1 号墳	大阪府枚方市	円墳・13	6C 後	B1	1.61	b		×	×	枚方市文化財研究調査会 1991
25	新芦屋古墳	大阪府吹田市		6C 末	A2b				○	×	藤原 1981
26	上寺山古墳	大阪府茨木市		6C 末	A2b	1.43	a	B	○	○	國學院大学歴史時代研究会 1967, 田代 1972
27	上穂積神社西古墳	〃		6C 末					○	○	鈴木敏則 1991 の集成表
28	中坂 5 号墳 -3	京都府福知山市	帆立貝・18	7C 前	A1b	1.48	a	B	○	×	末本・平良 1972
29	中坂 7 号墳	〃	円墳・13	7C 前	A1b	1.70	b	A	○	×	〃
30	仏山 1 号墳	〃	円墳・12	7C 初	A1c	1.49	a	C	○	×	照岡 1973, 福知山市 1976
31	小御門Ⅱ -2 号墳	滋賀県日野市	円墳・14	6C 後					○	○	水野 1966
32	塚原古墳	滋賀県愛知郡愛荘町	円墳	6C 後					○	○	北野 1983
33	ブッショウジヤマ 2 号墳	石川県小松市	方墳？・10×12	6C 後	A2b	1.54	b	A	○	×	垣内・菅野 2001
34	八幡 2 号墳	〃	円墳・12	6C 末		1.95	b		○	○	石川県埋蔵文化財保存協会 1993
35	中池カマド塚	岐阜県関市							○	○	吉田・平田 1959, 北野 1983
36	南山古墳第Ⅰ主体	三重県伊勢市	円墳・18	6C 中	A3	1.14	a	A	×	×	伊勢市教育委員会 1982
37	昼河 A2 号墳	〃	円墳？・13	7C 前	B2a	2.83	c	C	×	○	岩中 1993
38	昼河 C12 号墳	〃		7C 前	B2a	2.54	c	B	×	○	〃
39	昼河 C13 号墳	〃		7C 前	B1	2.20	c	A	×	○	〃
40	昼河 C14 号墳	〃		7C 前	B1	2.00	c		×	○	〃
41	君ヶ口古墳	三重県津市	前方後円墳・24	6C 前	B2a	1.40	a	B	×	×	萱室・岡 1974
42	堀ノ内 13 号墳	静岡県掛川市	円墳・25	6C 後	A1c	2.24	c		○	×	前田 1997, 掛川市 2000
43	林 5 号墳	〃	円墳・15	6C 後	A1a	1.29	a	B	○	×	田村ほか 2008
44	上神増 E3 号墳（旧 24 号）	〃	円墳・10	6C 後	A1a	1.35	a	B	○	×	大谷ほか 2010
45	北山 A1 号墳	静岡県袋井市（浅羽町）	円墳・7	6C 後	A1a	2.07	c	B	○	×	柴田 1987
46	北山 A2 号墳	〃	円墳・11	6C 後	A1a	1.59	b	B	○	○	〃
47	北山 A3 号墳	〃	円墳・11	6C 後	A1a	2.06	c	B	○	×	〃

B　段差のあるもの（玄室が高い）

C　段差のないもの

③玄室の縦横比（長さ÷幅）

a　1.00～1.49

No.	古　墳　名	所　在　地	墳形・規模 m	時期	分類	縦横比	平面形	段差	粘土	火化	文　　献
48	北山 A4 号墳	〃	円墳・11	6C 後	A1a	1.96	b	B	○	×	〃
49	団子塚 10 号墳	〃	円墳・13	6C 後	A1a	1.38	a	A	○	×	永井 1992
50	高尾向山 5 号墳	静岡県袋井市	円墳・12	6C 後	A1a	1.78	b	B	○	×	袋井市教育委員会 1996
51	高尾向山 7 号墳	〃	円墳・11	6C 後	A1a	1.27	a	C	○	×	〃
52	明ヶ島 1 号墳	静岡県磐田市	円墳・?	6C 前	A1c?	1.68	b		○	×	磐田市教育委員会 2003
53	明ヶ島 2 号墳	〃	円墳・(10)	6C 後	A1c	1.58	b	B	○	×	〃
54	明ヶ島 3 号墳	〃	円墳・(5.5)		B3	2.13	c	C		×	〃
55	明ヶ島 7 号墳	〃	円墳・8	6C 後	A1a	2.00	c	B	○	×	〃
56	明ヶ島 10 号墳	〃	方墳・10	6C 後	A1c	1.57	c	B	○	○	〃　　　　，柴田 1983
57	明ヶ島 11 号墳	〃	円墳・10	6C 後	A1a	1.50	c	C	○	×	〃
58	明ヶ島 22 号墳 -2	〃	円墳・7	6C 中	A1b	2.13	c	B	○	×	〃
59	明ヶ島 25 号墳	〃	円墳・8	6C 後	B3	2.07	c		○	×	〃
60	明ヶ島 29 号墳	〃	円墳・8	6C 中	A1a	1.17	a	C	○	○	〃
61	権現山 1 号墳（旧 2 号）	〃	前方後円墳・19.5	6C 中	A1a	1.46	a	B	○	×	柴田 1983，静岡県教委 2001
62	権現山 2 号墳（旧 3 号）	〃	円墳・11	6C 後	A1a	1.21	a	B	○	×	柴田 1983，静岡県教委 2001
63	屋敷山 1 号墳（南）	〃	前方後円墳・17	6C 後	A1c	1.99	b	B	○	×	柴田 1983，静岡県教委 2001
	屋敷山 1 号墳（北）	〃		6C 後	A1a	1.49	a	B	○	×	柴田 1983，静岡県教委 2001
64	屋敷山 3 号墳	〃	円墳・9	6C 後					○	×	柴田 1983
65	城之崎 2 号墳	〃	円墳・14	6C 後	A1c	2.34	c	B	×	×	辰巳和弘 1978
66	（匂坂下原 17 号墳）	〃	円墳・12	7C 初	B3	2.50	c	B	×	△	木村 1991
67	半田山 B4 号墳	静岡県浜松市	前方後円墳・21.5	6C 中	B2a?				○	×	向坂・川江 1970
68	半田山 D10 号墳	〃	円墳・8	6C 後	B2b	2.70	c	B	×	×	鈴木敏則 1988
69	半田山 E4 号墳	〃	円墳・12.5	6C 末	B2b	2.59	c	C	○	×	〃
70	瓦屋西 B1 号墳	〃	円墳・5	6C 中		1.58	b	A	○	×	向坂・鈴木ほか 1991
71	瓦屋西 B3 号墳	〃	前方後円墳・28	6C 前	B2b	2.54	c	B	○	×	〃
72	瓦屋西 B5 号墳	〃	円墳・8	6C 中	B2a	2.35	c	B	○	×	〃　　　　，伊藤 1990
73	瓦屋西 B7 号墳	〃	円墳・10		B2b	3.10	c	A	○	×	〃
74	瓦屋西 D1 号墳	〃	方墳・11	6C 末	A2a				○	○	〃
75	瓦屋西 C5 号墳 -1	〃	前方後円墳・23	6C 後	A1a?	2.99	c	C	×	×	辰巳均 1991
	瓦屋西 C5 号墳 -2	〃		6C 後	B3	2.66	c	B	×	△	〃
76	瓦屋西 C10 号墳 -2	〃	円墳・17.5	6C 後	B3	3.58	c	B	×	×	〃
77	瓦屋西 C14 号墳	〃	円墳・12	6C 末	B2a	2.36	c	B	○	×	〃
78	瓦屋西 C17 号墳	〃	円墳・10	6C 中	A2a?	2.28	c	B	×	×	〃
79	瓦屋西 C19 号墳 -1	〃	円墳・11	6C 後	B2b	2.42	c	B	○	×	〃
	瓦屋西 C19 号墳 -2	〃		6C 後	B3	2.66	c	B	○	×	〃
80	瓦屋西 C24 号墳	〃	円墳・9	6C 中	A2a?	3.00	c	B	○	×	〃
81	（牛塚古墳）2 次埋葬	埼玉県川越市	前方後円墳・45.6	6C 後		1.67	b	B	○	×	甘粕 1972
82	ニガサワ 2 号墳	茨城県水戸市	前方後円墳・31	6C 後	B3	3.19	c	A	○	×	江幡 2003
83	上原 5 号墳	栃木県壬生町	円墳・18	6C 後	B2a	2.30	c	A	○	×	青木ほか 1989
84	西浦 2 号墳	栃木県真岡市	円墳・?			1.43	a		○	×	佐藤 1932，秋元 2006
◆関連する埋葬施設											
	（飯塚 42 号墳）	栃木県小山市	前方後円墳・21.5	6C 後		1.38		A	○	×	鈴木一男 1999
	（加倉 1 号墳）	福島県浪江町	円墳・10			0.63		A	×	×	生江・寺島 1979
	（加倉 2 号墳）	〃	円墳・9			0.69		A	○	×	〃
	（真野寺内 20 号墳）	福島県南相馬市	前方後円墳・28.5			1.17		A	○	×	梅宮 1964，穴沢・馬目 1972
	（真野寺内 21 号墳）	〃	円墳・14.8					A	×	×	清水 1964
	（真野寺内 22 号墳）	〃	円墳・10					A	×	×	〃

※柴田 1983・北野 1983・鈴木 1991・風間 1993a・中川ほか 1999・田村 2006 をもとに加筆（空欄は不明または不確定・火化の△は，わずかに焼土が見られる程度で全体的に焼けていないもの）。

b　1.50〜1.99

c　2.00 以上

以上 3 つの観点から横穴式木室を分類し，模式図化して示した（第 114 図）。さらに，それぞれの類型ごとに具体例を平面図で示した（第 115・116 図）。

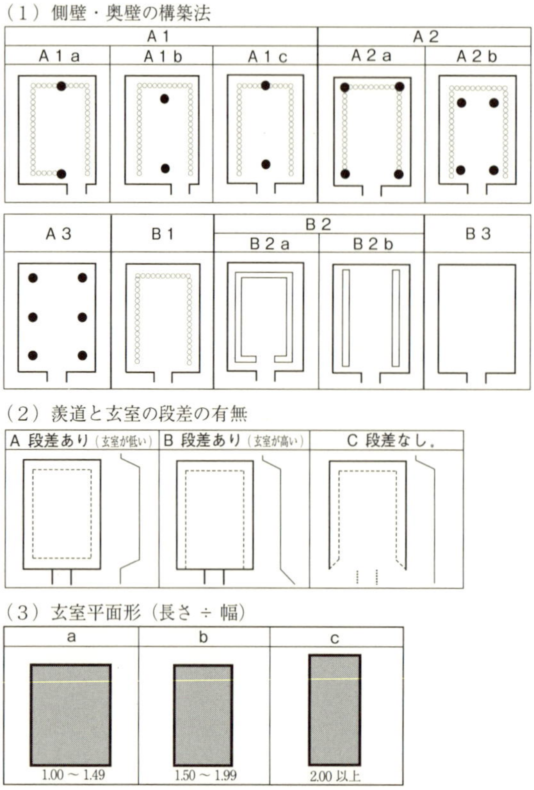

第 114 図　横穴式木室の分類模式図

4　横穴式木室の吟味

以上の集成と分類作業からみえてきたものについて，統計を踏まえて (1) 構造，(2) 時期，(3) 墳形と群構成，(4) 火化の4項目に分けて明らかにする。

(1)　構造

1)　地域と類型（第 117 図・118 図）

まず，地域ごとにどの類型の横穴式木室がみられるかをみてみよう（第 117 図）。

近畿地方では，播磨と和泉が B1，摂津と河内・東摂で B1 と A2b が主体となる。丹波では，火化例が認められず，形態も A1b と A1c となり，近畿の他地域と様相を異にする。

東海地方では，地域的特色が明確になる。遠江については，三方原台地周辺では，B2a（3 例），B2b（5 例），B3（3 例）と主柱穴をもたない B 類が主体となるのに対し，天竜川を挟んで東方の磐田原台地周辺では，A1a（15 例），A1b（1 例），A1c（6 例）と主柱穴 2 本をもつ，合掌形の構造が主体となる。さらに，伊勢は独自の特色をもつ。B2a が 3 例あり，遠江（三方原台地）との関係が認められる一方，B1 が 2 例認められ，近畿地方との関連も推定される。6 例中 4 例の火化が認められる伊勢の地域的特徴と呼応する。

関東地方は確認例が少ないが，主柱穴をもつものはなく，B2a や B3 など遠江（三方原台地）と共通する要素が認められる。

次にそれぞれの類型がどの地域とかかわりが深いかをみてみよう（第 118 図）。

A1 類　A1a の 15 例はほとんどが遠江の磐田原台地（三方原台地で可能性があるもの 1 例あり）になり，非常に地域性の強い独自の形態と位置づけてよいだろう。すでに鈴木敏則により「遠江Ⅰ型」が設定されており（鈴木敏則 1991）（第 102 図），氏の考究の確かさを追認した。A1b と A1c は，遠江（磐田原台地）と丹波にみられる。A1c は鈴木によれば「丹波型」となるが，地域名を冠すると課題が矮小化することを危惧する。遠江（磐田原台地）と丹波に，長軸に主柱穴を 2 本配して梁を渡し，垂木をもたれさせて合掌形の屋根をかける構造を想定しておきたい。

A2 類　A2a は，遠江（三方原台地）で 3 例確認されている。鈴木分類の「遠江Ⅲ型」である。A2b は，河内・東摂と摂津にそれぞれ 2 例，南加賀に 1 例ある。鈴木分類の「摂津型」となる。切妻形の上屋が想定される。

A3類　伊勢の1例のみである。鈴木分類の「伊勢Ⅰ型」である。掘立柱建物状の形態が想定される。後述するように，横穴式木室初現期の6世紀前葉に位置づけられる点が特筆される。

B1類　和泉5例を筆頭に摂津3例，播磨2例，河内・東摂1例と近畿地方を中心に分布し，伊勢2例が加わる。鈴木分類の「和泉Ⅰ・Ⅱ型」にあたる。後記するように伊勢のB1は，7世紀初頭に位置づけられ，近畿地方からの波及，と理解される。

B2類　B2aは遠江の三方原台地に3例，伊勢に3例，下野・常陸に1例認められる。鈴木分類の「伊勢Ⅱ型」にあたる。壁建ちの箱形の形態が想定される。B2bは，5例とも三方原台地で確認されている。鈴木分類の「遠江Ⅱ型」にあたる。合掌形の構造である。

B3類　遠江（三方原台地）で3例，遠江（磐田原台地）で2例，下野・常陸で1例が確認されている。

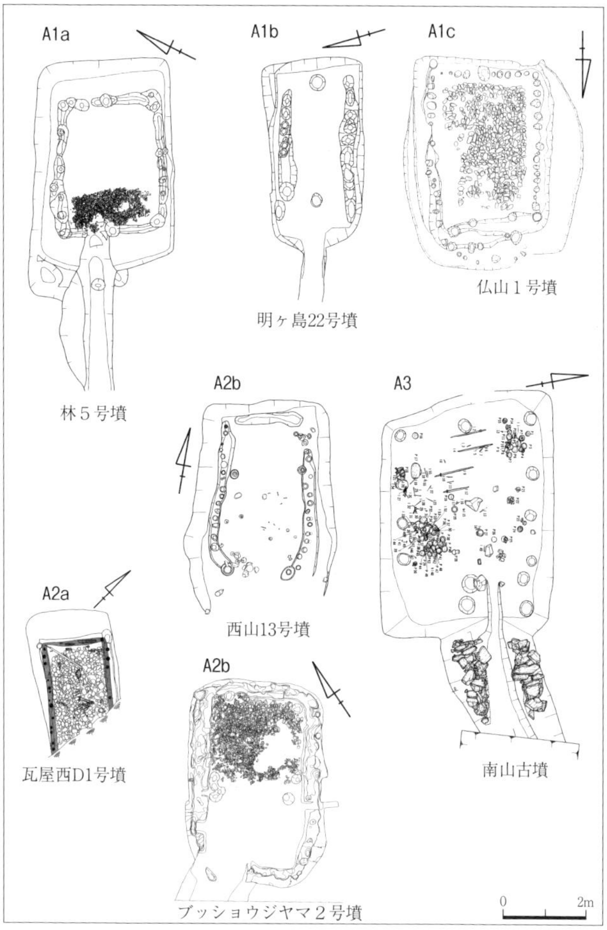

第115図　横穴式木室平面図（A類）

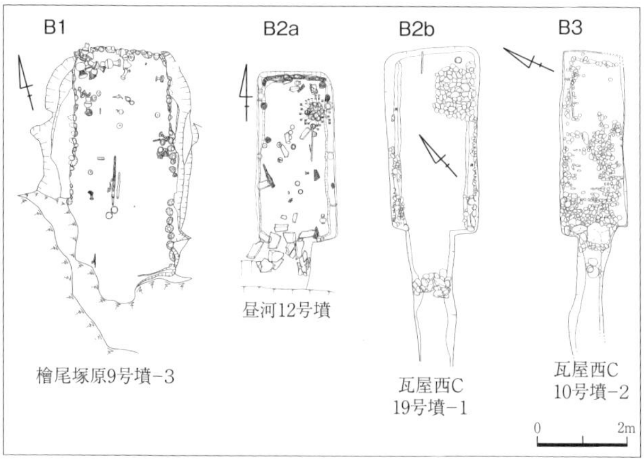

第116図　横穴式木室平面図（B類）

概観してみると，地域が限定される形態（A1a，A2a，A3，B2b）と広く分布する形態（B1）があることがわかる。ただし，現段階の資料からは，特定の地域に発信源があり，そこから各地に拡散したのか，同時多発的に各地に多様な形態の横穴式木室が造られたのかは，明らかにできない。ただし，伊勢のB1は，近畿地方からの波及と理解されるなど，一部に系譜関係が辿れる場合があり，今回の検討の成果の1つと言える。

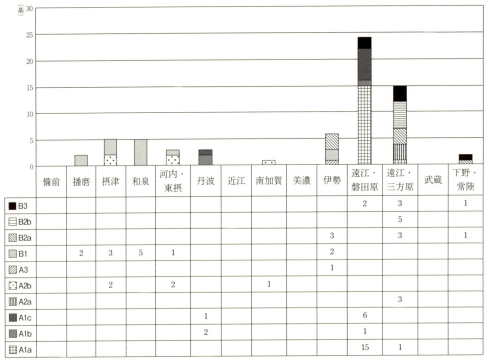

	備前	播磨	摂津	和泉	河内・東摂	丹波	近江	南加賀	美濃	伊勢	遠江・磐田原	遠江・三方原	武蔵	下野・常陸
B3											2	3		1
B2b												5		
B2a										3		3		1
B1		2	3	5	1					2				
A3										1				
A2b			2		2			1						
A2a												3		
A1c						1					6			
A1b						2					1			
A1a											15	1		

第117図　横穴式木室の地域別類型数（不明は除く）

2)　羨道と玄室の段差

様相が確認できる56例中，羨道より玄室が低いA類は9例（16%），玄室の方が高いB類は35例（63%），段差のないC類は12例（21%）となる。羨道からスロープを昇って玄室に至るB類が過半数を占める。A類は，旧地表面を掘り込んで，埋葬施設を構築した工法を示す，と判断される。丹波・南加賀・遠江（三方原）でそれぞれ1例，伊勢1・遠江（磐田原）・関東でそれぞれ2例の合計9例で，数が非常に少ない。当初，数が少ない分，系譜関係を辿り易いと考えたが，残念ながら有意性は認められなかった。平面形との対応がみられないこと，同一古墳群中でも段差の有無がバラエティに富むこと（三重県昼河古墳群など）の2点から，それぞれの地域の横穴式石室構築法との関係のなかで解釈すべき問題，と位置づけておきたい。

3)　平面形

遠江（三方原）においては，瓦屋西B1号墳以外は，すべて縦横比が2.0以上のc類であることが特筆され，重要な地域的指標となる。天竜川を越えた東側にあたる遠江（磐田原）では，a類8例，b類6例，c類11例となり対照的である。

遠江以外の地域における様相は，バラエティに富む。時間差を示す可能性もあるが，a類→c類あるいは逆にc類→a類への流れの傾向を示す事実は少ない。唯一，伊勢において，a類（6世紀前～中）→c類（7世紀前～後）への流れを確実に把握することができる。

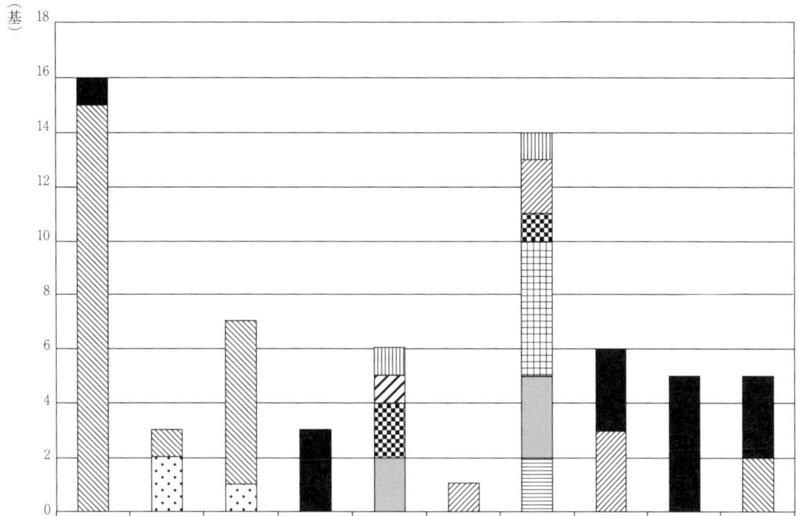

	A1a	A1b	A1c	A2a	A2b	A3	B1	B2a	B2b	B3
下野・常陸					1		1			
武蔵										
遠江・三方原	1			3				3	5	3
遠江・磐田原	15	1	6							2
伊勢						1	2	3		
美濃										
南加賀					1					
近江										
丹波		2	1							
河内・東摂					2		1			
和泉							5			
摂津					2		3			
播磨							2			
備前										

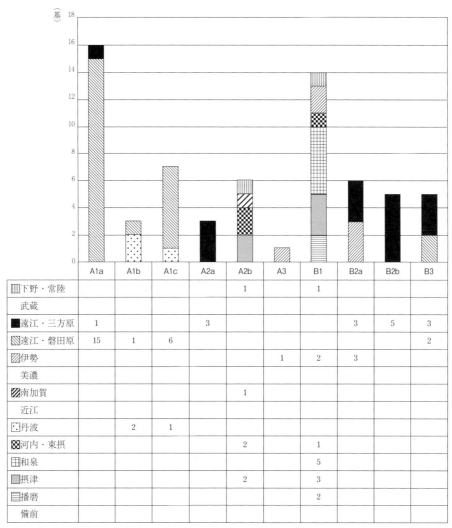

第118図　横穴式木室の類型と地域別数（不明は除く）

(2)　時期

1)　地域と構築時期（第119図）

列島における横穴式木室の初現は，６世紀前葉段階の東海地方にある。伊勢で１例（君ヶ口古墳），遠江の三方原台地で１例（瓦屋西B3号墳），磐田原台地で１例（明ヶ島22号墳−2）の計３例が知られる。このうち，君ヶ口古墳と瓦屋西B3号墳は，30m弱の前方後円墳であることが特筆される。被葬者は，小規模ではあるが前方後円墳に埋葬されるランクであったことがわかる。東海地域におけるその後の展開は，６世紀後葉にかけて構築数が増し，７世紀初頭に終焉をむかえる。

一方，近畿地方においては，６世紀中葉以前に遡る調査例はない。６世紀後葉段階で，東海地方とは異なる形態で採用される。したがって，横穴式木室には，大別して２つの大きな流れがあ

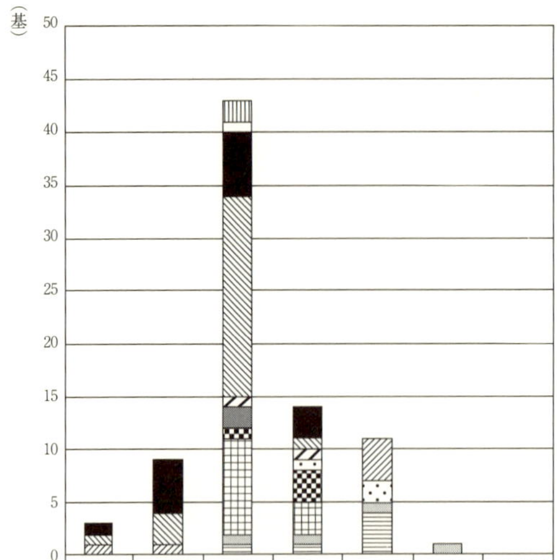

	6世紀前葉	6世紀中葉	6世紀後葉	6末～7初	7世紀前葉	7世紀中葉	7世紀後葉
下野・常陸			2				
武蔵			1				
遠江・三方原	1	5	6	3			
遠江・磐田原	1	3	19	1			
伊勢	1	1			4		
美濃							
南加賀			1	1			
近江			2				
丹波				1	2		
河内・東摂			1	3			
和泉			9	3			
摂津			1	1	1	1	
播磨			1	1	4		
備前							

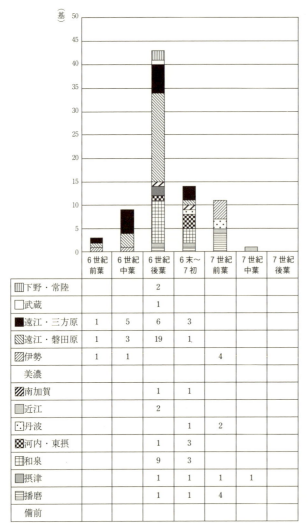

第119図　横穴式木室の時期別数（不明は除く）

る，と理解しておきたい。第1は，6世紀前葉からの東海地方発の流れ，そして第2は，6世紀後葉に開始する近畿地方発の流れである。前者には，基本的に火化が伴わず，火化が伴う例があるのは後者である。

構築数のピークは，6世紀後葉段階（43基）で，全体の約半数にあたる。14地域に区分したうち，10地域でみられ，6世紀末～7世紀初（14基）にかけてそれぞれの地域で順次構築数が減少する。7世紀前葉（11基）になると，構築されるのは，4地域（伊勢・丹波・摂津・播磨）に限定される。特に遠江では，当該時期の横穴式木室は皆無となり，急速に衰退する。

7世紀中葉になると，摂津で1例（西山古墳群13号墳）のみとなり，列島内の最新例となる（追葬は7世紀後葉まで確認できる）。前記したように，伊勢においては，早くも6世紀前葉に構築が開始されるが，これが7世紀代まで一系で理解されるものではなく，横穴式木室の第2の流れが伊勢に及び，火化を伴って伊勢市昼河古墳群に新たに採用された（形態は東海の伝統を継承しつつ），と判断される。現段階では，伊勢において6世紀後葉と6世紀末～7世紀初に空白期があることも，この判断を支持する。

2)　構築時期と類型（第120図・121図）

上記した，横穴式木室の第1・第2の流れに呼応する。6世紀後葉ないし7世紀初頭でみられなくなる類型は，A1a・A1c・A2a・B2b・B3，7世紀代まで継続する類型はA1b・A2b・B1・B2aがある。前者は，東海地方に多く，後者はB2aを除いて近畿地方を中心に分布する。B2aは，遠江（三方原台地）を中心に採用される類型であるが，伊勢で火化を伴う第2の流れを受容したことにより，7世紀代まで継続したのである。第120図の要素（時期・類型）を反転した類型と時期の対応表を示し，それぞれの類型の消長を明らかにしておきたい（第121図）。

(3)　墳形と群構成

1)　墳形・墳丘規模との関係

横穴式木室が採用された古墳の墳形は，前方後円墳9基（11%），帆立貝形古墳1基（1%），円墳62基（76%），方墳3基（3%），不明7基（9%）である。

前方後円墳の墳丘規模は，20m以下が3基，20m台が4基，30m台1基，40m台1基となる。30mを超える2基は，ニガサワ2号墳（31m・茨城県）と牛塚古墳（47m・埼玉県）で，両者とも関東地方にある点が注目される。

横穴式木室の約8割は，10m前後の小規模円墳に採用されたが，約1割は群集墳中の小規模な前方後円墳にもみられる点が特徴と言える。

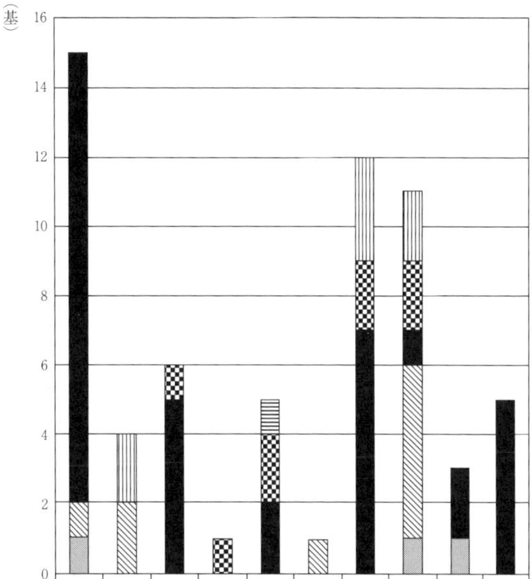

	A1a	A1b	A1c	A2a	A2b	A3	B1	B2a	B2b	B3
7世紀後葉										
7世紀中葉					1					
7世紀前葉		2					3	2		
6末～7初			1	1	2		2	2		
6世紀後葉	13		5		2		7	1	2	5
6世紀中葉	1	2				1		5		
6世紀前葉	1							1	1	

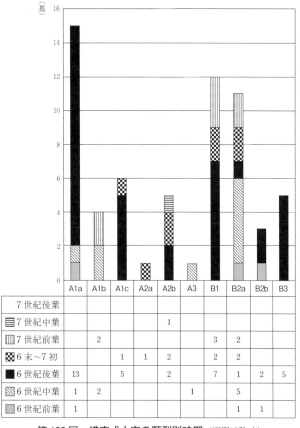

第120図　横穴式木室の類型別時期（不明は除く）

2)　群構成のなかでの横穴式木室の位置（第19表）

集成した84古墳のうち，群で調査された24例の古墳群を整理し，横穴式木室の採用のされ方[12)]を概観する。

24例の古墳群で，総計278基（墳形不明は除く）の古墳が調査され，53基の横穴式木室が確認されている。調査数に対する横穴式木室採用古墳の割合は，平均で19%となる。筆者の予想を

	6世紀前葉	6世紀中葉	6世紀後葉	6末～7初	7世紀前葉	7世紀中葉	7世紀後葉
A1a	1	1	13				
A1b		2			2		
A1c			5	1			
A2a				1			
A2b			2	2		1	
A3		1					
B1			7	2	3		
B2a	1	5	1	2	2		
B2b	1		2				
B3			5				

第121図　横穴式木室の類型と時期の関係

超え，5基に1基の割合で採用されたことになる。

墳形別にみると，前方後円墳においては，調査された22基中7基（32%），円墳では，233基中45基（19%）に横穴式木室が採用されている。前方後円墳中の割合の高さが特筆される。

各古墳群における横穴式木室採用古墳の割合は，おおまかに，5%前後，20%前後，50%前後，100%と4段階に分けることができる。ただし，50%や100%となっている古墳群の調査総数は，4基以下であり，母数が多くなれば（調査数が多くなれば），割合が減ると予測される。このなかにあって，4基調査して4基とも横穴式木室を採用している北山古墳群（静岡県磐田市）は独自の位置を占める。横穴式木室の性格を考えるうえでは，他地域の例も含めて「100%」採用す

第19表　古墳群のなかの横穴式木室の位置

No.	古墳群名	所在地	調査された古墳の墳形と数				横穴式木室をもつ古墳の墳形と数				調査数に対する横穴式木室の割合(%)
			前方後円墳	円墳	方墳	不明	前方後円墳	円墳	方墳	不明	
1	中番古墳群	兵庫県		27		1		4			14
2	平方古墳群	兵庫県		1		1		1		1	100
3	西山古墳群	兵庫県	1	19				3			15
4	道田池古墳群	大阪府		4				2			50
5	聖神社古墳群	大阪府		2				1			50
6	檜原塚原古墳群	大阪府	3	10			1	1			15
7	牛石古墳群	大阪府	3	10	20			1			3
8	中坂古墳群	京都府	帆立 1	2	5		帆立 1	1			25
9	仏山古墳群	京都府		2				1			50
10	昼河古墳群	三重県		7		10		1		3	24
11	上神増古墳群	静岡県		19				1			5
12	北山古墳群	静岡県		4				4			100
13	団子塚古墳群	静岡県		9		1		1			10
14	高尾向山古墳群	静岡県		6		1		2			29
15	明ケ島古墳群	静岡県		11	1	11		8	1		39
16	権現山古墳群	静岡県	2	3			1	1			40
17	屋敷山古墳群	静岡県	2	3	1		1	1			33
18	半田山B古墳群	静岡県	1	12	4		1				6
19	半田山D古墳群	静岡県	1	21		1		1			4
20	半田山E古墳群	静岡県		6				1			17
21	瓦屋西B古墳群	静岡県	1	15			1	3			25
22	瓦屋西C古墳群	静岡県	1	26	1	5	1	5			18
23	ニガサワ古墳群	茨城県	4	1			1				20
24	上原古墳群	栃木県	3	13				1			6
	集計		22	233	32	31	7	45	1	4	19

る古墳群について今後の調査動向を見守る必要がある。

(4)　火化

1)　地域と火化（第122図）

おおまかには，火化率の高い近畿地方，火化率の低い東海・関東地方と2大別することができる。すでに鈴木敏則は，「畿内周辺では本来火化されるものであった」と予察し（鈴木敏則 1991），風間による「東海型」と「近畿型」の整理（風間 1993b）は，大筋で的を射る。本項では，もう少し詳細にみてみよう。確認された横穴式木室の半数以上が，火化されているのは，（1例の備前・美濃・武蔵を除く）播磨・和泉・河内東摂・近江・南加賀・伊勢で，近畿地方とその周辺に多い。しかし，摂津の火化は5例中1例，丹波は2例とも火化されない点が注意される。

東海地方では，唯一伊勢が6例中4例と火化率が高い。一方，遠江（磐田原台地）と遠江（三方原台地）は，それぞれ25例中3例，16例中1例と火化率が非常に低い。このような状況は，前記した横穴式木室の2つの流れのうちの第2の流れ（近畿地方発の火化を伴う流れ）が伊勢に及び，火化を伴って遠江に緩やかな影響を及ぼしたものと判断される。関東地方には，火化例がない。

2)　類型と火化（第123図）

火化率が高い形態は，B1（13例中6例），逆に火化例がないのは，A1b・A3・B2b・B3である。他の類型はすべて1例（A1a・B2aは2例）で，形態と火化の関係に有意性は認められない。ただし，B1は他の類型に比べて，火化率が高い点に注目しておきたい。

3)　構築時期と火化（第124図）

構築時期不明を除いた82例中，23例（28%）に火化がみられた。6世紀中葉の磐田市明ヶ島29号墳が，横穴式木室における最古の火化例となる。単発的で広がりはみられない。6世紀後

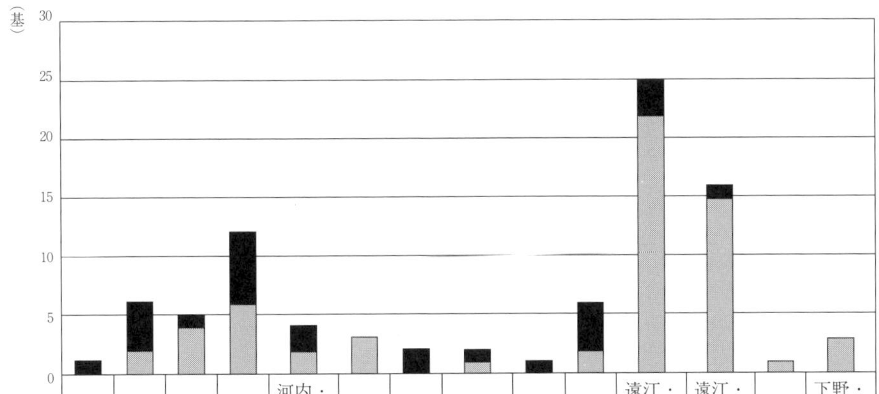

	備前	播磨	摂津	和泉	河内・東摂	丹波	近江	南加賀	美濃	伊勢	遠江・磐田原	遠江・三方原	武蔵	下野・常陸
■火化	1	4	1	6	2	0	2	1	1	4	3	1	0	0
□無火化	0	2	4	6	2	3	0	1	0	2	22	15	1	3

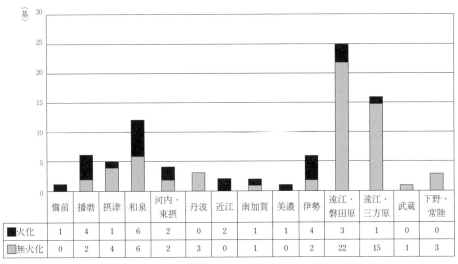

第122図　横穴式木室の地域別数と火化数（不明は除く）

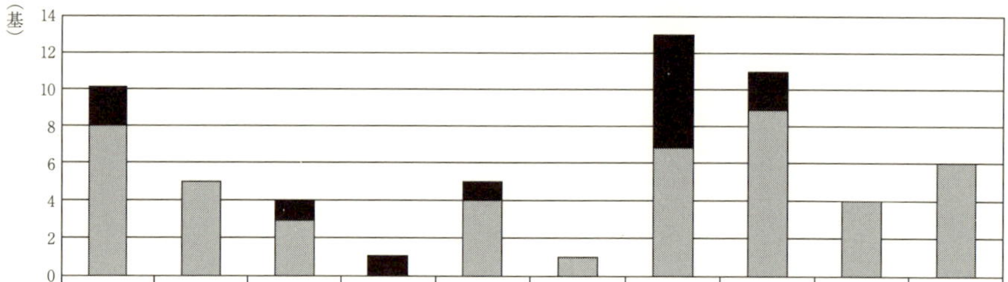

	A1a	A1b	A1c	A2a	A2b	A3	B1	B2a	B2b	B3
■火化	2	0	1	1	1	0	6	2	0	0
□無火化	8	5	3	0	4	1	7	9	4	6

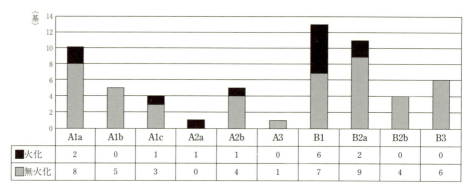

第 123 図　横穴式木室の類型別数と火化数（不明は除く）

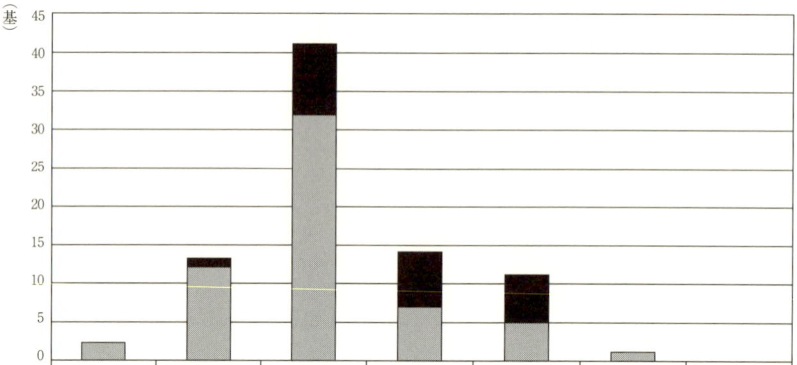

	6 世紀前葉	6 世紀中葉	6 世紀後葉	6 末～7 初	7 世紀前葉	7 世紀中葉	7 世紀後葉
■火化	0	1	9	7	6	0	0
□無火化	2	12	32	7	5	1	0

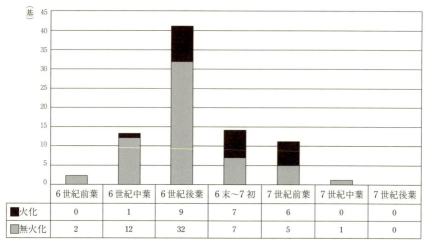

第 124 図　横穴式木室の時期別火化数（不明は除く）

葉になり，41 例中 9 例が火化され（22%），以降 6 世紀末～7 世紀初が 14 例中 7 例（50%），7 世紀前葉が 11 例中 6 例（55%），が火化されている。6 世紀末～7 世紀前葉にかけて約半数が火化され，7 世紀中葉以降に激減してゼロになる様相を明らかにすることができた。横穴式木室における火化は，8 世紀以降の火葬墓の前史でないことが明確となった[13)]。

5　成果と課題

時期・類型・地域の相関およびその変遷については，前項（1），（2）で詳述したので重複を避け，課題の中心である分布と構造からみた地域間交流と被葬者の性格を中心に記してみたい。

(1)　分布と構造そして地域間交流

近畿地方では，播磨・和泉が B1，摂津・河内・東摂が B1 と A2b が主体となり，東海地方では，遠江（三方原）では主柱穴をもたない B2a，B2b，B3 などの B 類が主体，遠江（磐田原）では，A1a，A1b, A1c など主柱穴 2 本をもつ，合掌型が主体になる。ただし，同じ東海でも，伊勢では，遠江（三方原）と関連する B2a，近畿地方と関連する B1 が認められ，複雑な様相をみせている。今回の分布と構造の検討からは，それぞれの地域で独自の展開をみせる場合が多い，という結果となった。したがって，1つの典型的な横穴式木室の型を伴う発信源が畿内にあり，それが画一的に地方に拡散したような状況は，なかったと言える。畿内型横穴式石室のあり方とは一線を画する。

その一方，横穴式木室には，2つの大きな流れがあったことを確認した。第1は，6世紀前葉からの基本的には火化しない東海地方発の流れ，そして第2は，6世紀後葉に開始する火化を伴う近畿地方発の流れである。その流れが，各地の横穴式木室の形態と選択的に合流し，複雑な様相を生み出したと考えることができる。ささやかではあるが，今回の検討の成果の1つと言える。

横穴式木室玄室の縦横比（第125図）は，100年以上に亘る時間をみえないようにして，玄室の平面形という1つの要素に注目して1枚のグラフに表現した不適切なものとも言える。しかし，遠江（磐田原）と遠江（三方原）の明らかな地域的特色を把握することができる。恰も天竜川が分断したかのようである。一方では，これまで述べてきた横穴式木室における複雑な形態のバラエティを読み取ることもできる。ここには，かつて鈴木敏則が整理したような旧国ごとの整然とした地域の型（鈴木敏則 1991）を見出すことは難しいように思われる。

今回の目的の1つであった，関東地方の横穴式木室に関係すると判断される横穴系埋葬施設については，B2a・B3と玄室縦横比2以上のc類の存在により，遠江（三方原）に近い様相をみてとることができる。さらに，栃木県南部の横穴式石室に注目してみると，ほかにも東海系の要素が認められることは興味深い。以下，駿河東部における横穴式石室構築法との相関にも少し目を向けてみよう。

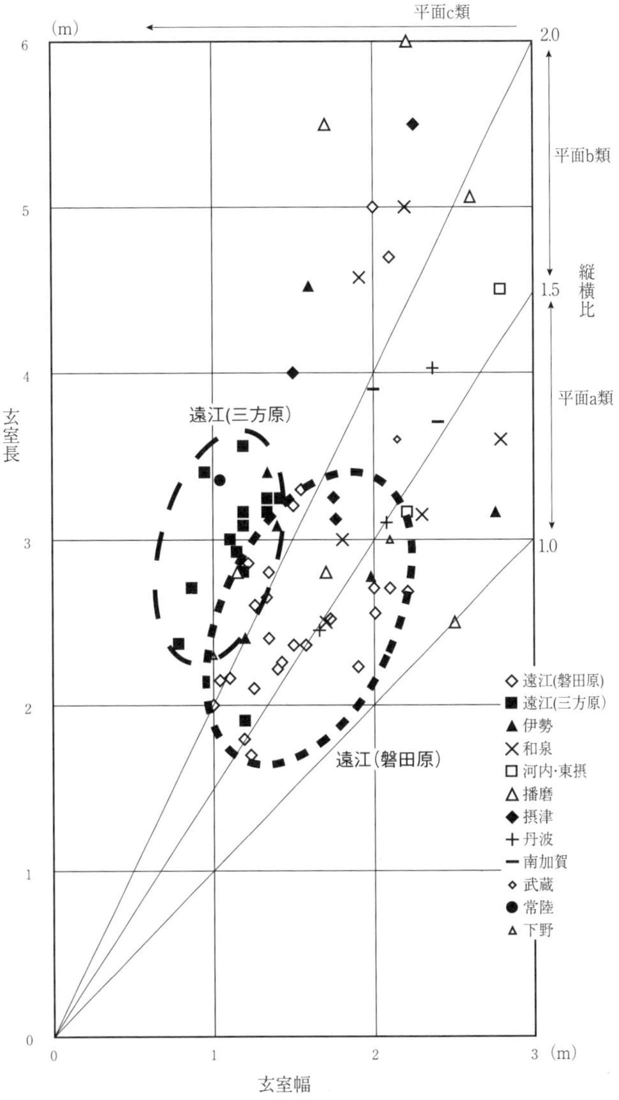

第125図　横穴式木室玄室の縦横比

筆者は，駿河東部の横穴式石室の地域的特色は，裏込めに礫を多用する構築法（菊池 2005）と「前壁をもつ石室」（木ノ内 1998）や「段構造」（井鍋 2003）とも呼称される構造，と理解している。裏込めと石室開口部よりも玄室床面が1段低くなる特徴的な構造の2点に注目したとき，栃木県の南部（小山市飯塚古墳群など）で非常に類似する要素をもつ横穴式石室が展開していることが注意される（大橋 1990，市橋 2008a・2010a など）。また，すでに市橋も言及しているが，鈴木一男が小山市飯塚古墳群などで確認して注目した「砂礫を含む裏込め」（鈴木一男 1994）も非常に重要な指摘と思料される。石室形態と構築技法の両面から，駿河東部と下野南部の共通性が指摘できることになるからである[14]。ここでは，横穴式石室と木室の2つの面から下野と東海東部（遠江・駿河）の連関を確認しておきたい。さらに，直刀の立て掛け副葬（日高 2008）に関して，茨城県ニガサワ2号墳と静岡県瓦屋西 B3・D1 号墳との関連に注目する視点（江幡 2003）も葬送儀礼を執り行うそれぞれの地域に生きる人間の葬送儀礼上の「心」の共通性において有効となる。

上記した横穴式木室や横穴式石室にみられる関連性は，「丸写し」ではない。たとえば，壬生町上原5号墳の横穴式木室は，当地の横穴式石室の特徴である地山を深く掘りこむ墓坑のなかに構築された。遠江（三方原）における要素の一部を共有するのである。それは，小地域間のいわば点と点の結びつきとも言える。したがって，一定量の人の移住を伴うような直接交流ではなく，受け入れ側が主体性をもつ，情報の採用といえる。鈴木一有の分類に依拠すれば，「着想伝播」にあたる（鈴木一有 2003）。

今回の横穴式木室の検討により，地域間交流の1つのあり方を新たに提示することができた。筆者は，6～7世紀において，複数存在する埋葬施設の諸要素の地域間交流の背景に，国家成立にむけて活発化する地域間の情報ネットワークの姿を見出そうとしている（小森 2009・2011・2012）。交易が，社会の複雑化（＝文明化）の原動力とする古典論を経た地域間交流論については，国家成立に至る経緯をモデル化して理解しようとする欧米の研究動向の整理（佐々木 1995）や同列政体間相互作用モデルに注目した「地域間ないし分節単位同士のさまざまな相互作用が社会発達の一動因」との発言（松木 1996）などがある。現段階では，先行研究を自分なりに咀嚼し，経済関係に限定しない，地域と地域の交流の積み重ねが互いの政体を発展させ，国家成立に向けての重要な要因になる，という方向性を筆者の研究の根幹に据えている。この場合，交流するのは「モノ」・「技術」・「情報」ばかりではなく，その根源である交流を動機づける人間の「心」であることも言わずもがなである。それは，本節においては死に直面した人間が死を悼み，墳丘と埋葬施設を造り，葬送儀礼を執り行うことにあたるだろう。内山敏行による「交流関係は興味深いが，そのことを結論にしてはいけない」そして「交流の「性格」を議論しよう」との学史を踏まえた警鐘と的確な方向づけ（内山 2012）をさらに一歩進めるため，検討を重ねたい。

(2)　被葬者の性格

横穴式木室の被葬者の性格を追究する視点としては，①古墳群のなかにおける横穴式木室の位置，②墳丘規模・墳形からみた階層性，③火化，④家形埋葬施設との関係，の4点があげられる。

さらに重要なのは，⑤地域の埋葬施設全体からみた位置づけであろう。

①，②については，すでに第19表をもとに検討を加えた。横穴式木室の約8割は，10m前後の小規模円墳に採用されたが，約1割は群集墳中の小規模な前方後円墳に採用された。横穴式木室を含む24の古墳群において，墳形別のおおまかな採用状況は，前方後円墳が含まれれば3基に1基，円墳で5基に1基が横穴式木室を採用していた。

前方後円墳が小規模である点に注目すれば，被葬者は，小地域における中・小首長と目され，そこに10m前後の円墳に葬られた人々が加わることになる。横穴式木室の資料収集の段階で気づいた，大量の須恵器が副葬されている場合（西山18号墳・昼河A2号墳・檜尾塚原9号墳・中坂7号墳など）や道田池4号墳（大阪府和泉市）の圭頭大刀柄頭（信太山遺跡調査団 1966）・堀ノ内13号墳の金銅装馬具と銅鏡（掛川市 2000）なども被葬者像を描く参考になろう。関東地方においては，31mと47mの前方後円墳にみられることを重視すれば，中位の首長層が独自に採用した点に特色がある。

③については，火化した横穴式石室の調査例とその検討（風間 1993a，藤井 1994など）が参考になる。火化が横穴式木室に固有でないと判明した現段階では，その採用と火化とは相関が薄い，と言わざるを得ない。「火化される場合がある」と認識し，その有無が被葬者の性格を表わすものではない，と位置づけておきたい。ただし，横穴式木室の「2つの大きな流れ」のうちの後者，近畿地方発の6世紀後葉に開始する火化を伴う流れについては，確実に認めてよいだろう。

④については，渡来系の墓という観点から，大室古墳群の積石塚に注目し，合掌形石室と「横穴式木芯粘土室」との比較検討の必要性が説かれている（柴田 1983）。また，「家葬説」（藤沢 1970）や「横穴式木芯室」の祖形を「南九州東部の切妻形地下式横穴墓」に求める意見もある（伊藤 2001）。さらに，合掌形石室については，南九州の家形の地下式横穴墓も視野に入れた，古墳時代中期における偏在性をもった「家形墓室の出現」とみる意見がある（風間 2012）。渡来系を念頭に置いた柴田の意見は興味深いが，5世紀まで遡る合掌形石室・地下式横穴墓と6世紀前半の横穴式木室出現の間には，埋め難い時間差がある。しかし，横穴式木室を採用した被葬者の性格を考えるとき，柴田・藤沢・伊藤・風間による視点は，合掌形石室や地下式横穴墓との「差」を埋める可能性がある。一見，列島各地でそれぞれが独自の展開をみせているようにみえた「家形」を冠する諸々の埋葬施設（家形石棺・石棺式石室・石屋形・合掌形石室・地下式横穴墓・横穴墓など）が，「終の住処を家形にする」という1つの埋葬観念でつながっていることに気づくからである[15)]。異質な埋葬施設をつなぐ共通性は，葬送という行為を通じた心の交流を示す，と考えてよいだろう。これらを「家葬（家形埋葬形態）」と仮称したとき，その源流は5世紀にあり，本節で扱った横穴式木室は，6世紀前半に始まる「家葬」の1形態と位置づけられる可能性が高い。先行研究と調査成果を紐解くとき，横穴式木室の本質は，構造復元案が示すように「家」にあった（第101図）。したがって，渡来系に固執すべき要素は限りなくゼロに近い，と言えよう。

⑤については，先行研究に，東海地方の埋葬施設を4つ（在地系石室・畿内系石室・横穴式木室・横穴）に分け，系統の違いと規模の差による階層モデルの提示（鈴木一有 2001b）がある。

おおまかには，①，②から導かれる被葬者像と重なるが，その優れた視点により，それぞれの地域における社会的な秩序を明らかにしていく展望をもつことができる。

(3)　まとめ

本節では，横穴式木室の分布と構造から東海・近畿地方を中心とする地域における独自性と地域間交流を示す2つの流れを明らかにした。その流れが各地の横穴式木室の形態と選択的に合流し，複雑な地域相を生み出した，と考えた。そして，その背景には，「家葬」という葬送観念を包含する情報ネットワークの存在を想定するに至った。横穴式木室の分布と構造にみる地域間交流の実態は，経済関係に限定しない，地域と地域の交流の積み重ねが互いを発展させ，国家成立に向けての重要な要因になることの1つの具体例，と位置づけられる。

(4)　残された課題

①被葬者が渡来系であるか否か，②独自の職掌はあるか，③火化に仏教の影響があるか否か，等の問題に言及できる成果を一切導き出せなかった。さらに，副葬鉄鏃から田村隆太郎が指摘したような，④横穴式木室被葬者の独自性（田村 2004）について検討することも果たせなかった。以上の4点については，言及できる射程かどうかの検討も含め，今後の課題としたい。

第3節　地下式横穴墓

はじめに

後期旧石器時代の遺跡として著名な栃木県真岡市東大島字磯山所在の磯山遺跡は，1961年1月2日から同22日，さらに1962年2月26日〜同3月5日の2次に亘り，芹沢長介指導の下，東北大学考古学研究室により調査された。その後，栃木県史編纂室原始部会により，1973年8月1日〜同10日まで第3次調査が実施された。担当者は，中村紀男・山越茂であった。

本節でとりあげる，地下式横穴は，東北大学による1962年の第2次調査で確認されたものと推定される。実測図[16)]は真岡市教育委員会が保管している[17)]。

1　遺跡の概要

磯山遺跡は，真岡市の市街地の南南東約3kmに位置し，磯山とよばれる標高104.9mの独立丘陵の南西麓，標高65〜70mの南向き緩斜面に立地する（第126図・第127図）。古墳群を形成しており，第2次調査で確認された地下式横穴墓を1号，粘土槨を2号，山林中にある，径7m，高さ0.5mほどのほぼ同規模の2基の円墳を南西側から3号墳・4号墳，その東方約50mほどの畑の斜面に立地する横穴式石室の石材が露出するものを5号墳とした（小森 1984）。3号・4号墳付近には埴輪片が散在し，埴輪を伴う時期の古墳であることが確認できる。以下，『真岡市史』の記載をもとに概略を記してみよう。

１号と命名した埋葬施設は，第129図に示すように，まず竪坑を掘り，そこから横に掘り広げて玄室部を構築している。断面形は長靴に似た形態となる。県内はもちろん，近県を含めて類似例がなく，なんと呼んだらよいか迷ったが『真岡市史』執筆段階では，中世の「地下式壙」あるいは近世の「地下倉」などとの混同を避けるため「地下式横穴墓」が適切と判断した。現在に至っても改称の必要はないと考えている。

竪坑は，現地表から深さ1.65mまで掘り下げ，さらに鹿沼軽石層を0.8m掘り込んでいる。開口部の大きさは1.8mほどである。竪坑の底面には，厚さ15cmほどの粘土が確認された。どのような意味をもつのか不明であるが，竪坑の閉塞部に用いたものが落下したものと推定した。

玄室部分は，最大幅が最奥部の1.15mで，最小幅が玄門部の0.85mである。長さは2.3mを測る。横断面図が示すように，天井部は弧を描き，蒲鉾形を呈する。床面は水平ではなく，最奥部に向って船底形になる。玄室部分の壁はほとんど鹿沼軽石層であるが，完全には崩落していなかったようである。

本遺構は南向き緩斜面に構築されている。まず斜面下に竪坑を掘り，そこから斜面上にむかっ

第126図　磯山古墳群（1）と神宮寺塚古墳（2）の位置

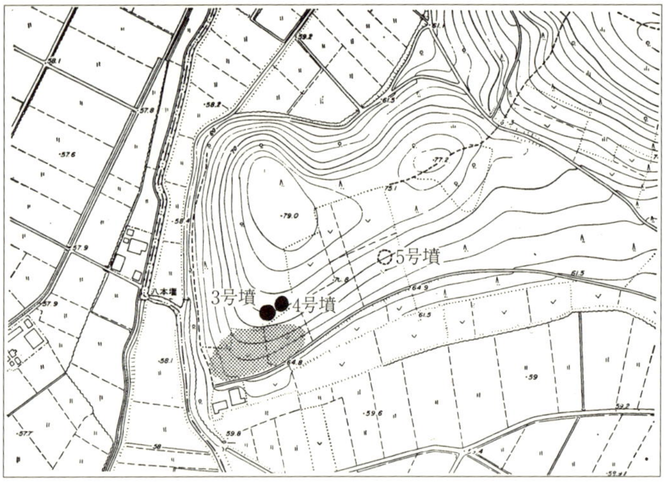

第 127 図　磯山古墳群付近の地形

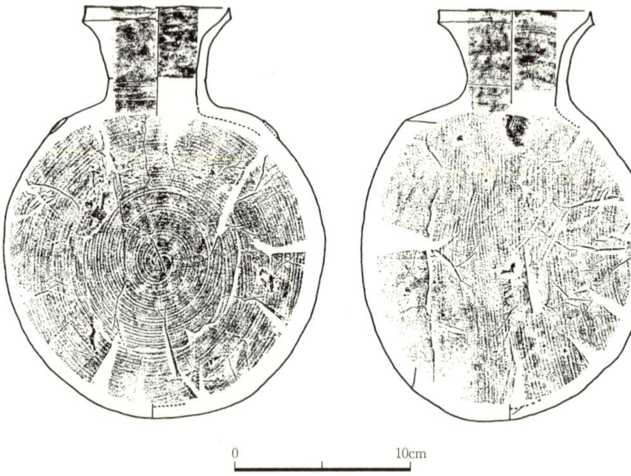

第 128 図　磯山遺跡地下式横穴墓出土の須恵器提瓶

て掘り進み，玄室を造っている点が特徴である。

出土遺物は，竪坑部分からの須恵器 2 個体，玄室からの刀子（あるいは直刀）1 口，耳環 2 点，そして頭蓋骨である。耳環と頭蓋骨の出土位置から判断して，複数の埋葬があったものと推定される。須恵器は提瓶（第 128 図）と小形の瓶である。図示した提瓶は真岡市教育委員会所蔵，もう 1 点は市史執筆時点で所在不明であった。

提瓶は，口径 8.1cm，器高 22.2cm，胴部最大径 18.1cm である。口唇部は稜をもって鋭く立ち上がり，非常にシャープにつまみあげている。口縁部には 1 条の沈線がめぐるが，浅く不明瞭である。胴部には回転を利用したカキ目調整痕がのこる。把手がボタン状に退化していることから 6 世紀末～7 世紀前半代に位置づけられる。

さて，この地下式横穴墓は，調査区のどこで確認されたのであろうか。東北大学の報告は，旧石器がメインで，当該遺構については文章記載がない（芹沢 1976・1977）。ただし，報告書に掲載された図を丹念に見てみると，トレンチの壁面の土層図に，不自然な形で鹿沼軽石を欠く部分が示されていることに気づいた（第 130 図）。この部分が，地下式横穴墓を示しているとするならば，トレンチ 2D からトレンチ 2E にかけての部分で確認されたことになる（第 131 図）。

2　吟味

以上概観した地下式横穴墓は，当地にあっては系譜がまったく追えない特徴をもつ遺構である。「側壁抉り込み土坑」（仲山 1990・1992，安藤 1996）あるいは「地下式系土壙墓」（田中 1985）と呼称する古墳時代から平安時代にかけてみられる，土坑の一部を横方向に掘り込む特徴的な墓制と

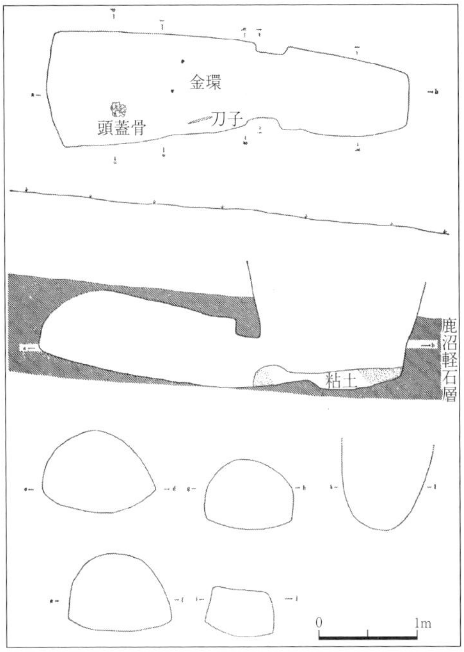

第129図　磯山遺跡地下式横穴墓実測図

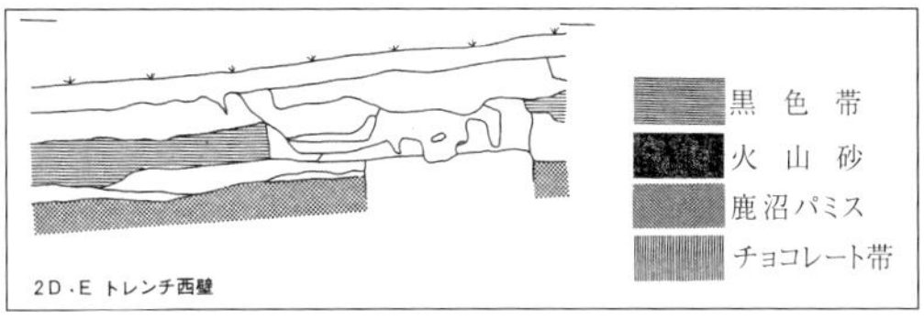

第130図　磯山遺跡トレンチ断面図

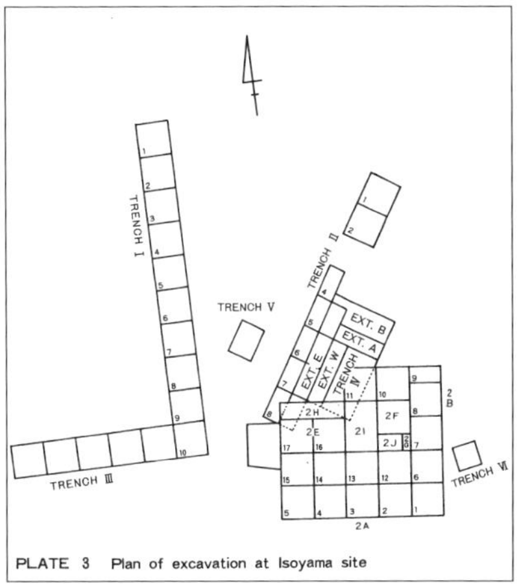

第131図　磯山遺跡トレンチ配置図

も一線を画する。管見では，列島内に類似する遺構を求めたとき，南九州東半部（日向・大隅・薩摩）に分布する地下式横穴墓以外にはない（第132図・133図）。

地下式横穴墓は，竪坑・羨道・玄室をもち，羨道や羨門，竪坑上部で板，板石，川原石，土塊，アカホヤ塊で閉塞すると定義されている（東 2001）。

1970年代における地下式横穴墓研究の到達点を示す『地下式古墳の研究』[18] を著した石川恒太郎の業績（石川 1973a）に触れてみよう。「地下式古墳は，きわめて限られた地域にある特殊な墓制で，現在のところ南九州，それも宮崎，鹿児島の両県下に集中して発見されており，両県下においても，宮崎県の南半，鹿児島県の北部宮崎県寄りの地方に集中している」と概観した。宮崎・鹿児島両県以外では福井県・福岡県・東京都で「同じような遺跡が報ぜられているが，これらの諸地方の地下式横穴墓からは，ほとんど遺物が発見されていないので，それが果してここにいう地下式古墳に該当するものか，どうかを定めがたい」と記した。別項では南九州以外の類例については「地下式土壙」と呼称し「宮崎，鹿児島両県のものと形が似ているものもあり，似てないものもある。しかし似ているものも必ずしも同じものとは限らないし，第一に遺物がなく，特に人骨が残っていないのでこれを墳墓と見ることができるか大きい疑問を抱かざるを得ない」として，強い地域色・独自性を強調した。当然ながら氏は，「地下式古墳」の被葬者を『日本書紀』景行紀にみられる九州の地方豪族「魁帥（ひとこのかみ）」に率いられた人々，隼人族と考えた。

石川は，「地下式古墳」を玄室の妻に羨道と竪穴式前室がついているもの（妻入型）と玄室の

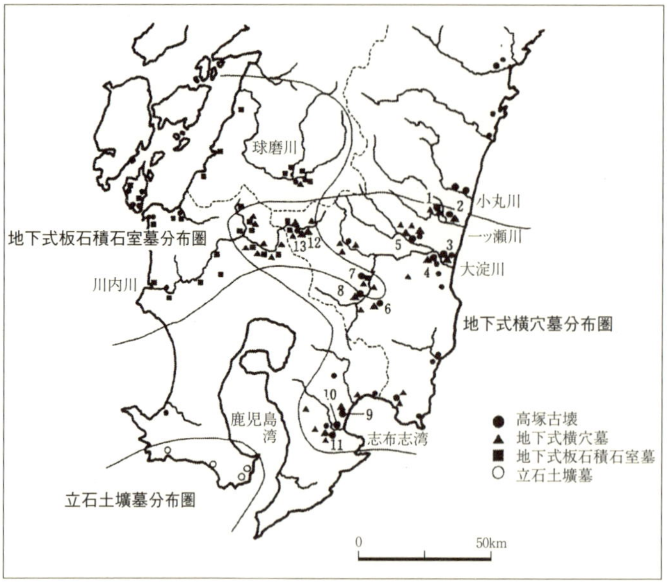

第132図　南九州における古墳時代の墓制

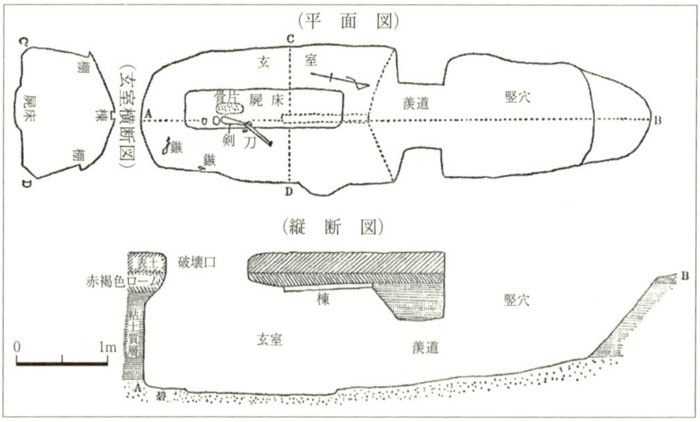

第133図　宮崎市（旧高岡町）久木野1号地下式横穴墓

平に羨道と竪穴式前室がついているもの（平入型）に大別し，5分類している。本例は妻入型無屍床式（第Ⅱ式）に分類される。平入型（第Ⅲ・Ⅳ式）に先行し，妻入型有屍床式（第Ⅰ式）に後行するとしている。しかし，現段階では，この妻入型⇒平入型の一方向的な変遷観は否定され，併存するとする意見が大勢を占めている（和田 2001ほか）。

南九州における地下式横穴墓の初現は「4世紀末から5世紀初頭に遡る可能性があり」「5～6世紀に隆盛」し，「7世紀に下る資料は皆無」であったが，2000年以降の調査により構築数は極少なくなるが，一部形態を変えながら隼上りⅡ～Ⅲ段階の須恵器を伴う例が確認されているとのことである（東 2001）。また，形態を「平入り」と「妻入り」に大別すると，平野部では「妻入り」と「平入り」が混在するが内陸部では一貫して「平入り」が主体であるとの整理がある。

分布は，一部鹿児島県域に広がるが，薩摩の内陸部ではすべて「平入り」，大隅の志布志湾沿岸および肝属川流域では，「妻入り」「平入り」が混在している。「妻入り」のものは，玄室内に軽石を用いた石棺や有屍床のものがみられる。

『九州の横穴墓と地下式横穴墓』（九州前方後円墳研究会編 2001）をもとに，日向において，玄室の妻，すなわち短辺部分に羨道と竪穴式前室（竪坑）が取り付く「妻入り」の例を中心に類例をあげてみよう。

1）西都市西都原4号（妻入り有屍床・5世紀後半）

2）　　〃　　9号（平入り・7世紀・本墳と類似する把手がボタン状に退化した段階の提

瓶出土）
3）西都市月中地下式横穴墓群1号（妻入り有屍床・5世紀後半）
4）西都市（旧国富町）六野原地下式横穴墓群（妻入り有屍床・5世紀後半～6世紀）
5）宮崎市下北方地下式横穴墓群4号（妻入り無屍床・羨門を粘土で閉塞・6世紀前半）
6）宮崎市（旧高岡町）久木野地下式横穴墓群1号（妻入り有屍床・5世紀後半）
7）都城市（旧高城町）雀ヶ野地下式横穴墓群（妻入り無屍床・羨門に閉塞施設はなく，竪坑部に淡褐色粘質土を埋め込み閉塞・5世紀末～6世紀初頭？）

以上7例のうち，遺物で特に注目されるのは，西都市西都原9号の提瓶の特徴である。把手がボタン状になった段階の須恵器を供献している。また，遺構の面では，閉塞部分で確認された宮崎市下北方地下式横穴墓群4号の粘土や高城町雀ヶ野地下式横穴墓群の竪坑部の粘質土に着目しておきたい。この2つの要素は磯山遺跡1号の地下式横穴墓を彷彿とさせる特徴である。しかし，磯山遺跡例では屍床がなく，時期が6世紀末から7世紀に下るのに対し，日向では，5世紀後半～6世紀の例が多く，屍床が認められものが多い点が相違点としてあげられる。玄室部分の天井が屋根型になる特徴も，磯山遺跡例では認められない。したがって，磯山遺跡の地下式横穴墓と日向・薩摩・大隅の地下式横穴墓と直接結びつけて対比するには，さらにいくつかの手続きが必要になる。

3　小結

磯山古墳群の地下式横穴墓の史的背景を考えるとき，たとえば常陸や東北南部の装飾をもつ横穴式石室・横穴墓の分布と絡めて，九州地方との関係を論じるのが一案である。都合がよいことに，装飾古墳の分布は，本遺跡と呼応するように直線で約13kmと至近距離にある茨城県桜川市（旧岩瀬町）花園3号墳の横穴式石室に，彩色壁画があったことが確認されている（伊東ほか1985）。同じく彩色壁画で名高い，筑西市（旧関城町）船玉古墳も直線距離で約18kmの位置にある（生田目 1988など）。常陸の装飾古墳は，沿岸部だけでなく，内陸部にも分布している。これらの装飾古墳の分布の背景に九州の装飾古墳との関係を認めてよいとするならば，磯山遺跡の地下式横穴墓もその脈絡のなかで理解しようとするものである。さらに，畿内を介さない東国と九州との直接あるいは間接的な交流は，単発ではなかったようだ。複数ある交流のなかでは，6世紀前半段階の具体例が，土浦市高崎山2号墳の横穴式石室を九州系とする見解（小林孝秀2005b・2008）であり，1回限りの現象ではないことを物語っている。磯山遺跡の地下式横穴墓を九州南部との広域交流のなかで位置づける案である。

しかし，単純にそう断じてよいであろうか。筆者は，現段階では，広域交流の可能性を指摘するにとどめ，もう少し資料が揃った段階で再論してみたい，と考えている。本遺跡の東方3.3kmには，①横穴式石室の床面に須恵質の「塼」を並べていた神宮寺塚古墳（小森・梁木 1990）（第126図）がある。棺座の可能性があり，やはり当地方ではまったく系譜の追えない葬法である。さらには，②栃木県南部を中心にさかんに造られた竪穴系横口式石室の系譜，③小山市飯塚42

号墳の特徴的な埋葬施設（鈴木一男 1999）や壬生町上原古墳群5号墳の木芯粘土室（平尾ほか 1989）と東海地方との関連（柴田 1983，鈴木敏則 1991，鈴木一有 2001・2003），④飯塚42号墳に類似する福島県南相馬市真野古墳群寺内20号墳や福島県双葉郡浪江町加倉2号墳の特徴的な埋葬施設の系譜，⑤出雲の石棺式石室と壬生町・上三川町・下野市に分布する大型の凝灰岩切石使用石室の関係，というように，広域交流の可能性を示す資料が多数認められる。これらの諸要素の検討を深めながら，磯山遺跡の地下式横穴墓の位置づけについても考えていきたい。そのなかでも特に南九州との関連については，「似て非なるもの」あるいは「他人の空似」なのか，それとも「親子」あるいは「兄弟姉妹」になるのかきちんと判断できるよう，資料の収集にあたりたい。

第4節 「地域間交流論」とその周辺

1 地域間交流論の枠組み

地域間交流論は，さまざまな地域間交流が国家・文明の形成過程で果たした役割について論じる。学史的には，交易がヨーロッパにおける文明の発達を刺激した第1要因である，としたチャイルドの考えが，その先駆と評価される（西村 1996）。以下，主に佐々木憲一による90年代以降の，欧米における研究の整理（佐々木 1995）に依拠しながら研究の動向を追い，その枠組みについて考える。

①同列政体間相互作用論　Renfrew and Cherry（1986）による。PPIモデルと略称される[19)]。PPIモデルの目的は，さまざまな交流の結果，隣接しあう社会が共に発展していく状況を具体的に説明することにある。

佐々木の整理によれば，「同列（等）」は，首長制社会どうし，あるいは初期国家どうしのように社会進化の過程上，構造的にほぼ同じレヴェルに位置づけられる社会の一群をさす。「政体」とは初期国家の集合体のことである。ひとつの文明を構成する各々の初期国家には中心地がある。この中心をもつ初期国家の単位を指している。

さらに，「相互作用」については，それぞれの政体間における交流を5項目あげて論じている[20)]。

このPPIモデルについては，関係しあう政体間に，たとえば中央—地方，強—弱，貧—富，上—下などの関係はなく，隣接する政体が，言葉がやや安易に過ぎるが＜切磋琢磨＞しながら刺激しあい，互いに成長する姿を思い描くことができる[21)]。

②中心地・周辺地交流論　Champion（1989）などによる。この論は，社会構造や経済力，政治組織や技術レヴェルの異なった距離の離れた社会間の不均衡な関係をモデルとする点で，PPIモデルとは，一線を画する。

「中心地」については，単一の政体が中心地を構成することもあるが，国家のように勢力のある政体が同盟などのネットワークで結合した集合体が，中心地となる場合がある。エリート層は，周辺地から剰余をさまざまな手段で搾取する。

「周辺地」は，中心地の需要を満たすための剰余を生産することを余儀なくされる。ただ，見返りにその周辺地にとって何か有利な物資や情報，技術などを受けられる可能性がある[22]。そして，この交流が政体の社会進化を刺激し，＜2次的国家＞となる，とされる。

注目されるのは，この論の前提として，中心地は交流圏内に複数存在すること，そして，時間とともに中心地の役割を担う地域が替わるということである。中心地—周辺地は，固定されたものではなく，条件によって流動的である，と理解してよいだろう。

中心地・周辺地交流論は，新進化主義の社会発展論である，フリード（Fried 1967）による1次国家（内的な変化により，生まれた自立的な国家）と2次国家（1次国家の影響により，生まれた国家）論の流れをくむ考え，と評価することもできる，と筆者は捉えている。

以上，佐々木の整理に依拠しながら，2つの学説の枠組みについて記してきた。本論においては，これらの地域間交流論に立脚して，あるいは結論づけて論述する方法はとらない。①同列政体間相互作用（PPIモデル）や②中心地・周辺地交流論から学ぶことができた，交流が社会の複雑化に大きな影響を与える，という1点を重視しながら，考古学的な事実関係をもとに整理することとしたい[23] [24]。

2　運ばれた石材と埴輪

埼玉将軍山古墳の横穴式石室の一部に使用された房州石が，直線で約118km離れた，千葉県の内房総の海岸部から搬入された事実は，よく知られている（高橋・本間 1994など）。その背景に，単に石材の長距離流通にとどまらない，政治的意味合いを考えることもほぼ共通理解となっている（岡本 1997，松尾 2002b，太田 2010など）。本項では，関東地方において，現在までに確認されている地域間交流の具体例を整理し（**第20表**），その背景について考えてみたい。なお，埋葬施設自体も検討対象とする[25]。

(1)　埼玉将軍山古墳の房州石と金鈴塚古墳の緑色片岩

北武蔵においては，横穴式石室に使用される緑色（泥）片岩と角閃石安山岩の石材供給ネットワークが存在したことが指摘されている。特に後者は，供給源である上毛野との関係において重要である[26]。大型石材を運搬するには，共同体間に成立した大規模なプロジェクトチームが必須として，巨大な緑泥片岩を使用する小見真観寺古墳や若王子古墳などを核として成立した新たな紐帯である，在地首長連合が成立したことが想定される（田中 1989b）。時期的には，狭義の埼玉古墳群が優位性を失う6世紀末と考えてよいだろう。田中の主張は，各古墳の横穴式石室が優れて政治的・社会的な要因を内包する（田中 1989a）という点において首肯される。石材の動きをもとに，北武蔵と上毛野の在地首長層の動向（田中は，「結集」と「拮抗」と表現）を把握することが可能となる。

北武蔵と上毛野の関係に目が注がれる状況のなか，新たに，北武蔵と上総の関係がクローズアップされる。1つは，1952年の調査報告書刊行段階から明らかにされていた，千葉県木更津市金鈴塚古墳の横穴式石室の玄室内に設えられた箱式石棺に使用された緑色片岩，そして，もう1

第20表　関東地方における6～7世紀の地域間交流

No.	内容	発	着	時期	文献
1	房州石（磯石）	千葉県富津市金谷付近	埼玉県行田市将軍山古墳横穴式石室	6世紀後半	高橋・本間 1994
2	緑色片岩	埼玉県荒川上流	千葉県木更津市金鈴塚古墳横穴式石室内箱式石棺	6世紀後半	神尾 1952，齋藤・戸倉 2004
3	角閃石安山岩	群馬県	埼玉県久喜市菖蒲天王山古墳横穴式石室	6世紀後半	若松 1982
4	人物埴輪	埼玉県鴻巣市生出塚埴輪窯	千葉県市原市山倉1号墳	6世紀後半	山崎 1987，日高 1997，太田 2002，小橋 2009
5	横穴式石室	九州	茨城県土浦市高崎山西2号墳	6世紀中葉	小林 2005
6	石棺式石室	熊本県	栃木県下野市・壬生町・栃木市しもつけ古墳群	6世紀後半	本論第4章第1節
7	横穴式木室	東海地方	栃木県壬生町上原5号墳・茨城県水戸市ニガサワ2号墳	6世紀後半	本論第4章第2節
8	地下式横穴墓	宮崎県	栃木県真岡市磯山古墳群	7世紀初頭	本論第4章第3節

つは，埼玉将軍山古墳の横穴式石室の一部に用いられた房州石（磯石）の搬入である。古墳の中核となる埋葬施設を形成する石材である点，北武蔵と上総間が，双方向性をもつ点で，単なる石材の原産地から消費地への流通ではない，と判断して大過あるまい。

本件に関するいくつかの評価をみてみよう。両者の関係を古墳造営資材の「交換」と認識し，内陸部―沿岸部間の物資流通の実態からみて，水陸の交通網の保全を目的とした広域首長連合体の成立をみる意見がある。そして，地域の政治秩序を代表するトップ同士が，対等で相互扶助的な関係を取り結んだ，と評価している（太田 2010）。さらには，埼玉将軍山古墳の墳丘築造規格の検討をもとに，埼玉古墳群と富津市内裏塚古墳群の墳丘形態に関連性をみる意見（岡本 1997），あるいは，墳丘築造規格の相似から市原市姉崎古墳群と埼玉古墳群が同祖関係にあったとする，一歩踏み込む見解も示されている（坂本 1996）。

筆者が，ここでまず確認しておきたいのは，石材を通じた北武蔵と上総の交流が，それぞれの在地首長の主体的な意志のもとに行われた地域間交流と位置づけられる点である。埋葬施設であることに注目すれば，政治的意味合いを考えるのは，当然とも言える。そこには，河川交通と陸路の整備を伴う，広域のネットワークが確立していることが前提となる。人の交流を伴う情報ネットワークが6世紀末段階に双方向性をもって成立していた，と判断される点において，文献史料からは追えない重要な考古学的成果と言える。

(2)　埼玉県久喜市菖蒲天王山古墳の角閃石安山岩

上毛野に源を発した利根川下流にあたる，北武蔵や下野南部の横穴式石室に，群馬県榛名山二ッ岳起源の角閃石安山岩が採用される[27)]。特に菖蒲天王山古墳に注目するのは，利根川で採取される角閃石安山岩の転石は，下流にいくほど小さくなるが，本墳の石材が，行田市八幡山古墳とともに北武蔵で確認されている16例中で特に大きい（若松 1982）点にある。本墳は，墳丘長104mの前方後円墳で，多条突帯をもつ埴輪が樹立され，6世紀末に位置づけられている。横穴式石室はすでに破壊され，石材は後円部の平坦面に散在する。若松良一は，角閃石安山岩の石材の大きさに注目して，産出地からの直接，遠距離運搬された，と推定している。そして，その供給の背景に，上毛野の最高首長層と本墳の被葬者間の「政治的な交渉」を想定している。現段階では，上毛野発⇒北武蔵着の一方通行で，双方向性は認められないが，房州石と緑色片岩による北武蔵⇔上総の交流も踏まえると，6世紀末段階における地域間交流の実態をよく示す事例と位置づけられる。

(3)　生出塚埴輪窯の製品と山倉1号墳

鴻巣市生出塚埴輪窯の製品が，市原市山倉1号墳に供給された事例である。すでに多数の論文により語り尽くされており（山崎 1987・1999，車崎 1988，日高 1997，太田 2002，松尾 2002b，小橋 2009 など），筆者が加えるものは，ほとんどない。従来，多くが人物埴輪の類似性から論じられてきたが，調査報告書によれば，山倉1号墳の埴輪は，複数の生産地からの供給や時間の隔たった製品の寄せ集めではなく，円筒埴輪を含めてすべてが生出塚31号埴輪窯を中心とする製品であることが判明している（小橋ほか 2004）。生出塚埴輪窯の操業と流通については，埼玉古墳群の首長のもとに工人集団が掌握され，供給古墳の被葬者は，埼玉古墳群の首長との結びつきがあることが想定されている（山崎 2004）。この考えを是とするならば，山倉1号墳を含んで，埼玉県域で39例（前方後円墳20・円墳19），東京都で4例（前方後円墳2・円墳2），千葉県で2例（前方後円墳2），神奈川県で2例（円墳2）確認されている供給古墳（山崎 2004 の第12表による）が，埼玉古墳群を造営した首長と何らかの関係を結んでいたことになる[28)]。地域間交流を政治的ネットワークと呼び替えることができるなら，埴輪の動きをもとにその実態に迫ることが可能になる。

(4)　小結

埋葬施設に用いる石材や古墳に樹立される埴輪が「動く」ことを概観してきたが，その背景には，政治的ネットワークとも呼び替えることができる地域間交流が存在した。なぜ動くのか，が課題となるが，6世紀後葉段階に隣接する小地域を越えた，広域の首長連合が成立し，その紐帯をより強固なものにするための施策，と位置づけるのも一案である。地域間交流の前提として，河川および道路交通網の整備，そして他の在地首長の勢力範囲を通過することの了解，つまり相互承認関係の成立が必須である，と思料される。次項では，道について考えてみたい。

3　東山道と豪族居館・馬具の分布

古代七道駅路が，現代の高速道路とルートおよび総延長が一致すること，駅とインターチェンジが設置位置を同じくすること，などをもとに＜高速道路の古代回帰＞が指摘されている（武部 1992・2002）。駅路の置かれたところが，その後もその地域の中枢として現代まで機能しつづけたことを示している（武部 2002）。武部の言を借りれば，＜律令道路の古墳時代回帰＞とでも表現できようか，栃木県内においては，古代東山道の推定ルートに沿って，古墳時代の豪族居館が確認されているのである。

第134図は，道路状遺構が確認された遺跡をもとにした推定東山道ルート，官衙関連遺跡，そして古墳時代の豪族居館をプロットしたものである。推定東山道ルートは，基本的には両側に側溝をもち，8世紀段階では約12m，9世紀になると約6mの幅をもち，直線を志向する点に特徴がある。そしてそのルートが現在の市町村境として残っている部分が認められるのも，国内の他の古代官道の調査所見と同様である。県内では，道路状遺構が15遺跡で確認され，そのうち13

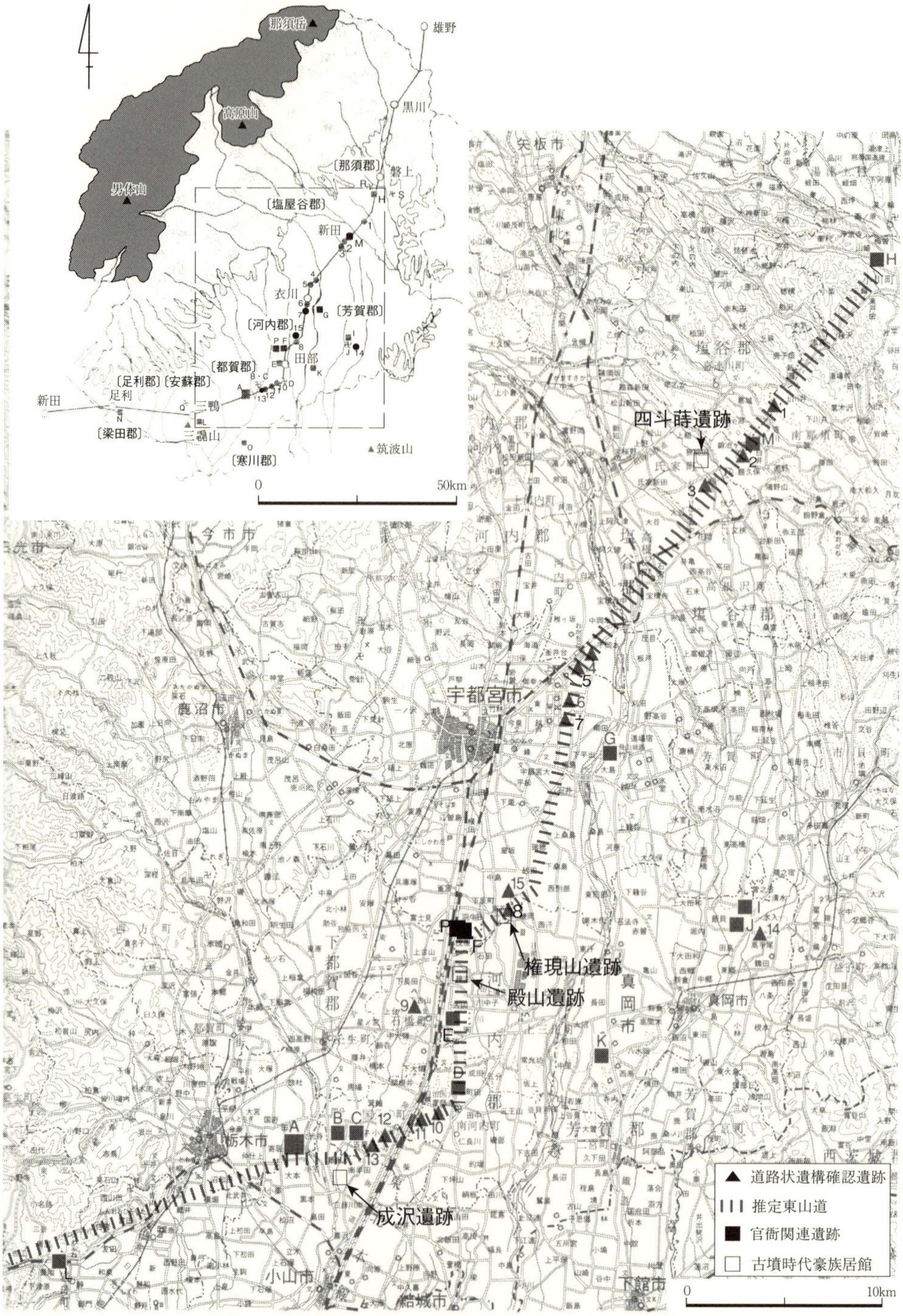

第 134 図　古墳時代の豪族居館と推定東山道遺跡・官衙関連遺跡

＜道路状遺構確認遺跡＞

1：新道平遺跡　2：厩久保遺跡　3：南原遺跡　4：日枝神社南遺跡　5：釜根遺跡　6：上野遺跡（2 次）　7：上野遺跡（1 次）　8：杉村遺跡　9：折本遺跡　10：三ノ谷遺跡　11：諏訪山北遺跡　12：北台遺跡　13：北台 2 号遺跡　14：鶴田 A 遺跡　15：砂田遺跡 3 区

＜官衙関連遺跡＞

A：下野国府跡　E：多功遺跡　F：上神主・茂原遺跡　G：飛山烽跡　H：那須郡衙跡　I：堂法田遺跡　K：中村遺跡　L：畳岡遺跡　M：長者ケ平遺跡　N：国府野遺跡　O：千駄塚浅間遺跡　P：西下谷田遺跡

＜寺院跡＞

B：下野国分寺跡　C：下野国分尼寺跡　D：下野薬師寺跡　J：大内廃寺跡　Q：大慈寺跡　R：浄法寺廃寺跡　S：尾の草遺跡

遺跡が東山道関連遺跡である（中山 1997a・b，藤田 2003 など）。作道は8世紀中葉とされる。なお，「烽家」墨書土器から導かれた9世紀代の飛山烽の確認が特筆される（今平 1999）。従来9世紀になると衰退すると考えられてきた，情報伝達手段としての古代の烽火システムの一端を考古学的に明らかにできたからである。

豪族居館と推定される遺跡は，基本的に方形の溝に囲まれ，溝の内側に土塁や塀をもつ。溝が外側に広がる張り出し部をもつ例もあり，区画内からは，竪穴式建物や掘立柱建物が確認されている。図に示した4遺跡の時期は，小山市成沢遺跡（5世紀中葉），上三川町殿山遺跡（5世紀後葉），宇都宮市権現山遺跡（5世紀後葉），さくら市四斗蒔遺跡（4世紀）となる。県内では，ほかに小山市下犬塚遺跡（4世紀）と矢板市堀越遺跡（4世紀）が豪族居館とされているが，前者については，区画が不整形で検討を要する。下野における東山道ルートに沿って，古墳時代の豪族居館が営まれることについては，すでに中山晋の指摘があり，官道敷設以前に各拠点間を結ぶ道路の存在を予察している（中山 1997）。東山道と居館の関連については，前澤和之による群馬県三ツ寺Ⅰ遺跡に関する先行研究があり（前澤 1991），橋本博文は物資の集積センターとしての性格に言及する（橋本 1985）とともに，河川の合流点や流域に位置することから防御性と交通上の利便性に注目している（橋本 1991）。

古墳時代の幹線道を古東山道ルートと仮称する。その成立について言及する研究は少ない。そのなかにあって，科野の主要古墳分布の中心が，5世紀中葉を境に，善光寺平から下伊那地域に移ることを根拠に，この時期に古東山道ルートの形成をみる見解がある（松尾 2002a）。さらには，松尾昌彦に賛同しつつ，この時期に，ルートがすでに下野地域から東北地方南部（郡山市周辺）まで及んでいた，との意見もある（右島 2006）。右島和夫は，馬の登場も視野に入れている。本県における豪族居館の分布と時期から判断すると，律令期東山道の前身である古東山道は，5世紀中葉には成立していたことを予測することができる。さくら市四斗蒔遺跡（4世紀）がややルートをそれているのは，時期的に古いため，と理解することもできる。

古墳時代の馬具出土古墳の分布から，交通路を復元する試みもある。松尾昌彦は，関東地方における馬具出土古墳の分布図（第135図）を作成し，従来の東国舎人騎兵集団説（岡安 1986）を批判し，中央と地方を結ぶ交通における馬の役割に注目した（松尾 2002c）。そして，広範な地域首長を中央に直結させたのが馬を使った交通・通信手段，と推断した。8世紀の駅路網（第136図）[29] と比較すると，相関がみられる部分が多く，栃木の那須以北や茨城の日立以北に関係が認められないことを読み取ることができる。その後，岡安光彦は，馬具副葬古墳の集中域が，『延喜式』が示す駅家や駅路と関連するとし（第137図），馬を荷物輸送用と位置づけるとともに，律令期の交通網が，古墳時代以来の輸送路を基礎に発達した，と意見を修正している（岡安 2000）。

さらに，国府設定時の交通ネットワークとその拠点は，律令国家以前の交通路網のあり方に規定されているので，律令国家以前と以後の拠点が重なる，とする意見も重要である（中村 1995）。

東山道関連遺跡の調査所見によれば，作道時期は，8世紀中葉を遡らない。したがって，現段階では，官道の整備は，8世紀になってからと判断される。しかし，豪族居館や馬具出土古墳の

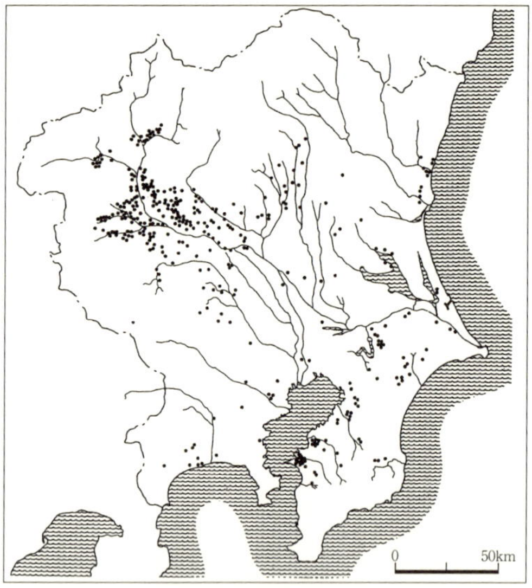

第 135 図　松尾による関東地方における馬具出土古墳の分布

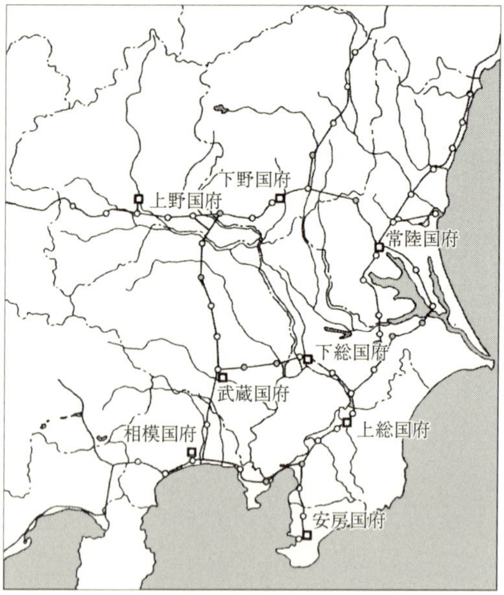

第 136 図　中村による 8 世紀前半の関東地方における駅路網

分布から推定した拠点間を結ぶ古東山道の存在は，律令官道以前，5 世紀中葉以降に地域間を結ぶ幹線道が整って機能していたことを明らかにすることができた。

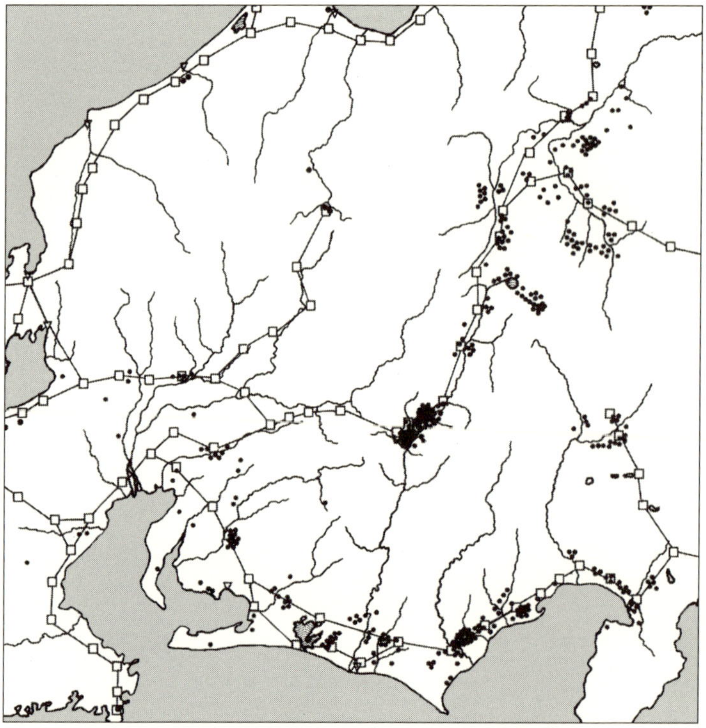

第 137 図　岡安による中部地方における馬具副葬古墳の分布と律令期の交通路

地域間交流論による，地域と地域の交流が社会の複雑化に大きな影響を与え，その原動力となるという観点で論を進める本論の立場からは，古墳時代において，すでにその絶対的前提条件である，道路網の整備が果たされていた，と推定できる点で，上記してきた諸相は，重要な意味をもつ，と言える。

註

1)　出雲・伯耆・肥後・下野等の用語については令制下のものであり，古墳時代にこのような領域がなかったことは，いまさら記すまでもない。あくまでも，当該地域を表すために便宜的に用いる呼称であることを付記しておきたい。また，「石棺式石室」なる用語には，列島各地でその表す遺構がまったく違っている現状がある。詳述は避けるが，九州では，①地下式竪穴系石室を「石棺式石室」とする研究者と，②横口式家形石棺の系譜にあるものを「石棺式石室」と表現する研究者がおり，混乱がある。一方，畿内では，時期的には7世紀にあたる横口式石槨を大きく2つに分け，③家形石棺からの系譜にあるものを「石棺式石室」あるいは横口式石棺と呼称している。関東でも茨城県南部から千葉県北部の④片岩を使用した箱式石棺に横口をつけた形態の地下式の埋葬施設にやはり「石棺式石室」や「石棺系石室」の用語を用いている。さらに，本稿で扱う⑤「出雲型」そして⑥下野，と地域ごとに「石棺式石室」が認められる。それぞれの地域ごとの歴史的・系譜的背景と地域性を表現する研究の積み重ねがあるので，拙速な用語の統一は避けたい。ただし，時期も構築法も多様な「石棺式石室」が各地にあることを念頭に論述する必要があることは，言うまでもない。将来的には，用語の整理の必要性を痛感している。学史的には，山本清による「出雲型」というように地域名を付して地域的特色を表現する研究法と，池上悟による安易に「石棺式石室」を用いることに対する警鐘（池上 1982）が，今後の研究を進めるうえでのテキストとなる。

2)　（出雲考古学研究会 1987，角田 1993・2007・2008，古城 2003）を参考にした。なお，茨城県の筑波山南麓には，雲母片岩の板石を組み合わせた刳り貫き玄門に類する技法がみられる（寺内 1982，小林 2005）。また，第84図に示したように，城里町徳化原古墳とひたちなか市虎塚4号墳で石棺式石室が確認されている（稲田 2007・2008）。

3)　複室の系譜を検討した柳沢一男による「羨道間仕切り型」と「前室拡大型」（柳沢 2003）は，出雲の石棺式石室の構造を考える一視点となろう。ちなみに，初現期とされる玉名市伝佐山古墳は，片寄り玄門の羨道間仕切り型である。

4)　吾妻古墳（6世紀後半）も壬生車塚古墳（7世紀前半）もそれぞれの時期において列島有数の規模を誇る。6世紀後半以降7世紀にかけての列島全体を見渡したとき，墳丘は縮小化の傾向が認められ，「中央から遠く離れた下野はいつまでも大型古墳を造っている」と穿った見方がある。しかし，当地の首長層が独占的に凝灰岩大型切石を用いた石棺式石室を造り，墳丘は低平な墳丘第1段（基壇）をもち，大きさを表象とする独自性と地域の連帯意識のなかに当時の東国の一地域の歴史性がよく表れている，と評価したい。

5)　編年にあたっては，10類型化した石棺式石室と出土須恵器の対応（第15表）と諸要素の変遷（第16表）をもとにした。また，（出雲考古学研究会 1987，池上 1988，古城 2003，角田 2008，内山 2011）を参考にさせていただいた。

6)　肥後の閉塞扉石の把手状陽刻に類似する資料としては，山鹿市方保田東原出土弥生時代後期の家形土器（中村 2006）に注目している。出入り口は正面右寄りにつけられ，扉の右側には，閂を通すための閂受けが設けられ，把手部分の閂受け孔と対応する。調査者である中村幸史郎は，この高床式家形土器が屋内からではなく，屋外から閂をかける構造であることを踏まえ，神殿を表現した，と推定している。また，松岡良憲による古墳時代以前の木製扉の集成・分析によれば，平面分銅形の閂受けを造り出すB類に分類され，古墳時代になって出現したと推定されている（松岡 1997）。把手部分の閂受け孔は，四角形が基本となり，閉塞扉石の把手状陽刻観察の一視点となる。豊後の横穴墓にみられる把手状陽刻は，閉塞石全体にかかるほど大型化し，肥後の横穴式石室例と比較して著しく形骸化している。そのため，筆者は肥後の陽刻との一連の系譜にある，と位置づけるのに躊躇している。そこで，鍋田横穴墓群（高木 1984b）・大村横穴墓群（高木 1984c）・京ガ峰横穴墓群（高木 1984d）などにみられる，外壁装飾文の盾の把手部分と対比してみるのも一案と考えた。ただし，豊後においては，＜盾で墓室を守る＞のか＜扉を閉めて結界＞するのかという，当時の人々の葬送観念にかかわる問題であり，慎重に見極めたい。

7）下石橋愛宕塚古墳は馬具の位置づけが6世紀末（小野山 1983），江田穴観音古墳は，6世紀後半（高木 1984a），杏葉から7世紀前葉（角田 1993）とされ，追葬の問題も勘案しても，ほぼ同時期に両者が位置づけられる。下石橋愛宕塚の石室の中心線は，N－13°－E，江田穴観音古墳はN－24°－Wである。また，地蔵山古墳（出雲市）もほぼ同時期で同形態・同規模であることに注目している。立面の構成は違うが，平面形が酷似する諸例は，受け入れ側が石室の構成要素の一部分を選択的に取り入れていることを明らかにしている。

8）ただし，肥後における石棺式石室の系譜を追究する論考（古城 2003）によっても，現段階では6世紀前半段階の資料不足は否めない。今後も調査の動向を注視したい。

9）「横穴式土坑（壙）」と呼称される横穴系埋葬施設については，石を用いない横穴系という共通性は認められるが，木材を使用した痕跡がみられないことから今回の検討からは除外した。周湟がなく，副葬品が確認できる例が少ないことから，予察的には，土坑の長辺の壁を抉り込む「側壁抉り込み土坑」とともに階層差を反映している可能性が高い。横穴式土壙墳については，「横穴式木室とは別系譜」で「石室の系譜を引く，その退化形」との見解がある（谷口 2003）。

10）遺体を火で焼き，骨化してから直接埋葬あるいは容器に入れて埋葬する場合を火葬とし，遺体を含めた墓室全体あるいは一部に焼成が認められる場合を火化とする。ただし，研究史で扱う場合は，それぞれの研究者の呼称に沿った。

11）当初は，横穴式石室の分類と同じように両袖型・片袖型・無袖型と玄室平面形で大別する方向をめざした。しかし，そこに構造の要素を盛り込むと，分類要素が3層・4層にわたり，あまりに複雑な樹枝状になって，＜分類のための分類＞に陥るはめとなり，中途で断念した。

12）本来であれば，分布調査で確認されている古墳群全体のなかで横穴式木室を位置づけるべきである。しかし，未調査の場合，不確定要素（特に埋葬施設）が多いため，発掘調査された古墳をもとにして集計した。さらに，1基単独で存在する場合も想定される。事実，静岡県林5号墳，団子塚10号墳，瓦屋西D1号墳，堀ノ内13号墳，京都府中坂7号墳等の古墳群から離れた独立性の高い例も散見される。開発等で1基のみ記録保存調査された場合，群中の1基か，単独かの判断が，周辺の環境把握とともに困難であったことを付記する。なお，集計対象とした古墳数は，6～7世紀の古墳に限定した。

13）鈴木敏則による「現状では，仏教との関わりを示すことはできないし，しかも横穴式木室は，横穴式石室から火葬が普及する過渡的葬法を示すものではない」との発言が，すでにある（鈴木敏則 1991）。賛同したい。

14）菊池吉修による，駿河東部の玄室床面が羨道より1段低くなる特徴をもつ石室の分布と墳丘を全周する外護列石をもつ古墳（菊池分類C類）の分布が重なる，との所見（菊池 2004）にも注目している。将来的には，遠江・駿河と下野南部との間に墳丘の構築法においても共通性が見出せる可能性がある。背景には，技術的側面だけでなく，葬送儀礼における互いの共通意識がある，と推定される。

なお，段構造をもつ石室については，下野の方が駿河東部よりも早く採用されることを根拠に，より古い石室が確認されている東三河にその系譜を求めようとする意見（市橋 2008・2010）もある。

15)　それぞれの「家形」埋葬施設について検討して論証する必要があるが，その1形態である地下式横穴墓（小森 2009）と石棺式石室（小森 2011・2012）については一部触れた。検討を重ねたい。

16)　実測図には，「大塚・中村」との実測者の名が記されている。筆者が真岡市史の執筆時に中村紀男先生に確認したところ，つぎのように話された。「ぼくは，学生時代に磯山遺跡の調査に参加してるんだよ。東北大の学生と一緒にグリッドの中でロームを掘り下げ，旧石器の調査をしていたところ，突然ボコッと穴があいてね。のぞいてみると中が空洞なんだ。なにがなんだかわからなかったね。でもよく観察してみるとロームや鹿沼軽石を掘り抜いた地下式の横穴だとわかったんだよ。石器探しに夢中な東北大の連中は，まったく興味を示さなかったんだ。しょうがないから大塚和義さん（お話を伺った時点では国立民族学博物館勤務）と一緒に図面をとっておいたんだ」。中村先生の年譜から判断すると，参加したのは，磯山遺跡の第2次調査と推定され，國學院大学文学部史学科（考古学専攻）2回生のときと思われる。お願いして市史のなかに図面を掲載させていただくことになった。平面図，断面図とも優れた観察視点で図化されており，横断面図も玄室の形態をしっかり把握できる図であった。一連の東北大学からの報告では，旧石器時代の調査報告という性格上，この地下式横穴についてはまったく触れられていない。もし，石器だけにこだわらない中村先生の幅広い研究心がなければ，「忘れ去られた」かもしれない遺構であった。特化された「向いたほうを向いた」調査には，十分な配慮が必要であることを痛感する。

17)　故佐藤行哉資料（栃木県真岡市教育委員会所蔵）。

18)　石川は「地下式古墳」と呼称した理由を以下のように述べている。「地下式古墳を地下式横穴と呼ぶ人もある。なるほど地下式古墳は地下に羨道と玄室とを横に穿っているから地下式横穴という文字はあてはまるのである。しかし，それは竪穴式前室を無視している。竪穴によって地下に降って墳墓を営むということが地下式古墳の眼目であり，それがこの古墳の特色なのである」。

19)　Peer-polity interaction の略。

20)　①戦争，②競争的意地の張り合い（隣が大きな墓をつくれば，こちらも大きな墓をつくるというような），③シンボル（非物質文化）の同調（文字制度の拡散など），④技術革新の伝達，⑤ものの交換・交易量の増大，の5項目を示している。

21)　実際にこの理論に接近した論としては，邦訳はないが，都出比呂志の書評により，東アジアの社会発展に関するジナ・バーンズ著『中国・朝鮮・日本──東アジアにおける文明の形成──』を知ることができる（都出 1994）。佐々木は，バーンズが，中国・朝鮮・日本が相互に交流する同列の政体とみているのに対し，中心地・周辺地交流に近いと批判する（佐々木 1995）。

22)　両者を決定づけるものは，交易の不均衡だけではなく，①交通の要衝にあり，輸送コストがかからない，②近隣の政体との関係が友好的で，情報・技術・物資がスムーズに流れやすい，などの地理的，社会的要因も考慮すべきであること，③威信財の交換・流通がエリート層の地位の維持と深くかかわることを重視すべきであること，が佐々木によって整理されている。

23)　佐々木は，2つの論を二者択一式に捉えるのではなく，地域や時代に応じ，適切な枠組みを採用することを提案しており，示唆に富む。また，社会の複雑化・複合化にかかわって，「同位政体相互作用論」と「中心―周縁理論」をとりあげて地域間関係や地域間交流論を紹介し，国家そのものも世界システムにおける地域的な政治的中心団体として把握可能とする，一歩進めた論も展開されている（今津 2002）。

24)　ただし，1つ解決しておかなければならない問題が残っている。遠距離交易が社会－文化システム複合化の＜原因＞と捉えるか，その＜結果＞と捉えるか，という点である（西村 1996）。西村は，＜原因＞と捉える人は，文化要素のなかでも交易を特別に重く扱い，交易が複合社会の発展にとって不可欠，もしくは極めて重要な役割を果たしたと考える傾向にある，と指摘する。そして。長距離交易を社会複合化発展の刺激剤とする考えは，受け入れるのに困難があり，長距離交易の発展は，複合社会がよく発達した後でなければおこらなかった，と＜結果＞を重視している。

西村の考えは，それぞれの政体が，ある程度の水準まで達していないと交流（交易）が，社会を動かす原動力にはならない，とする論と推量される。しかし，同列政体間相互作用論や中心地・周辺地交流論は，社会の複雑化がある程度の水準まで成長する役割を果たしたのは何かを論じるものであり，筆者は＜原因＞としての意義を優先する立場にある。

なお，西村は，複合社会発展の具体的徴候を，①生産活動の制御機構のサイズ（制御に携わる人々の数），②制御機構にみられる階層化（制御機構のなかの階層の数），③制御機構にみられる分節化（制御機構のなかの専門部署の数）の3点に整理している。社会の複雑化の具体相として，非常に参考になることを記しておきたい。

25)　遠距離にわたる場合，中継地がある場合も想定される。

26)　群馬県域の広瀬川（旧利根川）と烏川に挟まれた地域においては，角閃石安山岩削石積石室を有する前方後円墳が強い政治的紐帯をもち，高崎市綿貫観音山古墳が主導するグループによって把握された共通の造墓集団が存在した，と考えられている（右島 1993・2004・2011など）。

27)　角閃石安山岩は，6世紀における2度の二ツ岳の噴火により，形成された。栃木県域における角閃石安山岩を使用した横穴式石室は，小山市雷電神社古墳（鈴木 1983）と同市外城中台1号墳（鈴木 2007）の2例が確認されている。前者は，7世紀前半の35m前後の円ないし方墳，後者が7世紀初頭の径44mの円墳である。両者とも思川沿いにあり，河原石を難なく入手できる位置に立地する。周囲を見渡すと，小山市域の古墳は，当然のように河原石を用いて横穴式石室を構築している。しかし，この2つの古墳については，わざわざ利根川で石材を得て，渡良瀬川さらに思川を遡上して運搬してきたと推定される（あるいは，もう少し上流で得て小河川を利用する方法も考えられる）。横穴式石室は，手近にある石材を用いる，という先入観は，見事に打ち砕かれる調査例と言える。外城中台1号墳は，44mとやや大きな円墳であり，小札甲を出土するなど有力首長墳と位置づけられる点も重要である。

28)　現実的には，直接的な関係だけでなく，前方後円墳に葬られるランクの地域の首長を通じて埼玉古墳群の勢力と結ぶ2次的な関係も想定される。

29)　『続日本紀』宝亀2（772）年10月条にみる武蔵国の東海道編入・東山道武蔵道廃止以前の東山道で，8世紀前半の東国駅路とされる（中村 1995）。

参考文献

青木健二・中山哲也・矢野淳一・平尾良光 1989『栃木県壬生町　上原古墳群』日本窯業史研究所

秋元陽光 1989「上三川愛宕塚について」『考古回覧』第8号

秋元陽光 2006「石島古墳群」『二宮町史』資料編1 考古・古代中世　二宮町

秋元陽光・大橋泰夫 1988「栃木県南部の古墳時代後期の首長墓の動向」『栃木県考古学会誌』第9集　栃木県考古学会

秋元陽光・大橋泰夫・水沼良浩 1989「国分寺町甲塚古墳調査報告」『栃木県考古学会誌』第11集　栃木県考古学会

穴沢咊光・馬目順一 1972「福島県真野寺内20号墳に関する考察」『考古学研究』第19巻第1号　考古学研究会

甘粕　健 1972「牛塚古墳」『川越市史』第1巻 原始・古代編　川越市総務部市史編纂室

安藤美保 1996「古墳時代終末期以降の墓制について」『西赤堀遺跡』栃木県教育委員会・財団法人栃木県文化振興事業団

生江芳徳・寺島文隆編 1979『加倉古墳群』福島県浪江町教育委員会

池上　悟 1982「出雲における切石使用横穴式石室の一類型について――所謂“石棺式石室”の再検討――」『考古学研究室彙報』22

池上　悟 1998「山陰横穴墓の受容と展開」『立正考古』37号（2000『日本の横穴墓』雄山閣出版　所収）

池淵俊一 2004「出雲型子持壺の変遷とその背景」『河瀬正利先生退官記念論集　考古論集』河瀬正利先生退官記念事業会

池淵俊一 2011「出雲型子持壺が語るもの」『八雲立つ風土記の丘平成23年度企画展出雲型子持壺の世界』島根県立八雲立つ風土記の丘

石川県埋蔵文化財保存協会 1993「八幡遺跡（第2次）」『年報』4 石川県埋蔵文化財保存協会

石川恒太郎 1973a『地下式古墳の研究』帝国地方行政学会

石川恒太郎 1973b「高岡町久木野地下式古墳調査報告」『宮崎県文化財調査報告書』17集　宮崎県教育委員会

石部正志 1962「カマド塚古墳」『日本考古学辞典』日本考古学協会

石部正志 1974「考古学からみた火」『日本古代文化の探究　火』社会思想社

石部正志 1980「日本最初の火葬古墳」『大阪の古墳』松籟社

石部正志 1982「1981年の動向　古墳時代（西日本）」『考古学ジャーナル』204　ニュー・サイエンス社

和泉丘陵内遺跡調査会 1992『和泉丘陵の古墳――槇尾川中流域周辺の古墳群の調査――』和泉丘陵内遺跡調査会

出雲考古学研究会 1987『石棺式石室の研究――出雲地方を中心とする切石造横穴式石室の検討――』古代の出雲を考える6　出雲考古学研究会

出雲考古学研究会 1995『古代の出雲を考える8　横穴式石室にみる山陰と九州――石棺式石室をめぐって――』出雲考古学研究会

泉本知秀 1972「大門遺跡」『埋蔵文化財発掘調査報告――山陽新幹線建設に伴う調査――』岡山県文化財保護協会

伊勢市教育委員会 1982『南山古墳発掘調査報告』伊勢市教育委員会

市橋一郎 2008a「下野における無袖式石室」『東国に伝う横穴式石室――駿河東部の無袖式石室を中心に――』静岡県考古学会

市橋一郎 2008b「栃木市岩家古墳の石室について」『栃木県考古学会誌』第29集　栃木県考古学会

市橋一郎 2010a「下野」『東日本の無袖横穴式石室』雄山閣

市橋一郎 2010b「下野における切石石室」『唐沢考古』29　唐沢考古学会

伊東重敏・川崎純徳・佐藤安衛 1985『花園壁画古墳（第3号墳）調査報告書』岩瀬町教育委員会

伊藤久嗣 2001「横穴式木室研究ノオト」『Mie history』vol.12　三重歴史文化研究会

伊藤久嗣 2002「横穴式木室研究ノオト（2）」『藤澤一夫先生卒寿記念論文集』藤澤一夫先生卒寿記念論文集刊行会・帝塚山大学考古学研究所

伊藤幸雄 1990『瓦屋西古墳群Ⅱ』浜松市教育委員会

稲田健一 2007「東茨城郡城里町徳化原古墳について――切石石室を有する古墳の一例――」『考古学の深層』瓦吹堅先生還暦記念論文集刊行会

稲田健一 2008「茨城県ひたちなか市虎塚古墳群第4号墳の石室――刳り抜き玄門を有する古墳の一例――」『多知波奈の考古学――上野恵司先生追悼論集――』橘考古学会

井鍋誉之 2003「東駿河の横穴式石室」『静岡県の横穴式石室』静岡県考古学会

今津勝紀 2002「首長制論の再検討」『歴史評論』626号　歴史科学協議会　校倉書房

磐田市教育委員会 2003『東部土地区画整理事業地内埋蔵文化財発掘調査報告書』磐田市教育委員会

岩中淳之 1993『昼河古墳群』伊勢市教育委員会

上野恵司 1996「東国古墳の石室にみる出雲の影響」『考古学の諸相――坂詰秀一先生還暦記念論文集――』坂詰秀一先生還暦記念論文集刊行会

内山敏行 2011「栃木県域南部の古墳時代馬具と甲冑」『しもつけ古墳群――下毛野の覇王，吾妻ノ岩屋から車塚へ――』壬生町歴史民俗資料館

内山敏行 2012「関東」『古墳時代研究の現状と課題』上　古墳研究と地域史研究　同成社

梅原末治 1918「出雲に於ける特殊古墳（上）」『考古学雑誌』9巻3号

梅原末治 1919「出雲に於ける特殊古墳（中ノ上）」『考古学雑誌』9巻5号

梅原末治・石倉暉榮 1920「出雲に於ける特殊古墳（中ノ中）」『考古学雑誌』10巻11号

梅原末治 1920「出雲に於ける特殊古墳（中ノ下）」『考古学雑誌』11巻3号

梅宮　茂 1964「真野古墳群第20号前方後円墳」『福島県史』第6巻 考古資料　福島県

江幡良夫 2003「ニガサワ古墳群」『二の沢A遺跡・二の沢B遺跡（古墳群）・ニガサワ古墳群』下巻　財団法人茨城県教育財団

太田博之 2002「埴輪の生産と流通――生出塚埴輪窯製品の広域流通をめぐって――」『季刊考古学』第79号　雄山閣

太田博之 2010「各地域における前方後円墳の終焉　埼玉県」『前方後円墳の終焉』雄山閣

大谷晃二 2003「石棺式石室にみる出雲東部の首長間の関係」『中四研だより』第18号　中国・四国前方後円墳研究会

大谷宏治ほか 2010『合代島丘陵の古墳群』（財）静岡県埋蔵文化財調査研究所

大橋泰夫 1990「下野における古墳時代後期の動向――横穴式石室の分析を通して――」『古代』第89号　早稲田大学考古学会

岡本健一 1997『将軍山古墳』確認調査編・付編　埼玉県教育委員会

岡安光彦 1986「馬具副葬古墳と東国舎人騎兵――考古資料と文献史料による総合的分析の試み――」『考古学雑誌』第71巻4号　日本考古学会

岡安光彦 2000「初期国家形成期の物流ネットワークと軍事システムの関係について」『日本考古学協会第66回総会研究発表要旨　日本考古学協会』

小田富士雄 1980「横穴式石室の導入とその源流」『東アジア世界における日本古代史講座』第4巻　学生社

小田富士雄 1986「島根県の九州系初期横穴式石室再考」『山本清先生喜寿記念論集　山陰考古学の諸問

題』山本清先生喜寿記念論集刊行会
小野市教育委員会 1974『高山古墳群調査報告書』小野市教育委員会
小野山節 1983「花形杏葉と光背」『MUSEUM』№383　東京国立博物館
小橋健司ほか 2004『市原市山倉古墳群』（財）市原市文化財センター
小橋健司 2009「埴輪の生産体制に迫る千葉県市原市山倉1号墳」『国宝武人ハニワ，群馬へ帰る！』群馬県立歴史博物館
垣内光次郎・菅野美香子 2001『小松市ブッショウジヤマ古墳群』石川県埋蔵文化財センター
掛川市 2000『掛川市史』資料編古代・中世　掛川市
風間栄一 1993a「横穴式木室研究の現状と課題――古墳時代の「火葬」研究の問題点――」『遡航』第11号　早稲田大学大学院文学研究科考古談話会
風間栄一 1993b「横穴式木芯粘土室の再検討」『史観』第128冊　早稲田大学史学会
風間栄一 2012「中部高地」『古墳時代研究の現状と課題』上　古墳研究と地域史研究　同成社
樫田　誠 1989「考察――所謂箱形粘土槨について――」『後山無常堂古墳・後山明神3号墳』小松市教育委員会
角田徳幸 1993「石棺式石室の系譜」『島根考古学会誌』第10集　島根考古学会
角田徳幸 1995「出雲の後期古墳文化と九州」『風土記の考古学』3出雲国風土記の巻　同成社
角田徳幸 2004「陽刻を持つ閉塞石の新例――大分県田井ヶ迫3号横穴墓――」『島根考古だより』第81号　島根考古学会
角田徳幸 2005「出雲における後期古墳の墳丘構造」『島根考古学会誌』第22集　島根考古学会
角田徳幸 2007「その後の石棺式石室研究の動向」『古代の出雲を考える9完結号　遺跡と地域と考古学――実践30年の歩み，「石棺式石室の研究」補遺――』出雲考古学研究会
角田徳幸 2008「出雲の石棺式石室」『古墳時代の実像』吉川弘文館
神尾明正 1952「金鈴塚の砂と石について」『上總金鈴塚』早稲田大学考古学研究室
亀田幸久 2001『大塚古墳群内遺跡・塚原遺跡』栃木県教育委員会・（財）とちぎ生涯学習文化財団
萱室康光・岡正基 1974『君ヶ口古墳発掘調査報告』津市教育委員会
河村好光 1997「棺・槨から室へ」『加賀　能美古墳群』石川県寺井町・寺井町教育委員会
菊池吉修 2004「外護列石を持つ古墳――静岡県の事例――」『（財）静岡県埋蔵文化財調査研究所設立20周年記念論文集』（財）静岡県埋蔵文化財調査研究所
菊池吉修 2005「横穴式石室の裏込めにみる地域性――駿河の事例――」『研究紀要』第11号　（財）静岡県埋蔵文化財調査研究所
北野博司 1983「箱形粘土槨の再検討と横穴式木室の関連性について」『北陸の考古学』石川考古学研究会
木ノ内義昭 1998「前壁状の封鎖施設を有する横穴式石室の意義――富士・愛鷹山南麓を中心に――」『静岡の考古学　植松章八先生還暦記念論文集』静岡県の考古学編集委員会
君島利行 2006『桃花原古墳』壬生町教育委員会
君島利行 2010『車塚古墳――範囲内容確認調査――』壬生町教育委員会
木村弘之 1991『平成2年度匂坂下原古墳群発掘調査報告書』磐田市教育委員会
九州前方後円墳研究会編 2001『第4回九州前方後円墳研究会資料集　九州の横穴墓と地下式横穴墓』第Ⅱ分冊　九州前方後円墳研究会
京都帝国大学 1919「筑紫國三井郡上津荒木村二軒茶屋の古墳」『京都帝国大学文学部考古学研究報告』3

藏冨士寛 1997「刳抜玄門について」『椿原古墳』宇土市教育委員会

藏冨士寛 1999「鬼ノ釜古墳」『考古学研究室報告第34集　西原F遺跡』熊本大学文学部考古学研究室

車崎正彦 1988「埴輪の作者」『早大所沢文化財調査室月報』№.34　早大所沢校地文化財調査室

皇學館大学考古学研究会 1979「横穴式木室について」『南山古墳とその周辺の遺跡──伊勢市鹿海町所在南山古墳発掘調査中間報告──』皇學館大学考古学研究会

考古学協会 2007年度熊本大会研究発表資料集』日本考古学協会2007年度熊本大会実行委員会

國學院大學考古学会歴史時代研究会 1966「火葬墓成立における諸問題」『若木考古』第82号　國學院大学考古学会

國學院大學考古学会歴史時代研究会 1967「窯葬墓及び火葬墓に於ける問題点」『若木考古』第84号　國學院大学考古学会

小林孝秀 2005a「刳り抜き玄門を有する横穴式石室の比較検討──下野の事例とその評価をめぐる基礎的作業──」『専修考古学』11号　専修大学考古学会

小林孝秀 2005b「常陸高崎山西2号墳の横穴式石室に関する再検討──関東における横穴式石室導入の評価をめぐって──」『茨城県考古学協会誌』17　茨城県考古学協会

小林孝秀 2007「関東における横穴式石室の動向とその特質──九州系石室の伝播をめぐって──」『日本考古学協会2007年度熊本大会研究発表資料集』日本考古学協会2007年度熊本大会実行委員会

小林孝秀 2008「高崎山2号墳と桜川流域の横穴式石室について」『高崎山2号墳と桜川流域の後期古墳』上高津貝塚ふるさと歴史の広場

小森哲也 1984「磯山古墳群」『真岡市史』第1巻 考古資料編　真岡市

小森哲也 1990「下野における凝灰岩切石使用の横穴式石室」『第4回企画展　古墳文化の終焉』栃木県立しもつけ風土記の丘資料館　栃木県教育委員会

小森哲也 2009「古墳時代後期における広域地域間交流の可能性──栃木県真岡市磯山古墳群の地下式横穴墓をめぐって──」『野州考古学論攷──中村紀男先生追悼論集──』中村紀男先生追悼論文集刊行会

小森哲也 2011「地域間交流としての石棺式石室──中九州・山陰そして下野の動向──」『平成23年度九州考古学会総会　研究発表資料集』九州考古学会

小森哲也 2012「地域間交流としての石棺式石室──中九州・山陰そして東国の動向──」『日本考古学』第34号　日本考古学協会

小森哲也・梁木誠 1990「真岡市根本神宮寺塚古墳出土の「塼」をめぐって──地方における須恵器生産開始期の一様相──」『古代』第89号　早稲田大学考古学会

今平利幸 1999『史跡飛山城跡』Ⅲ　宇都宮市教育委員会

齋藤礼司郎・戸倉茂行 2004『平成14・15年度　木更津市内遺跡発掘調査報告書──茅野1号墳・金鈴塚古墳──』木更津市教育委員会

堺市教育委員会 1984『四ツ池遺跡・陶器千塚29号墳』堺市教育委員会

堺市博物館 1984『特別陳列　陶器千塚展』堺市博物館

坂本和俊 1996「埼玉古墳群と无耶志国造」『群馬考古学手帳』6　群馬土器観会

佐々木憲一 1995「地域間交流の考古学──最近の欧米における動向──」『考古学研究会40周年考古学論集　展望考古学』考古学研究会

佐藤行哉 1932『久下田町大字石島字東浦古墳』（真岡市教育委員会所蔵『佐藤行哉資料』）

山陰考古学研究集会 1996『山陰の横穴式石室──地域性と編年の再検討──』第24回山陰考古学研究集会

事務局
静岡県教育委員会 2001『静岡県の前方後円墳――個別報告書――』静岡県教育委員会
信太山遺跡調査団 1966『信太山遺跡調査概報』信太山遺跡調査団
篠宮　正 1993「平方古墳群」『北摂ニュータウン内遺跡調査報告書Ⅲ』兵庫県教育委員会
柴田　稔 1980「遠江における横穴式木芯粘土室墳」『静岡県考古学研究』8　静岡県考古学会
柴田　稔 1983「横穴式木芯粘土室の基礎的研究」『考古学雑誌』第68巻4号　日本考古学会
柴田　稔 1987『北山遺跡』浅羽町教育委員会
清水潤三 1964「真野古墳群」『福島県史』第6巻 考古資料　福島県
しもつけ風土記の丘資料館 1987『古代下野国の歴史』栃木県立しもつけ風土記の丘資料館
白神典之 1988「泉北地域の後期群集墳」『網干善教先生華甲記念　考古學論集』網干善教先生華甲記念会
末本信策・平良泰久 1972「中坂古墳群」『埋蔵文化財発掘調査概報（1972）』京都府教育委員会
鈴木一男 1983『雷電神社古墳発掘調査報告書』小山市教育委員会
鈴木一男 1994「砂礫裏込の横穴式石室――栃木県南部にみられる石室裏込の一様相――」『小山市立博物館紀要』第4号　小山市立博物館
鈴木一男 1999『飯塚古墳群』Ⅲ――遺構編――　小山市教育委員会
鈴木一男 2007『外城遺跡・外城中台遺跡』小山市教育委員会
鈴木一男 2009「飯塚古墳群と出土埴輪」『国宝武人ハニワ群馬へ帰る！』群馬県立歴史博物館
鈴木一有 2001a「遠江における後期古墳の特徴」『東海の後期古墳を考える』東海考古学フォーラム
鈴木一有 2001b「東海地方における後期古墳の特質」『東海の後期古墳を考える』東海考古学フォーラム
鈴木一有 2003「東海東部の横穴式石室にみる地域圏の形成」『静岡県の横穴式石室』静岡県考古学会
鈴木敏則 1988『半田山古墳群（中支群－浜松医科大学内－）』浜松市教育委員会
鈴木敏則 1991「横穴式木室雑考」『三河考古』第4号　三河考古刊行会
勢田廣行 1984「宇賀岳古墳」『熊本県装飾古墳総合調査報告書』熊本県教育委員会
芹澤長介 1976「磯山遺跡」『栃木県史』資料編考古1　栃木県
芹澤長介編 1977『磯山』考古学資料集第1冊　東北大学文学部考古学研究会
高木恭二 1995「石棺式石室と肥後」『古代の出雲を考える8　横穴式石室にみる山陰と九州――石棺式石室をめぐって――』出雲考古学研究会
高木正文 1984a「江田穴観音古墳」『熊本県装飾古墳総合調査報告書』熊本県教育委員会
高木正文 1984b「鍋田横穴墓群」『熊本県装飾古墳総合調査報告書』熊本県教育委員会
高木正文 1984c「大村横穴墓群」『熊本県装飾古墳総合調査報告書』熊本県教育委員会
高木正文 1984d「京ガ峰横穴墓群」『熊本県装飾古墳総合調査報告書』熊本県教育委員会
高橋一夫・本間岳史 1994「将軍山古墳と房州石」『埼玉県史研究』第29号　埼玉県
滝口　宏ほか 1952『上總金鈴塚』早稲田大学考古学研究室
武部健一 1992「よみがえる古代道」『道のはなし』Ⅰ　技報堂出版
武部健一 2002「高速道路から見る古代駅路の路線位置の検討」『古代交通研究』第11号　古代交通研究会
田代克己 1972『茨木市文化財資料集第11集　上寺山古墳発掘調査概要』茨木市教育委員会・茨木市文化財研究調査会
辰巳和弘 1978『城之崎遺跡発掘調査報告』磐田市教育委員会（『静岡県埋蔵文化財調査報告書』第18集

静岡県教育委員会）
辰巳和弘 1982「横穴式木槨墓の出現」『日本の古代遺跡』1 静岡県 保育社
辰巳 均 1991『有玉西土地区画整理事業に伴う埋蔵文化財調査報告書』上巻－瓦屋西C古墳群－ 浜松市文化協会
田中新史 1985「古墳時代終末期の地域色──東国の地下式系土壙墓を中心として──」『古代探叢』Ⅱ 早稲田大学出版部
田中広明 1989a「終末期古墳への動態Ⅰ──変容する在地首長層と造墓の展開──」『研究紀要』第5号（財）埼玉県埋蔵文化財調査事業団
田中広明 1989b「緑泥片岩を運んだ道──変容する在地首長層と労働差発権──」『土曜考古』第14号 土曜考古学研究会
田中麻衣子 2008「石室からみた古墳時代後期出雲の地域性」『駒澤考古』33 駒澤大学考古学研究室
田村隆太郎 2003「中遠江における横穴系埋葬施設の展開」『静岡県の横穴式石室』静岡県考古学会
田村隆太郎 2004「副葬鉄鏃群からみた遠江の横穴式木室」『（財）静岡県埋蔵文化財調査研究所設立20周年記念論文集』（財）静岡県埋蔵文化財調査研究所
田村隆太郎 2006「遠江の横穴式木室墳と土器の副葬」『研究紀要』第12号 （財）静岡県埋蔵文化財調査研究所
田村隆太郎 2008「東海の横穴式木室と葬送」『季刊考古学別冊16 東海の古墳風景』雄山閣
田村隆太郎 2010「上神増E3号墳の横穴式木室について」『合代島丘陵の古墳群』（財）静岡県埋蔵文化財調査研究所
田村隆太郎ほか 2008『森町円田丘稜の古墳群』（財）静岡県埋蔵文化財調査研究所
都出比呂志 1994「書評ジナ・バーンズ著『中国・朝鮮・日本──東アジアにおける文明の形成──』」『考古学研究』第41巻第2号 考古学研究会
常川秀夫 1974「下石橋愛宕塚古墳」『東北新幹線埋蔵文化財発掘調査報告者』栃木県教育委員会
寺内のり子 1982「平沢・山口古墳群」『筑波古代地域史の研究』筑波大学
照岡正巳 1973「仏山1号墳」『上野平遺跡発掘調査報告書』京都府教育委員会
富樫卯三郎・松本雅明 1958「小川町年ノ神古墳──二十体近くの人骨の出土──」『熊本史学』第15・16号 熊本史学会
冨田和気夫 2002「北陸──南加賀の埋葬施設を中心に──」『第7回東北・関東前方後円墳研究会大会発表要旨資料 前方後円墳の地域色』東北・関東前方後円墳研究会
永井義博 1992『団子塚遺跡──遺構編──』袋井市教育委員会
中川渉・菱田淳子・鐵英記 1999「西山遺跡群の調査」『北摂ニュータウン内遺跡調査報告書』Ⅴ 兵庫県教育委員会
中村幸史郎 2006『方保田東原遺跡7』山鹿市教育委員会
中村享史 2011『吾妻古墳──重要遺跡範囲確認調査──』栃木県教育委員会・（財）とちぎ生涯学習文化財団
中村太一 1995「東国国府の立地と交通路」『国史学』第156号 国史学会
中村 浩 1973「和泉陶邑窯の成立──初期須恵器生産の概観的考察──」『日本書紀研究』第7冊 塙書房（1981『和泉陶邑窯の研究──須恵器生産の基礎的考察──』柏書房 所収）
中村浩ほか 1977『陶邑Ⅱ』大阪府教育委員会

中村浩・奥和之・宮野淳一・岡本順子 1990「檜尾塚原古墳群の調査」『陶邑Ⅶ』大阪府教育委員会
中山　晋 1997a「杉村遺跡発見の東山道」『考古学ジャーナル』419　ニュー・サイエンス社
中山　晋 1997b「下野国と東山道」『古代文化』第49巻第8号　財団法人古代学協会
仲山英樹 1990「研究ノート　地下式土坑墓の一様相」『栃木県考古学会誌』第12集　栃木県考古学会
仲山英樹 1992「古代東国における墳墓の展開とその背景」『研究紀要』第1号　財団法人栃木県文化振興事業団埋蔵文化財センター
生田目和利 1988「船玉装飾古墳」『関城町史』別冊史料編関城町の遺跡　関城町
西尾克己 1995「古墳・横穴墓からみた古代社会──六，七世紀の出雲東部と西部の様相──」『風土記の考古学』3 出雲国風土記の巻　同成社
西尾良一 2004「石棺式石室を内部施設とする古墳の築造中祭祀とその社会秩序」『島根考古学会誌』第20・21合併集　島根考古学会
西村正雄 1996「長距離交易モデル」『国家の形成』三一書房
野上丈助ほか 1987『陶邑Ⅵ』大阪府教育委員会
橋本博文 1985「古墳時代豪族層居宅の構造とその性格」『古代探叢』Ⅱ　早稲田大学出版部
橋本博文 1991「関東北部の豪族居館」『季刊考古学』第36号　雄山閣
土生田純之 1980a「突起をもつ横穴式石室の系譜──本州における事例の検討──」『考古学雑誌』第66巻第3号　日本考古学会
土生田純之 1980b「伯耆における横穴式石室の受容」『古文化談叢』第7集　九州古文化研究会
土生田純之 1983「横穴式石室にみる古代出雲の一側面」『関西大学考古学研究室開設参拾周年記念　考古学論叢』関西大学
東　憲章 1996「地下式横穴墓の基礎的研究」『考古学雑渉』西野元先生退官記念論文集　西野元先生退官記念会
東　憲章 2001「地下式横穴墓の成立と展開」『第4回九州前方後円墳研究会資料集　九州の横穴墓と地下式横穴墓』第Ⅰ分冊　九州前方後円墳研究会
日高　慎 1997「埴輪からみた交流と地域性」『人物埴輪の時代　埴輪から探る房総と武蔵の交流と地域性』葛飾区郷土と天文の博物館
日高　慎 2008「後期古墳における刀類立てかけ副葬について」『王権と武器と信仰』同成社
平尾良光・青木健二・中山哲也・矢野淳一 1989『栃木県壬生町　上原古墳群』日本窯業史研究所
枚方市文化財研究調査会 1991『枚方市文化財年報』X
広瀬和雄 2008「6・7世紀の東国政治動向（予察）──上総・下総・下野・武蔵・地域の横穴式石室を素材として──」『古代日本の支配と文化』奈良女子大学21世紀COEプログラム
広瀬和雄 2011a「下野地域の後・終末期古墳の歴史的意義」『国立歴史民俗博物館研究報告』第163集　国立歴史民俗博物館
広瀬和雄 2011b「しもつけ古墳群の歴史的意義──6・7世紀の東国政策をめぐって──」『しもつけ古墳群──下毛野の覇王，吾妻ノ岩屋から車塚へ──』壬生町歴史民俗資料館
古城史雄 2003「石棺式石室の誕生」『新宇土市史』通史編第1巻 自然・原始時代　宇土市史編纂委員会
福知山市 1976「上野平の古墳」『福知山市史』第1巻　福知山市史編さん委員会
袋井市教育委員会 1996『高尾向山遺跡Ⅱ』袋井市教育委員会
藤井太郎 1994「横穴式木室に関する一考察」『文化財学論集』文化財学論集刊行会

藤沢一夫 1970「火葬墳墓の流布」『新版考古学講座』第6巻 有史文化<上> 雄山閣
藤田直也 2003『東谷・中島地区遺跡群3 推定東山道関連地区』栃木県教育委員会・(財)とちぎ生涯学習文化財団
藤原 学 1981「新芦屋古墳」『吹田市史』第8巻別編 吹田市史編さん委員会
前澤和之 1991「上野の豪族と居館」『季刊考古学』第36号 雄山閣
前田庄一 1997「堀ノ内13号墳」『掛川市史』上巻 掛川市
槙島隆二・坂本嘉弘 2003『野村台遺跡』大分県教育委員会
松井一明 1996「高尾向山遺跡の横穴式木室墳について」『高尾向山遺跡』Ⅱ 袋井市教育委員会
松江市教育委員会 1996『向山古墳群発掘調査概要報告書』松江市教委
松岡良憲 1997「古墳時代以前の戸口構造」『堅田直先生古希記念論文集』真陽社
松尾昌彦 2002a「第3章 科野における古墳時代文化の動態」『古墳時代東国政治史論』雄山閣
松尾昌彦 2002b「第4章 総にみる地方経営と地域間交流」『古墳時代東国政治史論』雄山閣
松尾昌彦 2002c「第5章 古墳時代東国経営の諸段階」『古墳時代東国政治史論』雄山閣
松木武彦 1996「日本列島の国家形成」『国家の形成』三一書房
右島和夫 1993「角閃石安山岩削石積石室の成立とその背景」『古文化談叢』第30集(下) 九州古文化研究会
右島和夫 2004「観音山古墳とその周辺──上野地域における6世紀後半の前方後円墳の築造背景──」『勝部明生先生喜寿記念論文集』勝部明生先生喜寿記念論文集刊行会
右島和夫 2006「古墳から見た6世紀の関東地方」『古代武器研究』第7号 古代武器研究会
右島和夫 2011「後期後半から終末期の上毛野」『古墳時代毛野の実像』雄山閣
水野正好 1966『蒲生郡日野町小御門古墳群調査概要』滋賀県教育委員会
水野正好 1974「群集墳の群構造とその性格──兵庫県小野市所在東野中番地区古墳群をめぐる分析──」『高山古墳群調査報告書』小野市教育委員会
水野正好・田代克己・岡村穣 1963「近畿地方における特異な後期古墳の調査」『日本考古学協会昭和38年度大会研究発表要旨』日本考古学協会
壬生町歴史民俗資料館 2011『しもつけ古墳群──下毛野の覇王, 吾妻ノ岩屋から車塚へ──』壬生町歴史民俗資料館
向坂鋼二・川江秀孝 1970『浜松市半田山古墳群(B群)調査記録』浜松市博物館友の会
向坂鋼二・鈴木敏則・西井幸雄 1991『瓦屋西古墳群──A・B・D群, 瓦屋西Ⅰ遺跡──』浜松市教育委員会
村井真輝ほか 1979「B地区(立岩C古墳)」『五ツ穴横穴群』熊本県教育委員会
森岡秀人 1983「追葬と棺体配置──後半期横穴式石室の空間利用原理をめぐる二, 三の考察」『関西大学考古学研究室開設参拾周年記念 考古学論叢』
森 浩一 1959「窯槨を主体施設とした火葬古墳の一例──初期仏教受容の様相に関して──」『日本考古学協会第23回総会研究発表要旨』日本考古学協会
森 浩一 1961「大阪府泉北郡陶器千塚」『日本考古学年報』9 日本考古学協会
森 浩一 1964「大阪府和泉市聖神社カマド塚」『日本考古学年報』12 日本考古学協会
森 浩一 1967「葬法の変遷よりみた古墳の終末」『末永先生古稀記念 古代学論叢』末永先生古稀記念会
森浩一・田中英夫・石部正志・堀田啓一・白石太一郎 1966「カマド槨とカマ形木槨の新例──大阪府和泉

市信太山丘陵北端の古墳群──」『日本考古学協会第32回総会研究発表要旨』日本考古学協会
森浩一・陳舜臣 1980「火葬は仏教と関係ないか」『古代人の伝言』朝日新聞社
森下大輔・宮原文隆 1984『名草3・4号墳』加東郡教育委員会
梁木　誠 1983『針ヶ谷新田古墳群』宇都宮市教育委員会
梁木誠・深谷昇 2002「栃木県上神主・茂原遺跡の道路状遺跡」『古代交通研究』第11号　古代交通研究会
谷口安曇 2003「横穴式木室について」『東部土地区画整理事業地内埋蔵文化財発掘調査報告書』磐田市教育委員会
安井良三 1984「古代窯槨古墳についての二・三の私見──火葬墓の初現に関連して──」『大阪市立博物館研究紀要』第16冊　大阪市立博物館
柳沢一男 2003「複室構造横穴式石室の形成過程──羨道間仕切り型の築造系譜──」『新世紀の考古学』大塚初重先生喜寿記念論文集刊行会
山口耕一 2005『丸塚古墳他』国分寺町教育委員会
山崎　武 1987『鴻巣市遺跡群Ⅱ　生出塚遺跡（A地点）』鴻巣市教育委員会
山崎　武 1999『生出塚遺跡P地点』鴻巣市遺跡調査会
山崎　武 2004「生出塚埴輪窯の生産と供給について」『市原市山倉古墳群』（財）市原市文化財センター
山本　清 1956「須恵器より見たる出雲地方石棺式石室の時期について」『島根大学論集　人文科学』第6号　島根大学
山本　清 1964「古墳の地域的特色とその交渉──山陰の石棺式石室を中心として──」『山陰文化研究紀要』第5号　島根大学
結城慎一 1990「カマド塚について（資料紹介）」『伊藤信雄先生追悼　考古学古代史論攷』伊藤信雄先生追悼論文集刊行会
吉田英敏・平田佳代子 1959『中池カマド塚について』岐阜県立関高等学校社会研究部
淀江町 1985『淀江町誌』
若松良一 1982「菖蒲天王山古墳の造営時期と被葬者の性格について」『土曜考古』第6号　土曜考古学研究会
和田晴吾 1983「出雲の家形石棺」『樋口隆康教授退官記念論集　展望アジアの考古学』新潮社
和田理啓 2001「日向の地下式横穴」『第4回九州前方後円墳研究会資料集　九州の横穴墓と地下式横穴墓』第Ⅰ分冊　九州前方後円墳研究会
以下3冊は，佐々木 1995に学び，原典にあたっていない。
Champion, Timothy C. 1989. *Comparative studies in archaeology*. Unwin Hyman, London.
Fried, Morton H. 1967. *The evolution of political society*. Randam House, New York.
Renfrew, A. Colin and John F. Cherry, 1986. *Peer-polity interaction and socio-political change*. Cambridge University Press, Cambridge.

図表出典

第84図：筆者作成
第85図：出雲考古学研究会 1987　第47・87図をもとに作成
第86図：宇賀岳古墳：勢田 1984，江田穴観音古墳：高木 1984a，岩立C古墳：村井ほか 1979　玄門部

分を筆者が改変して掲載，鬼ノ釜古墳：藏冨士 1999，年の神古墳：富樫・松本 1958
第 87 図：出雲考古学研究会 1987
第 88 図：向山 1 号墳は松江市教育委員会 1996，他は出雲考古学研究会 1987
第 89 図：筆者撮影
第 90 図：筆者撮影
第 91 図：筆者撮影
第 92 図：筆者撮影
第 93 図：晩田 31 号墳の模式図は淀江町 1985，他は出雲考古学研究会 1987
第 94 図：上三川兜塚古墳：大橋 1990，大塚岩家古墳：亀田 2001，壬生車塚古墳：君島 2010，上三川愛宕塚古墳：秋元 1989，下石橋愛宕塚古墳：常川 1974，石室模式図：しもつけ風土記の丘資料館 1987
第 95 図：吾妻古墳：中村享史 2011・壬生町歴史民俗資料館 2011，桃花原古墳：君島 2006，国分寺甲塚古墳：秋元・大橋・水沼 1989，国分寺丸塚古墳：山口 2005・壬生町歴史民俗資料館 2011
第 96 図：筆者作成
第 97 図：角田 1993 の第 18 図をもとに向山 1 号（松江市教育委員会 1996）を追加転載
第 98 図：角田 1993 の第 17 図をもとに田井ヶ迫 3 号横穴墓（槙島・坂本 2003）を追加転載
第 99 図：筆者作成
第 100 図：江田穴観音古墳：高木 1984a，下石橋愛宕塚古墳：常川 1974 平面図を再トレース
第 101 図：上寺山古墳：田代 1972, 陶器千塚 29 号墳：堺市博物館 1984（鈴木敏則 1991 のトレース図を引用), 堀ノ内 13 号墳：前田 1997, 林 5 号墳：田村ほか 2008, ブッショウジヤマ 2 号墳：垣内・菅野 2001, 瓦屋西 D1 号墳：鈴木敏則 1991, 中・東遠江の横穴式木室の模式図：田村 2008
第 102 図：鈴木敏則 1991
第 103 図：甘粕 1972 を一部改変して転載
第 104～106 図：江幡 2003
第 107～109 図：青木ほか 1989
第 110～112 図：鈴木一男 1999
第 113 図：筆者作成
第 114 図：北野 1983, 鈴木敏則 1991, 風間 1993b を参考にして筆者作成
第 115 図：林 5 号墳：田村ほか 2008, 明ケ島 22 号墳：磐田市教育委員会 2003, 仏山 1 号墳：照岡 1973, 瓦屋西 D1 号墳：向坂・鈴木ほか 1991, 西山 13 号墳：中川ほか 1999, ブッショウジヤマ 2 号墳：垣内・菅野 2001, 南山古墳：伊勢市教育委員会 1982
第 116 図：檜尾塚原 9 号墳－3：中村ほか 1990, 昼河 C12 号墳：岩中 1993, 瓦屋西 C19 号墳－1：辰巳均 1991, 瓦屋西 C10 号墳－2：辰巳均 1991
第 117～125 図：筆者作成
第 126 図：筆者作成
第 127 図：小森 1984
第 128 図：小森 1984
第 129 図：小森 1984
第 130 図：芹澤編 1977
第 131 図：芹澤編 1977

第132図：東 2001

第133図：石川 1973bを一部改変して転載（尾床→屍床）

第134図：梁木・深谷 2002および藤田 2003をもとに，筆者作成

第135図：松尾 2002c

第136図：中村 1995

第137図：岡安 2000

第18表：柴田 1983・北野 1983・鈴木 1991・風間 1993a・中川ほか 1999・田村 2006をもとに作成

第19表：筆者作成

第20表：筆者作成

第5章　東国各地の首長墓の地域相にみる独自性と共通性

第1節　6～7世紀における東国各地の首長墓の動向

1　東北・関東地方の主要古墳群における古墳の変遷

6～7世紀における東国各地の8つの主要古墳群の動向を概観し，その地域性を探ることと合わせて，共通性を追究することを目的とする。前段階の様相も把握するため，5世紀段階の有力古墳の有無も含めて検討する。なお，福島県白河市舟田・本沼古墳群以外は，多数の書物・論文でたびたび紹介されている非常に著名な古墳群なので，記述は要点にとどめることとする[1)]。

(1)　福島県白河市舟田・本沼古墳群（第138図）

福島県中通りの南端，栃木県との県境に接する白河市に営まれた古墳群で，泉崎村関和久官衙遺跡も合わせて，白河郡衙遺跡群と総称される（鈴木功 2006）。白河郡衙（関和久官衙遺跡），同郡寺（借宿廃寺），終末期古墳（野地久保古墳・谷地久保古墳），古墳時代後期の首長墓（下総塚古墳），豪族居館（舟田中道遺跡）が，阿武隈川を挟んで，南北3km，東西4kmほどの範囲にコンパクトにまとまって営まれており，しもつけ古墳群とともに，6～7世紀の東日本における律令国家成立期の様相を物語る格好の遺跡群と評価される。

下総塚古墳は，墳丘長71mの西面する前方後円墳で，後円部に横穴式石室をもち，6世紀後半に位置づけられる（鈴木一寿 2003）。古墳時代後期における東北地方最大の前方後円墳となる。先行する大規模墳や集落はなく，画期をもって築造された。墳丘第1段目は，幅の広い平坦面をもつことが特徴で，栃木県の基壇古墳と対比されることから，北関東との関係が指摘されている（鈴木一寿 2003）。白河国造の奥津城である可能性が高い，との被葬者像が示されている（鈴木功 2006）。

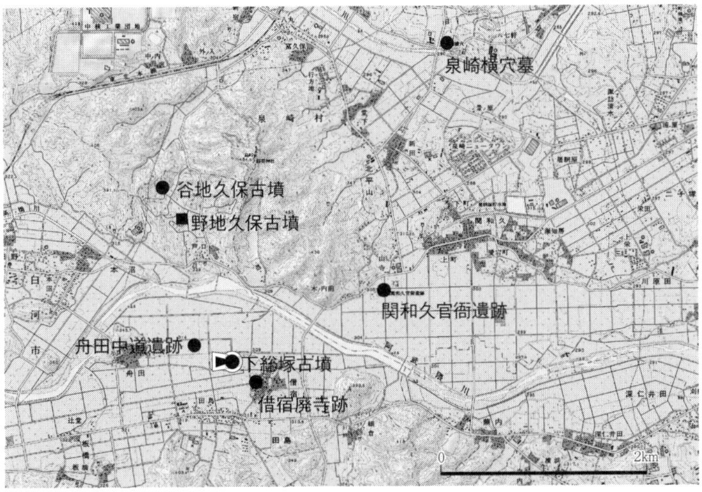

第138図　舟田・本沼古墳群の周辺の遺跡

谷地久保古墳は，野地久保古墳の北西約450mに位置し，径約17mの

2段築成の円墳である（網干善教ほか 1984，福島 1986・1992，鈴木一寿・鈴木功 2005）。墳丘背面をコの字形に整形している。埋葬施設は，安山岩質溶結凝灰岩（白河石）を用いた横口式石槨で玄室南壁を除く壁石3石，天井石1，床石2石の計6石が残存している。石槨の南側には，河原石を用いた石敷きと石組みによる前庭部が付設されている。出土遺物はないが，畿内の横口式石槨の年代観から，7世紀後半から8世紀初頭に位置づけられ，被葬者は，白河国造の系譜に連なる郡司クラスの人物と推定されている（鈴木一寿・鈴木功 2005）。

野地久保古墳は，谷地久保古墳の南東約 450m に位置する。南向き丘陵斜面を整形して墳丘を構築しており，谷地久保古墳とともに風水思想（河上 1997）との関連が指摘されている（鈴木一寿 2010）。谷地久保古墳からは視認できない。安山岩質溶結凝灰岩を用いた横口式石槨を埋葬施設とするが，床石を残して，他の石材は散在している（鈴木功・佐藤・石井・鈴木一寿 2005）。下方部は一辺 16m，上円部は径 10m で，上円部，下方部ともに，河原石による積石と貼石が確認されている。古墳の年代を示す出土遺物はないが，畿内の横口式石槨の年代観から7世紀後半以降8世紀初頭以前に位置づけられ，被葬者は，白河郡の盟主的人物（鈴木功・鈴木一寿 2009，鈴木一寿 2010）あるいは，野地久保古墳を8世紀初頭，谷地久保古墳を8世紀前半に位置づけて，継続する2代の白河評造あるいは郡司（福島 2010）と推定されている。

なお，福島県の南部には，浅川町染古墳（福島・福田 2003）や玉川村宮ノ前古墳（網干善教ほか 1984，福島 1986），須賀川市稲古舘古墳（皆川ほか 2003）などの切石を用い，それぞれが独自色をもつ個性的な横穴式石室が分布している。

舟田中道遺跡では，全体の 1/2 が失われていたが，推定で東西 64m，南北 70m ほどの方形区画が確認された。張り出し部をもち，区画溝の内側約 3m のところに塀がめぐる。塀の内側には，竪穴建物がある。遺構の特徴から豪族居館と判断され，6世紀後半から7世紀前半を中心とする時期に位置づけられている（鈴木功 2002）。下総塚古墳被葬者の活躍時期と重なる点で重要である。

関和久官衙遺跡は，7世紀末に掘立柱建物と柱列による小規模な最初の官衙ブロックが成立したとされ，借宿廃寺も7世紀末の創建と考えられている（鈴木功 2006）。谷地久保・野地久保両古墳との年代の差はほとんど認められない。したがって，被葬者あるいはその縁者が，白河評衙そして付属の寺の建設にかかわった可能性を考えてよいだろう。被葬者については，この地域ではまったく系譜が追えない。①野地久保古墳にみられる上円下方墳，そして，②谷地久保・野地久保両古墳にみられる横口式石槨，の2点を根拠に，畿内の影響を強く受けた人物，あるいは国宰などの官人を想定することができる。

(2)　栃木県下野市・壬生町・小山市・上三川町・栃木市のしもつけ古墳群

しもつけ古墳群については，第2章第1節で詳述したので，重複を避けたい。南北 14km，東西 13km と他の古墳群に比べて広い範囲に亘り，6つのまとまりが複合して，互いに造墓の型を共有しながら古墳群を形成していることを改めて明記しておきたい。したがって，他地域の6つの古墳群と同列には扱えないこと，逆に言えば，古墳群の範囲（どこまでを1つの古墳群と捉えたらよいか）について，見直しを迫るもの，と位置づけられる。見直し案については，それぞれの古墳群概観のなかで，逐一記すことにする。

（3）　**群馬県前橋市総社古墳群**（第139図）

群馬県域においては，集成編年10期段階で，6世紀後半に位置づけられる高崎市綿貫観音山古墳（97m）と6世紀末の同市八幡観音塚古墳（96m）が著名であるが，80m以上の前方後円墳が全部で17基確認されている（加部 2010）[2]。しかし，綿貫観音山・八幡観音塚古墳は，両者とも周辺に前方後円墳終焉以降（11・12期）の終末期の有力古墳が認められない。それに対して，唯一6～7世紀にかけて連続して有力首長系譜が辿れるのは，前橋市総社古墳群である。

総社古墳群は，南北2.5km，東西3kmの範囲に営まれる。現存するのは，前方後円墳3基（王山，総社二子山，遠見山古墳），円墳3基，方墳3基（愛宕山，宝塔山，蛇穴山古墳）であり，6世紀初頭～中葉の南支群（王山，王河原山古墳）から6世紀後半～7世紀の北支群（二子山，遠見山，愛宕山，宝塔山，蛇穴山古墳）へ墓域が移動したと推定されている（右島 1985）。古墳群の南西には，7世紀第Ⅲ四半期創建の山王廃寺をはじめ，上野国分僧寺，国分尼寺，推定上野国府が営まれ，律令期の上野国中枢となる。

その変遷は，8期遠見山古墳（70m）→9期王山古墳（72m），王河原山古墳（60m）→10期総社二子山古墳（90m），穂積稲荷山古墳（90m）→11期総社愛宕山古墳（方墳・56m）→12期宝塔山古墳（方墳・60m），蛇穴山古墳（方墳・39m）となる。総社愛宕山古墳と宝塔山古墳の横穴式石室内には，主軸に直行して刳抜式家形石棺があり，前方後円墳終焉後は，大型方墳に墳形転換し，大型円墳はみられない点に特徴がある。基本的には右島の総社古墳群に関する優れた総括（右島 1985・1988）とその年代的位置づけの補正（右島 1992）に従った。しかし，右島が6世紀初頭の王山古墳（9期）を

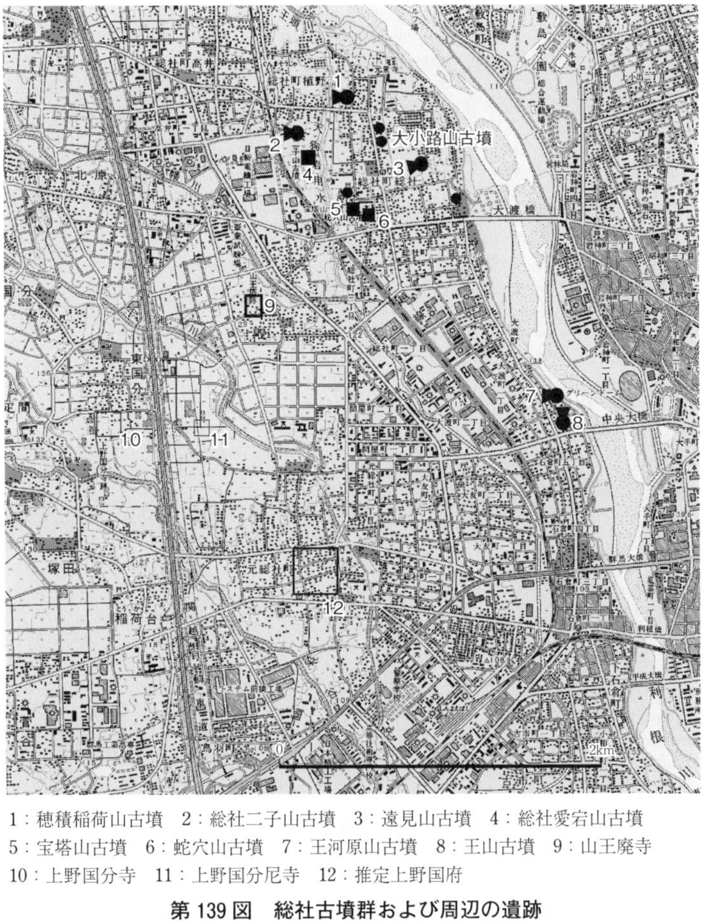

1：穂積稲荷山古墳　2：総社二子山古墳　3：遠見山古墳　4：総社愛宕山古墳
5：宝塔山古墳　6：蛇穴山古墳　7：王河原山古墳　8：王山古墳　9：山王廃寺
10：上野国分寺　11：上野国分尼寺　12：推定上野国府

第139図　総社古墳群および周辺の遺跡

総社古墳群最古の首長墓と位置づけた（右島 1985）のに対し，北支群の遠見山古墳をその前段階（8 期）におき，新たに穂積稲荷山古墳を最後の前方後円墳（10 期）とした[3]。

（4） **埼玉県行田市埼玉古墳群**（第 140 図）

南北 1km，東西 0.6km の範囲に前方後円墳 8 基，大型円墳 2 基，方墳 1 基，小円墳 12 基以上が営まれている。非常に密集度が高い古墳群であることが第 1 の特色である。前方後円墳と方墳は，二重周湟をもち，特に前方後円墳の周湟形態が長方形になる点が第 2，そして，大型前方後円墳には中堤の北西部に造り出し部をもつことが第 3 の特色である。狭義の埼玉古墳群に限定すると，前方後円墳終焉後の 11 期に空白期がみられるが，北北東約 2km にある若小玉古墳群の八幡山古墳（円墳・80m）や地蔵塚古墳（方墳 28m），北方約 4km の小見真観寺古墳（前方後円墳・112m）も視野に入れ，南北約 5km，東西約 3km の範囲と捉えると別の展開がみえてきて，6〜7 世紀における首長墓の動向が理解しやすい。

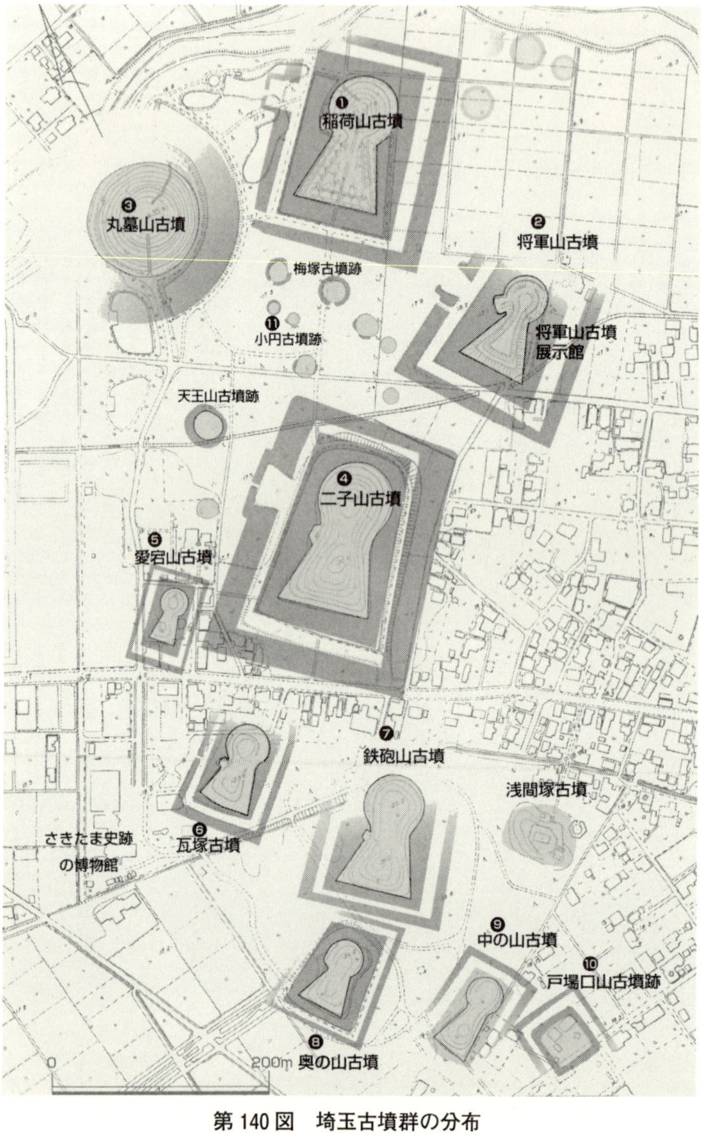

第 140 図　埼玉古墳群の分布

その変遷は，8 期稲荷山古墳（120m）→ 9 期丸墓山古墳（円墳・102m），二子山古墳（138m）→ 10 期鉄砲山古墳（109m），将軍山古墳（102m），中の山古墳（79m），小見真観寺古墳（112m）→ 11 期八幡山古墳（円墳・80m），浅間塚古墳（円墳・58m）→ 12 期戸場口山古墳（方墳・40m），地蔵塚古墳（方墳・28m）となる。最後の前方後円墳である小見真観寺古墳の次の首長墓は，7 世紀前半（11 期）の径 80m の大型円墳，八幡山古墳と判断され，7 世紀中葉〜後半

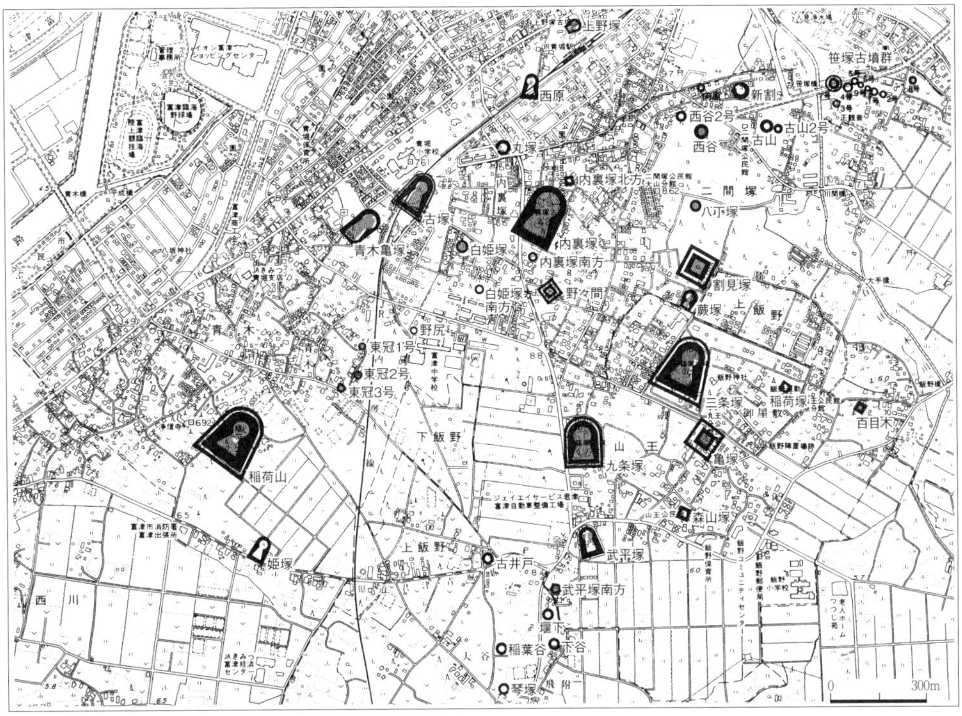

第141図　内裏塚古墳群の分布

（12期）には，40mの方墳である戸場口山古墳が営まれることから，前方後円墳→円墳→方墳と墳形転換が認められる点が特徴である。

（5）　千葉県富津市内裏塚古墳群（第141図）

南北1.8km，東西2.2kmの範囲に前方後円墳11基，円墳30基，方墳7基が営まれ，そのうち25基が現存している（富津市教育委員会 2011，小沢 2013）。5世紀中葉に位置づけられる内裏塚古墳（144m）を嚆矢とする。本墳は，千葉県最大，南関東でも最大の前方後円墳となる。5世紀代の前方後円墳（内裏塚古墳・弁天山古墳）は竪穴式石槨，6世紀代の前方後円墳は，横穴式石室を採用し，墳丘が低く，二重周湟を備える点が特色（富津市教育委員会 2011，小沢 2013）となる。

その変遷は，6期内裏塚古墳（144m）→7期弁天山古墳（87m）→8期（空白）→9期九条塚古墳（103m），古塚古墳（89m）→10期稲荷山古墳（106m），三条塚古墳（122m）→11期割見塚古墳（方墳・40m），亀塚古墳（方墳・38m）→12期森山塚古墳（方墳・27m），野々間古墳（方墳19.5m）となる。最後の前方後円墳は三条塚古墳で，その後，方墳に墳形転換する。

（6）　千葉県栄町龍角寺古墳群（第142図）

南北1.5km，東西1kmの範囲に展開する113基からなる古墳群である。群中最大の前方後円墳は，墳丘長78mの浅間山古墳で，他の前方後円墳は小規模で首長墓系列には加えられない。群の東に位置する岩屋古墳は，列島における終末期古墳のなかで最大の方墳（80m）となる。岩屋古墳被葬者と龍角寺造営者は，蘇我氏との関係が指摘されている（安藤 1980・1992）。

浅間山古墳の北北東約600mには，7世紀第Ⅲ四半期に創建された龍角寺，北西400mには，

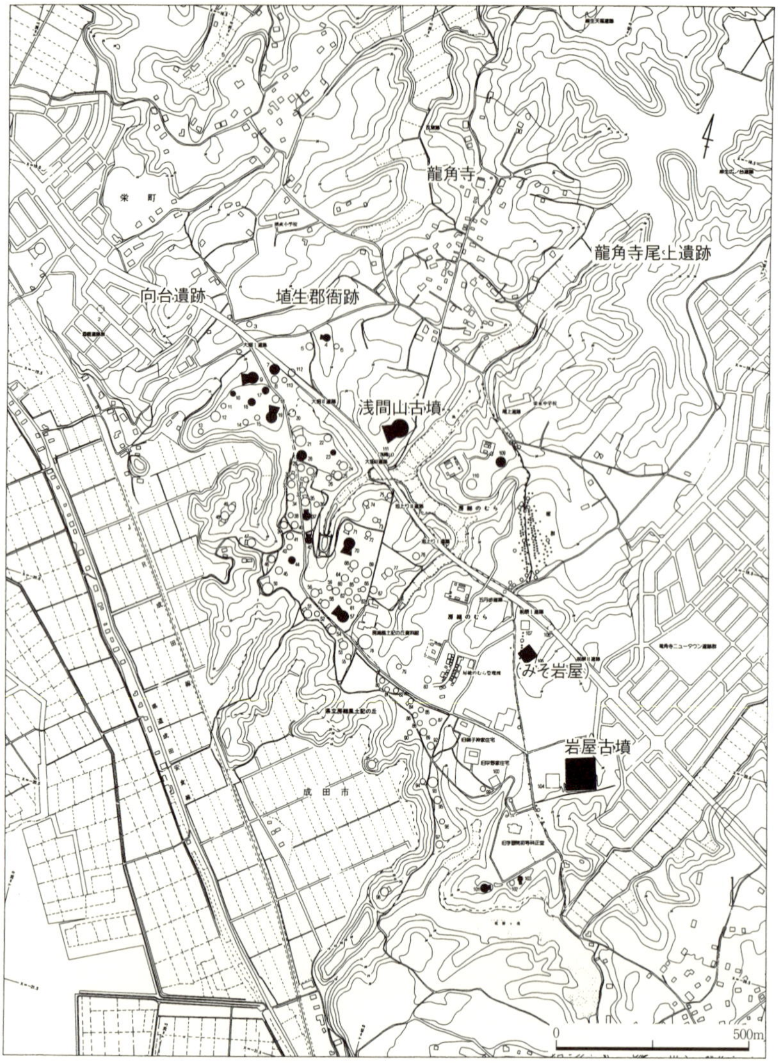

第 142 図　龍角寺古墳群の分布

埴生郡衙と考えられる大畑Ⅰ遺跡がある。

古墳の変遷は，浅間山古墳（78m）が，群中最大・最後の前方後円墳となり，その後岩屋古墳（方墳・80m）や，みそ岩屋古墳（方墳・30m）が築造された。7 世紀初頭に大型前方後円墳が 1 基だけ画期をもって築造され，その後大型方墳が築造される点に特徴がある。

（7）　**千葉県成東町板附古墳群**（第 143 図）

南北 0.8km，東西 0.6km の範囲に前方後円墳 4 基，方墳 4 基，円墳および墳形不明 26 基が営まれている。西ノ台古墳の近くに営まれた方墳は，前期もしくは中期のものとされる。

周囲の古墳としては，北北東約 8km の芝山古墳群（殿塚古墳 88m・姫塚古墳 58m・小池大塚古墳 76m），東北東方約 5.5km にある大堤権現塚古墳（前方後円墳・117m）や，その北約 1km にある朝日ノ岡古墳（前方後円墳・76m），北東約 5.5km の山室姫塚（大塚姫塚）古墳（円墳・

65m）がある（白石ほか 1996）。木戸川と作田川の流域を一体として，南北 8.5km，東西 7km を範囲とする山武古墳群（仮称）と捉えることができる。その場合は前方後円墳終焉後の終末期古墳が，大型方墳（駄ノ塚古墳）になるのか，間に大型円墳（山室姫塚古墳）を介するのかが新たな課題として浮上することになる。

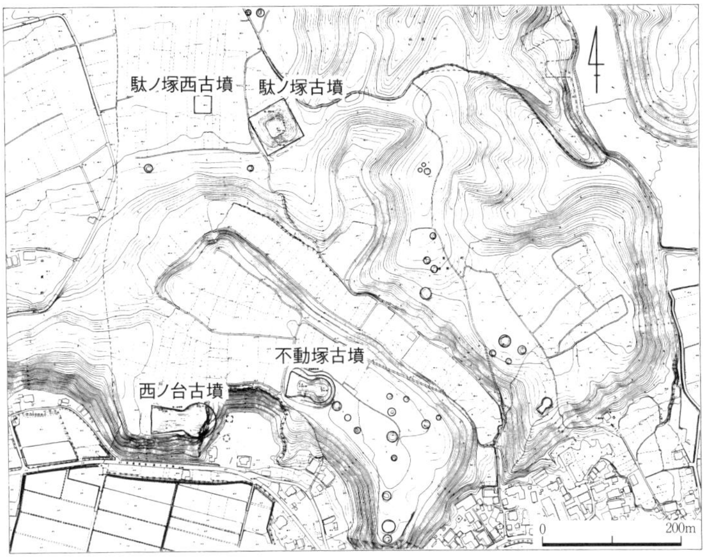

第 143 図　板附古墳群の分布

板附古墳群は，10 期西ノ台古墳（90m），不動塚古墳（63m）→ 11 期駄ノ塚古墳（方墳・62m），駄ノ塚西古墳（方墳・30m）と変遷し，前方後円墳終焉後は，方墳を採用する。6 世紀後半に前方後円墳の築造が画期をもって開始し，その後大型方墳に墳形転換する点に特徴がある。

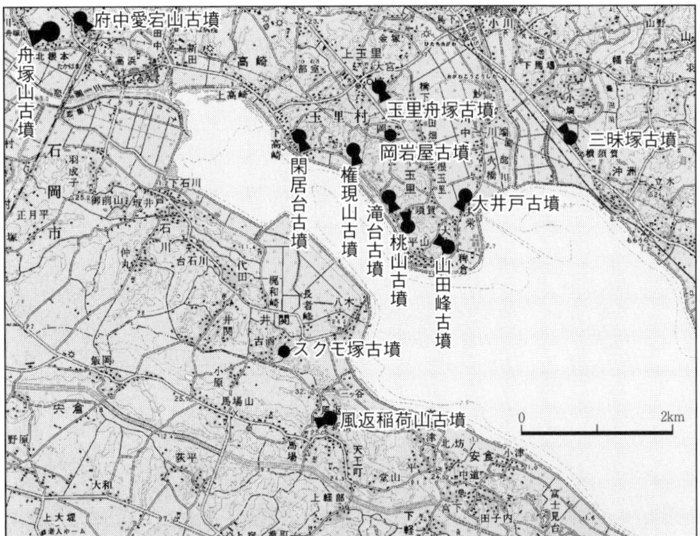

第 144 図　玉里古墳群と周辺の古墳の分布

(8)　茨城県小美玉市玉里古墳群（第 144 図）

霞ヶ浦北岸に位置し，旧玉里村の南部，東西 2.5km，南北 2.3km の範囲に展開する古墳群である。8 期権現山古墳（89m）→ 9 期舟塚古墳（72m），山田峰古墳（81m），滝台古墳（84m）→ 10 期閑居台古墳（60m）→ 11 期岡岩屋古墳（円墳・40m）と変遷する。編年表（第 145 図）において，6 世紀中葉前後に集中するのは，先学の円筒埴輪による編年観に依拠したものであり，内部主体や副葬品が判明すれば，空白になっている 6 世紀前半や 6 世紀後半～末段階が埋まってくる可能性が高い。また，日高慎が指摘する大・中規模前方後円墳の並立築造（日高 2002）を勘

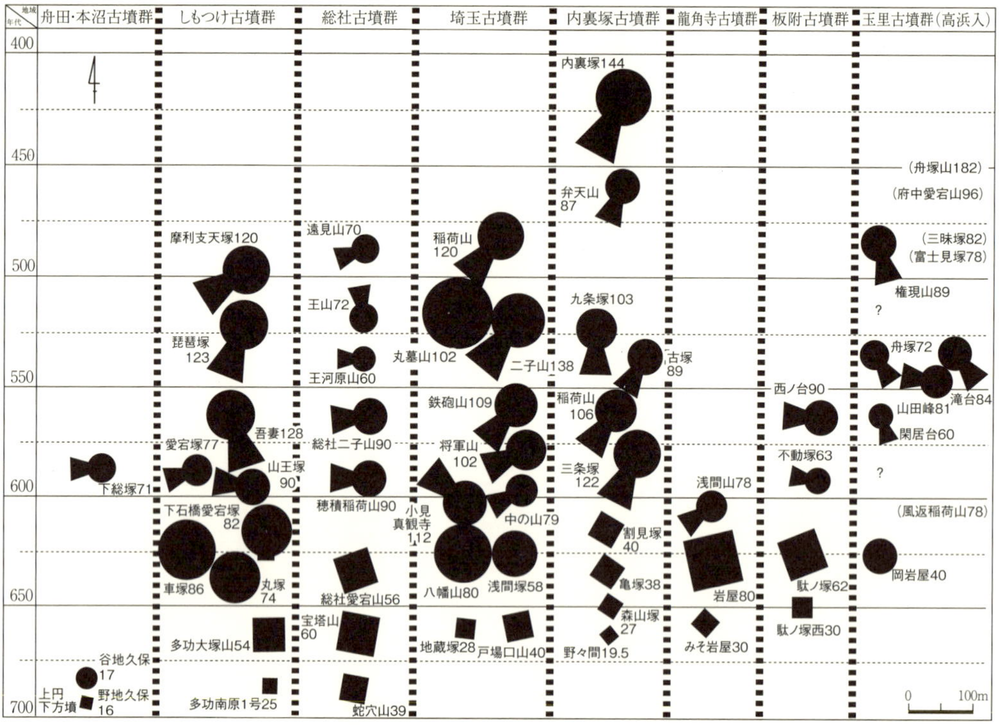

第 145 図　5〜7 世紀における東国の主要古墳群の様相

案する必要もある。前方後円墳終焉後は，円墳を採用し，現段階では方墳は確認されていない点に特徴がある。

霞ヶ浦沿岸の古墳群は，北西から南東方向に大きく突き出す出島半島の南側にあたる土浦入り・桜川流域と北にあたる高浜入り・恋瀬川流域を中心に展開している。霞ヶ浦北岸の高浜入りの古墳群を概観すると，玉里古墳群とともに，対岸の出島半島の北側に位置するかすみがうら市（旧霞ヶ浦町）富士見塚古墳（前方後円墳・78m）・風返稲荷山古墳（前方後円墳・78m），最奥部の恋瀬川合流付近にあたる関東地方第 2 位の規模を誇る石岡市舟塚山古墳（前方後円墳・182m）・府中愛宕山古墳（前方後円墳・96m），園部川を挟んで東に位置する行方市（旧玉造町）三昧塚古墳（前方後円墳・82m）など大規模な古墳が多数営まれている。将来的には，視野を広げて東西約 7km，南北約 6km の地域に高浜入りを囲むように展開する複数系列の首長墓からなる「高浜入り古墳群（仮称）」として把握する視点を提示しておきたい[4]。

以上概観してきた各地の古墳群における主要古墳の変遷を一覧した（第 145 図）。この図をもとに，各古墳群の独自性と共通性について考えてみたい。

2　地域相にみる独自性と共通性

古墳時代後期におけるそれぞれの古墳群の断続と墳形転換をもとに類型化する。なお，5 世紀前半から連続する古墳群は確認できない。

A類　集成編年8期（TK23・47），遅くとも9期（MT15・TK10）に築造を開始し，以降，12期まで継続的に築造が途切れることなく連続する[5) 6)]。前方後円墳終焉後の墳形により，二分される。

A1類　前方後円墳の終焉後，方墳に墳形転換（総社古墳群・内裏塚古墳群）

A2類　前方後円墳の終焉後，円墳に，その後方墳に墳形転換（しもつけ古墳群・埼玉古墳群）

A3類　前方後円墳の終焉後，円墳に墳形転換（玉里古墳群）

B類　集成編年10期（TK43・TK209）に大規模前方後円墳が画期をもって築造されはじめ，これが最後の前方後円墳となり，その後，方墳に墳形転換する（龍角寺古墳群・板附古墳群）

C類　集成編年10期に開始するが，継続せず，空白期を経て12期に整美な横口式石槨を内部主体とする円墳・上円下方墳が築造される（舟田・本沼古墳群）

A類については，集成編年8期（内裏塚古墳群では9期）に大きな画期があり，これ以降，安定して大型前方後円墳が継続して築造される。首長権の受け渡しがスムーズであり，継承システムが確立している地域と判断される。

それに対して，B類は，10期に至って大型前方後円墳が新たに築造されはじめた地域である。龍角寺古墳群と板附古墳群は，地域的には，前者が印波国造，後者が武射国造域に比定されている。したがって，このB類に分類される古墳群は，小国造国が含まれる可能性が高い[7)]。

C類は，古墳のあり方が，その地域と中央との関係をよく表している。10期段階で，B類と同様に前方後円墳が築造されるが，次代へ連続せず，7世紀後半になって，畿内色の強い横口式石槨をもった小規模な古墳が築造されることになる[8)]。外部からの他律的な古墳築造契機が推定される。

東国各地の6〜7世紀における最有力古墳群を，前方後円墳がほぼ同時期に終焉をむかえることを共通性として，古墳群の開始時期および前方後円墳終焉後の墳形を独自性として，A（A1・A2・A3）・B・C類に3大別することができた。ここで取り上げなかった東国各地の古墳群も，この3類型のいずれかに属すると思われる。3類型のうち，A類については，地域の階層化と首長権の継承システムが自律的に進行した地域であり，しもつけ古墳群（基壇・前方部石室・切石石室），内裏塚古墳群（低墳丘・二重周湟・前方部隅切り），埼玉古墳群（長方形二重周湟・くびれ部片側造り出し・中堤造り出し部），総社古墳群（刳抜式家形石棺・截石切組積石室）とそれぞれの独特の個性が顕在化する。注目されるのは，それらの個性が，たとえばしもつけ古墳群における基壇[9)]や埼玉古墳群における造り出し部[10)]のように，その群における共通の葬送儀礼と密接に結びついているだけでなく，代々引き継がれていることである。一方，B類とC類は，中央からの働きかけに，それぞれの地域が対応するかたちで，いわば他律的に経営された地域と大別できる可能性が高い。B類は，屯倉の設置，あるいは小国造の任命，C類は，立評とかかわる可能性が高いが，考古資料をもとに推断するのは，現段階では難しい。

本節では，まず，5 世紀前半から 6~7 世紀に連続する古墳群はないことを確認した。次に 6~7 世紀の東国各地の地域を一律にみることはできず，古墳の動向から中央とのかかわりおよび地域内でのあり方をもとに 3 類型化した。そして，その類型がそれぞれの地域と中央との関係や律令国家にむけての歩みが一様ではなく，一定の独自性を物語っていることを確認することができた。ただし，この独自性は限定的で，前方後円墳を造り，それがほぼ軌を一に終焉して，円墳や方墳に墳形転換する，という大枠から逸脱することは決してない，という共通性のうちにとどまるものであることに留意する必要がある。

第 2 節　東国各地の最後の前方後円墳と終末期古墳

1　最後の前方後円墳と終末期古墳

東国各地の最後の前方後円墳と，前方後円墳終焉後の終末期古墳について概観する[11)]

(1)　**南東北地方**（藤沢 2010）[12)]

・　後期における特徴として，前方後円墳とともに古墳築造が衰退する地域（宮城北部・山形・福島県会津）と，前方後円墳を含む古墳の築造が継続する地域（福島県中通り・福島県浜通り・宮城県南部）に 2 分される。

・　空白期を経て，集成編年 10 期に，突然に前方後円墳が復活する例（福島県白河市下総塚古墳・福島県国見町綿木塚古墳・宮城県丸森町台町 20 号墳など）がある。しかも，それぞれ単発的に 1 基築造された前方後円墳が最後の前方後円墳となる。

・　遺物や石室の編年観から福島県桑折町綿木塚古墳と同県東村笊内 2 号墳が最後の前方後円墳と考えられる。時期は TK209 型式期である。

・　東北地方では，7~8 期に活発に前方後円墳が築造されたが，9 期にはほとんどみられなくなる。そして，10 期に再び復活する地域があるが，この地域は，国造が置かれた範囲とよく対応する。

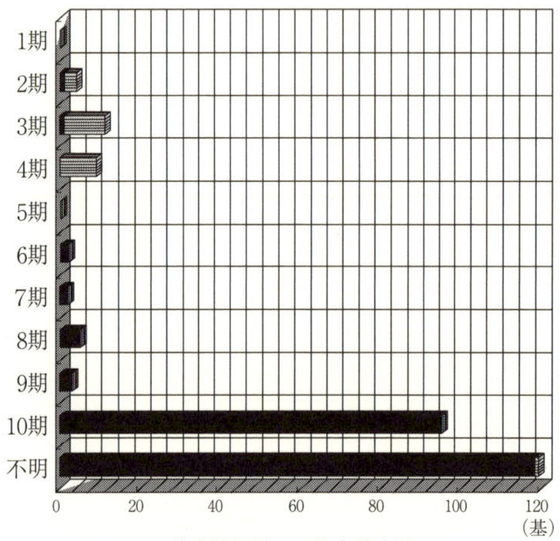

第 146 図　栃木県における前方後円（方）墳の時期別築造数

(2)　**栃木県域**（小森 2010）

・　8 期（5 基），9 期（3 基）と築造数が少なく，10 期（95 基）になって西日本のあり方からすれば異常とも言える爆発的な築造数の増加がある（第 146 図）。

・　埴輪をもつ前方後円墳ともたない前方後円墳があり，後者（下野市国分寺山王塚古墳，同市国分寺愛宕塚古墳，同市三王山古墳，壬生町羽生田長塚古墳）を最後の前方後円墳と考える。徐々に墳丘規模を縮小する様相は認められず，突如終焉をむかえる。国分寺愛宕塚古墳出土須恵器は，その時期がTK43〜209型式期であることを示す。

・　前方後円墳終焉後の有力首長層は，まず円墳を採用し，その後に方墳を採用した。

・　前方後円墳の終焉は集落に影響を及ぼさなかった。

(3)　**群馬県域**（加部 2010）

・　80m以上の前方後円墳は，8期・9期とも7基であったものが，10期には17基と倍以上に増加する。8期と10期には傑出した規模の前方後円墳はなく，横並び状態であるが，9期最大の藤岡市七輿山古墳は，規模から判断すると畿内大和勢力と対抗できる規模である。

・　前方後円墳の築造は，おおむね6世紀代で終了するものの，一部では7世紀前葉まで続く。埴輪も西毛地域では6世紀末で消滅するが，太田地域周辺では7世紀初頭段階まで残存し，地域差が認められる。

・　10期に大規模前方後円墳が造営された地域には，後続して大規模方（円）墳が構築される（高崎・邑楽地域を除く）。

(4)　**茨城県域**（日高 2010a）

・　8期は大規模墳が少なく，9期になって各地域に80〜90m級の前方後円墳が同時多発的に築造される。10期になると，前代に大規模古墳が築かれた地域で縮小あるいは停止する場合（久慈川流域，内原流域，園部川・玉造地域，筑波山地域）と，新たに大規模墳が築かれる場合（ひたちなか市黄金塚古墳・鹿島市宮中野夫婦塚古墳）がある。

・　30〜40m級の円墳や方墳が終末期の首長墓となる。方墳よりも円墳が多く，その後，方墳や長方墳に変化した。10期の前方後円墳が築造されている地域では，継続して築造される場合が多い。ただし，鬼怒川流域では，9・10期の明確な首長墓が存在しないところに，突如，筑西市船玉古墳，坂東市高山古墳が築造される。

・　首長墓としての前方後円墳の築造は，TK209型式期までと言える。

・　前方後円形小墳[13]は，6世紀末から築造が始まり，7世紀後葉まで続いた。

(5)　**埼玉県域**（太田 2010）

・　8期は3基，9期は墳丘規模が縮小するが16基築造され，10期は76基と全体の80%に達する。10期における100m以上の前方後円墳は，さきたま地域に5基が集中して築造される。

・　前方後円墳の終焉時期は，埴輪が確認できない行田市埼玉中の山古墳・若王子古墳や小見真観寺古墳の副葬品の編年観からTK209型式期段階である。

・　前方後円墳終焉後は，大型円墳・方墳が首長墓に採用された。東関東の一部にみられる小型前方後円墳の類は今のところ見出せない。

(6)　**東京都域**（池上 2010）

・　8期は確認されず，9期は3基，10期は3基となる。

・　前方後円墳の築造は，多摩川台古墳群の観音塚古墳，それに続く多摩川台1号墳が6世紀末葉に終焉する。

・　武蔵においては，前方後円墳終焉後，円墳が採用され，7世紀中葉以降に「方墳体制」が確立された。この時期に上円下方墳である熊野神社古墳が築造される。

(7)　**千葉県域**（田中 2010）

・　8期は4基，9期は13基，10期は98基が確認でき，後10期（いわゆる「終末期」相当）は17基と急激に数が減少するが，前方後円墳の築造は一部が「終末期」に及ぶ。

・　龍角寺浅間山古墳の遺物と埋葬施設の特徴から，大型の前方後円墳の築造時期もTK209型式期におさめるのは難しい[14)]。

・　7世紀後半には，大型古墳だけでなく小型古墳も巻き込み，ほぼ千葉県全域で方墳に切り替わる。

(8)　**神奈川県域**（柏木 2010）

・　8期は確認されず，9期は3基，10期は11基確認できる。

・　相模・南武蔵とも7世紀前半に前方後円墳が終焉する。

・　前方後円墳終焉と前後して，円墳が築造されるとともに，横穴墓が盛行する。

2　八角形墳

前方後円墳終焉後の畿内における大王墓は，まず方墳を造営し，その後八角形墳（八角墳とする向きもあるが，本節では八角形墳と呼称する）を採用する。7～8世紀の宮都が営まれた奈良県飛鳥周辺を中心に分布する。今尾文昭の整理にしたがえば，以下3点の特徴により理解される（今尾 2005）。

①　7，8世紀の宮都周辺および畿内に営まれた八角形墳は，等辺等角の正八角形の墳丘，5段築成で埋葬施設を覆う上段と前面の下段からなる。

②　原則として各側辺を方位に即すように意識している。

③　八角墳丘の隅角部分を墳丘正面とし，方位を意識しない側辺をもつ段ノ塚古墳を出現期，蔵骨器収納を前提とする墓室を有する中尾山古墳が終焉を示す古墳となる。

また，共通認識として，八角形墳は，7世紀中葉（段ノ塚古墳・舒明陵）から8世紀にかけて継起的に大王・天皇が採用した墳形であることを強調する。さらに，野口王墓古墳（天武・持統合葬陵）は，新益京（しんやく（あらまし））（藤原京）の中軸線の南延長線上に位置することに着目し，支配が四方八方におよぶ願いを墳形に込めた八角形墳と都城計画とが渾然一体化した姿を見出そうとする，優れた洞察力を発揮した論，と位置づけられる。

さて，畿内においては，7世紀中葉から大王・天皇によって独占的に採用された八角形墳が，地方にも，そして時期的にはより古い6世紀後半段階から確認されている状況をどのように理解するかが，喫緊の課題となる。

東国の確認例のうち，石を用い，立体的に復元できる八角形墳である群馬県三津屋古墳については，墳形は動かしがたい事実であり，畿内との関係のなかで，特殊な墳形を採用したことは，認めてよいだろう（瀧野 1996）（**第147図**）。しかし，他の山梨1例，埼玉3例，東京1例，群馬

第21表　多角形墳・上円下方墳一覧（可能性が指摘されている古墳を含む）

No.	古墳名	所在地	墳形・規模m	内部主体	時期	備考
1	御廟野古墳	京都府京都市	八角形・42	横口式石槨	7世紀第3四半期	天智陵
2	御堂ヶ池20号墳	〃	八角形？・10	横穴式石室	7世紀前半	
3	国分45号墳	京都府亀岡市	八角形？・15	横穴式石室	7世紀後半	
4	段ノ塚古墳	奈良県桜井市	八角形・42	横穴式石室？	7世紀第2四半期	舒明陵
5	忍坂8号墳	〃	多角形？・18	磚槨式石室		
6	忍坂9号墳	〃	多角形？・18	磚槨式石室		
7	野口王墓古墳	奈良県明日香村	八角形・39	横口式石槨	7世紀第4四半期	天武・持統合葬陵
8	中尾山古墳	〃	八角形・19.4	横口式石槨	8世紀第1四半期	文武陵
9	牽牛子塚古墳	〃	八角形・22	横口式石槨	7世紀第3四半期	斉明陵（?）
10	マルコ山古墳	〃	六角形・24	横口式石槨		
11	束明神古墳	奈良県高取町	八角形・30	横口式石槨	7世紀後半	草壁皇子墓
12	桑原C-3号墳	大阪府茨木市	八角形？・10	横穴式石室	7世紀後半	
13	石宝殿古墳	大阪府寝屋川市	八角形？・4	横口式石槨	7世紀第1四半期	
14	中山荘園古墳	兵庫県宝塚市	八角形・13	横穴式石室	7世紀第2四半期	墳丘は円の可能性あり
15	塩野岡ノ上2号墳	兵庫県姫路市	六角形？・6.8	横穴式石室	7世紀第4四半期	
16	奥池3号墳	岡山県岡山市	六角形？	横穴式石室	7世紀第3四半期	
17	尾市1号墳	広島県福山市	多角形？・11	横口式石槨	7世紀第4四半期	十字型石槨
18	梶山古墳	鳥取県鳥取市	八角形？・17	横穴式石室	7世紀第1四半期	
19	松尾宮山1号墳	滋賀県高月町	八角形？			
20	垣内田10号墳	三重県松阪市	八角形？・13	横穴式石室		
21	経塚古墳	山梨県笛吹市	八角形・12.5	横穴式石室	7世紀前半	
22	稲荷塚古墳	東京都多摩市	八角形・22	横穴式石室	7世紀第1四半期	
23	籠原裏1号墳	埼玉県熊谷市	八角形？・12.5	横穴式石室	7世紀中葉	
24	籠原裏10号墳	〃	八角形？・15	横穴式石室	7世紀後半	
25	一本杉古墳	群馬県高崎市	八角形？・18.5	横穴式石室	7世紀第1四半期	
26	伊勢塚古墳	群馬県藤岡市	不正八角形？・27	横穴式石室	6世紀第4四半期	
27	三津屋古墳	群馬県吉岡町	八角形・14.5	横穴式石室	7世紀第3四半期	
28	（武井廃寺塔跡）	群馬県桐生市	八角形・18.6	骨蔵器	8世紀前	
29	関長者塚古墳	〃	五角形？			
30	吉田古墳	茨城県水戸市	八角形？・26	横穴式石室	7世紀中葉	
1	石のカラト古墳	奈良県奈良市・京都府木津川市	上円下方・13.6	横口式石槨	7世紀第4四半期	
2	清水柳北1号墳	静岡県沼津市	上円下方・15.9	石櫃	8世紀第1四半期	
3	熊野神社古墳	東京都府中市	上円下方・32	横穴式石室	7世紀第3四半期	
4	天文台構内古墳	東京都三鷹市	上円下方・27	横穴式石室	7世紀第3四半期	
5	宮塚古墳	埼玉県熊谷市	上円下方？・24			上円部が著しく小さい
6	山王塚古墳	埼玉県川越市	上円下方・64			
7	野地久保古墳	福島県白河市	上円下方・10.3	横口式石槨	7世紀後半～8世紀初頭	

脇坂光彦 1992「八角形墳」『季刊考古学』第40号　雄山閣，金子裕之 1992「上円下方墳」『季刊考古学』第40号　雄山閣，直宮憲一 2003「墳丘の形」『季刊考古学』第82号　雄山閣，坂詰秀一・小林三郎・塚原二郎・紺野英二 2005『武蔵府中熊野神社古墳』府中市教育委員会・府中市遺跡調査会，今尾文昭 2005「八角墳の出現と展開」『終末期古墳と古代国家』吉川弘文館，関口慶久 2007「第Ⅴ章　吉田古墳と八角形墳」『吉田古墳』Ⅱ水戸市教育委員会，小川裕見子 2009「終末期群集墳内における八角墳と大型八角墳の関係」『古代学研究』184，加部二生ほか 2012『桐生市内遺跡発掘調査報告―平成21・22年度調査―』，池上悟 2012「上円下方墳築造企画の導入と展開」『考古学論究』第14号　立正大学考古学会　などをもとに作成。※大阪府太子町叡福寺北古墳（聖徳太子磯長廟）を八角形墳として孝徳陵とする意見がある（今尾 2005）。

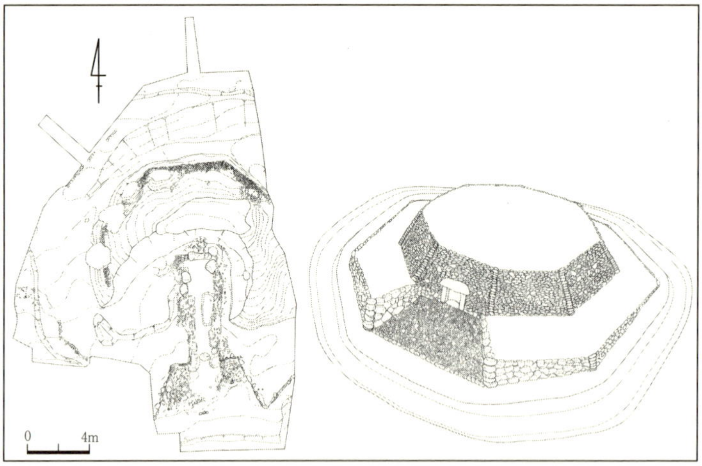

第 147 図　三津屋古墳の墳丘と復元イラスト

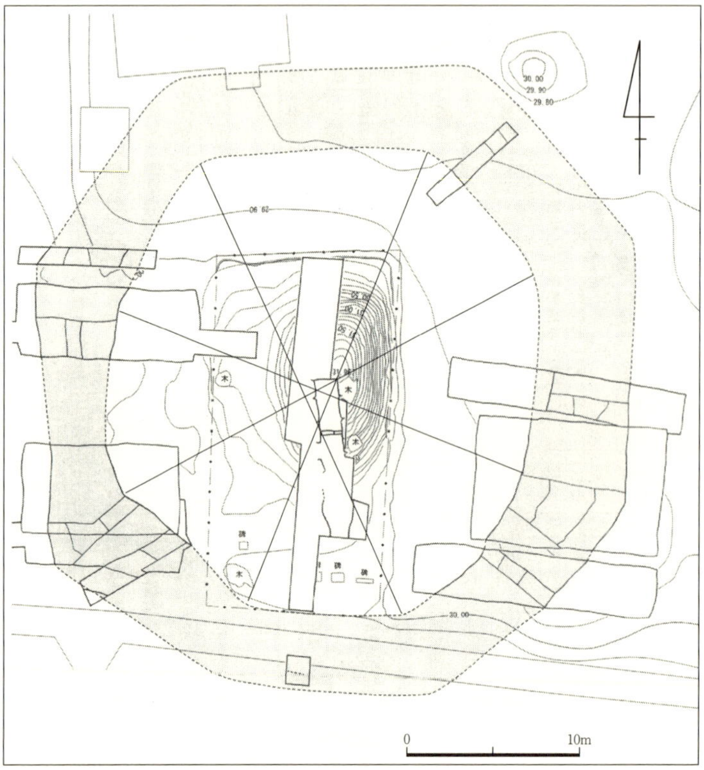

第 148 図　吉田古墳の墳形推定図（稜角を結ぶラインを加筆）

4 例，茨城 1 例については，躊躇を覚える。理由は，①貼石や石積みによる立体的区画を伴わない東国の諸例は，非常に不正形で畿内の＜等辺等角の正八角形＞にほど遠いこと，②トレンチ調査のみで図上復元した場合，墳裾が確定できず曖昧になること，③築造時期が畿内より古くなること，④側辺が方位を意識していないこと，の 4 点である。③・④については，畿内に先行して東国で独自に創造された墳形だ，とする意見もあるかもしれない。しかし，確固とした論拠のないまま即断することはためらわれる。②に関しては，五角形，六角形と際限なく多角形墳が現出してしまう危うさを孕んでいることを強調したい[15)]。

1 つの具体例として，水戸市吉田古墳（吉田古墳群 1 号墳）を検討してみよう（第 148 図）。吉田古墳は，石室に線刻壁画がある古墳として著名であり，国指定史跡となっている。報告書（関口 2007）から読み取ることができる調査成果は以下 6 点にまとめることができる。①史跡整備に伴う 3 次にわたる調査が実施され，トレンチによる周湟調査により，墳丘の東西で 2 か所の稜角と直線的なプランを確認し，②墳丘東側で確認された稜角は 145°，西側のそれは 150° で，③周湟の内側から墳丘が立ち上がる痕跡はなにひとつ確認できない，④年代は，石室の編年から 7 世紀中葉，⑤外護列石や葺石は伴わない，⑥周湟プランは，八角形墳の可能性を示唆し，現段階では吉田古墳を八角形墳と認識することが妥当，というものである。また，史跡整備のため，調査は限定的にならざるを得ないなか，後世の攪乱や開発が著しく，かなり厳しい状況下で調査が行われていること，そして八角形墳の研究史を振り返りながら，吉田古墳を位置づけようとする真摯な研究姿勢を読み取ることができる。ここで検討したいのは，①，②，③，⑤のような要素をもとに，⑥を導くことができるかどうかである。復元推定図をもとに検討してみると，まず，全体のプランが，丸みを帯びた不正な形であることが気になる（ア）。ただし，⑤で示されたように，石を用いていないので，周湟の立ち上がり部が，雨水や凍結・崩落により変形した可能性は拭いきれない。

次に報告書では触れられていない，墳丘側の周湟の辺長に注目してみると，短い部分で8.4m，長い部分で13.5mと非常に歪なことがわかる（イ）。また，②の稜角については，報告書でも述べられているように，正八角形であれば，135°であるところが，145°，150°と角度が大きい，という問題点がある。したがって，復元推定図は，無理に八角形にまとめるため，辺長の加減と丸味をおびた墳形で問題点を解消しようとしたものと判断される（ウ）[16]。また，主体部の位置と主軸は，墳丘の稜角，もしくは辺に対応するものであるが，ややずれているのも気がかりである（エ）。一方，側辺は，方位を意識しているようである（オ）。以上，（ア）～（エ）により，現段階では，吉田古墳を八角形墳と認めるのは難しい，と筆者は考える[17]。

群馬県西部域における八角形墳に類似する古墳に対しては，「多角形円墳」を提唱する右島和夫によって疑問視する見解が示されている（右島 2001）。各辺がゆるやかな弧状を呈し，角部も厳密に1点に限定できないこと，構成する辺の長さや角部の角度に一定の規則性が見出せないこと，6世紀第Ⅳ四半期という限られた時期を中心にすること，などの要素に注目して検討している。その結果，多角形プランを意識した墳形ではなく，葺石による単位作業の連続，つまり，効率的な作業の分節による直線の連続が結果的に不定形な多角形になった，と喝破した。＜八角形の円墳＞を意味する「多角形円墳」の提唱には賛成しかねるが，基本的には円墳，と理解する立場に賛同する。

河上邦彦も天皇陵以外の各地の八角形墳は，「円墳を意識して造営されたもので，張（原文ママ）り石などの積み上げげの際に構築上の必要から角が作られているだけではないか」と疑問を呈している（河上 2003）。河上の指摘が三津屋古墳も含むのであれば，賛同しかねるが，右島と同様に円墳を意識していると認定する点に賛成する。

このような見直し意見を受けて，多摩川流域の切石複室構造の横穴式石室を埋葬施設とする，有力古墳の墳形検討も行われている（新井 2004）。新井悟は，八角形墳と認定される根拠として，①墳丘斜面の石積みが遺存していて立体的に観察できる状態と，②墳丘の裾石列のみが依存していて平面的に観察できる状態，の2つをあげている。そして，確実に認定できるのは①であり，②のケースは，平面形が正八角形でない場合は，認定が困難，と否定的な見解を示した。傾聴すべき意見と言える。

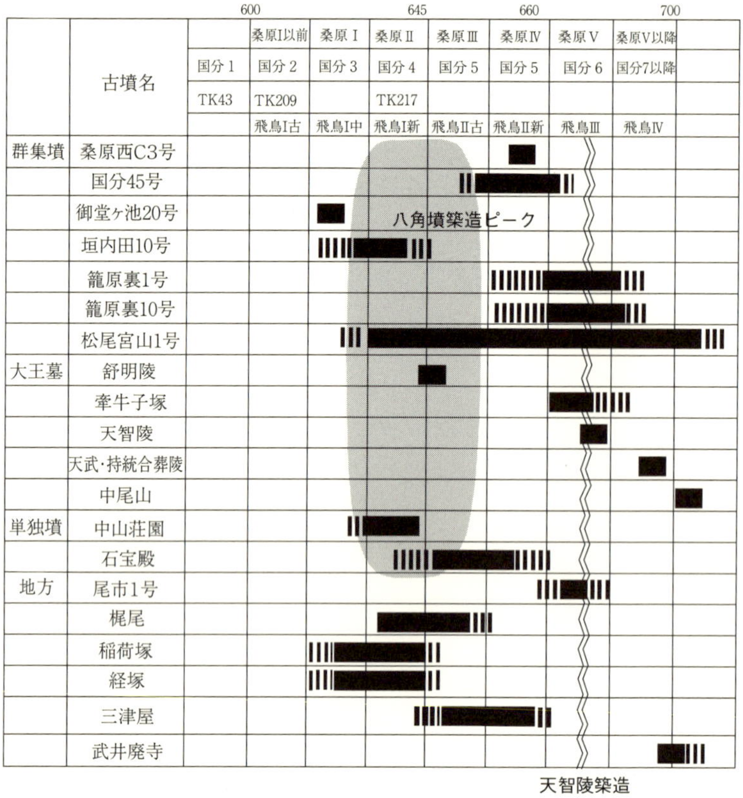

第149図　小川による「八角墳の稼働期」

最近，終末期群集墳内の八角形墳と陵墓としての八角形墳の時期・構造が，須恵器による綿密な時間軸をもとに検討された（小川2009）。陵墓が八角形墳を採用した時点以降，墳丘規制により，群集墳では八角形墳を築造できなくなった，との論旨である。「八角墳の稼働期」とする年代的位置づけ（第149図）は，それぞれの時期を一覧することができ，地方の八角形墳を理解するうえでも優れた作業といえる[18]。

一方では，地方の八角形類似墳を，積極的に評価して，畿内との関係を強調する言説[19]が常習化している。さらには地方の主体性を強調して，現代風に言えば，＜中央と同格の地方の時代＞を主張する一環の如くに語られることもある。しかし，今一度見直し，冷静に史的位置づけをすべきであることを改めて強調する。ここでは，大王や天皇の墓と同じ墳形を採用するような＜対等の独自性＞を，東国の被葬者が持ち合わせている時代では到底なかったし，あの前方後円墳の時代は50年以上も前に終わったのだ，と考える筆者の立場を明確にしたい。

最後に上円下方墳についても触れておきたい。この墳形も熊谷市宮塚古墳（国指定史跡）のように，上円部が著しく小規模で非常に特異な例があるなど，やはり認定が難しい。したがって，その史的位置づけにも慎重でありたい。しかし，このなかにあって，発掘調査により墳形が確定した沼津市清水柳北古墳，府中市熊野神社古墳，三鷹市天文台構内古墳，白河市野地久保古墳などは，石のカラト古墳に代表される畿内有力氏族との直接的な関係のなかで，その築造意義を考えることを可能にする歴史的背景をあわせもつ古墳といえる[20]。

3　最後の前方後円墳の築造時期と墳形の転換

前方後円墳の終焉後，円墳から方墳あるいは上円下方墳へ変遷する福島，栃木，埼玉，東京，円墳へ変遷する神奈川，茨城，方墳へ変遷する群馬，千葉というように，それぞれの地域で採用する墳形が異なり，強い独自性をもつ。方墳築造の背景に，蘇我氏など畿内の有力氏族との関連を考える説（白石 1990，石部 1990，安藤 1992 など）は，一定の説得力をもつ。しかし，本宗家よりも大型の墳丘をもつことを説明しにくい。

最後の前方後円墳の築造が，10 期（TK43～209）となるのは，東北，栃木，群馬，埼玉，東京，神奈川である。一方，茨城県域では，首長墓としての前方後円墳は，TK209 型式期までだが，前方後円形小墳（岩崎 1992）は，7 世紀後葉まで続くとする（日高 2010）。さらに，千葉県域においては，前方後円墳の築造が TK217 型式期まで及ぶとされる（田中 2010）。暦年代に置き換えてみると，現段階では，関東・東北地域における前方後円墳の築造は，7 世紀初頭段階にほぼ終焉を迎えるが，太平洋側の茨城・千葉の一部においては，それ以降も継続して築造された，と整理することができる。別の見方をすれば，のちの令制国とほぼ同じ版図をもつ大国造国は 7 世紀を迎えると間もなく終焉し，小地域を版図とする小国造国は 7 世紀になっても一定期間継続する，と整理することができる。

註

1）　主に参考とした文献を示しておきたい。

近藤義郎編 1994『前方後円墳集成』東北・関東編　山川出版社

石野博信編 1995『全国古墳編年集成』雄山閣出版

東北・関東前方後円墳研究会 1996～2013『第 1～18 回東北・関東前方後円墳研究会大会発表要旨』

広瀬和雄・和田晴吾編 2011『講座　日本の考古学』7　古墳時代（上）青木書店

一瀬和夫・福永伸哉・北條芳隆編 2012『古墳時代の考古学』2　古墳出現と展開の地域相　同成社

なお，茨城県玉里古墳群については，十分に評価が定まっていない。そこで下記の文献を参考にして主に明治大学による測量調査成果と埴輪の編年観をもとにして第 145 図を作成した。

新井　悟 2003「霞ヶ浦北岸における後期古墳の細分」『シンポジウム後期古墳の諸段階』第 8 回東北・関東前方後円墳研究会

小林三郎編 2000『玉里村権現山古墳発掘調査報告書』玉里村教育委員会

佐藤祐樹 2004「茨城県霞ヶ浦北岸における後期古墳の測量調査」『駿台史学』第 120 号　駿台史学会

塩谷　修 1997「霞ヶ浦沿岸の埴輪──5・6 世紀の埴輪生産と埴輪祭祀──」『霞ヶ浦の首長──古墳にみる水辺の権力者たち──』袖ヶ浦町郷土資料館

白石真理 1999「玉里村滝台古墳採集の埴輪」『玉里村立史料館報』vol.4

田中広明 1988「霞ヶ浦の首長」『婆良岐考古』第 10 号　婆良岐考古学同人会

千葉隆司編 2000『風返稲荷山古墳』霞ヶ浦町遺跡調査会

伝田郁夫 2002「霞ヶ浦高浜入り周辺の埴輪生産の展開とその特質」『駿台史学』第 116 号　駿台史学会

日高　慎 2003「霞ヶ浦周辺の円筒埴輪──編年研究をおこなうための前提作業──」『埴輪研究会誌』第 7 号　埴輪研究会

日高　慎 2010b「茨城県玉里古墳群にみる古墳時代後期首長墓系列」『考古学は何を語れるか』同志

社大学考古学シリーズ刊行会
本田信之 1999「閑居台古墳採集の埴輪」『玉里村立史料館報』vol.4
本田信之 2001「玉里村山田峰古墳採集の埴輪」『玉里村立史料館報』vol.6
茂木雅博・稲村繁・塩谷修編 2002『常陸の円筒埴輪』茨城大学人文学部考古学研究室

2) 17基のうち，110mを超える最大級規模の前方後円墳が，太田東矢島古墳群に3基存在することが注目される（加部 2009)。

3) 橋本博文・加部二生 1994「上野」『前方後円墳集成』東北・関東編　山川出版社，に依拠した。右島も1991年の調査成果をもとに遠見山古墳を古墳群形成の端緒と位置づけている（右島 1994)。周湟底面直上にFAが確認されたことを年代の根拠としている。加部によれば遠見山古墳にはB種横ハケ円筒埴輪が伴う。これに依拠すれば，遠見山古墳は本論の位置づけよりも一段階遡ることになる。また，総社愛宕山古墳の位置づけについては，「三世代と捉えて問題ないのか」と問いかけて，石室と家形石棺の検討から7世紀初頭まで引き上げる意見が示されている（加部 2010)。この論に従えば，前方後円墳終焉直後に大型方墳が築造され，50年ほど空白期間を経て，宝塔山・蛇穴山両古墳が営まれることになる。

4) 石岡市舟塚山古墳群においては，舟塚山古墳のほかに府中愛宕山古墳を含めて90m級以上の古墳が4基存在していたとの指摘がある（小林編 2000，伝田 2002など)。高浜入り周辺の古墳群については，大型前方後円墳が集中するが，そのほとんどが未調査であり，主体部等の内容が判明している古墳はほんの一部である。また，推定100mの前方後円墳である大井戸古墳の位置づけも課題である。将来，それぞれの単位群をつなぐような共通の要素（葬送儀礼など）が判明した時点で，ひとつの政治的まとまりとしての「高浜入り古墳群」の認定が確固たるものとなろう。第145図には，以上のような視点で，玉里古墳群以外の主要古墳を文字で編年表に示し，将来に備えた。「高浜入り古墳群」は，7世紀代の方墳化・円墳化の違いを除けば，5・6世紀においては内裏塚古墳群と非常によく似た展開となることがわかる。

5) 内裏塚古墳群は，6期の内裏塚古墳を嚆矢として，7世紀後半まで連続するようにみえるが，8期に大型墳の空白があり，一旦途切れて，9期に開始すると位置づけられる。ただし，上野塚古墳が，8期に位置づけられる（小沢洋 1994「上総」『前方後円墳集成』東北・関東編　山川出版社)。復元規模は，44.5mの前方部が短い前方後円墳で，首長墓系列には加えられない。

6) A類については，5世紀後半の画期を重視する，4つの先行研究がある（右島 1990，土生田 2004，内山 2011，山田 2011)。

右島は，上野において5世紀後半に，①100m前後の前方後円墳が数多く築造されること，②複数の古墳が，近接した位置に，しかも時期的に連続して築造されること，に注目し，墓域の概念が導入され，首長権の世襲化が確立した，と評価している。

土生田の視点は，①5世紀後半に各地において首長墓造営地の固定化があること，②この時期に固定化した首長集団は，律令時代初期まで造墓活動を継続させること，③各地における国造系譜の起源となること，④畿内と結びついた系譜への首長権の固定と位置づけられること，の4点に整理できる。さらに，畿内と結びついた階層以下においては，地域固有の論理が継承されていることを主張し，畿内中心主義に強い警鐘を鳴らした論と位置づけられる。本論における後期首長墓変遷の3類型の1つに照準を合わせている。

内山は8期の埼玉稲荷山古墳，井出二子山古墳，摩利支天塚古墳の3基を首長墓造営地固定化の出発点と評価するとともに，畿内政権が配布した鈴杏葉や小札甲の分布をもとに北関東西部（上毛野・下毛野・北武蔵）に広域の地域間関係をみる点に独自性がある。

山田はTK23～47型式期に位置づけた上毛野（井出二子山古墳），下毛野（摩利支天塚古墳），北武蔵（埼玉稲荷山古墳）のそれぞれの地域で，大型多条円筒埴輪から小型円筒埴輪までの埴輪秩序が形成された大きな画期と評価している。地域社会の再構成を念頭に置いている点に先見性がある。

7）内裏塚古墳群が，須恵国造比定地に営まれていることから，小国造国は，すべてB類である，とすることは難しい。

8）池上悟は，東国の横口式石槨を5類型化する。そして，谷地久保古墳例を壱類として，「畿内における横口式石槨の形成を直截的に表出するもの」と評価する（池上 1985）。地元研究者間でも，横口式石槨＝畿内の影響説が定説化している。

その一方では，和田晴吾による石工関係の状況や葬制の変化を踏まえ，系譜関係を重視した畿内の分類（和田 1989）と対比するとき，一番近似するのはどの古墳なのかをなかなか特定できない現状もある。系譜と畿内の影響の中身を突き詰める必要がある。

9）下野市甲塚古墳においては，基壇上に埴輪をめぐらすとともに，横穴式石室に寄った位置で，2.5m四方の範囲から大量の須恵器と土師器が出土している（国分寺町教育委員会 2005）。基壇上における供献と共飲・共食を伴う葬送儀礼を想定することができる。

10）一方，埼玉古墳群においては，瓦塚古墳の造り出し部出土の須恵器，土師器の解釈の1例が示されている（若松 1990）。若松は，造り出しの機能を第一義的に柩の搬入路，第二義的に殯に用いた飲食器の廃棄場とする。考古学的にこの推論の可否の判断をするのは難しい。しかし，埼玉古墳群においては，中堤造り出し部とともに，葬送儀礼に必要不可欠な装置として代々受け継がれた古墳の大切な要素の1つであることは，想像に難くない。

11）2007年5月から2009年6月にかけて，8回にわたって「東国における前方後円墳の終焉」をテーマに研究会を重ね，シンポジウムを開催した東国古墳研究会（代表：広瀬和雄）のメンバーによる研究成果に依拠しながら記述する。筆者もメンバーの一員として参加し，研究成果は，『前方後円墳の終焉』として2010年に雄山閣から出版されている。＜東国古墳研究会メンバー＞　秋元陽光・池上悟・太田博之・賀来孝代・柏木善治・加部二生・小森哲也・紺野英二・田中裕・西川修一・日高慎・広瀬和雄・藤沢敦　以上13名（50音順）。

12）南東北3県，宮城・山形・福島を対象とする。北東北3県において，7世紀以降にみられる「末期古墳」については，倭系の終末期古墳とは区別すべき，とする意見（藤沢 2004）に従う。

13）岩崎卓也（1992）の命名による。小規模の前方後円墳あるいは帆立貝形古墳で墳丘裾部あるいは前方部に箱式石棺などの地下埋葬施設をもつ点に特徴がある。

14）日高慎による茨城県風返稲荷山古墳（TK209型式期）・打越十日塚古墳（TK209型式期）の埋葬施設との対比からTK217型式期に位置づける説（日高 2000），白井久美子の副葬品の年代観による7世紀第1四半期～第2四半期説（白井 2002），白石太一郎による7世紀第1四半期説（白石 2002）などがあり，評価が分かれている。白石は，風返稲荷山古墳を6世紀第4四半期に位置づけ，龍角寺浅間山古墳との整合性を図る（白石 2002）。

15）第21表では，八角形墳と確定できない例は，「八角形？」あるいは「多角形？」と表記し，将来の議論に備えた。

16）このことは，一番遠い稜角どおしを結ぶ6本の対角線を引いたとき，6つの交点がまったく収束せず，ばらばらであることからも言える（第148図にラインを加筆）。この状況は，現段階の調査所見からは，円墳にもならないことを意味している。後世の改変により，墳形が復元できない可能性も否定できない。

17）ただし，今後の調査の進捗により，（オ）を生かしながら筆者の危惧が杞憂に終わる可能性は残されている。

18）ただし，小川が3例あげた八角形墳（茨木市桑原西C3号墳・亀岡市国分45号墳・京都市御堂ヶ池20号墳）の認定については，疑問が残る。理由は，小川自身も，文中で3例とも「やや不整形」と記載しているが，石室位置も墳形も，＜非常に不整形＞だからである。小川は，地方における，あるいは群集墳中の八角形墳の存在に慎重な先行研究（右島 2001，河上 2003，新井 2004など）に触れていないが，これらの諸論を踏まえれば，結論はちがう方向へ向かう可能性がある。

19）たとえば，八角形墳は，方墳・円墳を否定することから採用された，地方への武力による勢力拡張を示す，きわめて政治的な色彩を帯びた形態とする位置づけ（寺社下 1997）などがある。寺社下博の論は，畿内以外の八角形墳を変形八角形・不正八角形・正八角形と3分類する点に独自性をもつ。しかし，その分類は，行論に反映せず，「地方の八角形墳」と一括りにしてしまう点に問題を残している。

20）上円下方墳が，3基（熊野神社古墳・天文台構内古墳・山王塚古墳）確認されている南武蔵については，胴張り式横穴式石室を伝統的に構築した地域を主体として，「上円下方墳体制」の施行をみる意見が提示されている（池上 2013）。筆者は，「体制」と呼べるほどの資料的裏づけを持ち合わせないが，在地の主体性に重きを置き，覇権が7世紀後半段階に北武蔵から南武蔵に遷ったと想定し，東山道武蔵道ルートに沿うことに注目する池上悟の視座は学ぶところが大きい。

参考文献

網干善教ほか 1984「東北地方南部における終末期古墳の調査」『関西大学考古学研究紀要』4　関西大学考古学研究室

新井　悟 2004「多摩川中・下流域における7世紀の古墳の墳丘形態」『明治大学校地内遺跡調査団年報』1（2003年度）明治大学

安藤鴻基 1980「房総七世紀史の一姿相」『古代探叢』早稲田大学出版部

安藤鴻基 1992「終末期方墳」『国立歴史民俗博物館研究報告』第44集　国立歴史民俗博物館

池上　悟 1985「東国横口式石槨考」『宗教社会史研究』II　雄山閣出版

池上　悟 2010「各地域における前方後円墳の終焉　東京都」『前方後円墳の終焉』雄山閣

池上　悟 2013「武蔵地域における展開期横穴墓の一様相」『立正大学大学院紀要』第29号　立正大学大学院文学研究科

石部正志 1990「飛鳥時代の大円墳と大方墳」『播磨考古学論集』今里幾次先生古稀記念会

今尾文昭 2005「八角墳の出現と展開」『終末期古墳と古代国家』吉川弘文館

岩崎卓也 1992「関東地方東部の前方後円形小墳」『国立歴史民俗博物館研究報告』第44集　国立歴史民俗博物館

上野恵司 1996「総の終末期古墳について」『立正史学』第80号　立正大学史学会

上野恵司 2000a「関東の大型方墳」『考古学論究』第7号　立正大学考古学会

上野恵司 2000b「終末期の方墳について──関東地方を中心に──」『立正史学』第87号　立正大学史学会

内山敏行 2011「中期後半から後期前半の下毛野」『季刊考古学別冊 17　古墳時代毛野の実像』雄山閣
太田博之 2006「北武蔵における古墳時代後期の動向」『関東における後期・終末期古墳群の諸相　予稿集』明治大学古代学研究所
太田博之 2010「各地域における前方後円墳の終焉　埼玉県」『前方後円墳の終焉』雄山閣
小川裕見子 2009「終末期群集墳内における八角墳と大型八角墳の関係」『古代学研究』184　古代学研究会
小沢　洋 1992「上総南西部における古墳終末期の様相」『国立歴史民俗博物館研究報告』第 44 集　国立歴史民俗博物館
小沢　洋 2006「上総における古墳群構成の変化と群集墳」『関東における後期・終末期古墳群の諸相　予稿集』明治大学古代学研究所
小沢　洋 2013『千葉県富津市内裏塚古墳群総括報告書』富津市教育委員会
賀来孝代 2010「東国における埴輪の終焉」『前方後円墳の終焉』雄山閣
柏木善治 2010「各地域における前方後円墳の終焉　神奈川県」『前方後円墳の終焉』雄山閣
加部二生 1985「前橋地区の埴輪」『第 6 回三県シンポジウム　埴輪の変遷――普遍性と地域性――』北武蔵古代文化研究会
加部二生 2009「太田市東矢島古墳群の再検討」『利根川』31　利根川同人会
加部二生 2010「各地域における前方後円墳の終焉　群馬県」『前方後円墳の終焉』雄山閣
河上邦彦 1997「終末期古墳の立地と風水思想」『堅田直先生古希記念論文集』堅田直先生古希記念論文集刊行会
河上邦彦 2003「終末期古墳の問題点」『季刊考古学』第 82 号　雄山閣
久保哲三 1986「古墳時代における毛野，総」『岩波講座日本考古学』5 文化と地域性　岩波書店
国分寺町教育委員会 1990『甲塚古墳――平成 16 年度規模確認調査――』国分寺町教育委員会
小森哲也 2010「各地域における前方後円墳の終焉　栃木県」『前方後円墳の終焉』雄山閣
埼玉県立さきたま史跡の博物館 2010『ガイドブックさきたま』埼玉県立さきたま史跡の博物館
塩谷　修 1992「終末期古墳の地域相」『土浦市立博物館紀要』4 号　土浦市立博物館
寺社下博 1997「地方の多角形墳」『生産の考古学』倉田芳郎先生古稀記念会　同成社
白井久美子 2002「年代的位置づけ」『印旛郡栄町浅間山古墳発掘調査報告書』第 1 分冊　千葉県
白井久美子 2006「関東の後・終末期古墳群の特性」『関東における後期・終末期古墳群の諸相　予稿集』明治大学古代学研究所
白石太一郎 1990「古墳の終末と古代国家の成立」『古墳文化の終焉』栃木県立しもつけ風土記の丘資料館
白石太一郎 2002「東国古代史における浅間山古墳の位置」『印旛郡栄町浅間山古墳発掘調査報告書』第 1 分冊　千葉県
白石太一郎・杉山晋作・設楽博己・大久保奈々 1996『国立歴史民俗博物館研究報告』第 65 集　千葉県成東町駄ノ塚古墳発掘調査報告　国立歴史民族博物館
白石太一郎ほか 2002『印旛郡栄町浅間山古墳発掘調査報告書』（財）千葉県史料研究財団
杉崎茂樹 1992「北武蔵における古墳時代後・終末期の諸様相」『国立歴史民俗博物館研究報告』第 44 集　国立歴史民俗博物館
杉山晋作ほか 1991『成東町西ノ台古墳確認調査報告書』千葉県教育委員会
鈴木　功 2002『舟田中道遺跡Ⅱ』白河市教育委員会

鈴木　功 2006『白河郡衙遺跡群』同成社
鈴木功・佐藤圭司・石井洋光・鈴木一寿 2005「野地久保古墳の発見」『福島考古』第46号　福島県考古学会
鈴木功・鈴木一寿 2009「野地久保古墳の調査」『考古学ジャーナル』592号　ニュー・サイエンス社
鈴木一寿 2003『下総塚古墳発掘調査報告書（第6次調査）』白河市教育委員会
鈴木一寿 2010『野地久保古墳発掘調査報告書』白河市教育委員会
鈴木一寿・鈴木功 2005『谷地久保古墳発掘調査報告書（第4次調査）』白河市教育委員会
関口慶久 2007「第Ⅴ章　吉田古墳と八角形墳」『吉田古墳』Ⅱ　水戸市教育委員会
瀧野　巧 1996『三津屋古墳』吉岡町教育委員会
田中　裕 2010「各地域における前方後円墳の終焉　千葉県」『前方後円墳の終焉』雄山閣
千葉県教育庁文化課編 1986『千葉県富津市内裏塚古墳群測量調査報告書』千葉県文化財保護協会
永沼律朗 1992「印旛沼周辺の終末期古墳」『国立歴史民俗博物館研究報告』第44集　国立歴史民俗博物館
萩原恭一 2006「下総地域における後期古墳群・群集墳」『関東における後期・終末期古墳群の諸相　予稿集』明治大学古代学研究所
土生田純之 2004「首長墓造営地の移動と固定――畿内中心主義の克服に向けて――」『福岡大学考古学論集――小田富士雄先生退職記念――』小田富士雄先生退職記念事業会
日高　慎 2000a「雲母片岩使用の横穴式石室と箱形石棺」『風返稲荷山古墳』霞ヶ浦町教育委員会
日高　慎 2000b「関東地方における最終末前方後円墳と風返稲荷山古墳」『風返稲荷山古墳』霞ヶ浦町教育委員会
日高　慎 2010a「各地域における前方後円墳の終焉　茨城県」『前方後円墳の終焉』雄山閣
日高　慎 2010b「茨城県玉里古墳群にみる古墳時代後期首長墓系列」『考古学は何を語れるか』同志社大学考古学シリーズ刊行会
広瀬和雄 2010「東国における前方後円墳の終焉」『前方後円墳の終焉』雄山閣
広瀬和雄 2011「下野地域の後・終末期古墳の歴史的意義」『国立歴史民俗博物館研究報告』第163集　国立歴史民俗博物館
福島雅儀 1986「阿武隈川上流域の切石積横穴式石室」『考古学雑誌』72巻2号　日本考古学会
福島雅儀 1992「陸奥南部における古墳時代の終末」『国立歴史民俗博物館研究報告』第44集　国立歴史民俗博物館
福島雅儀・福田秀生 2003「陸奥南部における畿内系横口式石室の新例――浅川町染古墳の検討――」『行政社会論集』第15巻第3号　福島大学行政社会学会
福島雅儀 2010「陸奥国南端の畿内型終末期古墳」『同志社大学考古学シリーズX　考古学は何を語れるか』同志社大学考古学シリーズ刊行会
藤沢　敦 2004「倭の「古墳」と東北北部の「末期古墳」」『古墳時代の政治構造』青木書店
藤沢　敦 2010「各地域における前方後円墳の終焉　東北」『前方後円墳の終焉』雄山閣
富津市教育委員会 2011『千葉県富津市内裏塚古墳群　富津市文化財ガイドブック』富津市教育委員会
古谷　毅 1991「第2節　後期古墳の問題点」『原始・古代日本の墓制』同成社
松崎元樹 2006「多摩川流域および周辺における後・終末期古墳群の特性と地域構造」『関東における後期・終末期古墳群の諸相　予稿集』明治大学古代学研究所

三浦茂三郎 2000「東国古墳の終焉」『大塚初重先生頌寿記念考古学論集』東京堂出版
三浦茂三郎 2010「群馬県における後・終末期古墳からみた律令制郡領域の研究Ⅰ」『群馬県立歴史博物館紀要』第31号　群馬県立歴史博物館
右島和夫 1985「前橋市総社古墳群の形成過程とその画期」『群馬県史研究』22　群馬県史編さん委員会
右島和夫 1988「総社愛宕山古墳の墳丘・石室測量調査」『群馬県史研究』28　群馬県史編さん委員会
右島和夫 1990「古墳から見た5，6世紀の上野地域」『古代文化』42巻7号　古代学協会
右島和夫 1992「古墳から見た6，7世紀の上野地域」『国立歴史民俗博物館研究報告』第44集　国立歴史民俗博物館
右島和夫 1994「第6章　総社古墳群の研究」『東国古墳時代の研究』学生社　付記（p.252）による
右島和夫 2001「6世紀後半における多角形円墳の出現とその背景──群馬県地域における多角形墳の再検討──」『群馬県立歴史博物館紀要』第22号　群馬県立歴史博物館
皆川隆男ほか 2003『稲古舘古墳・稲古舘遺跡』須賀川市教育委員会
山田俊輔 2011「毛野の埴輪」『季刊考古学別冊17　古墳時代毛野の実像』雄山閣
若松良一 1990「造り出し出土の供献土器について」『調査研究報告』第3号　埼玉県立さきたま資料館
和田晴吾 1989「畿内・横口式石槨の諸類型」『立命館史学』10号　立命館史学会

図表出典

第138図：筆者作成
第139図：右島 1985および加部 1985をベースにして筆者作成
第140図：埼玉県立さきたま史跡の博物館 2010
第141図：千葉県教育庁文化課編 1986・小沢 2013
第142図：白石太一郎ほか 2002
第143図：白石・杉山・設楽・大久保 1996
第144図：伝田 2002・佐藤 2004をベースにして筆者作成
第145図：註1）の文献を参考にして筆者作成
第146図：筆者作成
第147図：瀧野 1996
第148図：関口 2007（一部加筆）
第149図：小川 2009
第21表：欄外に示した文献を参考にして筆者作成，淺海莉絵氏（國學院大學大学院）の御教示を得た

終章　古墳時代終末期から律令国家成立期の東国

第1節　東国からみた6～7世紀史の素描

1　社会構成モデル

古墳時代の首長は，絶対的な武力あるいは資質や人格をもとに推戴されたのではなく，首長連合と呼び替えることができる連合的な政権によって支えられていたものと推断される。そのモデルとして，考古学と文化人類学の分野で3人の研究者の考察に注目してみよう。

古墳時代後期に限定せず，中期から通観するならば，和田晴吾によるモデルが極めて示唆に富む（第150図）（和田 2000）[1]。

中期においては，旧国の1/2から1/4程度の広がりをもつ地域首長連合（地域における在地首長層の同族的な結合）が各地に存在する。そしてこれらの地域首長連合を包括するかたちで，畿内から吉備にかけての範囲に，大王や大首長を中心とした畿内首長連合が存在し，ヤマト政権の中枢を形成していたとされる（和田 1994）。

後期になると，大王権が隔絶化するとともに，首長層は王権内に取り込まれて官人化する。古墳の示す秩序としては，奈良盆地にみられる，大王に近くより官人的性格を強めた円墳のみで上下を構成する新しいタイプの首長（C型），上位の前方後円墳と下位の円墳からなる，相対的な独自性を残す古いタイプの首長（B型），関東にみられる大小の前方後円墳が上下を構成し，

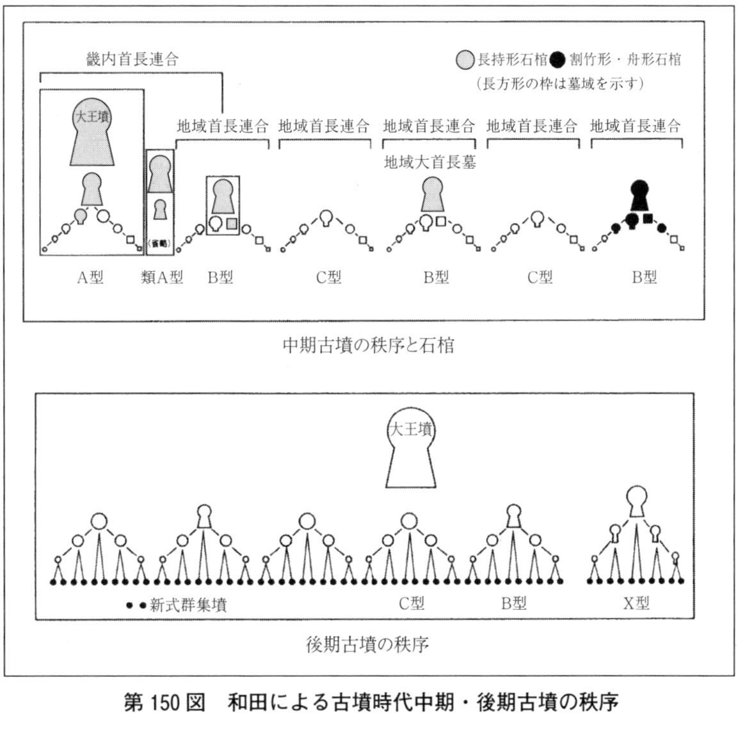

第150図　和田による古墳時代中期・後期古墳の秩序

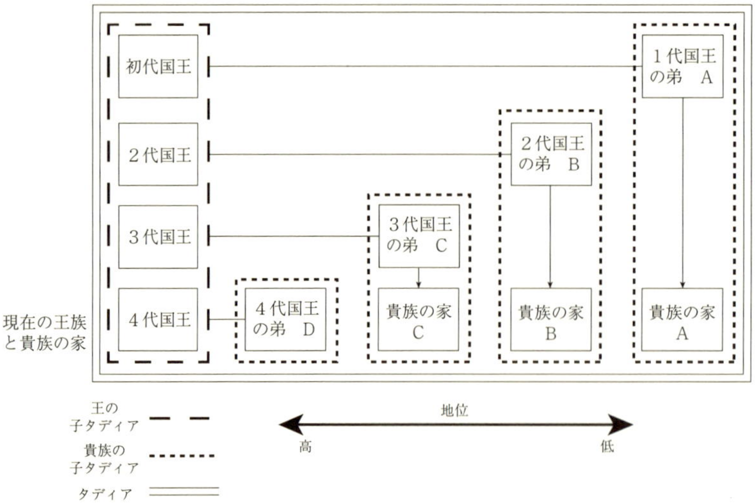

第151図　ギアツによる「地位沈降の原理」

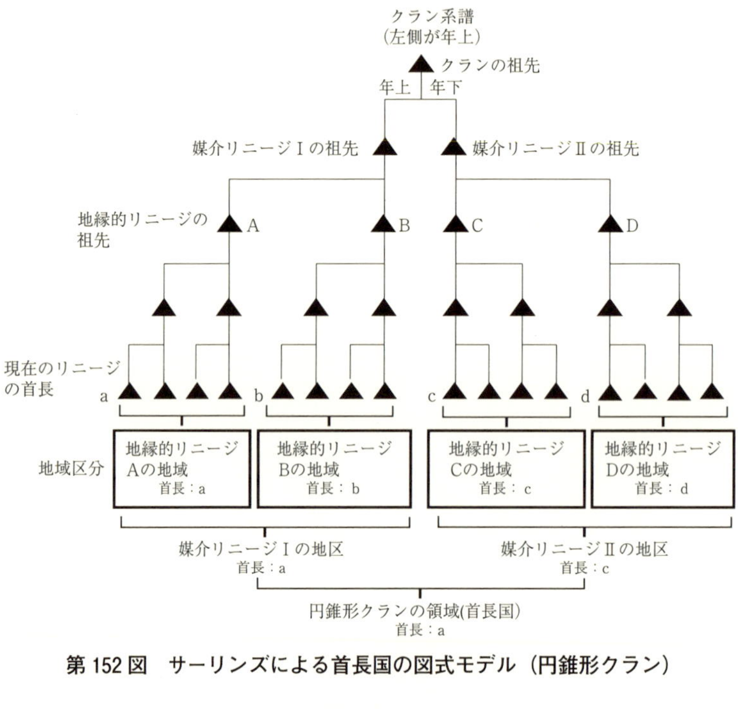

第152図　サーリンズによる首長国の図式モデル（円錐形クラン）

円墳をまじえつつ築かれる相対的独自性を維持する首長（X型）の3つに類型化されている（和田 1996・1998）。論の根底にあるのは，円墳＝王権に近く官人化が進んだ首長，前方後円墳＝官人化があまり進まない在地土豪的性格が強い首長という図式である（和田 2004）。9・10期に大王墳が巨大な前方後円墳を築造していることを勘案すると，関東の大型前方後円墳をはたしてそう断じてよいかどうか疑問が残るが，畿内の前方後円墳を含まない古墳群の説明には必要十分と言える。

C.ギアツは，19世紀のインドネシア・バリ島における支配階級の内部組織について論じている（ギアツ 1990）。その制度として，①村落を越える次元での権威を持ち得る称号を生まれながらに与えられた者（上級カースト）とそうした権威を持ち得ない称号を与えられた人口の約9割を占める者の峻別，②位階制的出自集団構造，の2点をあげている。このうち，②の基本単位を構成するのは，バリにおいてダディアと呼ばれる疑似リニージ（共通の祖先に出自をもつ男系の子孫）である[2)]。日本の古墳時代とは，地域性そして時間軸において隔絶のあるこの所見に筆者が関心をもつのは，②に関してギアツがダディア内部を統合する体系と位置づける＜地位沈降の原理＞と称するモデルである（第151図）。基本は，男系親族体系と長子継承にあるが，系統を現在において代表する人物がダディア内最高位にあり，初代，2代，3代……と王弟の系譜が順次序列が下降していく図式は，古墳時代における階層差のある複数の有力者層の形成過程を考えるうえで興味深い。ダディアは国家の組織単位であり，権力を求めて競い合い，ひとたび権力が確保されれば，儀礼を通じてその権威の正統性を主張したという。①の称号体系により正統性を与えられ，②の親族体系はその正統性に社会形態を与えた，とギアツは評価する。このモデルをそのまま直接に日本の古墳時代に導入することは，極めて困難と言わざるを得ない（ギアツ自身も図式化が過ぎた理念型，と自己評価している）。考古学は，男系社会，そしてカースト制にみられる身分体系の存否について十分に語ることができないからである。しかし，古墳時代において共通の祖先に出自をもつ集団を形成していたと仮定したとき，現在の首長からの距離によって序列が決定する＜地位沈降の原理＞は，同一の墓域内に築造された前方後円墳にみられる階層性の背景理解の一助とすることができる，と思われるである。

一方，M.D. サーリンズは，部族社会と国家の中間に首長国をおき，首長国は序列社会ではあるが階級社会ではないと定義し，その組織を円錐形クランとする（M.D. サーリンズ 1972）。円錐形クランは，父系・長子相続を基本とする広範囲の共通出自集団である。系譜線に沿って分節，等級化され，その区別は祖先からの系譜上の距離によってなされる（第 152 図）。図中の地域区分のうち，首長 a は首長 b に対して優位にあり，首長 c は首長 d より上位に位置づけられ，最終的に首長 a が首長 c の上位となり首長国の首長として最高位を獲得する。サーリンズは，以上のような円錐形クラン線上での首長国の統合を図解している[3)]。

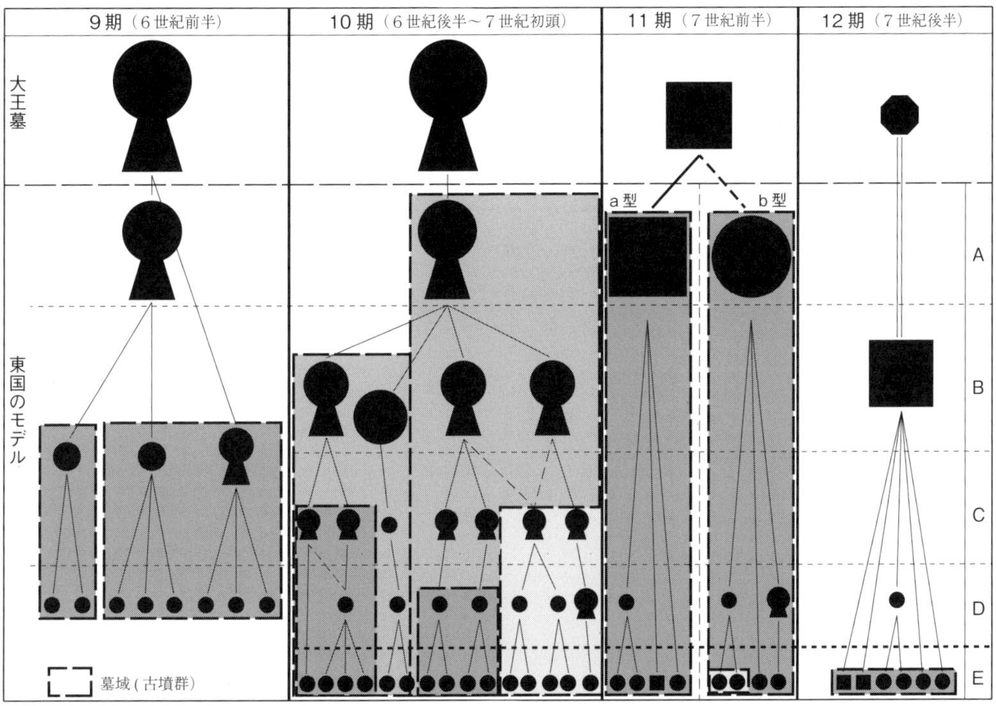

第 153 図　古墳からみた社会構成の変遷モデル

筆者は，しもつけ古墳群の墳丘規模から前方後円墳に4ランク，円墳に3ランクの階層があることを確認した（第2章第1節）。そこで，この成果をもとに，古墳からみた社会構成モデルを作成した（第153図）[4]。9期から12期までを大づかみに通観すると，9期から10期への＜複雑化＞，その後一転して11期・12期へ＜単純化＞する点が特徴的である。これは，古墳時代前期から後期にかけて，社会構造が流動的→固定的に変化すると主張する林正憲の見解と一部で通底する（林 2010）。このような整理は，一見すると社会の複雑化を国家への階梯とする論に反する。しかし，この＜単純化＞は，中央の意向が，直接末端まで行き届くような段階に至ったことを示していると考えてよいだろう。具体的には，『日本書紀』が伝える，最初の全国的な戸籍である天智天皇9（670）年の庚午年籍や持統天皇4（690）年の庚寅年籍にみられる，律令国家の重要な要素の1つである個別人身支配への道程を示す，と位置づけられる。前方後円墳終焉後の11期から12期へのモデルが示すように，地方における中間層の下降と，中央から任用された官人化に伴う地域首長層の相対的地位の下降，の2点に現れた地域編成の存在を読み取ることができる。さらには，前方後円墳の築造数の多さと群集墳の増大の背景にも一定の示唆を与えてくれるモデ

第22表　旧国単位における前方後円墳の消長（●前方後円墳　■前方後方墳　○円墳　□方墳）

地域＼年代		西海道									南海道						山陽道								山陰道						
		薩摩	大隅	日向	肥後	肥前	筑後	筑前	豊後	豊前	土佐	伊予	讃岐	阿波	淡路	紀伊	長門	周防	安芸	備後	備中	備前	美作	播磨	石見	出雲	伯耆	因幡	但馬	丹後	丹波
	1					●	□	● ■	●	●		●	●	●				□		●	■ ●	■ ●	■ ●	■ ●		□		□		□	●
300	2		●	●				●		●		●	●	■		●	●	●	●	●	●	●	●	●		□	□	■	○	□	■
	3	○	●	●	●	●		●		●		●	●	●		■	●	●	●		●	■ ●	■ ●	■ ●		□	●	●		●	●
	4		●	●	●	●		●	●	●		●	●	●		●	●	●	●	●	●	●	●	●	●	●	●	●		●	●
400	5		●	●	●	●		●	●	●	●	●	●	●			●	●		●	●	●	●	●	●	□	●	●	●	●	□
	6		●	●	●	○		●	○			●				●	●	○	●	●	●	●	●	●	○	□			○	○	●
	7		●	●	●	●		●				●	●	●		●		●	○	●	●	●					○		●		
500	8			●	●	●	●	●		●		●	●			●		●		●	●	●	●			■	●		●	●	
	9			●	●	●	●	●	●	●	●	●	●			●	●	●			●	●	●	●	●	■	●	●	●	○	●
600	10	○		○	○	●	●	●	●	●		●	○	●		●	●			●	●	●	●	●	●	● ■	●	●		○	●
	11					○		○				□				□		○							□	□	○	○	○	□	
700	12																			□	□			□		□			□		

〈参考文献〉近藤義郎編 1991・1992・1994『前方後円墳集成』全2巻　山川出版社，石野博信編 1995『全国古墳編年表』雄山閣出版，広瀬和
出現と展開の地域相　同成社

ルと言えよう。

集落の動向も振り返ってみたい。集落の変遷の第 3 の画期は，11 期と 12 期の間にあった。この時期に開始された集落が，その後奈良・平安時代を通じて地域の拠点となる大規模集落になる。これを律令国家のスタートラインと位置づけた（第 2 章第 4 節）。

さて，古墳からみた社会構成モデルの 10 期とサーリンズの円錐形クラン（第 152 図下段部分）を比較してみると，対応する部分が非常に多いことに気づく。したがって，古墳から復元した社会構成が，首長制社会における円錐形クランに非常に近い構成をもっていた可能性が高いと考えることができる。古墳時代前・中期における古墳の規模からみた円錐形階層構成図の提示（田中 2002・2003）も示唆に富む。ただし，古墳時代＝首長制社会をそのまま結論とするには，現段階ではまだ示すべき論拠が十分とは言えないことも自覚している。古墳の動向に主眼を置く本論には，首長制社会を規定する経済構造（互酬性と再配分）の究明が課題として残る。

前方後円墳の消長について，便宜的に旧国単位で整理した。その導入時期におけるバラつきとは対照的に，倭全体でほぼ一斉に終焉をむかえていることがわかる。ただし，より詳細にみてみ

北陸道						東山道								東海道															畿内				
越後	越中	能登	加賀	越前	若狭	出羽	陸奥	下野	上野	信濃	飛騨	美濃	近江	常陸	下総	上総	安房	武蔵	相模	甲斐	伊豆	駿河	遠江	三河	尾張	志摩	伊勢	伊賀	摂津	和泉	河内	大和	山城
	■	■	■				■	■	■	■		■	■	●	■	●		■	●			■			■				●		●	●	●
														■		■																	
	■	■	■			■	■	■	■	●		■	■	■	■	■		●	●	●		●	■	■	■		■		●		●	●	●
■	●	■	■	■	■	■	●	■	●	●		●	●	●	●	●		●	●	●	●	●	●	●	●		●		●	●	●	●	●
●	●	●	●	●		●	●	○	●	●		●	●	●	●	●		●	●	●		●	●	●	●		●	●	○	●	●	●	●
●	○	●	●	●	●		○	○	●	●		●	●	●	●			●	●	○		●	●	●	●		●	●	○	●	●	●	●
○	○	●	●	●	●		○	●	●	●		●	●		○			●		□	○	●	●	●	●		●	●	●	●	●	●	●
○		●	●	●	●	●	●	●	●	●		●	●			●		●	●	●	○	●	●	●	●	○	●	●	●	●	●	●	●
	●	●	●	●	●		●	●	●	●		●	●	●		●		●		○	○	●	●	●	●		●	●		●	●	●	●
	●	●	●	●	●		●	●	●	●		●	●	●	●	●		●		○	●	●	●	●	●	●	●	●	●		●	●	●
		○	○	○	○		●	●	●	●	●	●	●	●	●	●	●	●	●	○		○	●	●	●		○	●			●	●	●
																■	?																
														●	●																		
	○	□	□				□	○	□	□	□	□	○	□	□	□		○	○			○		○									
																						□											
		□					□	□	□					□	□	□		□															

雄・和田晴吾編 2011『講座　日本の考古学』7 古墳時代（上）青木書店，一瀬和夫・福永伸哉・北條芳隆編 2012『古墳時代の考古学』 2 古墳

ると，8ないし9期から段階的に少しずつ前方後円墳を築造しない地域がでてきていることがわかる（第22表）。一方，千葉・茨城など東関東地方では10期以降も小規模前方後円墳の築造がみられることもすでに記した（第5章第2節）。遅くまで残る状況を第153図の11期b類Dランクに位置づけられる小規模前方後円墳で示した。これらの小規模前方後円墳は，畿内との関係で築造されたものではないと考えることができる。理由は，この時期にはすでに前方後円墳を通じて政治的関係を表現する時代は，過去のものとなっていたと推定されるからである。11期にみられる小規模前方後円墳は，10期に拡大した地域内の首長間の関係がすぐには解消されず，その残存形態であると判断することができる。村落レベルでは，未だ前方後円墳の権威は一定の有効性をもって通用しており，そこにこだわり続ける地方有力者と，黙認することによって地方の末端に至るまで円滑な支配を目論む畿内首長連合の姿を群集墳中の小規模前方後円墳にみることができる。

東国以外の地域の古墳との規模の比較に関しても記しておきたい。列島における9〜12期の大型古墳について一覧した（第23表）。時期ごとに概観する。

9期段階は，河内大塚山古墳（335m）を隔絶した頂点として，120m以上の前方後円墳13基が列島内に築造された。内訳は，大阪3・奈良3・群馬3・愛知1・埼玉1・栃木1・福岡1である。畿内の優位性は認められるものの，総体的にみれば東国の群馬に3基築造されたことが特筆される。

10期になると，120m以上が7基と数が半減し，墳丘は縮小化の方向に向かう。9期段階と同様に畿内の五条野丸山古墳（310m）の規模が傑出する。内訳は，奈良2，大阪，栃木，埼玉，千葉，熊本が各1となる。

9・10期においては，畿内の大王墓だけが，300mを超えるような巨大前方後円墳を造営する

第23表　列島における9〜12期の大型古墳

順位	9期			順位	10a・10b期			順位	11期			順位	12期		
1	大阪	河内大塚山古墳	335	1	奈良	五条野丸山古墳	310	1	茨城	宮中野大塚古墳 ●	92	1	群馬	宝塔山古墳 ■	60
2	大阪	今城塚古墳	190	2	奈良	平田梅山古墳	140	2	栃木	壬生車塚古墳 ●	86	2	栃木	多功大塚山古墳■	52
3	愛知	断夫山古墳	151	3	栃木	吾妻古墳	128	3	栃木	下石橋愛宕塚古墳●	82				
4	群馬	七輿山古墳	146	4	埼玉	真名板高山古墳	127	4	埼玉	八幡山古墳 ●	80				
5	奈良	鳥屋ミサンザイ古墳	140	5	千葉	三条塚古墳	122	5	栃木	国分寺丸塚古墳 ●	74				
5	奈良	狐井城山古墳	140	5	大阪	高屋築山古墳	122	6	栃木	千駄塚古墳 ●	70				
7	埼玉	埼玉二子山古墳	138	5	熊本	大野窟古墳	122	6	奈良	塚穴山古墳 ●	70				
7	福岡	岩戸山古墳	138												
9	群馬	駒寄村11号墳	130?					1	千葉	岩屋古墳 ■	80				
10	群馬	上武士天神山古墳	127					2	大阪	春日向山古墳 ■	63				
11	奈良	別所大塚山古墳	125					2	大阪	山田高塚古墳 ■	63				
12	栃木	琵琶塚古墳	123					4	千葉	駄ノ塚古墳 ■	62				
13	大阪	野中ボケ山古墳	122					5	奈良	カナヅカ古墳 ■	60				
1	埼玉	丸墓山古墳 ●	102	1	栃木	羽生田富士山古墳●	86	6	群馬	総社愛宕山古墳 ■	56				
2	埼玉	甲山古墳 ●	90	2	栃木	岩舟甲塚古墳 ●	78	7	奈良	石舞台古墳 ■	50				

（前方後円墳120m以上　●円墳70m以上　■方墳50m以上）
※群馬県前橋市カロウト山古墳は50m程の円墳ないし方墳とされる（入沢ほか 1999・加部 2010）。
※埼玉県川越市山王塚古墳は56mの上円下方墳とされる（塩野 2004）。
※埼玉県鶴ヶ島市鶴ヶ丘稲荷神社古墳は，東西40，南北53mの長方形墳の可能性がある（岩瀬 1985）。
※奈良県三輪（茅原）狐塚古墳は50mの方墳説がある（10期？）。
※奈良県御所市條ウル神古墳を171mに復元する説（藤原知広 2009）があるが，評価が定まらない。是とすれば，10期の2位にあたる。
※アミは東日本の古墳。

一方で，より下位の階層は，規模を著しく縮小し，さらに前方後円墳を築造しない方向に転換したと推定される。そのなかにあって，栃木・千葉・熊本と畿内を遠く離れたそれぞれの地域で，120m規模の大型前方後円墳が築造される背景には，その規模を等身大で評価することにより，広域を統合する地域大首長の存在を想定してよいだろう5)。

11期になると，前方後円墳終焉後の首長墓が方墳を採用する地域（第153図11期a型）と円墳を採用する地域（第153図11期b型）がある。70m以上の円墳は7基あり，内訳は栃木4，茨城，奈良，埼玉が各1となる。栃木における大型円墳の規模とその数が傑出する。一方，方墳は，50m以上が7基あり，大阪，奈良，千葉が各2，群馬1となる。円墳に比べて畿内の割合が大きくなるが，千葉県岩屋古墳の80mが群を抜き，他を凌駕する。

12期になると大型円墳はみられず，群馬，栃木に各1基の50m以上の方墳が築造されている。後の律令期の一国を支配領域とするような被葬者像を描くことができる6)。

前方後円墳が築造された9・10期における大型円墳についても触れておく必要がある。70m以上の円墳は，9期に埼玉で2基，10期に栃木で2基が築造されている。墳丘規模が非常に大きく，同じ70mの前方後円墳と比べたとき，その盛土量は数倍になるものと判断される。勢力をもちながらも畿内首長連合から前方後円墳の築造を許されなかった被葬者，と位置づけておきたい。これらの大型円墳は，急激な勢力の減退を想定する要因が見出し難く，11期になっても前方後円墳終焉を機に築造を停止することなくそのまま継続した，と考えることができる。してみると，栃木における11期の大型円墳の数が多いのは，10期からの流れをくむ大型円墳と前方後円墳終焉後に墳形転換した首長墓としての大型円墳の二者が含まれていることに起因すると考えられるのである。

6～7世紀における古墳からみた社会構成モデルを提示するとともに，それが首長制社会論における円錐形クランに対応する可能性を指摘し，本項を終えたい。

2　古代国家形成論とのかかわりのなかで

論点を10点あげて筆者の考えを整理したい。

①5世紀後半の画期　6～7世紀の東国社会について考察するとき，まず時間を遡って述べなければならないことがある。それは，主要古墳群の動向から導かれた5世紀後半の画期である（第5章第1節）。この画期については，考古学によるいくつかの先行研究の積み重ね（和田1998・2000・2004，右島2006，土生田2004，松木2005など）があり，文献史学からも「人制」と呼称される初期官人制の発現（直木1958），あるいは王権構造が質的に転換する画期（佐藤2002・2008）とする意見がある。5世紀後半以降，首長墓の墓域が固定し，歴代の前方後円墳そして前方後円墳終焉後の終末期古墳が同一地域に造営されることになる。これは，首長権継承のシステムが確立したことを如実に示す（第5章第1節）。さらには，初期（古式）群集墳造営が集成編年8期（TK23・47）に開始し，集落の変遷の第2の画期（第2章第4節）もこの時期にあたり，古墳時代を二分する大きな画期と評価される点で重要である。

②親族構造と古代国家論　田中良之の歯冠計測値による親族構造の研究（田中 1995）に注目する。田中の論は，基本モデルⅠ（3世紀～5世紀後半，兄弟や姉弟などの配偶者を含まない1世代限りの組み合わせ），基本モデルⅡ（5世紀後半～6世紀後半，第1世代が成人男性で2世代構成が基本），基本モデルⅢ（6世紀前半から中頃以降，2世代構成で，第1世代が夫婦と推定される成人男女）と3タイプの埋葬形態を設定するものである。そして，父系的かつ直系的継承への変化を重視して，モデルⅠからモデルⅡ・Ⅲへ移行する5世紀後半に大きな画期を求めた。埋葬にみられる親族構造を明らかにした点において，画期的な論考と位置づけられ，群集墳研究に大きな影響を及ぼしている。[7)]

田中の研究は，国家形成論にも，大きなインパクトを与えた。岩永省三は，親族構造変動と国家形成が密接に連動していることをつきとめた（岩永 2003）。5世紀後半を境に首長位の父系直系による継承システムが安定し，5世紀後半～6世紀に大王を中心とする全国的統治と支配機構が樹立されたと主張する。同時に，農民層の安定的な経営単位が成立し，収取システムの形成にも目配りしている。

筆者は，田中と岩永の研究に賛同し，それが本論で述べてきた主要古墳変遷における画期，群集墳・集落の画期と連動することを強調して，5世紀後半を国家形成過程における古墳時代の大きな画期と捉える立場をとりたい。したがって，古墳時代を初期国家として一律に捉える前方後円墳体制論（都出 1991・1996）は，批判的に取り入れざるを得ない。

③前方後円墳体制＝初期国家論そして前方後円墳国家論への疑問　都出比呂志は，国家と非国家の二項対立からの脱却をめざして初期国家の概念を採用し，その諸要素が古墳時代に認められることを根拠に前方後円墳体制＝初期国家論を展開した（都出 1991）。さらには，確立期の国家を成熟国家として，国家形成の過程を首長制，初期国家，成熟国家の3段階に区分してその指標について理論的な整理をした（都出 1996）。前方後円墳体制＝初期国家論は，考古資料を根幹に据え，文献史学の成果を批判的に，そして文化人類学の成果を有効に取り入れる，学際的で優れた研究法を特色とする。考古学の分野のみならず，歴史学全体に大きな影響を与えた画期的な論文と位置づけられる（第1章第1節）。しかし，前方後円墳があまりにも象徴的であるために，350年間の長きにわたる古墳時代を一括りして不変のシンボルとした点に問題を残したように思われてならない。その意味では，前方後円墳の本質を＜共通性と階層性を見せる墳墓＞とし，＜中央－地方の契機をもって，祭祀と政治を媒介的に表出した墓制＞と位置づける広瀬和雄による前方後円墳国家論（広瀬 2003・2011など）も同様の問題を内包する。広瀬の「利益共同体」や「われわれ意識」などの言葉が示すまとまりを国家あるいは政治的結合と表現する論は，その卓越した考古資料の解釈と相俟って一定の説得力をもつ。しかし，5世紀後半段階に大きな画期をみる本論の成果（第5章第1節）からみると，前方後円墳が築造された時代全体を一体として国家と捉えることは難しい。

④首長制社会論と古墳時代　前方後円墳体制＝初期国家論の対岸には，首長制社会論があり，律令国家の前段階である弥生時代後期から古墳時代を首長制社会に該当すると位置づける。鈴木

靖民は，サーリンズ（サーリンズ 1972・初出 1968）などの論に依拠して首長制の諸概念を整理するとともに，弥生時代後期から平安時代前期までを6段階に分けて説明した（鈴木 1990・1992・1993など）。考古学の成果も盛り込み，前述した円錐形クランを基本モデル，そして互酬性と再分配をキーワードとして，部族社会→首長制社会→首長国連合の成立→序列社会の確立→萌芽的な中央官司制→古代国家の確立，とステップを踏んで律令国家成立までの道程を見通す歴史観は，刮目に値する。鈴木は，さらに視野を広げて首長制社会論と国際関係（地域間交流）論と民族論の結合による国家形成期の特質の解明をめざす方向性を明らかにしている（鈴木 1994・1996）。ただし，古代国家の成立時期を平安前期まで下げる点（鈴木 1992・1993）については，評価が分かれる（都出 1993）。

考古学からは，白石太一郎が真正面から首長制社会論に依拠した考えを発表し（白石 1992），古墳時代は，初期国家というよりはむしろ首長制社会の段階により整合性が高いと述べている（白石 1994）。

本論においても，しもつけ古墳群の分析から導かれた社会構成が，円錐形クランに近い形で復元される[8]ことを前項で述べた。東国各地で，それぞれの円錐形クランが，独自色を強く打ち出した古墳を築造することによって連帯感を強めた[9]と推定した。しかし，その独自性は，前方後円形の墓を造り，それがほぼ同時に終焉し，円や方に墳形転換するという大枠に納まるものであったことも明らかにした（第5章第1節）。

都出と鈴木の論の違いについて簡単にまとめておきたい。突き詰めると，再び国家とは何か，の議論に戻ってしまうことになるが，両者の一番の違いは，前者が古墳時代の社会のなかに，指標の萌芽的なものも評価して国家の前半段階とするのに対し，後者がそれぞれの国家の指標がすべてそろった時点を国家段階とする点にあると思料される。筆者は，前者を支持しつつ，そのなかには大きな画期が含まれることを確認し，後者の首長制が古墳時代の社会を的確に表現する概念であることを認める立場にある。

⑤首長連合体制　このような研究状況のなか，和田晴吾が独自の論を展開する（和田 1998）。「古墳時代は国家段階か」という論題が示すように，都出の前方後円墳体制＝初期国家論を強く意識する。和田は，まず大王を頂点とする首長層の政治的結合を「首長連合体制」と規定して「前方後円墳体制」概念と対比する。さらに，地域の政治的まとまりの中心である首長層の同族的な結合を「地域連合」と規定し，円錐クランと対応させて「首長連合体制」の成熟期をその重層的な結合と評価する。「首長連合体制」は，ほぼ初期国家に相当すると結語し，5世紀後葉を境に，それ以前の首長制的な性格が強く残る段階と，それ以降の集権的な性格が強まる段階に大別されると述べた。古墳時代全体を一律にみるのではなく，その発展過程を重視する点が特色と言える。その後，古墳時代中期は首長制の最終段階で初期国家段階，後期を本格的な国家秩序の始まりと位置づける（和田 2004）。

和田の言説は，本論において5世紀後半を，首長権継承システムの確立，初期群集墳の築造開始，集落変遷の大きな画期とする検討結果（第5章第1節）と大筋において呼応する。したがって，和田による5世紀後半以降を国家段階とし，それ以前を首長制段階の初期国家と位置づける論に賛同する[10)]。

⑥他の国家形成論とのかかわり 文化人類学を中心とする他の研究分野におけるさまざまな国家形成論についても概観した（第1章第1節）。環節国家，銀河系政体論，マンダラ国家論は，中央とそれに連なる周辺に位置する政体が流動的に緩やかに結合する社会を考える点で一致している，と総括することができる。古墳時代を固定的な社会ではなく，動的な社会と考えるとき，それぞれの論が提起する社会モデルは，前方後円墳を核とする連合体制を基礎とする古墳時代の社会解明に有効な示唆を提供する可能性がある。今後とも研究動向を見守る必要がある。

⑦評の成立 国家形成にかかわる文献史学と考古学の成果の協業については，特に評に関係して4点の課題に言及した（第1章第2節）。評の成立時期については，文献史学では孝徳朝全面立評説が有力視されているのに対し，評衙の発掘調査成果からは，その成立時期が7世紀後半から末に位置づけられる点で齟齬がある。ただし，飛鳥京出土「白髪部五十戸」貢進物付札が，649～664年の年代幅で位置づけられ（岸 1978），五十戸編成が7世紀中葉に確実に存在している事実に留意する必要がある。その過程については，古墳時代の勢力がそのまま受け継がれたのではなく，前代の遺制を残しつつ，再編成された可能性が高いと考えた。さらには，古墳から復元される複数系譜型古墳群（広瀬 2010・2012）は，8世紀代の郡司が終身官ではなく，候補者を複数かかえる郡司層を形成し，10年未満で頻繁に交替していたとする説（須原 1996）と整合する点で，文献史学の研究成果が非常に重要であることを改めて確認することができた。

大化前代にすでに「国造稲置系」あるいは「ミヤケ系」の編戸が存在し（北 2011），前提として部民制と屯倉制があり，前者が後者に止揚されて公民制が成立する（鎌田 1994），あるいは，律令国家の体制が在地社会の首長制の人格的な支配体制である在地首長制を基礎としている（大町 1986）とするならば，その基礎の淵源は5世紀後半において，首長権の継承システムを確立した（第5章第1節）古墳時代の首長に求めることができよう。この時期を，国家成立の画期とする本論の妥当性を示す。逆の面からみれば，古墳時代の体制を活かしつつ再編することによって，その支配をより効率的に強化しようとする律令国家の方針を読み取ることができる[11)]。

⑧評衙の変遷 山中敏史による，第1段階（7世紀前半まで）＝端緒的評，第2段階（7世紀第Ⅲ四半期・孝徳～天武朝前半）＝前期評，第3段階（7世紀第Ⅳ四半期・天武朝後半～文武朝）＝後期評，とする3段階区分がある（山中 2001）。従来，文献史学においては，孝徳朝における立評を領域による人民支配の端緒と位置づけてきたが，山中は前期評の領域を立評氏族などの支配が及ぶ集団の領域と規定した点に特色があり，地方行政単位の成立をみる後期評との断絶を強調した。また，荒井秀規も研究史を整理するなかで，評は人間集団によって構成され，天武朝の国境画定事業により令制国が成立すると，評家の性格も「私」から「公」「官」へ脱皮した，と述べている（荒井 2009）。

この間の事情を非常に雄弁に語るのが，栃木県西下谷田遺跡と上神主・茂原官衙遺跡の調査成果である（第3章第4節）。下毛野の河内評衙は，まず西下谷田遺跡の区画施設におかれ（7世紀第3四半期後半～7世紀第4四半期前半），次いで政庁を上神主・茂原官衙遺跡に遷し（7世紀第4四半期後半），奈良時代の前半に整備されて下野国河内郡家として機能した，と整理されている（田熊 2004）。西下谷田遺跡では，未調査の保存部分に中心施設が存在する可能性もあるが，大型竪穴建物と掘立柱建物で構成され，総柱建物や外郭の溝はなく掘立柱塀のみである。一方，上神主・茂原官衙遺跡は，コの字型に配された正殿と東・西脇殿からなる政庁と正倉を備え，溝による外郭施設がある。前者は前期評段階，後者は後期評段階に位置づけられ，これらの調査成果は，山中の論を補強する可能性が高い。その大きな要因としては，個別人身支配をめざした政策の1つである庚午年籍（670年）と庚寅年籍（690年）の造籍であったと思料される。律令国家全体の成立過程からみれば，天武12（683）～14（685）年の国境画定を経て，7世紀末から8世紀初頭に全国的に国府が造営されることにより（大橋 2009），国郡（評）制が成立することになる。「動く都」から「動かない都」へ，つまり代替わりごとの支配機構の再編をするための行事である遷宮（仁藤 2007・2008・2011）を必要としない宮都の成立に対応する大きな画期と言える。

⑨律令国家への原動力　律令国家への過程でその原動力となる重要な要素の第1に，地域間交流を取り上げた（第4章第1・2・3節）。筆者は，6～7世紀において，複数存在する埋葬施設の諸要素の地域間交流の背景に，国家成立にむけて活発化する地域間の情報ネットワークの姿を見出そうとしている。経済関係に限定しない，地域と地域の交流の積み重ねが互いの政体を発展させ，国家成立に向けての重要な要因になる，という方向性を研究の根幹に据えている。埋葬施設を中心とする地域間交流については，その背景に人・モノ・情報の交流システムの確立が想定される点で社会の複雑化[12]の大きな要因となったことは明らかである。さらには石材や埴輪の広域相互流通（第4章第4節）は，首長間の連合体制がより広域になったことを示す点で重要である。埋葬施設にかかわり，双方向性をもつ点において，経済圏という観点（田中 1994）も視野に入れつつ，ここでは政治的側面を重くみたい[13]。6世紀後葉段階に隣接する地域を越えた広域の首長連合が成立し，その紐帯をより強固にするための側面に注目するからである。

第2に新たな技術の導入をとりあげ，須恵器生産の開始と横穴式石室出土の「塼」を関連させて考察した（第3章第1節）。渡来人がもたらす知識や技術が，地方に強い影響力をもったことは想像に難くない（第3章第3節2）。宇都宮市・上三川町・下野市にまたがる西下谷田遺跡で確認された河内評衙出土の土師器杯（7世紀第Ⅳ四半期）に刻まれた「舎」を新羅の官位「大舎」とする説（田熊 2004）に従えば，新羅の官人が地方官衙で活躍していたと推定され，渡来人の役割がさらに重要な位置を占めることになる（第3章第4節1）。

第3に交流を支える交通網の整備も重要である。古東山道の成立は，豪族居館分布との対応関係を根拠の1つとして，5世紀中葉に遡ると推定した（第4章第4節3）。古東山道ルートの成立は5世紀後半とする先行研究（松尾 2002）もある。国家形成過程における交通網の整備は重要なステップであったと推察される。したがって，5世紀後半段階に国家の形成をみる本論にとって，インフラの整備は，きわめて重要な視点となる。人・モノ・情報の往来が保証されるからである。

第4に地方の有力氏族が中央の官人となり，本願地の繁栄に大きな影響力をもつ場合があった。刑部親王や藤原不比等とともに大宝律令の編纂に携わった下毛野朝臣古麻呂をとりあげ，下野薬師寺の創建との関係を探った（第3章第4節2）。

⑩律令国家への歩みの共通性と独自性　6〜7世紀における東国の主要古墳群の断続と墳形転換をもとにすると，その地域的特色は，A（A1・A2・A3）・B・C類に3大別できた。この類型は，それぞれの地域と畿内首長連合との関係および地域社会の動向を物語る（第5章第1節）。さらに築造後間もなく破壊された終末期古墳の横穴式石室の調査例を紹介し，7世紀段階の国家形成過程においては，なんの摩擦もなく，順風満帆に地域再編が進んだわけではない地方の実態に触れた（第3章第2節）。類例がさらに増加すれば，評が成立する段階の小地域内における複雑な社会情勢を復元することができるだろう。

律令国家への歩みは，一様ではなく，地域間を越えた共通性とそれぞれの地域の独自性をあわせもつものであった（第5章第1・2節）。

3　5つの画期

最後に，上記（1）社会構成モデル，と（2）古代国家形成論とのかかわりにおける①〜⑩の論点を踏まえ，考古学による古墳の動向と集落の検討から導かれた5つの画期について記しておきたい。なお，ここではそれぞれの地域の独自性を前提にしつつ，東国の6〜7世紀における様相の最大公約数的な記述で一般化をめざすことにする[14)]。

第1の画期＝7期と8期の間付近（5世紀後半）。この時期以降，大型古墳が12期まで継続して築造され，首長権継承システムが確立。初期群集墳の築造，そして集落変遷の第2の画期と対応する点において，最大の画期となる。以降を初期国家段階と位置づける。5世紀中葉までに古東山道ともいうべき幹線道路が整う。

第2の画期＝9期と10a期の間付近（6世紀後半）。社会構成の＜複雑化＞。後期群集墳の築造数増大。小規模前方後円墳の築造数の急増。各地の主要古墳群において，連帯感を主張する独自性の発現。埋葬施設の諸要素の地域間交流の背景に，広域の首長連合による政治的ネットワークの確立をみる。

第3の画期＝10b期と11期の間（7世紀初頭）。前方後円墳の終焉と大型円墳あるいは大型方墳への墳形転換。埴輪祭祀の終焉。

第4の画期＝11期と12期の間付近（7世紀中葉）。社会構成の＜単純化＞。集落変遷の第3の画期に対応し，奈良・平安時代において地域のネットワークの拠点となる大規模集落に変遷する。畿内の影響を受けた横口式石槨の採用。東関東における小規模前方後円墳の終焉。群集墳における方墳の採用。

第5の画期＝12期の中（7世紀第Ⅲ四半期後半）。社会構成の＜単純化＞がさらに進む。評衙の設置と寺の創建。群集墳築造数の激減。

以上5つの階梯を経て，律令国家形成に至る，と理解することができる。その道程は，国郡

（評）制に示される公地公民制[15]を基礎とする中央集権化への歩みであるとともに，古墳時代における首長制の，5世紀後半を画期とする到達点である連合体制を基盤とする初期国家システムをその枠組みに取り込んだ点に最大の特色がある。したがって，それぞれの歩みは，共通性と独自性をあわせもつものであり，古墳時代における各地域の実態に即したものであったと結語する[16]。

第2節　課題と展望

本論に深くかかわる今後の課題を6点にまとめ，列記しておきたい。

① 地域間交流を重視し，交通網については古墳時代の主要幹線道路を古東山道として言及したが，今後は河川交通についても検討すること[17]。土師器や古墳の分布と河川との関係が認められることから，地域間交流を考える重要な視点[18]と思われる。

② 生産活動については，一部窯業を取り上げたのみであった。国家成立過程における技術革新を含む鉄製品の生産と流通を追究し，モノと技術が果たした役割について考えること。

③ 常備軍を含む軍事組織や武器保有にかかわる軍事面から国家成立過程を追究すること。

④ 群集墳の変遷と類型化，そしてその意義についてさらに詳細な考察を重ねること。その結果をもとに，集落の検討を含めて民衆レベルにおける律令国家成立過程について考えること。

⑤ 地域間交流論における同一政体間相互作用論や中心地・周辺地交流論については，その対象政体を倭あるいは東国，旧国単位程度に設定し，問題を矮小化してしまった可能性が高い。特に7世紀については，朝鮮半島や中国など東アジアにおける政体との関係を抜きにして語ることはできず，より広い視野で国家の成立過程を追究すること。

⑥ 首長制社会の経済構造を示すキーワードである＜互酬性＞と＜再配分＞について，考古学的にアプローチすること。

最後に今後の研究の見通しについて述べておきたい。本論は，6～7世紀にかけて，栃木県南部に展開したしもつけ古墳群をケーススタディとし，その成果をもとに対象地域を東北・関東地方に広げ，律令国家の成立過程を追究するという研究方法をとった。その結果，人・モノ・情報などの地域間交流が，古代国家形成に大きな影響を与えた，と考えた。さらには，5世紀後半に大きな画期を確認し，それ以降を初期国家段階と位置づけた。一方では，本論が，先学による優れた学説である，前方後円墳体制＝初期国家論，首長連合体制論，前方後円墳国家論に対して＜総論賛成・各論反対＞論にとどまってしまう点を危惧しなければならない。しかし，部分が全体を規定するならば，全体像構築のために捨象した部分や地域における古墳の動向をもとに，つまり地方からの視点で6～7世紀にわたる古墳時代後期から終末期の歴史について考えた本論も意義あることを主張したい。筆者の研究構想全体からみると，現在の研究段階は古墳を中心とする考古資料をもとに，モノに語らせて古代国家成立過程を追究する第1ステップ，と位置づけられる。

今後は，経済的側面に目を向けながら，鉄製品の生産と流通を視野に入れて資料収集に努め，その史的意義を見極めるとともに，8・9世紀の文献史学による成果から古墳時代を見返す方法も取り入れ，細部を見る眼と広い視野をあわせもち，わくわく感をもって次のステップをめざしたい。

註

1) 初出は，中期モデル（1994「古墳築造の諸段階と政治的階層構成──5世紀代の首長制的体制に触れつつ──」『古代王権と交流』5　名著出版），後期モデル（1996「見瀬丸山・藤ノ木古墳と六世紀のヤマト政権」『情況』5月号別冊　情況出版）にあり，これらのモデルの作成過程は，（1992「山城」『前方後円墳集成』近畿編　山川出版社，1992「古墳時代前期の政治と宗教」『日本考古学協会1992年度大会研究発表要旨』日本考古学協会）にみることができ，非常に示唆に富む。

東国を通時的に扱った論としては，田中広明による武蔵における埼玉古墳群を頂点とする重層関係を示すモデル提示があげられる（田中 1994)。群集墳に関しては，5世紀後葉にはじまり，重層構造を底辺で支えるが，その構造を破壊するまでには至らなかった存在，と評価されている。

2) ダディアには，①この集団には外婚規制がなく，内婚が優先される，②新集団が形成されるときには，旧集団から分離して新集団が生まれるのではなく，旧集団の内側に新集団が現れる，③全体の内部で新たに分化した小部分は，発生した順序によって明確に序列づけられる，という3つの特徴がある。

3) サーリンズは，円錐形クランについて以下のように説明している。小さな出自区分（リニージA，B，C，D）は，地縁的集落を包摂して上位の家から地域長を出し，地域リニージ同士は，兄弟の子孫としてより高いレベルのリニージ（リニージⅠ，Ⅱ）を形成する。さらに，主線上にある首長aが最高首長となる。また，クランの祖先は，政治的集団の主要な神として敬われるという。

4) 11期のa型については，前方後円墳終焉後に大型方墳が築造される群馬，千葉県域の一部を想定したモデル，b型は栃木，埼玉県域などを想定している。また，前方後円墳を4ランク（A～D）に分け，そこに円墳を対応させた。Eランクは，小規模円・方墳の被葬者である。さらに下位には，周湟内埋葬や土坑墓に葬られるF・G……ランクが想定される。

5) 畿内および吉備における中期段階の墳丘規模を「力」に置き換える論理を後期にも適用する。大きさを誇る時代ではない，との批判に対しては，中期と後期における墳丘規模の質の違いの説明を求めたい。なお，加部二生による墳丘規模を重視した北関東における政治動向の優れた記述（加部 2009・2010）は，一定の説得力をもち，本論でも参考にさせていただいたことを明記しておきたい。

6) 大国造国の群馬・栃木と小国造国である千葉・茨城との違いの要因を述べる論は少ないが，久保哲三は大河川の広大な地域を領有する大国造（群馬・栃木)，中小河川の狭小な流域を領有・分立した小国造（千葉）と位置づける考えを示している（久保 1986)。さらに，古墳時代の関東地方は鬼怒川を境に東西二極構造と把握する見識（白井 2002）がある。海道（総武・常総）と内陸（上野・下野・北武蔵）で小国造と大国造を理解しようとする視点である。本論では，小国造国である太平洋側（千葉・茨城）において，小規模前方後円墳が7世紀代になっても継続する傾向を指摘するとともに（第5章第2節)，地域相B類に小国造国が含まれる可能性が高い（第5章第1節）と考えている。

7) たとえば，基本モデルⅡを古式群集墳，基本モデルⅢを新式群集墳（横穴式石室）に対応させる和田晴吾の見解（和田 2007）などがある。

8）集落を横断して存在する集団単位を「クラン」的血縁集団である可能性を意識しながら，非居住共同集団＝ソダリティとする論も，集団成員を結びつける絆はなにかを探るうえで参考になる（溝口 2008）。

9）菊地靖は，組織を維持するために，温情的血縁関係を切る場合に言及している（菊地 1991）。①非血縁者による養子縁組，②勘当により血縁関係を社会的に切る，方法が示されている。儀礼的な契約関係なくして，非血縁者との密なる信頼関係はない，との言説は，古墳時代における儀礼が人と人，集団と集団を結びつける重要な要素であったことを通時的に類推させる。このようにみたとき，6～7世紀における古墳にみられる地域的特色は，本論で触れた東国だけでなく，たとえば，和歌山県岩橋千塚古墳群における盾形基壇上に前方後円墳を築造し，造り出しや別区を設ける墳丘形態（藤井孝司 2008「岩橋千塚古墳群の埴輪群像」『埴輪群像の考古学』青木書店），島根県東部の石棺式石室，中九州の肥後型石室など全国各地にみられる点に注目する必要がある。それぞれの独特の墳丘形態や埋葬施設で行われた儀礼が，人々を結びつけ，連帯感を醸成する装置であったことは，疑う余地がないだろう。

10）本論における5世紀後半の画期にかかわる文献史学による成果にも触れておく必要がある。先行研究の整理でも振り返ったように（第1章），直木孝次郎による，倉人・舎人・酒人・宍人などにみられる「人制」と呼称される初期官人体制が，5世紀末ごろに発生しはじめていた，とする研究（直木 1958）は，熊本県江田船山古墳出土刀銘にみる「典曹人」，埼玉県埼玉稲荷山古墳出土剣銘にみる「杖刀人首」などが示す考古資料の解釈に大きな影響を及ぼした。埼玉稲荷山古墳鉄剣銘の「左治天下」が示すように，大王が天下を治めるのを助ける配下の者を従えた支配体制について具体的に語れるようになった。なお，直木の「人制」論は，吉村武彦による大王への仕奉の職務の表記とする「人制」（吉村 1993）や中国と東アジアの諸王権との冊封関係のなかの機構と位置づける「府官制」（鈴木 1988・2003 など）にかたちを変えて継承されている。制度として大王を支え，仕奉する地方の有力者層の存在は，社会の分節化を示しており，5世紀後半以降を初期国家段階と位置づける本論の妥当性を支える。

また，『日本書紀』継体 21（527）年6月条が伝える筑紫君磐井が謀反に至る経緯のなかで，任那に派遣される近江毛野臣を遮って「今こそ使者たれ，昔は吾が伴として，肩摩り肘触りつつ，共器にして同食ひき」と磐井が述べていることに注目し，2人が共に食事をしたとすれば，王宮に上番して仕えたヤマトでしかありえない，と推断する意見がある（舘野 2012 など）。さらに，ヤマト王権による地方支配体制としての屯倉制，国造制が整備される契機は，6世紀前葉におけるこの磐井の乱とみる見解が有力視されている（岩永 2012，辻田 2012 など）。つまり，ヤマト王権の九州支配は，磐井の乱平定を画期として，屯倉の設置と国造の任命を中心に展開した（亀井 2012）。東国の古墳時代後期における主要古墳群の断続と墳形転換から導かれた3類型（第5章第1節）のうちのB類（TK43型式期）が，九州と比べてやや年代が下降するが，中央による地方再編の動きに連動した可能性が高い。本論における5つの画期における第2の画期に対応させることができる。

11）その意味では，吉田晶による，評は有力在地首長層が形成した「歴史的世界」を行政単位化したもの，とする理解（吉田 1973）は本質をつく。

12）社会の複雑化には，分節化（組織化）と分層化（階層化）の2つの側面があると考えられる。

13）埋葬施設から国家成立期の様相に論究した業績としては，和田晴吾による家形石棺の研究がある。

畿内における家形石棺の型（石材・型式・分布が有機的に結びついた石棺群）をもとに，6 世紀代の豪族層の分立の状況，6 世紀末〜7 世紀初頭からの石棺の斉一化にみる，大化の改新を経て律令体制へ向かう政治的状況を鮮やかに描出している（和田 1976）。

14）畿内においては，3 つの画期が示されている（白石 1982）。第 1 の画期＝6 世紀末。前方後円墳の否定と大型方・円墳の採用。第 2 の画期＝7 世紀中葉。大王陵の八角墳化（隔絶化）。第 3 の画期＝7 世紀後葉。豪族の古墳が消滅ないし衰退し最上層官人のみが造墓。白石は，このうち第 2 の画期については，過大評価できないとする。大王陵と位置づけられる岩屋山古墳と同規格の横穴式石室が，物部・中臣・平群など政権の中枢部を構成する中央豪族層に採用されていた点において，部族同盟段階の造墓機構が残存しており（白石 1967），遺制を残す画期であることを理由にしている。畿内においても古墳時代における首長連合的な体制を取り込みながら，律令国家への道を辿ったことを示す点において，きわめて重要な指摘と位置づけられる。東国において 7 世紀代まで小規模前方後円墳が残存する状況に一脈通じる可能性がある。

また，後期古墳の問題点を整理した古谷毅は，学史を踏まえて 6 世紀末と 7 世紀中葉に大きな画期が認められるとする。白石の第 2・第 3 の画期については，それぞれ大化の改新と壬申の乱に対応させる考えに慎重な姿勢を示し，まず地方における大型方墳・円墳そして群集墳の終末年代との対応関係の確認が先決，と的確に評した（古谷 1991）。

15）日本史における 7 世紀とは，「公民制と官僚制の創出過程」と断じる鎌田元一は，孝徳朝の部民廃止が公民制形成の第 1 歩と位置づけている（鎌田 1994）。一方，官僚制的国家機構については，文献からは不明な点が多く，ごく断片的な事実が知られているにすぎないと述べつつ，天武朝に官僚機構出現の画期を求めている。

16）＜理解をする＞ということは，多様性を認めることであろう。それは，お互いを尊重し，認め合う寛容な社会に通じる。国家形成過程におけるそれぞれの地域の多様性を認めることは，現代の国際関係においても，相手を理解し，お互いを尊重する最初のステップになる点において，古代国家形成論は，至極今日的な課題と言える。

17）河川を水上交通路だけではなく，農業用水としての側面も視野に入れたい。古墳時代首長を水利権統括者とみる言説（若狭 2007）やそれを受けて古墳時代の支配領域は水系を単位としてそれほど大きな範囲ではないと予想する意見（城倉 2011）がある。

また，考古学によるアプローチとしては，船・船材の出土状況の追究（中村 1994）による舟運についても重要な課題と認識している。

18）地域間交流を考える際には，その交流の背景をきちんと語る必要性が問われている（内山 2012）。通婚圏の問題（都出 1989 など），あるいは 1 つの土器型式が示すものは何か（谷口 1986 など），またそれに深く関係する古墳時代の土師器にみられる地域性（比企型杯など）は何を語るか，というような切り口も重要な課題を内包している。他の研究分野に置き換えれば，言語学で方言をどう捉えているのか，方言周圏論（柳田 1969）と方言孤立変遷論・多元的発生論・等語線とのかかわりの追究等の課題もあると考えている。

参考文献

荒井秀規 2009「領域区分としての国・評（郡）・里（郷）の成立」『古代地方行政単位の成立と在地社会』独立行政法人国立文化財機構奈良国立文化財研究所

入沢雪絵ほか 1999「前橋市カロウト山古墳の再検討――上野地域における家形石棺の位置づけ――」『日本考古学協会第65回総会研究発表要旨』日本考古学協会
岩瀬　譲 1985『鶴ヶ丘（E区）』（財）埼玉県埋蔵文化財調査事業団
岩永省三 2003「古墳時代親族構造論と古代国家形成過程」『九州大学総合研究博物館研究報告』第1号　九州大学総合研究博物館
岩永省三 2012「第2分科会ミヤケ制・国造制の成立――磐井の乱と6世紀代の諸変革――趣旨説明」『日本考古学協会 2012年度大会研究発表要旨』日本考古学協会
内山敏行 2012「関東」『古墳時代研究の現状と課題』上　古墳研究と地域史研究　同成社
大橋泰夫 2009「国郡制と地方官衙の成立――国府成立を中心に――」『古代地方行政単位の成立と在地社会』独立行政法人国立文化財機構奈良国立文化財研究所
大町　健 1986「在地首長制論の成果と課題」『日本古代の国家と在地首長制』校倉書房
加部二生 2009「太田市東矢島古墳群の再検討」『利根川』第31号　利根川同人
加部二生 2010「各地域における前方後円墳の終焉　群馬県」『前方後円墳の終焉』雄山閣
鎌田元一 1994「7世紀の日本列島――古代国家の形成――」『岩波講座　日本通史』第3巻 古代2　岩波書店（2001『律令公民制の研究』塙書房　所収）
亀井輝一郎 2012「ヤマト王権の地方支配」『日本考古学協会2012年度大会研究発表要旨』日本考古学協会
菊地　靖 1991「親族関係と名称体系」『文化人類学』有斐閣
岸　俊男 1978「「白髭部五十戸」の貢進物付札」『古代史論叢』上巻（1988『日本古代文物の研究』塙書房　所収）
北　康宏 2011「国造制と大化改新――大化前代の支配構造――」『史林』第94巻第2号　史学研究会
久保哲三 1986「古墳時代における毛野，総」『岩波講座日本考古学』5 文化と地域性　岩波書店
佐藤長門 1998「倭王権の列島支配」『古代史の論点4　権力と国家と戦争』小学館
佐藤長門 2001「七世紀における倭政権の展開過程」『國學院大學紀要』第39巻　國學院大學
佐藤長門 2002「倭王権の転成」『日本の時代史2　倭国と東アジア』吉川弘文館
佐藤長門 2008「古墳時代の大王と地域首長の服属関係」『國學院雑誌』第109巻第11号　國學院大學
塩野　博 2004『埼玉の古墳（北足立・入間）』さきたま出版会
白井久美子 2002「坂東的世界の萌芽」『古墳から見た列島東縁世界の形成』平電子印刷所
白石太一郎 1967「岩屋山式の横穴式石室について」『ヒストリア』第49号（森浩一編 1973『論集終末期古墳』塙書房に再録）
白石太一郎 1982「畿内における古墳の終末」『国立歴史民俗博物館研究報告』第1集　国立歴史民俗博物館
白石太一郎 1992「総論」『古墳時代の研究』12　雄山閣
白石太一郎 1994「弥生・古墳文化論」『岩波講座　日本通史』第2巻　岩波書店
城倉正祥 2011「武蔵国造争乱――研究の現状と課題――」『史観』第165冊　早稲田大学史学会
鈴木靖民 1988「倭の五王――雄略朝前史――」『古代を考える　雄略天皇とその時代』吉川弘文館
鈴木靖民 1990「歴史学と民族学（文化人類学）――日本古代史における首長制社会論の試み――」『日本民俗研究大系』第10巻 国学と民俗学　國學院大學
鈴木靖民 1992「七世紀東アジアの争乱と変革」『新版古代の日本』第2巻　角川書店

鈴木靖民 1993「日本古代国家形成史の諸段階――首長制社会論の視角から――」『國學院雑誌』第 94 巻第 12 号　國學院大學広報部
鈴木靖民 1994「東アジアにおける国家形成」『岩波講座　日本通史』第 3 巻　岩波書店
鈴木靖民 1996「日本古代の首長制社会と対外関係――国家形成の諸段階の再検討――」『歴史評論』551 歴史科学協議会　校倉書房
須原祥二 1996「8 世紀の郡司制度と在地」『史学雑誌』105－7　史学会
田熊清彦 2004「下野国河内郡家と文字資料」『法政史学』第 61 号　法政大学史学会
舘野和己 2012「ミヤケ制研究の現在」『日本考古学協会 2012 年度大会研究発表要旨』日本考古学協会
田中広明 1994「「国造」の経済圏と流通――「武蔵」の「クニ」を形作るもの――」『古代の王権と交流』2 名著出版
田中　裕 2002「房総半島の中期古墳」『古墳時代中期の大型墳と小型墳――初期群集墳の出現とその背景――』東海考古学フォーラム・静岡県考古学会
田中　裕 2003「五領式から和泉式への転換と中期古墳の成立」『帝京大学山梨文化財研究所研究報告』第 11 集　帝京大学山梨文化財研究所
田中良之 1995『古墳時代親族構造の研究』柏書房
谷口康浩 1986「縄文時代の親族組織と集団表象としての土器型式」『考古学雑誌』72 巻 2 号　日本考古学会
塚田良道・中島洋一 1997「真名板高山古墳の再検討」『行田市郷土博物館研究報告』第 4 集　行田市郷土博物館
辻田淳一郎 2012「雄略朝から磐井の乱に至る諸変動」『日本考古学協会 2012 年度大会研究発表要旨』日本考古学協会
都出比呂志 1989「第 4 章　地域圏と交易圏」『日本農耕社会の成立過程』岩波書店
都出比呂志 1991「日本古代の国家形成論序説――前方後円墳体制の提唱――」『日本史研究』343　日本史研究会
都出比呂志 1993「前方後円墳体制と民族形成」『待兼山論叢』第 27 号　大阪大学文学部
都出比呂志 1996「国家形成の諸段階――首長制・初期国家・成熟国家――」『歴史評論』551　歴史科学協議会　校倉書房
直木孝次郎 1958『日本古代国家の構造』青木書店
中村太一 1994「古代東国の水上交通――その構造と特質――」『古代の王権と交流』2　名著出版
仁藤敦史 2007「貴族・地方豪族のイエとヤケ」『古代豪族居宅の構造と機能』奈良文化財研究所
仁藤敦史 2008「6，7 世紀の宮と支配関係」『考古学研究』第 55 巻第 2 号　考古学研究会
仁藤敦史 2011『都はなぜ遷るのか　遷都の古代史』吉川弘文館
土生田純之 2004「首長墓造営地の移動と固定――畿内中心主義の克服に向けて――」『福岡大学考古学論集――小田富士夫先生退職記念――』小田富士夫先生退職記念事業会
林　正憲 2010「古墳時代における階層構造」『考古学研究』57 巻 3 号　考古学研究会
広瀬和雄 2003『前方後円墳国家』角川書店
広瀬和雄 2010「東国における前方後円墳の終焉」『前方後円墳の終焉』雄山閣
広瀬和雄 2011「体系的な古墳時代像を求めて」『季刊考古学』第 117 号　雄山閣
広瀬和雄 2012「東京湾岸・「香取海」沿岸の前方後円墳――5～7 世紀の東国統治の一事例――」『国立歴史

民俗博物館研究報告』第167集
藤原知広 2009「空中写真の検討による條ウル神古墳の復元」『古代学研究』184　古代学研究会
古谷　毅 1991「第2節後期古墳の問題点」『原始・古代日本の墓制』同成社
松尾昌彦 2002「科野における古墳時代文化の動態」『古墳時代東国政治史論』雄山閣
松木武彦 2005「日本列島の武力抗争と古代国家形成」『国家形成の比較研究』学生社
右島和夫 2006「古墳から見た6世紀の関東地方」『古代武器研究』第7号　古代武器研究会
溝口孝司 2008「弥生社会の組織とカテゴリー」『弥生時代の考古学』8　同成社
柳田國男 1969「蝸牛考」『定本柳田國男集』第18巻　筑摩書房（初出 1927）
山中敏史 2001「評制の成立過程と領域区分──評衙の構造と評支配域に関する試論──」『考古学の学際的研究──濱田青陵賞受賞者記念論文集Ⅰ』昭和堂
吉田　晶 1973「評制の成立過程」『日本古代国家成立史論』東京大学出版会
吉村武彦 1993「倭国と大和王権」『岩波講座　日本通史』第2巻　岩波書店
若狭　徹 2007『古墳時代の水利社会研究』学生社
和田晴吾 1976「畿内の家形石棺」『史林』第59巻第3号　史学研究会
和田晴吾 1994「古墳築造の諸段階と政治的階層構成──5世紀代の首長制的体制に触れつつ──」『古代王権と交流』5　名著出版
和田晴吾 1996「見瀬丸山・藤ノ木古墳と六世紀のヤマト政権」『情況』5月号別冊　情況出版
和田晴吾 1998「古墳時代は国家段階か」『古代史の論点4　権力と国家と戦争』小学館
和田晴吾 2000「国家形成論研究の視点」『国家形成過程の諸変革』考古学研究会
和田晴吾 2004「古墳文化論」『日本史講座』第1巻　東京大学出版会
和田晴吾 2007「前方後円墳の終焉と古墳の終末」『ドイツ展記念概説　日本の考古学』下巻　学生社
C. ギアツ 1990（小泉潤二訳）『ヌガラ──19世紀バリの劇場国家──』みすず書房（原典初出 1980）
M. D. サーリンズ 1972（青木保訳）『部族民』現代文化人類学5　鹿島研究所出版会（原典初出 1968）

図表出典

第150図：和田 2000
第151図：C. ギアツ 1990（小泉潤二訳）をもとに筆者トレース（一部改変）
第152図：M. D. サーリンズ 1972（青木保訳）をもとに筆者トレース（一部改変）
第153図：筆者作成
第22表：筆者作成
第23表：筆者作成

あとがき

本書は，2013年9月，國學院大學大学院に博士学位申請し，論文審査および12月13日の最終試験（口述，公開審査）を経て，2014年3月22日に博士（歴史学）の学位を授与された論文『東国における古墳の動向からみた律令国家形成過程の研究』を元にして刊行するものである。学位申請論文の作成と審査に際して，主査吉田恵二先生には，稿立て段階から温かいご指導をいただき，副査谷口康浩先生，同小林青樹先生には質疑とともに的確なご指導をいただき，本研究の課題と今後の展望をもつことができました。記して謝意を表します。

筆者と考古学の出会いは，幼い頃に通った真岡小学校の校庭に落ちていた縄文土器の破片に興味をもったことに始まります。特に新校舎建設工事の際には，多量の土器が掘り出され，夕方に工事関係者が帰るのを待って秘かに柵を乗り越え，土器・石器拾いに没頭しました。今思うと，調査を経ずに公共工事が行われた由々しき事態でしたが，残念ながら当時の筆者はそれを知る由もなく，夕闇せまる残土の山に登って土器を拾い集め，数千年前の人々のくらしに思いを馳せる至福の時を過ごしました。その後，フィールドは芳賀郡全域に及び，愛車にまたがってペダルをこぎ，雨上りの遺跡をめざして訪ね歩くことになるのは，世の多くの考古学関係者が辿る道に漏れないと思われます。

本格的な発掘調査は，真岡高校在学時の真岡市井頭遺跡が最初で，高校生ながらに，考古学のおもしろさに圧倒されました。宇都宮大学では，真っ先に考古学研究会に入部しました。1年時は芳賀町谷近台遺跡，小川町（現那珂川町）駒形大塚古墳，2年時は益子町ケカチ遺跡，宇都宮市瓦塚古墳群，湯津上村（現大田原市）下侍塚古墳，3年時は真岡市稲荷山遺跡，益子町狐塚古墳，3年の終わりから4年にかけては，宇都宮市茂原愛宕塚古墳，同市権現山北遺跡など十指に余る調査に参加する機会をもちました。調査では，塙静夫先生，故久保哲三先生，故大金宣亮先生，山ノ井清人先生などたくさんの先生方から，昼に夜に考古学の基礎とその楽しさを教えていただきました。振り返ってみると，塙・故大金両先生による谷近台遺跡と故久保哲三先生に導いていただいた宇都宮大学考古学研究会による茂原愛宕塚古墳の調査は，筆者が興味を深め，古墳時代研究の道を歩むことを決意した時期と重なります。学問の基礎と方向性を示していただいたことに深く感謝申し上げます。

また，栃木県考古学会，埴輪研究会，東北・関東前方後円墳研究会，広瀬和雄先生が主催する東国古墳研究会，1983年の故大金先生提唱による創会以来，墳丘・石室実測活動や古墳・遺物の史的位置づけについての話し合いを通し，学ぶ機会と場を共有する栃木県古墳勉強会のみなさんにもたいへんお世話になりました。

埋蔵文化財センターでは，海老原郁雄，竹澤謙両先生のご指導と，技師のみなさんの専門家集団としての情熱と研究姿勢に学ぶことができ，非常に有意義な時間を過ごすことができました。大規模調査の自治医大周辺地区や寺野東遺跡に関わることができ，身をもって発掘調査の楽しさと厳しさを十分に味わうことができたからです。この頃，故近藤義郎先生に学問を志すうえでのたくさんの導きをいただき，石部正志，故中村紀男両先生には，学問に真剣に取り組む熱意を学ばせていただきました。さらには，幅広い見識をもってリードする橋本澄朗先生には，博論提出段階までご指導いただいたことに感謝申し上げます。

なす風土記の丘資料館勤務，再びの教職を経て，55歳にて無謀にも國學院大學大学院の門を叩くことになりました。職を辞し，退路を断つことにしました。序章にも記したように，6～7世紀の歴史を語る絶好のフィールドは，自分が住むこの下野だ，との展望を胸に。

大学院の3年間は，指導教授の吉田惠二先生による東アジアを見渡す広い視野をもつ講義や京都大学の故小林行雄先生の講義の流れをくむ古墳時代の学史整理の授業から，改めて考古学の広がりと奥の深さを学ぶことができたことは望外の喜びでした。また，柳田康雄先生には，ご自身の手になる精緻な実測図を用いた講義からモノの観察に対する真摯な姿勢を学ばせていただきました。さらには，旺盛な知的好奇心と真摯な研究姿勢をもって多大なる学問的刺激を与えてくださった國學院大學大学院生ならびに考古学研究室・考古学資料館の皆様にも御礼申し上げます。

本書を著すことができたのは，すべてのお名前を記すことはできませんが，先学の導きと筆者の研究を支えていただいた県内外の多くの先輩・同輩・後輩のおかげであり，改めて感謝申し上げます。また，日頃，家庭をないがしろにしがちな筆者を理解し，研究活動を励ましながら見守ってくれた故父四郎，母マサ子，妻菜穂子，長男牧人，長女咲子にも感謝しつつ擱筆します。

資料調査・文献閲覧・執筆にあたり，下記の機関にお世話になりました。また，本書の編集・出版については，六一書房の八木環一会長，宮村広美さん，野田美奈子さんにたいへんお世話になりました。末筆ですが，記して謝意を表します。

宇城市教育委員会，宇都宮市教育委員会，小山市教育委員会，上三川町教育委員会，九州考古学会，国立国会図書館，堺市立博物館，下野市教育委員会，栃木県教育委員会，（公財）とちぎ未来づくり財団埋蔵文化財センター，栃木県立しもつけ風土記の丘資料館，栃木県立なす風土記の丘資料館，和水町教育委員会，氷川町教育委員会，壬生町教育委員会，壬生町歴史民俗資料館，真岡市教育委員会，米子市淀江町歴史民俗資料館

（本書は，國學院大學課程博士論文出版助成金の交付を受けた出版物である）

2014年10月31日

小森　哲也

追記

2014年12月14日，吉田惠二先生が急逝されました（享年67歳）。あまりにも突然のことで，気持ちの整理がつきません。筆者が，博士論文の指導と審査をしていただいた，最後の学生になってしまいました。学恩に報いるように精進することをご霊前にお誓いするとともに，心よりご冥福をお祈り申し上げます。　合掌。

初出一覧

序　章

　第１節　研究の背景と目的　＜新稿＞

　第２節　研究の方法と編年基準　＜新稿＞

第１章　先行研究の整理

　第１節　古墳時代と古代国家形成論　＜新稿＞

　第２節　評の成立　＜新稿＞

　第３節　擬制的同祖同族関係　＜新稿＞

第２章　しもつけ古墳群にみる東国社会の一側面

　第１節　しもつけ古墳群の概観

　　＜2010「各地域における前方後円墳の終焉　栃木県」『前方後円墳の終焉』雄山閣　をもとに加筆＞

　第２節　切石使用横穴式石室の編年

　　＜1990「下野における凝灰岩切石使用の横穴式石室」『第４回企画展　古墳文化の終焉』栃木県立しもつけ風土記の丘資料館　栃木県教育委員会　をもとに加筆＞

　第３節　低位置突帯埴輪

　　＜1995「関東北部における低位置凸帯の円筒埴輪」『日本考古学協会1995年度大会　発表要旨』日本考古学協会　をもとに加筆＞

　第４節　群集墳と集落の動向　＜新稿＞

　第５節　前方後円墳の終焉と終末期古墳

　　＜2010「各地域における前方後円墳の終焉　栃木県」『前方後円墳の終焉』雄山閣　をもとに加筆＞

第３章　遺跡・遺物が語る律令国家への道程

　第１節　須恵器生産の開始と神宮寺塚古墳の塼敷横穴式石室

　　＜1990「真岡市神宮寺塚古墳出土の塼をめぐって」『古代』89号　早稲田大学考古学会（梁木誠と共著）をもとに加筆＞

　第２節　破壊された石室　＜新稿＞

　第３節　那須国造碑と『日本書紀』持統紀新羅人東国移配記事

　　1　那須国造碑とその周辺　＜新稿＞

2　出土遺物からみた『日本書紀』持統紀新羅人東国移配記事

＜2013「出土遺物からみた『日本書紀』持統紀新羅人下毛野移配記事――栃木県における7～8世紀の新羅（系）土器を中心として――」『國學院大學学術資料館考古学資料館紀要』第29号 國學院大學研究開発機構学術資料館考古学資料館部門＞

第4節　立評と西下谷田遺跡そして下野薬師寺の建立　＜新稿＞

第4章　埋葬施設にみる広域地域間交流の実態とその背景

第1節　石棺式石室

＜2012「地域間交流としての石棺式石室――中九州・山陰そして東国の動向――」『日本考古学』第34号　日本考古学協会＞

第2節　横穴式木室

＜2013「横穴式木室考――先行研究の整理と分布・構造からみた地域間交流――」『考古学雑誌』第97巻4号　日本考古学会＞

第3節　地下式横穴墓

＜2009「古墳時代後期における広域地域間交流の可能性――栃木県真岡市磯山古墳群の地下式横穴墓をめぐって――」『野州考古学論攷――中村紀男先生追悼論集――』中村紀男先生追悼論文集刊行会＞

第4節　「地域間交流論」とその周辺　＜新稿＞

第5章　東国各地の首長墓の地域相にみる独自性と共通性

第1節　6～7世紀における東国各地の首長墓の動向　＜新稿＞

第2節　東国各地の最後の前方後円墳と終末期古墳　＜新稿＞

終　章　古墳時代終末期から律令国家成立期の東国

第1節　東国からみた6～7世紀史の素描　＜新稿＞

第2節　課題と展望　＜新稿＞

著者略歴

小森　哲也（こもり　てつや）

1955年　栃木県芳賀郡市貝町田野辺生まれ
1978年　宇都宮大学教育学部社会科専攻卒業
1978年　栃木県宇都宮市公立学校教員
1983年　栃木県埋蔵文化財センター
1995年　栃木県立なす風土記の丘資料館
1999年　栃木県宇都宮市公立学校教員（2011年退職）
2014年　國學院大學大学院文学研究科史学専攻　博士課程後期修了
　　　　博士（歴史学）

主要論文

「宇都宮市笹塚古墳出土円筒埴輪の年代的位置付け」『峰考古』第2号　宇都宮大学考古学研究会　1979年
「栃木県内古墳出土遺物考Ⅰ　鉄鏃の変遷」『栃木県考古学会誌』第8集　栃木県考古学会　1984年
「下野の首長墓」『峰考古』第8号　久保哲三先生追悼号　宇都宮大学考古学研究会　1990年
「真岡市神宮寺塚古墳出土の塼をめぐって」（共著）『古代』89号　早稲田大学考古学会　1990年
「地域の概要　下野」『前方後円墳集成』東北・関東編　山川出版社　1994年
「各地域における前方後円墳の終焉　栃木県」『前方後円墳の終焉』雄山閣　2010年
「地域間交流としての石棺式石室――中九州・山陰そして東国の動向――」『日本考古学』第34号　2012年
「横穴式木室考――先行研究の整理と分布・構造からみた地域間交流――」『考古学雑誌』第97巻4号　2013年

東国における古墳の動向からみた律令国家成立過程の研究

2015年2月10日　初版発行

著　者　小森　哲也
発行者　八木　唯史
発行所　株式会社　六一書房
〒101-0051　東京都千代田区神田神保町 2-2-22
TEL　03-5213-6161　　FAX　03-5213-6160
http://www.book61.co.jp　　E-mail info@book61.co.jp
振替　00160-7-35346

印　刷　藤原印刷　株式会社
装　丁　藍寧舎

ISBN978-4-86445-056-0 C3021